KB203972

신학생이 신학교에 입학해서 처음으로 맞닥뜨리는 문제는 역사비평적 성서 해석에 관계된 것이다. 보수적인 학교에서는 주로 이 방법론의 폐해에 대해 말하면서 이를 경계하라고 가르치고, 자유주의적인 학교에서는 이 방법을 사용하지 않는 보수파들을 비판한다. 이때 어떤 학생은 역사비평 방법으로 성경을 해석하는 데서 신대륙을 발견한 듯한 느낌을 받는다. 지금까지 이것을 가르치지 않은 교회에 분노하면서, 이 방법을 신앙에 관한 모든 문제를 해결할 수 있는 마스터키로 여긴다. 또 어떤 학생은 이 방법론이 건전한 신앙을 좀 먹는 벌레라고 치부하여 전통적인 교리 해석에만 관심을 기울인다. 본서는 이 양극단의 사람들의 생각에 도전한다. 역사비평이라는 칼은 강도의 손에 들리면 남을 해치는 흉기로, 요리사의 손에 들리면 일품요리를 만드는 도구로 사용되는 것이다. 본서는 성경을 하나님의 말씀으로 믿는 복음주의를 견지하면서, 동시에 성서 해석에 있어 어떻게 역사비평을 활용할 수 있는지를 잘 보여주고 있다. 성경을 올바로 이해하려는 신학생, 목회자에게 필독서로 추천한다.

김동수 평택대학교 신학과 신약학 교수

성서학에서 문자주의의 성경 무오사상과 역사비평은 이 책이 전제하는 미국의 배경에서는 물론 우리나라에서도 언제나 말 그대로 뜨거운 감자로 여겨졌다. 성경 무오사상을 펼치는 보수주의 진영에서는 역사비평을 덮어놓고 배척하는 경향이 있었으며, 역사비평에 무게를 두는 이들은 성경의 역사성을 글자 그대로 믿으려는 태도를 무시하기 일쑤였다. 그리하여 그 사이에서 성경을 읽으려는 평신도들은 혼란을 느낄 수밖에 없었다. 복음주의 관점에서 이른바 "신실한 비평"과 "비평적 신앙"을 지향하며 날카롭게 대립해온 두 진영의 통합을 시도하는 이 책은 그런 성경 독자들에게 좋은 지침을 주리라 확신한다. 역사비평적 관점의 분석 없이는 올바르게 본문을 이해할 수 없으며, 믿음 없이 성경 본문에 접근하려는 태도는 성경이 전해주는 신학을 저버리는 일이기 때문이다.

김정훈 부산장신대학교 구약학 교수

성경은 역사적 실제 사건을 기록한 것인가? 성경은 역사 속에서 태동한 문헌이 아닌가? 왜 성경 안에는 서로 상충하는 기록들이 있는가? 성경은 역사적 문헌으로 신뢰할 만한가? 이런 질문은 모두 역사비평적 질문이다. 따라서 역사비평은 마땅한 학문적 노력이리라. 그럼에도 왜 복음주의자들은 역사비평에 대해 심한 알레르기 반응을 보이는가? 복음주의 신앙은 역사비평학의 열매들을 보거나 만지거나 먹으면 죽는가?

학문적 열정과 업적을 일궈내는 일군의 젊은 복음주의 성서학자들이 역사비평의 풍성한 전통과 공헌을 긍정적으로 변호하고 평가하면서 같은 진영의 보수적 동료 학자들에게 비평적인 동시에 복음주의적이 되기를 요청한다. 기고자들은 구약과 신약에서 대표적인 역사비평적 이슈들을 선별하여 역사비평적 방법이 어떻게 복음주의적 신앙을 수호하고, 때론 교정하고, 강화하고, 풍성하게 하는지를 설득력 있게 진술한다. 차세대 성서학자들에게 "신실한 비평"과 "비평적 신앙"을 함께 배양하라는 강력한 촉구의 나팔 소리다. 특별히 한국 보수진영의 학생들과 목회자들, 학자들에게 큰 자극이 되리라 믿는다. 천천히 곱씹어 생각하며 읽어야 할 독서과제다. 내가 쓰고 싶었던 주제를 그들이 대신 잘 써주었다.

류호준 백석대학교 신학대학원 구약학 교수 (은퇴)

본서는 복음주의자들이 역사비평을 불편한 수용이 아니라 적극적 구애의 대상으로 여겨야 할 이유를 조목조목 제시한다. 조직신학의 틀에서 주로 이루어지던 해석학 담론 대신 구약학과 신약학의 주요 쟁점들을 정면으로 다룬 점, 아담의 역사성에서 시작해 예언의 신뢰성, 위작과 정경 문제, 역사적 예수와 바울신학에 이르는 광범위한 논제에도 불구하고 문제의식과 탐구 방식에서 일정한 통일성을 확보한 점, 우상화와 악마화의 양 극단을 피해 역사비평의 신학적 기여 가능성을 천착한 점이 돋보인다. 열두 명의 기고자들은 성경의 저술과 전승 과정에 함께한 성령의 역할에 대한 신뢰, 그리고 "비평적이면서도 신앙고백적인 신학, 학문적이면서도 정통적인 신학, 영민하면서도 경건한 신학"의 가능성에 대한 믿음을 공개적으로 천명한다. 그 믿음을 공유하는 복음주의 독자들은 물론, 의심의 해석학을 대전제로 삼는 이들도 본서의 성실한 설득에 마음을 열면 성경 이해의 새로운 시각을 얻을 수 있으리라 믿어 추천한다.

유선명 백석대학교 신학대학원 구약학 교수

이 책은 역사비평이 현대 성서학 연구에서 더 이상 계륵이 아니라고 선언한다. 물론 역사비평은 여전히 성서에 대한 냉소적인 방법론으로 취급되곤 한다. 총 9장에서 12명의 성서학자들은 역사비평을 효과적으로 활용할 때 학문적인 성취와 더불어 신앙의 진수를 얻을 수 있다고 역설한다. 역사비평의 창조적 활용이 성서 연구를 자극하는 동시에 하나님을 찾는 신앙을 궁극적으로 추구하는 근거가 될 수 있기 때문이다. 결국 역사비평이 연구자의 든든한 파트너라고 전제하는 본서의 신선한 접근은 복음주의를 표방하는 한국교회가 거듭 숙고할 방법론적 틀이다. 본서의 주장에 동의하지 않더라도 함께 고민하고 논의하다 보면 건설적인 대안이 마련될 것이다. 역사비평의 이해와 적용을 원한다면 본서와의 진지한 대화가 필요하다.

윤철원 서울신학대학교 신학대학원 신약학 교수

이 책은 무신론적 비평학과 무지몽매한 경건주의를 비판하면서 역사비평이 기독교의 전통 신앙을 위협하지 않고 오히려 정통 신앙을 지키는 데 중요함을 역설한다. 그러면서 엄격한 역사비평적 탐구와 기독교의 본질적인 교리에 대한 단호한 헌신을 의미하는 "신실한 비평"과 더불어, 분별을 추구하는 "비평적 신앙"을 제안한다. 비평적이면서도 신앙고백적인 신학, 학문적이면서도 정통적인 신학, 영민하면서도 경건한 신학이 필요할 뿐 아니라 실현 가능하다는 것을 여러 논문들을 통해서 제시한다. 이 책은 복음주의적이면서 역사비평적인 성경 해석에 관심 있는 신학생, 목회자, 학자들에게 큰 도움을 주는 유익한 책이다.

이상일 총신대학교 신학대학원 신약학 교수

한국 성서신학계에서 역사비평은 지금까지 공공연히 터부시되고, 일부에 의해 자유주의 신학으로 매도되고, 극단적인 경우 이단으로 취급되곤 한다. 그러나 이 책의 저자들도 언급하고 있듯이, 역사비평은 일시적 유행이 아니며 결코 사라지지도 않을 것이다. 역사비평은 교회 초창기부터 계속해서 사용되어오고 있는 도구다. 역사비평은 잘못 사용하면 손해를 끼칠 수도 있으나 유능한 작업자의 손에 쥐어지면 대단히 가치 있고 건설적일 수 있는 예민한 도구다.

오히려 역사비평을 이해하지 못하여, 고집스럽게 금기시하고 반지성적으로 비난만 하는 자들이 머지않아 사라질 것이다. 따라서 이 책의 저자들은 21세기에는 역사비평적 질문들에 무관심한 채로 더는 성서학 연구를 수행할 수 없다는 데 전적으로 동의한다. 이 책의 목적은 역사비평이 기독교의 근본적 교리주장들을 위협하는 요소가 아님을 적극적으로 보여주는 것이다. 근본주의적인 복음주의자들을 향해 지적인 정직성과 학문적인 열정을 가지고 성경이 가진 그 모든 난해한 특이성까지 고려하여 성경과 제대로 씨름하라고 목소리를 높인다.

이 책은 특히 한국 신학계와 교회를 짓누르고 있는 고질병인 "역사비평 포비아"를 치료해주는 반가운 백신이다. 이제는 세계의 복음주의적 신학 풍토가 역사비평적 질문들을 소화할 만큼 무르익었음을 알려주는 적절한 신호탄이다. 이제 한국의 복음주의 성서학이 대답할 차례다. 이 책은 보수적 성서학자들이 비평적인 동시에 복음주의적이 되어야 한다고 설득한다. 개인적으로도 오매불망 고대하고 기다리던 책이다. 복음주의자들이 역사비평을 제대로 활용하여 반지성주의의 늪에서 구출되는 계기가 되기를 바란다.

차준희 한세대학교 구약학 교수, 한국구약학연구소 소장, 한국구약학회장 역임

열 명의 중진급 복음주의 구약/신약학자들이 의기투합하여 오랫동안 지속되어온 "논쟁적 이슈들" 일곱 편을 진솔하게 다루었다. "학문주의"와 "신앙주의" 양 진영의 어제를 반성적으로 돌아보며 건설적인 "복음주의"의 내일로 진입하고자 시도하는 저자들의 따뜻한 동기와 목적이 매 장마다 진하게 묻어난다. 저자들은 모두 복음주의 전통의 자녀들로서 학문(역사)의 남편과 교회(신학)의 아내가 냉혹하게 이혼 내지 별거하지 않아도 될 다음세대의 복음주의 가정을 꿈꾸고 있다. "비평적 신앙"의 안방에 "신실한 비평"의 침대가 놓여 있는 그곳으로 초대하면서. 두 연인의 만남이 "행복한 부부"가 될지, "적과의 동침"이 될지는 독자들의 몫이다. 복음주의 성서 해석의 강물이 좁지도 않고 안일하지도 않은 다양한 물줄기를 만나 하나님 사랑 이웃 사랑을 실천하는 교회의 바다로 나아가야 할 학문과 신앙의 지향성을 잘 꼬집어준다. 젊은 목회자와 오늘의 신학생이 놓치지 말아야 할 또 하나의 화두가 아닐 수 없다.

허주 아세아연합신학대학교 신약학 교수, 한국복음주의신약학회 회장

신중한 주장을 담은 본서는 복음주의 그리스도인들을 역사비평적 성경 해석의 세계로 초대한다. 집필자들은 각자의 주장에 대해 보편적인 동의를 구하기보다는 성경 비평의 방법론과 관련된 질문들에 복음주의 관점에서 참여할 수 있는 신선한 모델들을 보여주고자 했으며, 그들은 소기의 목적을 달성했다.

마크 A. 놀 노트르담 대학교

헤이스와 안스베리는 복음주의권 신학생들에게 좀처럼 만나기 힘든 선물을 제공했다. 본서는 성경 텍스트를 기록된 하나님의 말씀으로 존중하고 인정하면서 성서학의 주요 비평적 주제들에 대한 진지한 논의를 전개한다. 성경을 배우려는 학생들은 너무나도 자주 학문적 열정과 개인적 신앙 사이에서 하나를 선택해야 하는 상황과 맞닥뜨려야만 했지만, 다음 세대에 동일한 주제를 처음 접하는 학생들에게는 이 책이 놀라운 선물이 될 것이다.

개리 M. 버지 휘튼 칼리지

학문적 열정과 목회적 관심을 동시에 가진 저자들은 복음주의자들을 향해 역사비평의 진정한 통찰들에 동참하고 그 통찰들을 자신의 신앙에 통합시키도록 초대한다. 기고자들은 신앙과 역사비평 모두에 대해 각자가 받아야 할 존중을 표하는 용기를 보여준다. 복음주의 학계 내에서도 복음주의 성경교리를 재평가해야 한다는 움직임이 거세지는 상황에서 반가운 목소리가 하나 추가되었다. 이러한 재평가는 성경의 권위에 도전하기 위한 것이 아니라 복음주의 운동을 지지하고 풍요롭게 만들어주는 데 궁극적인 목적이 있다.

피터 엔즈 이스턴 대학교

본서의 편집자들은 용기를 내어 복음주의 학자들이 성서학계의 뜨거운 감자를 어떻게 건전한 방식으로 다룰 수 있는지를 보여주는 작업을 감행했다. 그들은 복음주의자들이 전통적으로 고수해오던 신앙을 포기하지 않고서도 많은 비평적 통찰들을 수용할 수 있게 해주었다. 복음주의 학계는 신앙과 비평의 문제를 이런 방식으로 다룬 논의를 오래도록 기다려왔다.

마이클 버드 오스트레일리아 리들리멜버른 칼리지

한참 전에 진행되었어야 할 프로젝트다. 우리 학생들은 비평적 성서학의 목표들과 방법론들을 소개하는 논문과 책이 필요할 뿐 아니라, 더 나아가 그들이 배운 것들을 면밀히 조사해서 걸러낼 수 있게 해주는 체가 필요했다. 역사비평과 관련된 수많은 주제 가운데 본서는 가장 뜨겁게 관심을 받고 있는 일곱 개의 주제를 선정했다. 저자들은 논쟁의 중심에 놓인 견해들을 정직하고 진지하게, 최대한의 존중을 표하면서 공정하게 다루고 있다.

대니얼 I. 블록 휘튼 칼리지

Evangelical Faith and the Challenge of Historical Criticism

Edited by

Christopher M. Hays and Christopher B. Ansberry

역사비평의 도전과

Evangelical Faith and
the Challenge of Historical Criticism

크리스토퍼 M. 헤이스, 크리스토퍼 B. 안스베리 엮음
성기문 옮김

복음주의의 응답

새물결플러스

이 책을 우리 아이들에게 헌정한다.

안젤라 라모나 안스베리   주다 칼레브 헤이스

벤자민 다니엘 안스베리   애셔 캐드먼 헤이스

                              조이 제너비브 헤이스

"그들은 아버지의 것이었는데 내게 주셨으며

그들은 아버지의 말씀을 지키었나이다."

(요 17:6)

목차

감사의 글

본서를 마무리할 수 있도록 나의 박사 후 연구에 재정후원을 해준 영국학술원에 감사한다. 더불어 나는 옥스퍼드 케블 칼리지의 학장과 동료 교수들, 그리고 옥스퍼드 대학교 신학과 종교학부에 감사의 빛을 지고 있다. 이 학자들은 내가 옥스퍼드에서 보냈던 3년이라는 짧지 않은 시간 동안 영감이 넘치는 동료들과 친구들이었으며 그들의 동지애, 위트, 지혜가 그 시기를 나의 인생에서 가장 행복한 시기로 기억하게 만들어주었다.

그동안의 연구와 탐구의 해들은 내가 라틴 아메리카의 선교사 사역을 준비하는 과정이었으며, 이 시간 내내 나와 나의 가족은 친구들과 친척들로부터 일일이 언급하기 어려울 정도로 많은 재정적·감정적·영적 지원을 받아왔다. 더불어 나는 본(Bonn)에 있는 미국인 개신교 교회 공동체, 콤스 가족 재단, 진 그린 교수와 데보라 그린 여사를 꼭 언급하고자 한다. 마지막으로 변함없이 나를 돌봐준 아내 미셸에게 감사한다. "덕행 있는 여자가 많으나 그대는 모든 여자보다 더 뛰어나다"(잠 31:29).

크리스토퍼 M. 헤이스

본서는 학자, 학생, 친구들로 이루어진 공동체의 작품이며, 많은 사람들의 도움이 없었다면 우리는 결코 이 작업을 완수하지 못했을 것이다. 휘튼 칼리지의 동료들에게 먼저 감사한다. 그중에서도 대니얼 트라이어, 니콜라스 페린, 대니얼 블록은 이 프로젝트의 구성에 관해 귀중한 조언을 해주었고

　　　　역사비평의 도전과 복음주의의 응답

본서의 논문들에서 제기된 다양한 이슈들을 신학적으로 성찰하는 데 영감을 주었다. 성경의 역사적·신학적 국면들을 성찰하는 데 도전을 주었던 학생들에게도 감사하고자 한다. 그들의 질문과 통찰력 있는 관찰이 나의 지평을 넓혀주었고 생각을 날카롭게 해주었으며 본서에 실린 논문들을 한데 엮어 출간할 필요성을 확증해주었다.

그러나 무엇보다도 나의 아내 캐롤라인에게 특별한 감사의 빚을 졌다. 그녀의 사랑과 지혜와 격려는 내가 학자로서, 교사로서, 그리고 남편으로서 누리는 영광의 큰 초석이 되었다. 그녀의 영감과 후원이 없었다면 이 책이 완성될 수 없었을 것이다.

크리스토퍼 B. 안스베리

약어표

AB	Anchor Bible
'Abot R. Nat.	*'Abot de Rabbi Nathan*
ABRL	Anchor Bible Reference Library
ANE	Ancient Near East
AOAT	Alte Orient und Altes Testament
Apoc. Mos.	*Apocalypse of Moses*
Augustine, *Pec. merit.*	Augustine, *De remissione peccatorum et meritis*
2 Bar.	*2 Baruch* (Syriac Apocalypse)
B. Bat.	*Baba Batra*
Ber.	*Berakot*
BNTC	Black's New Testament Commentaries
BZAW	Beihefte zur Zeitschrift für die alttestamentliche Wissenschaft
CBQ	*Catholic Biblical Quarterly*
CBQMS	Catholic Biblical Quarterly Monograph Series
1 Clem.	*1 Clement*
Ecclus.	Ecclesiasticus (Sirach)
'Ed.	*'Eduyyot*
1 En.	*1 Enoch* (Ethiopic Apocalypse)
ESV	English Standard Version
Eusebius, *H.E.*	Eusebius, *Historia Ecclesiastica*
FAT	Forschungen zum Alten Testament
HKAT	Handkommentar zum Alten Testament
HUT	Hermeneutische Untersuchungen zur Theologie
IBC	Interpretation, a Bible Commentary for Teaching and Preaching

Ignatius, *Eph.*	Ignatius, *To the Ephesians*
Int	*Interpretation*
Irenaeus, *Haer.*	Irenaeus, *Adversus Haereses*
JBL	*Journal of Biblical Literature*
JCS	*Journal of Cuneiform Studies*
JNES	*Journal of Near Eastern Studies*
Josephus, *Ant.*	Josephus, *Antiquities*
JSNTSup	Journal for the Study of the New Testament Supplement Series
JSOT	*Journal for the Study of the Old Testament*
JSOTSup	Journal for the Study of the Old Testament Supplement Series
JTI	*Journal of Theological Interpretation*
L.A.B.	*Liber antiquitatum biblicarum* (Pseudo-Philo)
LCC	The Library of Christian Classics
LHBOTS	Library of Hebrew Bible/Old Testament Studies
LNTS	Library of New Testament Studies
2 Macc.	2 Maccabees
MSJ	*Master's Seminary Journal*
NCB	New Century Bible
NCBC	New Century Bible Commentary
NICNT	New International Commentary on the New Testament
NIGTC	New International Greek Testament Commentary
NPNF	*Nicene and Post-Nicene Fathers*
NTS	*New Testament Studies*
OTL	Old Testament Library
OTS	Old Testament Studies
PG	Patrologia graeca
Polycarp, *Phil.*	Polycarp, *To the Philippians*
PSTJ	*Perkins (School of Theology) Journal*
RB	*Revue biblique*

SBLSymS	Society of Biblical Literature Symposium Series
SBT	Studies in Biblical Theology
Sir.	Sirach
SNTSMS	Society for New Testament Studies Monograph Series
StBL	Studies in Biblical Literature
SVTQ	*St. Vladimir's Theological Quarterly*
T. Adam	*Testament of Adam*
Tertullian, *Marc.*	Tertullian, *Adversus Marcionem*
Them	*Themelios*
TS	*Theological Studies*
UF	*Ugarit-Forschungen*
VT	*Vetus Testamentum*
VTSup	Supplements to Vetus Testamentum
WBC	Word Biblical Commentary
Wisd.	Wisdom of Solomon
WUNT	Wissenschaftliche Undersuchungen zum Alten und Neuen Testament
Yad.	*Yadayim*
ZAW	*Zeitschrift für die alttestametliche Wissenschaft*

1
신실한 비평을 위하어

크리스토퍼 M. 헤이스

* 본 장의 주제에 대해 탁월한 통찰력과 지침을 제공해주고 때로는 적절한 표현들을 찾아
준 David Lincicum 박사에게 감사드린다. 이 논문에 담긴 사상들이 그의 도움을 넘어서
기라도 한다면, 그것 역시 그의 영향력에 빛을 지게 되는 좋은 기회인 셈이다.

오늘날 복음주의자들과 역사비평의 관계

본서는 역사비평에 관한 책이며, 성경의 무오성을 다루는 책은 아니다. 하지만 성경의 권위와 진실성 여부를 고려하지 않고서는 역사비평이라는 주제를 다루기가 곤란하다는 점이 문제다.

학계에서 보수적인 입장을 대변하는 학자들은 성경이 신앙과 윤리의 영역에서뿐만 아니라 역사적 사실들의 문제에서도 무오하며 확고부동하게 참되고 정확하다고 주장한다. 그들은 성경이 역사적 문서지만, 그럼에도 다른 세속 역사 문헌들과는 달리 하나님의 특별한 돌보심에 의해 오류를 범할 수 있는 취약성으로부터 보호받는다고 주장한다. 따라서 보수적 학자들이 성경을 하나님의 말씀으로 받아들이고 접근할 때 그들은 성경의 신학적 메시지를 파악하는 작업과 그 메시지의 무결성을 확증하는 작업을 동시에 수행한다.

이러한 입장의 반대편에 선 학자들이 역사비평가들이다. 그들 중 상당수가 성경이 하나님의 말씀이라고 확실히 단언하지만, 그들은 성경을 역사적 완전체로 여길 필요(혹은 자유)가 있다고 여기지 않는다. 따라서 그들이 성경을 역사적 문헌으로 받아들이고 접근할 때 그들은 텍스트의 메시지가 가진 의미를 이해하는 작업과 역사적 사건들에 대한 성경의 묘사가 그 사건들이 실제로 발생한 방식과 불일치하지는 않는지의 여부를 조사하는 두 가지 과제를 동시에 수행한다.

일반적으로 사람들 간에 의견이 불일치할 때, 각 진영은 상대편의 주장을 희화화하거나 논점을 극단화시키는 경향이 있다. 역사비평가들은 종종 보수적 무오류론자들을 지독하게 순진하거나 의도적으로 무지한 근본주의자들로 치부한다. 보수주의자들에 대한 이런 무례한 표현들은 아마도 진보적인 비평가들의 상당수가 종종 자서전에서 스스로가 "타락한" 보수주의자라는 식으로 유감을 표명한 결과일 것이다. 반대로 보수적 무오류론자들은 종종 역사비평가들을 향해 교만하게 하나님의 목소리를 폄하하는 불경건한 무신론자라는 맹렬한 비난을 가한다. 보수 학자들의 이러한 적대감은 종종 방어 충동에서 비롯된 것인데, 그들의 밝고 촉망받는 학생들이 자유주의적 연구를 접하게 되면서 슬프게도 그들의 신앙을 완전히 버리게 된 사실을 목격하면서 그런 반응을 보이는 것이다.

사실은 양편 모두의 맹렬한 비난이 전혀 근거가 없는 것도 아니지만, 그렇다고 공정한 것도 아니다. 아마도 이 주제와 관련하여 가장 공정한 입장을 견지하는 것은 복음주의자들일 것이다. 복음주의자들은 때때로 어느 한 진영과 보조를 맞추기도 하지만 그러면서도 각 진영과 긴장관계를 유지한 채 결코 어느 한편 극단에 치우치지는 않는다. 우리가 본서를 쓰는 것은 무엇보다도 그와 같은 신학생들, 목회자들, 그리고 학자들을 위한 것이다.

우리가 말했듯이 본서는 성경의 무오성을 다루는 책이 아니라 역사비평에 관한 책이다. 그러나 복음주의자들에게는 이 두 가지 주제가 서로 전적으로 무관한 이슈들은 아니다. 사실상 오늘날 무오성에 관한 논쟁은 무엇보다도 역사비평의 등장에 대한 반동이었다. 19세기 말 미국 역사비평가들의 저술은 뜨거운 논쟁의 도화선이 되었는데, 그들이 성경의 수많은 사건들에 대한 묘사의 역사적 진실성에 의문을 제기하였기 때문이다. 슬프게도

1920년대와 1930년대에 미국에서는 앞선 세대의 복음주의자들이 논쟁의 최첨단에서 퇴각하는 것을 지켜봐야만 했다. 보수적 기독교학계는 대중적인 부흥운동 및 세대주의적 근본주의와 연맹을 구축했는데 이는 학문적으로 불행한 일이 아닐 수 없었다. 심지어 그 시대 가장 뛰어난 보수주의 학자들은 하버드와 프린스턴 대학교에 역사비평을 남겨둔 채 웨스트민스터 신학교와 곧이어 풀러 신학교를 설립하여 자리를 옮겼다.[1] 그러나 이후 수십년간 앞선 세대의 복음주의자들이 세운 학교들은 다양한 학위과정에서 뛰어난 학생들을 배출하였고, 그들은 성서학계에서 채택하는 도구, 문헌, 전제들을 대대적으로 재배치하고 수정했다. 이제 우리가 접한 문제는 다음과 같다. 즉 우리는 이전 세대의 복음주의자들을 대학교들로부터 몰아냈던 역사비평과 정확히 어떻게 관련되는가 하는 것이다.

견해들은 다양하지만, 마크 놀(Mark Noll)은 복음주의 진영 내에서 역사비평에 대한 관점들의 범위를 유용하게 도식화하였다. 그는 우선적으로 "비평적 비평반대"(critical anti-criticism)와 "신앙적 비평"(believing criticism)을 구분한다.[2] 놀은 비평적 비평반대자들(critical anti-critics)을 가리켜 주류 학계와의 관계 속에서 성경의 전통적인 해석들을 보호하기 위해 변증적 노력을 기울이는 무오론자들이라고 설명한다. 비평적 비평반대론자들은 전형적으로 무오성을 기독교 교리의 인식론적 근거로 삼는다.

이와는 대조적으로 신앙적 비평가들은 고등비평 연구가 전통적인 복음주의적 신념들 가운데 일부를 수정할 것을 요청한다는 점을 수용하는 학자

---

1   여기서 나는 19세기 말과 20세기 복음주의 성서학의 일진일퇴에 대한 Mark Noll의 탁월한 요약을 간결하게 서술했다. Mark Noll, *Between Faith and Criticism: Evangelicals, Scholarship, and the Bible in America*, 2nd ed. (Vancouver: Regent College Publishing, 2004), 32-61.

2   Noll, *Between Faith and Criticism*, 156-60.

들이다. 신앙적 비평가들의 입장도 다양하다. 그들 가운데 보다 보수적인 그룹은 비평적 비평반대 관점의 순화된 형태라고 할 수 있는데, 그들은 전통적인 복음주의 신념들의 전복 가능성을 이론적으로만 즐기고 있으며, 증거가 그런 전복을 요구한다고 생각하지는 않는다. 신앙적 비평가들의 두 번째 그룹은 성경 텍스트에 대한 전통적인 해석들이 성경 문헌들의 의도와 일치한다고 추정되는 방식으로 개정되어야 한다고 주장한다. 신앙적 비평가들의 세 번째 그룹은 주어진 성경 구절의 재해석을 허용할 뿐만 아니라, 특정한 오류들이 성경 텍스트에 존재한다는 점에 대해 주류 학계와 의견을 같이한다. 그럼에도 불구하고, 놀은 다음과 같이 명확하게 말한다. "이 비평가들은 다른 중요한 문제들—성경이 진실을 말한다는 믿음, 실증주의적 성경 해석, 성경의 본질적 역사성, 성경의 궁극적 권위—에 대해서는 보다 보수적인 입장을 취하는 복음주의자들과 행보를 같이한다."[3]

대화의 전환: 역사비평의 신학적 함의

무오성 논쟁에 대해 전혀 관여하지 않는 것이 우리의 입장은 아니다. 복음주의자들은 성경의 역사적 신뢰성이라는 골치 아픈 주제에 대해 한 세기 이상 숙고해왔다(비록 이것이 주로 "내부의" 논쟁이었고, 우리의 대화가 너무도 자주 상대방의 명료성과 명확성에 대한 독설적 경멸로 와해되어버리기는 했지만 말이다).[4] 본

---

3   Noll, *Between Faith and Criticism*, 156-60.
4   논의 전개 과정의 요약과 현 상황에 대한 몇 가지 논평들로는 다음을 보라. Jason S. Sexton, "How Far beyond Chicago? Assessing Recent Attempts to Reframe the Inerrancy Debate," *Them* 34.1 (2009),26-49. 무오성 교리에 반대하는 대표적인 그리스도인으로는 다음을 들수 있다. James Barr, *Escaping from Fundamentalism* (London: SCM Press, 1984), 1-7, 37-

역사비평의 도전과 복음주의의 응답

서는 복음주의 내에서의 이러한 다양성을 반영하면서도 무오성 논쟁과 관련하여 양쪽 진영에 속한 동료들의 통찰도 담고 있다. 성경에 대한 다양한 관점들에도 불구하고, 우리는 역사비평적 질문들에 무관심한 채로 성서학 연구를 수행할 수 없다는 데 전적으로 동의한다. 여기서 우리는 잠시 무오성이라는 주제를 제쳐놓을 것인데, 이는 복음주의자들이 다른 이유, 즉 **이단에 대한 염려**(즉 기독교 주장의 정당성을 위태롭게 하는 신념들에 대한 두려움) 때문에 역사비평에 합류하기를 경계해왔기 때문이다.

이단에 대한 불안은 비평적 질문들에 흥미를 보였을 많은 학자들이 이 논의에 관여하는 것을 단념시켜왔다. 이 학자들의 합리적 관심은 다음과 같다. 즉 성경이 어떤 식으로라도 역사적으로 부정확하다면, 우리가 어떻게 그것을 신뢰할 수 있는가?[5] 우리는 예수가 실제로 죽은 자들 가운데서 부활

___

9, 75-6, 129; Peter Enns, *Inspiration and Incarnation: Evangelicals and the Problem of the Old Testament* (Grand Rapids: Baker Academic, 2005, 『성육신의 관점에서 본 성경 영감설』[기독교문서선교회 역간]); James D. G. Dunn, *The Living Word*, 2nd ed. (Minneapolis: Fortress Press, 2009), 71-111. 무오성을 지지하는 학자들로는 다음과 같은 이들이 있다. Roger Nicole, "The Inspiration and Authority of Scripture: J. D. G. Dunn versus B. B. Warfield," *Churchman* 97.3 (1983), 198-215; "The Inspiration and Authority of Scripture: J. D. G. Dunn versus B. B. Warfield (Continued)," *Churchman* 98.1 (1984), 7-27; "The Inspiration and Authority of Scripture: J. D. G. Dunn versus B. B. Warfield (Continued)," *Churchman* 98.3 (1984), 198-208; G. K. Beale, *The Erosion of Inerrancy in Evangelicalism: Responding to New Challenges to Biblical Authority* (Wheaton: Crossway, 2008); Mark. D. Thompson, "The Divine Investment in Truth: Toward a Theological Account of Biblical Inerrancy," in James K. Hoffmeier and Dennis R. Magary (eds), *Do Historical Matters Matter to Faith? A Critical Appraisal of Modern and Postmodern Approaches to Scripture* (Wheaton: Crossway, 2012), 71-97.

5   이런 식의 논리는 이미 다음 저작에서 등장한다. A. A. Hodge and B. B. Warfield, "Inspiration," *Presbyterian Review* 2 (1881), 225-60 (241-2). 후기 복음주의 사상에도 그런 논리가 만연해 있었다: Gleason L. Archer, "The Witness of the Bible to Its Own Inerrancy," in James Montgomery Boice (ed.), *The Foundation of Biblical Authority* (Grand Rapids: Zondervan, 1978), 85-99 (92); R. C. Sproul, "Sola Scriptura: Crucial to Evangelicalism," in James Montgomery Boice (ed.), *The Foundation of Biblical Authority* (Grand Rapids: Zondervan,

했는지를 어떻게 알 수 있는가? 우리는 하나님이 이스라엘 백성들을 정말로 출애굽 시키셨는지를 어떻게 믿을 수 있는가? 우리는 하나님이 실제로 자기 백성을 사랑하시고 그들의 구원에 헌신하시는지를 어떻게 알 수 있는가? 성경이 어떤 한 부분에서 "오류가 있"을 수 있다면, 우리는 성경이 나머지 모든 부분에서 무오한지를 어떻게 알 수 있는가? 무오성에 대한 논의에서 종종 이러한 "미끄러운 경사면 논증"이 출현한다.[6] 그들은 일단 무오성이라는 난간이 제거되면, 소위 미끄러운 경사면은 아찔할 정도로 가파를 것이라고 생각한다.

결과적으로 본서는 역사비평을 수행하는 성경 해석자가 대면하는 신학적 도전들을 논의한다. 우리는 "미끄러운 경사면"이 그와 같이 무시무시한 각도로 기울어져 있는 것은 아니며, 그 경사면이 모래와 같이 불안정한 토양으로 이루어져 있어서 도저히 건너갈 여지가 없는 것도 아니라는 점을 보여주기를 소망한다. 물론 의심의 여지없이 우리가 뛰어넘어야 할 일부 난감한 토양이 존재한다. 그러나 복음주의 진영은 몇몇 확고부동한 탐험자들을 배출했으며, 게다가 우리의 길을 걷도록 도와줄 뛰어난 안내자가 없는 것도 아니다.

마찬가지로 미끄러운 경사면 이미지 자체가 가진 문제점도 지적할 필요가 있다. 제임스 던(J. D. G. Dunn)이 적절하게 주목하였듯이, 우리 가운데 일부는 성경을 엄밀성이라는 측면에서 불필요할 정도로 높은 자리에 올려놓는 바람에, 이제는 내려가는 일이 위험하게 느껴지는 높이에 우리 자신이

1978), 103-19 (116-17). 한편 이와 같은 입장은 Barr, *Escaping*, 37-9에서 비판받았다.

6   Carl F. H. Henry, *God Who Speaks and Shows: Fifteen Theses, Part Three*, vol. 4, *God, Revelation, and Authority* (Waco, TX: Word, 1979), 170-1, 76, 80-1, 84, 88-9, 93-5.

서 있다는 것을 발견하게 된다.[7]

　　일부 복음주의자들이 그들의 시작점을 너무 높게 잡았기 때문에 그들의 몇몇
제자들에게 있어 하나님과 그분의 진리에 대한 지식을 진전시키는 유일한 방
법은 그들이 "미끄러운 경사면"이라고 여기는 길을 내려가는 것뿐이었다. 이
경사면은 다른 어떤 이유에서도 아니고 바로 그들이 성경에 대한 자신들의 해
석을 성경 위에(인간의 전통을 하나님의 말씀 위에) 올려놓았기 때문에 생겨
난 것이다.[8]

성경을 연구하는 누군가가 성경 문헌들에 역사적으로 부정확한 부분이 존
재할 수도 있다는 생각에 다다르게 되면 그는 그 비탈을 조심스럽게 내려가
면서 성경의 역사적 주장들의 정확성을 평가할 것인데, 이것은 기독교로부
터의 변절 혹은 기독교에 대한 공격이 아니라, 기독교 신앙에 대한 봉사의
과정이다. 이러한 작업은 역사비평을 통해 수행되는데, 수많은 역사비평 학
자들이 의도했던 것도 이것이었다. 그러나 역사비평적 설전을 통해 만들어
진 복음주의 신학계 내의 커다란 간극은 역사비평이 여전히 우리에게 위협
으로 다가온다는 것을 의미한다. **이 책의 목적은 역사비평이 이처럼 기독교
의 근본적 교리주장들을 위협하는 요소가 아님을 보여주는 것이다.**
　　성경 무오성이 기독교 교리의 중심인지에 대한 논쟁이 우리만의 것은
아니다. 심지어 구프린스턴 학파의 위대한 학자들인 하지(A. A. Hodge)와 워
필드(B. B. Warfield)조차도 "영감"("Inspiration")이라는 그들의 획기적인 논문

7　　참조. Barr, *Escaping*, 158.
8　　Dunn, *Living Word*, 100.

에서 바람직하게도 성경 영감과 기독교의 본질적인 교리주장들을 구분한다.[9]

> 성경의 영감이 사실이며 그 사실성이 성경에 대한 적절한 해석의 근본원칙이지만, 그럼에도 그것이 기독교 진리의 일차적인 근본원칙은 아니다.…우리는 기독교 진리가 어떤 종류의 영감 교리에 의존하는 것처럼 믿도록 만들어서는 안 된다.…기독교가 주장하는 내용이 사실이 아니라면 영감이라는 말 자체가 무의미하겠지만, 비록 하나님이 우리에게…절대적으로 무오한(errorless) 계시에 대한 무류한(infallible) 기록을 주시기를 기뻐하지 않으셨다고 하더라도 기독교는 사실인 동시에 신적 기원을 가진 것일 수 있다.[10]

우리 안에 존재하는 견해 차이에도 불구하고(실제로 특정한 주제들에 대해 다양한 견해 차이가 존재한다), 이 책의 기고자들은 하나님이 어떤 방식으로 영감이 이루어지도록 의도하셨든지 간에 성경이 영감된 기록이라는 점에 동의한다.[11] 유사한 맥락에서 본서의 저자들은 우리가 성경을 역사적 문헌들의 선집으로 대해야 한다고 믿는다. 우리는 하나님이 자신의 기록된 말씀에 **어떤**

---

9   인정하건대, 다양한 기독교 전통들은 어떤 교리들이 기독교에 핵심적인가에 대해 통일된 목소리를 내지 않는다. 여전히 다양한 초기 기독교 신조들, (filioque 논쟁은 논외로 하고) 가장 광범위한 보편교회적 동의가 도출되는 탁월한 니케아-콘스탄티노플 신조도 예수의 출생, 죽음, 부활 이외에 역사적 사건들에 대해 거의 언급하지 않는다는 사실은 의미심장하다.

10   Hodge and Warfield, "Inspiration," 227을 보라. 무오성을 변호하는 유사한 진술도 참조하라. Kenneth S. Kantzer, "Evangelicals and the Doctrine of Inerrancy," in James Montgomery Boice (ed.), *The Foundation of Biblical Authority* (Grand Rapids: Zondervan, 1978), 147-56 (149); Thompson, "Divine Investment," 97.

11   질문은 성경의 모든 텍스트가 우리 현대인들이 그래야 한다고 가정하는 것과 동일한 방식으로 역사적 사실들의 전달을 목표로 하는지 여부에 관한 것이다. 그 어떤 독자도, 모든 사람이 역사적 사실들의 소통이 비유의 목적이 아니라는 점을 인정한다는 점에서, 선한 사마리아인의 비유가 역사적 사실들의 소통을 위한 것이라고 기대하지 않는다.

방식으로 영감을 부여하셨는지를 이해하기 위해서는 **귀납적으로** 성경을 연구해야 한다고 생각한다.[12]

우리 복음주의자들은 성경에 대한 역사비평적 접근방법에도 여지를 줄 필요가 있다고 믿는다. 성경에 대한 우리의 연구는 다분히 역사적이어야 하는데, 왜냐하면 우리는 하나님이 역사 속에서 아브라함에게, 이스라엘에게, 그리고 궁극적으로 예수를 통하여 자신을 계시하시기로 선택하셨다고 믿기 때문이다. 동시에 우리의 연구는 비평적이어야 하는데, 왜냐하면 우리는 위대한 종교개혁자들이 하나님 자신의 계시와 우리 인간의 전통들을 혼동했던 잘못을 답습하기를 원하지 않기 때문이다. 우리는 경건한 동시에 오류를 범하기도 하는 선배들의 전제를 절대적으로 존중함으로써 그들이 가졌던 한계가 하나님이 성경 속에서 말씀하셨던 방법에 대한 우리의 접근을 손상시키는 것을 원하지 않는다.

종인가 주인인가? 역사비평에 대한 비판적 태도

우리는 역사비평적 탐구가 어두운 면을 갖고 있다는 점을 인정해야 하는데, 역사비평의 지지자들이 특정한 수사학적 표현을 진부하게 사용해오고 있다는 사실을 발견하는 데는 그리 오랜 시간이 필요하지 않다(예컨대 역사비평이 마침내 그 추종자들을 교리적 잠에서 일깨웠다든지, 또는 그동안 신약성경을 억압해왔던 신학적 굴레로부터 그것을 해방시켰다는 식의 표현들). 혹자는 역사비평가들의 그

---

12 마찬가지로 Enns, *Inspiration*, 66, 108, 68; Kenton L. Sparks, *God's Word in Human Words: An Evangelical Appropriation of Critical Biblical Scholarship* (Grand Rapids: Baker Academics, 2008), 73-132.

와 같은 무모한 신뢰가 그들을 예수의 무덤을 지키던 경비병들처럼 만든 것은 아닌지 궁금해한다. 그들은 부활한 신인(神人)이 자신의 관 밖으로 민첩하게 발을 내딛고, 잠에 빠진 그들 위를 지나 무덤에서 나와, 생명과 죽음의 문이 우주의 지배자의 손을 벗어나 확실하게 차단되었음을 확신하는 그들을 뒤에 남겨둔 채 밖을 거닐고 있을 때도, 죽은 자들은 결코 부활하지 않을 것이라는 확고한 신념 가운데 자신들의 뒤에서 일어나는 진귀한 종말론적 순간을 즐기지 못한 채, 누운 자리에서 코를 골고 자고 있었다.

성경에 대해 전적으로 비판적인 입장을 취했던 초기 주석가들은 종종 교회 지도자들과 심각한 갈등을 빚었고, 그때로부터 지금까지 지속적으로 쌍방 간의 혹평이 이어져왔음을 추적할 수 있다. 성경에 대한 역사비평적 접근의 기원이 정확히 무엇인지에 대해 논란이 있기는 하지만, 적어도 이에 대해 영국 이신론과 성경 기사들의 신뢰성에 대한 대륙의 회의주의가 기여한 바가 없지 않다는 점은 분명해 보인다. 단순히 라이마루스(Hermann Samuel Reimarus)나 슈트라우스(David Friedrich Strauss)와 같은 이름들을 언급하는 것만으로도 역사비평의 신학적 의도들의 역사가 얼마나 파란만장한 것이었는지를 충분히 짐작할 수 있다. 그처럼 이념에 대한 인식이 강한 시대에 역사비평 탐구가 가치중립적이었을 것이라고 가정하는 것은 지나치게 순진해 보인다.

따라서 이러한 관점에서 혹자는 다음과 같은 질문, 즉 우리는 역사비평이라는 이데올로기의 요구가 반드시 총체적 특성을 띠는가라는 질문을 제기할 수 있을 것이다. 만일 우리가 그 질문에 "그렇다"라고 대답한다면,[13] 게

---

13   마찬가지로 Robert W. Yarbrough, "The Embattled Bible: Four More Books," *Them* 34.1 (2009), 6-26.

다가 게르트 뤼데만(Gerd Lüdemann)의 표현처럼 역사비평에 손가락 하나라도 건네는 자는 결국 손 전체를 제공하게 될 것이라는 점을 우리가 인정한다면,[14] 복음주의자들은 단호하게 역사비평을 수행하기를 거절해야 한다. 만일 신앙의 윤리가 근대 후기의 용어로 규정된 증명 가능한 역사라는 빗장을 통과하는 것들만을 역사로 인정한다면, 이데올로기적으로 결정된 역사적 방법론은 그 어떤 것도 정통(하물며 복음주의적) 기독교에 접근하는 것을 허용하지 않을 것이다. 그러나 역사비평 자체에 비평적으로 접근하는 것, 비포괄적 형태로 그 방법들을 차용하는 것, 그리고 역사비평에 대해 주인의 집에서 성실하게 일하는 무가치한 종의 입장을 부여하는 것이 가능하다면, 복음주의자들은 적극적으로 그 방법에 관여(하고 비판)해야 한다.

사실 역사비평과의 관계를 재설정하도록 요청하는 본서는 "광야에서 외치는" 외로운 "목소리"로서 나서는 것이 아니다. 오히려 우리 기고자들은 일치된 음성으로 복음주의자들을 향해 지적인 정직성과 학문적인 열정을 가지고 성경이 가진 그 모든 난해한 특이성까지 고려하여 성경과 씨름하라고 목소리를 높이는 것이다. 확실히 성경은 문젯거리이기만 한 책이 아니며, 후기 종교개혁자들이 표방한 성경의 명료성(*claritas Scripturae*)이라는 주장은 중요한 진리를 담고 있다. 그러나 성경의 명료성에 대한 어떤 주장이라도, 그것이 만일 성경에 대해 **우리가** 요구하는 완전성이 아니라 성경 자체가 **가지고 있는** 완전성을 탐구하는 수고스러운 과제에 참여하는 일을 회피하기 위한 핑곗거리가 되어버린다면, 그것은 아주 무책임한 주장이 되고 말 것이다. 사실상 역사비평에 관여하기를 완전히 거절하는 것은 오직 다음 세대가

---

14   Gerd Lüdemann, *Das Jesusbild des Papstes: Über Joseph Ratzingers kühnen Umgang mit den Quellen* (Springe: zu Klampen, 2007), 151.

반역을 준비하게 만드는 효과—혹은 적어도 그들로 하여금 복음주의를 떠나게 만드는 효과—를 초래할 수 있을 것이다. 사려 깊은 복음주의자가 일부 비평적 결론들이 사실상 옳다는 확신을 갖게 되었을 때 그는 어떻게 해야 하는가? 우리가 교회 성도들을 섬기는 학자로서 그 질문에 대답하는 데 실패한다면, 우리는 교회를 위하여(따라서 종종 예언자적으로 교회에 대항하여) 생각하라는 소명에 실패한다. 복음주의가 초창기의 반지성주의를 탈피하려고 노력하였듯이, 지성인의 삶 속에서 신뢰라는 좁은 길을 걷는 데는 더 큰 믿음이 필요하다. 그 안에서 복음주의 성서학자들은 판에 박힌 경건한 말들을 늘어놓지 말고 그 나름의 불편한 용어로 성경의 증언을 명확하게 밝혀주어야 한다.

이제는 신학적 풍토가 비평적 질문들을 다시 제기할 만큼 무르익은 것일 수도 있다. 혹자는 존 웹스터(John Webster)를 뒤따라 성경의 위치를 조직신학 서설(다른 모든 것을 결정하는 근본적인 교리)의 자리에서 하나님과 교회라는 본래의 자리로 되돌려놓고 싶은 열망을 느낄 수도 있을 것이다.[15] 다른 전통에 속한 그리스도인들에게서와 마찬가지로, 복음주의자들이 스스로의 인식론적 수면에서 점차 깨어남에 따라 신학 방법론상 토대주의적(foundationalist) 충동들이 순수한 기독교 신학적 성찰에만 아니라 확실성에 대한 계몽주의적 갈망과도 깊이 관련되어 있다는 것이 점점 더 명확해진다. 성경이 엄격한 의미에서 신학의 서설이 아니라면, 그리고 성경이 교회 안

---

15   John Webster, *Holy Scripture: A Dogmatic Sketch* (Cambridge: Cambridge University Press, 2003), 그리고 다음과 같은 사람들이 제기한 유사한 복음주의적 제안들을 주목하라. Kevin J. Vanhoozer, *The Drama of Doctrine: A Canonical Linguistic Approach to Christian Theology* (Louisville: Westminster John Knox, 2005, 『교리의 드라마』[부흥과개혁사 역간]); A. T. B. McGowan, *The Divine Spiration of Scripture: Challenging Evangelical Perspectives* (Nottingham: Apollos, 2007).

에서 성령을 통해 이루어지는 하나님의 화해사역의 한 측면 혹은 한 동인 (agent)으로 (비록 독보적인 특권을 누리는 것이기는 하지만) 간주될 수 있다면, 우리는 무오성이라는 인식론적 확실성이 아니라 하나님의 주권적 자유가 교회와 그 증언을 지탱한다는 점을 아는 데서 오는 자유 가운데 신학을 추구할 수 있다. 더욱이 전통을 재평가하고 교부들의 저술 속에 나타난 기독교 전통들의 공통적인 뿌리를 회복하는 일은 한편으로 광범위한 전통의 한계들 내에서 역사비평적 질문들을 추구하는 자유를 위한 특정 공간을 제공하며, 다른 한편으로 성경 연구가 다시 한번 교파 간 대화를 위한 만남의 근거가 될 수 있도록 허용한다. 우리는 제2차 바티칸 공의회 이후에 주류 개신교와 가톨릭 주석가들 사이에 행해진 교회일치적인 만남을 보았다.

사실 복음주의자들은 가톨릭 동료들로부터 배워야 할 점이 있다.[16] 복음주의 진영의 다수는 다양한 방식으로 과거 제2차 바티칸 공의회 이전의 가톨릭교회를 사로잡았던 현대주의와의 갈등에 연루되어 있다. 그러나 지난 세기에 걸쳐서 가톨릭교회는 특별히 「성령에 영감된」(Divino Afflante Spiritu, 1943)과 「하나님의 말씀」(Dei Verbum, 1965)이라는 칙서를 통하여 비평적 질문들을 다룰 수 있는 공간을 마련했다.[17] 그리하여 1993년에 발행된 교황청 성서위원회의 문서 「교회의 성경 해석」은 다양한 정도의 성경 해석 접근방법들을 지지하는 한편 반계몽주의적 근본주의에 대해 강력한 거부를 표명한다. 이 문서들은 모두 공의회적이고 관료적인 정통에 대한 관심을 보여주는 한편 비평적 질문들에 대한 탐구의 필요성도 인식하고 있다. 만일 이러한 필요가 충족되지 못한다면, 신자들의 "개연성 구조"가 위험에 처하

---

16   참조. Sparks, *Human Words*, 194-5.
17   참조. Daniel J. Treier, *Introducing the Theological Interpretation of Scripture: Recovering a Christian Practice* (Grand Rapids: Baker Academic, 2008), 28-31.

게 될 것이다.[18]

때늦은 청혼과 어색한 동반자들

"성경의 교리적 재배치"와 같은 중량감 있는 표현은 즉각적으로 신학 방법
론에 관한 질문을 야기한다. 우리는 본서가 추구하지 않는 것이 무엇인지를
장황하게 설명함으로써 독자들의 인내심을 시험하지는 않겠지만, 적어도
우리는 본서가 단일한 신학적 방법론을 규정하는 저작이 아니라는 점은 분
명히 밝히고자 한다. 사실상 누구나 본서의 기고문들에서 신학화의 방식에
대한 다양한 접근방식들을 파악할 수 있다. 역사비평의 결론들이 특정한 유
형의 신학적 방법론(예컨대 신학적 주장들 전부를 성경 자체가 제공하는 자료에 근거
하여 확고하게 구축할 것을 요구하는 엄격한 토대주의[foundationalism])을 추구하는
데 반대하며 경고하지만, 광범위하게 다양한 신학적 방법론들이 역사비평
적 탐구에 대해 호의적일 수 있다는 것도 마찬가지로 사실이다. 이 책의 목
적은 신학 작업의 수행을 위해 단일한 방법을 추천하는 것이 아니라, 오히
려 우리가 따르는 방법이 무엇이든지 간에 비평적 성서 주해의 열매들을 어
느 정도 승인해야 한다고 주장하려는 것이다.[19]

---

18 20세기 역사비평에 대한 로마 가톨릭 학계의 접근들을 간략하게 개관한 것으로는 다음
    을 보라. Benedict Thomas Vivano, "The Normativity of Scripture and Tradition in Recent
    Catholic Theology," in Markus Bockmuehl and Alan T. Torrance (eds), *Scripture's Doctrine
    and Theology's Bible: How the New Testament Shapes Christian Dogmatics* (Grand Rapids:
    Baker, 2008), 125-40.
19 일부 최근 복음주의의 신학 방법론에 대한 성찰로는 다음을 주목하라. Treier, *Theological
    Interpretation*; John G. Stackhouse (ed.), *Evangelical Futures: A Conversation on Theological
    Method* (Grand Rapids: Baker Academic, 2000); I. Howard Marshall, *Beyond the Bible:*

우리가 복음주의자들에게 역사비평적 관점들을 포용하라고 요청하면서 복음주의 진영에서 너무나 친숙한 내용을 단순히 한 번 더 되풀이하려해서는 안 될 것이다. 이미 합의된 입장을 차용하는 것은 이미 그 자체로 구태의연한 유물이 되어버린다. 이 시대의 영과 결혼하는 사람들이 다음 세대에는 과부가 되는 것처럼, 복음주의자들은 때늦은 청혼(deathbed marriage proposals)에 능숙한 자들로 드러나고 말 것이다. 우리는 교회와 학계의 대다수가 역사비평의 족쇄를 던져버리는 것처럼 보이는 바로 그때에 복음주의자들에게 역사비평에 투항할 것을 요청하고 있는 것은 아닌가? 그런 것 같지는 않다. 역사비평 방법들이 성경 텍스트에 접근하는 학술적으로 철저한 유일한 방식은 아니라는 점을 인식하는 것이 곧 역사비평이 주도권을 잃어버리는 것으로 비춰질 수도 있겠지만, 그러한 깨달음은 역사비평 방법론에 대한 대대적인 포기라기보다는 질책으로 받아들여져야 할 것이다. "확고한 비평적 결과"라는 표현이 이제는 단순히 주의를 환기시키는 문구로 격하되고 대체로 풍자적으로 사용되는 상황에서는 역사비평에 관여하는 것이 오히려 건전한 접근 방법이라고 볼 수 있다.[20] 이로 볼 때, 역사비평 방법에 대해 비평적인 태도를 견지하고자 하는 복음주의자들의 열망은 그들로 하여금 복음주의자로 남아 있으면서도 필수불가결한 역사적 질문들에 대해 정직하고 면밀하게 관여하도록 도울 수 있다.

이런 유의 저작이 복음주의 학계의 전형으로 받아들여질 수 없는 이유는 우리가 의도했든 그렇지 않든 간에 상당 부분 우리 자신이 매여 있을 수

Moving from Scripture to Theology (Grand Rapids: Baker Academic, 2004); Vanhoozer, *Drama of Doctrine*.

20 이런 입장을 따르는 다음 책들의 날카로운 성찰을 주목하라. Dale C. Allison, *The Historical Christ and the Theological Jesus* (Grand Rapids: Eerdmans, 2009), 6-30.

밖에 없는 철학적 패러다임들 때문이다. 오늘날에는 복음주의의 발흥과 근대주의 사고의 주도권 간의 밀접한 관계를 지적하는 것이 케케묵은 말에 불과하다. 아래에서 개괄하겠지만, 많은 복음주의자들은 성경을 평가하기 위한 진리판단의 기준들과 성경 텍스트가 역사를 대하는 방식에 대한 여타의 인식론적 판단들을 포함하여 근대주의(대단히 기만적이고 획일적인 개념)에 핵심적인 몇몇 신조들을 수용하였다. 비록 그들이 아직도 계몽주의 이후의 사고와 상당한 거리를 유지하고 있기는 하지만, 그들 중 일부는 철학적이고 신학적인 이슈들을 충분히 고려하지도 않은 채 근대주의에 대한 포스트모던적 거절 혹은 비판과 어색한 연합을 도모하려는 유혹을 받는다. 결국 기존의 어색한 동반자가 동일하게 어색한 다른 동반자로 대체된다.

그러나 포스트모던은 오늘날 복음주의 학계가 선택할 수 있는 하나의 대안일 뿐이며, 복음주의 운동 전체가 포스트모던의 핵심적인 강조점들까지도 철저하게 수용하는 단계에까지 이를 가능성은 거의 없다. 역사적으로 복음주의자들과 그들의 조상들은 근대주의가 세운 인식론적 근거들을 바탕으로 성경의 권위를 옹호하고자 노력해왔다. 그 근거들에는 특별히 의미와 역사적 지시대상 간의 엄밀한 동일성이 포함되는데, 이에 관해서는 아래서 살펴볼 것이다. 비록 우리의 모든 지식이 상황적이며 편향적이라는 포스트모던의 집요한 주장을 복음주의자들이 압박으로 느낄 수도 있겠지만, 그럼에도 복음주의가 역사 전체에 대한 관심을 회피한다는 것은 상상하기 어려운 일이다. 복음주의 운동은 성경을 역사적으로 대하는 오랜 전통을 가지고 있다. 한편으로는 역사적 맥락에서 성경을 이해하려 노력한다는 측면에서, 그리고 다른 한편으로는 역사를 위해 성경을 읽는다는 측면에서 말이다. 특별히 후자의 측면에서, 텍스트의 세상이 텍스트 밖의 세상과 단절되었을 때 문제가 발생했다. 이제 우리는 그 단절에 관하여 살펴보려고 한다.

비평 이전 학파에서 비평학파까지

일부 학파의 관점에서 역사적 사건들에 대한 성경 텍스트의 증거는 기독교 신학을 수행하기에 적합한 신뢰성을 제공하지 못한다. 지난 300년 이상 다양한 부류의 신학자들이 역사비평적 논의를 회피해왔다. 일부 학자들은 신학적 메시지가 성경 이야기 자체에 의해 충분히 소통될 수 있다고 보았으며,[21] 다른 학자들은 성경이 담고 있는 신학적 내용들을 보편적인 종교적 이상들[22] 혹은 텍스트에 표현된 인간의 본질적인 종교 경험들[23]속에서 발견해야 한다는 견해를 밝혔다. 그런가 하면 또 다른 학자들은 성경 기록들에 내포된 신학적 잠재성이 더 이상 축소 불가능하게 다가적(polyvalent)이라고 추정하였다.[24] 그러나 복음주의 학자들은 성경의 역사적 언급에 무관심할 수 없다. 우리 모두는 특정한 사건들이 발생했으며 그것들이 하나님의 백성의 특별한 역사에 대한 우리의 경험과 소망에 있어서 중요하다고 믿는다.[25] 이 것은 역사적이고 종말론적인 구속에 대한 우리의 소망이 거의 보편적이라는 점에서 더욱 통렬한 문제다. 우리 모두는 성경이 그 사건들을 전달하고 거기에 해석적 표현을 제공한다는 점을 인정한다. 그러나 본서가 제기하고

---

21 이 관점은 비록 그 지지자들이 역사비평이나, 특히 Brevard Childs의 정경비평 접근법과 신중한 균형을 지지하지만, 전형적으로 예일 학파의 것이다. George Lindbeck, "The Story-Shaped Church: Critical Exegesis and Theological Interpretation," in Stephen E. Fowl (ed.), *The Theological Interpretation of Scripture: Classic and Contemporary Readings, Blackwell Reading in Modern Theology* (Oxford: Blackwell, 1997), 39-52.

22 Spinoza, 18세기 낭만주의자들, 신교의주의자들.

23 Schleiermacher의 신의식과 같이.

24 해체주의와 포스트모던 해석자들.

25 더 자세한 설명은 다음을 보라. Christopher M. Hays, "Theological Hermeneutics and the Historical Jesus: A Critical Evaluation of Gadamerian Approaches and a New Methodological Proposal," in Jan van der Watt (ed.), *The Quest for the Real Jesus* (Leiden: Brill, 2013).

자 하는 중요한 질문은 다음과 같다. 즉 복음주의 기독교 신앙의 온전성이 유지되기 위해서는 성경이 담고 있는 사건들, 속성들, 기대들이 **어느 정도까지 텍스트에 묘사된 대로 발생했어야만 하는가?** 복음주의 기독교 신학은 어느 정도까지 역사비평이 내리는 결론으로부터 위협을 받는가?

비평 이전 시대인 16세기 성경 해석에서 칼뱅, 루터, 에라스무스 같은 거장들이 신학계를 활보하면서 제도권 교회와 스콜라 학파의 과도함에 대항하기 위해 성경의 권위를 회복하고자 고군분투하던 그때만 해도 성경의 역사적 묘사들의 진실성을 문제 삼을 만한 토대는 아직 미미한 편이었다. 성경의 역사성에 대해 의문을 제기하게 만드는 수많은 아시리아 명문들, 여리고 발굴, 우주의 연대에 관한 근대의 천체물리학 이론도 아직 존재하지 않았다. 성경의 고유한 특성(이것은 복음주의자들이 무오성에 관한 자신들의 입지를 강화하기 위해 강조하는 것이다)에 대한 종교개혁자들의 열광적인 찬양은 성경을 이해하기 위해서는 전통을 고려해야 한다는 로마 가톨릭교회의 호소를 논박하는 데 우선적인 초점이 있었다. 그러므로 종교개혁 기간 동안에는 성경이 묘사하는 사건들이 실제 시공간의 역사 안에서 발생하였는가의 여부에 대해 논란을 초래하는 역사적 혹은 신학적 자극은 거의 없었다.

그러나 계몽주의와 비평적 성서학의 등장으로 모든 것이 변했다. 이제 우리는 텍스트에 대해 서로 다른 정도의 신뢰성만을 허용하게 만드는 수많은 고려사항들로 인하여 성경 텍스트를 의문시할 수 있는 세상에 살고 있다. 복음주의자들은 이러한 매서운 공세에 직면해서도 전혀 위축되지 않았다. 우리는 허울 좋은 추론이나 자연주의의 의문스러운 전제들, 헤겔식의 역사발전 이론들, 혹은 인습타파를 선호하는 미국 학술계의 경향에 저항해왔다.[26] 우리는 본문비평, 상호텍스트성, 고대 언어들과 주해 분야에서 두각을 나타내왔다. 그러나 역사적 증거의 무게가 성경의 증언을 지지하기보다는 그에 대한 비평 가능성 쪽으로 기울기 시작할 때 복음주의자들은 종종 칼뱅과 비평 이전 시기의 전제, 즉 성경 텍스트는 사건들을 과거 역사에서 발생한 그대로 정확하게 전달한다는 전제의 그늘로 도피한다.[27] 우리는 증거가 우리 입맛에 맞을 때는 아무 거부감 없이 채택해왔던 학술적인 도구들을 내팽개친 채로, 성경에 기록된 사건들의 변함없는 정밀성을 확신하면서 성경 무오성이라는 교리를 손에 들고서 너무나도 자주 그것을 곤봉 삼아 (슈바이처의 인상적인 이미지를 차용하자면) 역사비평의 머리를 내리치는 "물개사냥"에 나선다. 그러나 과연 우리는 무오성을 곤봉으로 삼지 않으면 역사비평의 핵심을 제대로 논박할 수 없는 것인가? 복음주의자들이 이 논의에 지극히 제한적으로만 참여해왔기 때문에 이에 대해 섣불리 결론을 내리기는 어려울 것이다.[28] 어쨌거나 우리는 성경에 기록된 사건들의 진실성에 대해 큰 기대를 걸고 있으며 그 사건들의 역사성에 대한 진정한 비평적 평가를 수행해야 할 의무를 지닌 복음주의자들이 아닌가?

이에 대한 평가에는 성경 텍스트 자체가 독자들이 그 안에 포함된 내러티브들을 역사적·시공간적으로 발생한 사건으로 받아들일 것이라는 기대를 표명하고 있는가에 대한 논의도 포함될 수 있다. 이것은 주어진 성경 텍스트의 의미에 대한 근본적인 해석학적 논쟁과 충돌한다. 한스 프라이(Hans Frei)는 『성서 내러티브의 쇠락』(*The Eclipse of Biblical Narrative*)이라는 탁월한

---

26   Noll, *Faith and Criticism*, 33-4, 86.
27   이 호소가 칼뱅에게 전적으로 공정한가 여부는 여전히 다른 문제로 남아 있다.
28   이 말을 복음주의 일반적인 경향과 단절되어 역사비평에 진지하게 관여하는 복음주의 학자들을 전면적으로 거부하는 것으로 받아들이지 말기를 바란다. 오히려 이것은 동반자로서 그들에게 보내는 초대의 글이다.

저서에서 내러티브 텍스트에서 의미의 자리에 관한 18, 19세기의 논쟁들을 정리했다. 여기서 위의 논쟁 과정에 관한 프라이의 정리를 요약할 필요가 있는데, 이 복잡다단한 문제에 관해 이보다 더 유용한 지침을 발견하기가 어렵기 때문이다.

역사와 이야기

영국의 이신론자 앤서니 콜린스(Anthony Collins)의 저술에서 시작하여 18세기의 많은 학자들은 내러티브나 역사 형태를 띤 텍스트들의 "의미"를 **구체적인 역사적 지시대상**(본문에서 명시적으로 발생했다고 주장하는 사건들)과 동일시하게 되었다.[29] 비록 낭만주의와 이상주의적 학자들이 콜린스의 관점을 논박하기는 했지만, 그들의 대안적인 관점들이 의존하였던 근본적인 보편주의는 계시로서의 성경의 독특성에 대한 보수파의 확신이나 (J. 코케이우스와 J. A. 벵겔처럼) 자신들의 정체성을 성경 역사와의 연속선상에서 찾고자 했던 전통적인 그리스도인들의 욕구와 양립할 수 없었다. 이처럼 종교개혁 전통의 후계자들은 명시적인 지시대상을 의미와 동일시하는 콜린스의 입장에 찬성하였다. 그러자 이러한 보수적인 성경 주석가들은 자신들이 성경 텍스트의 역사적 정확성에 대한 격렬한 전쟁에 휘말렸다는 사실을 발견하게 된다.

　논쟁의 다음 단계에서는 관심의 초점이 성경 내러티브의 역사성에서

29　Hans W. Frei, *The Eclipse of Biblical Narrative: A Study in Eighteenth and Nineteenth Century Hermeneutics* (New Haven: Yale University Press, 1974), 66-85.

고대 저자들의 "신화적" 사고방식으로 옮겨갔는데, 고대 저자들은 생각과 논리가 아직까지 추상적 개념화에 통합되지 않은 것으로 간주되었다. 고대 저자들을 비하하는 이런 관점의 지지자들은 성경 저자들이 무의식적으로 민족정서를 시적으로 표현함으로써 정교한 신화들을 탄생시켰다고 주장하였다. 달리 표현하자면 위의 학자들은 계몽주의 이전의 고대 유대인들이 초월자를 묘사하는 다른 범주들을 알지 못했기 때문에 하나님의 성품과 사역을 설명하기 위해 신화적인 표현을 사용했다고 주장한다. 슈트라우스가 발전시킨 이 신화적 관점[30]은 전통적인 주석가들 사이에서 인기를 얻지 못했기 때문에, 내러티브 텍스트의 의미를 위한 정통주의자들의 자리는 역사적 사건에 대한 명시적인 지시대상에 머무는 상황이 지속되는 듯하다.

이어서 프라이는 칸트 이후 (슐라이어마허와 같은) 자유주의 개신교 신학자들이 신학 작업에는 자의식적 위치 설정이 요청된다는 점을 어떻게 논증해왔는지를 설명한다. 말하자면 사람들은 자기 자신을 의탁하는 종교적 관계 속에서만 하나님을 알 수 있으며, 이러한 관계가 하나님을 그 자체로서 아는 것을 함의하지는 않는다는 것이다.[31] 결과적으로 성경 해석자는 객관적인 관찰자가 아니라 주관적인 종교인으로 간주되어야 한다는 것이다. 이제는 종교적 경험에 성경이 어떤 역할을 하는가에 관심이 집중되었다.

지난 200년간 학계의 역사를 요약하자면, 해석학은 성경 이야기들의 역사성에서 초점을 맞추기보다는 그 이야기들이 현대 독자들에게 끼친 종교적 영향들에 초점을 맞추게 되었다. 문제는 대다수의 복음주의자들이 칸트의 신념, 곧 해석자가 신학적 이해를 결정하는 주된 요인이라는 관점을

---

30 Frei, *The Eclipse of Biblical Narrative*, 233-44.
31 Frei, *The Eclipse of Biblical Narrative*, 283-4.

거부한다는 것이다.[32] 그러면 우리는 어떤 해석학적 기준을 채택해야 하는 것일까?

프라이는 자신의 저서를 슐라이어마허와 헤겔에 관한 논의로 마무리하는데, 이는 그가 보기에 그들이야말로 책 제목처럼 "성서 내러티브의 쇠락"을 대표하기 때문이다. 그들은 성경 내러티브의 의미를 텍스트 자체가 아니라 다른 곳에서 찾으려는 18, 19세기 경향의 정점에 위치한다. 프라이 자신은 의미를 텍스트 자체에 위치시키는 대신 명시적인 역사적 지시대상이나 이상적 지시대상 혹은 저자의 신화적 의식이나 해석자의 독특한 종교적 성향에 의해 굴절된 성령에게로 돌리는 것에 비판적이다. 프라이가 소망했던 것은 해석자들이 성경의 의미를 내러티브 텍스트 자체에 두게 하는 것이었다.[33] 프라이는 성경이 우리의 세계관 형성을 위한 역사 형태의 메타내러티브를 제공하는 것으로 이해한다. 텍스트에서 묘사되는 사건들이 실제 역사 속에서 발생했는지 여부와는 무관하게 말이다.[34]

대부분의 복음주의 성서학자들은 의미를 내러티브 본문에 두려 했던

---

32 Noll, *Faith and Criticism*, 146.

33 비록 Frei 자신이 이런 말을 공개적으로 자주 하지는 않지만 말이다. *Eclipse of Biblical Narrative*, 280; 그의 개인적인 해석학적 의제는 다음 논문들에서 더욱 명확해진다. "Remarks in Connection with a Theological Proposal," in George Hunsinger and William C. Placher (eds), *Theology and Narrative: Selected Essays* (Oxford: Oxford University Press, 1993), 26-44 (38-41); "The 'Literal Reading' of Biblical Narrative in Christian Tradition: Does It Stretch or Will It Break?," in Frank McConnell (ed.), *The Bible and Narrative Tradition* (Oxford: Oxford University Press, 1986), 36-77 (66-73).

34 Frei, "Remarks," 34-7; Frei, "Theology and Interpretation of Narrative: Some Hermeneutical Considerations," in George Hunsinger and William C. Placher (eds), *Theology and Narrative: Selected Essays* (Oxford: Oxford University Press, 1993), 110-14; Frei, "Response to 'Narrative Theology: An Evangelical Appraisal,'" in George Hunsinger and William C. Placher (eds), *Theology and Narrative: Selected Essays* (Oxford: Oxford University Press, 1993), 207-12 (208-10).

프라이의 욕구로 인해서 자신들이 양방향으로 끌려간다고 느꼈는데, 이는 납득할 만한 것이었다. 프라이의 관점은 그 자체가 성경에 대한 신학적 해석이며, 텍스트 자체를 하나님의 말씀을 중재하기 위한 수단으로 간주한다. 그러나 그의 관점은 이야기되는 사건들의 시공간적 실재에 대한 광범위한 무관심을 수반하는데, 대다수의 복음주의 학자들은 이를 용납하지 못할 것이다.[35]

프라이가 묘사한 그림은, 그것이 담고 있는 공시적이고 철학적인 세부사항들에도 불구하고, 프라이 자신과 유사한 결론을 도출하고자 하는 의도를 가지고 있을 때에만 용납할 수 있는 전방위적인 충격을 내포한다. 그의 책 제목이 보여주는 것처럼 프라이의 우선적인 관심사는 성경의 "내러티브"다.[36] 이처럼 프라이는 명시적인 지시대상으로서의 의미와 내러티브에 내재하는 요소로서의 의미를 구분한다. 이러한 이분법에 근거하여, 창세기 1-11장이나 요나서 같은 텍스트에서 신학적 의미를 도출하고자 하는 희망을 여전히 갖고 있는 대부분의 비복음주의 학자들은 그러한 내러티브들을 역사가 아닌 이야기로 해석하기를 선택했다. 물론 **일부** 성경 내러티브를 이해하는 데는 이것이 바른 방법일 수도 있다. 경우에 따라서는 어떤 텍스트를 이해하고 그 텍스트를 **역사적으로 자리매김 된 문서**로서 존중하고자 할 때 가장 책임 있는 역사연구 방법은 내러티브의 역사성이 아니라 의미를 묻

---

35 참조. Graham A. Cole, "The Peril of a 'Historyless' Systematic Theology," in James K. Hoffmeier and Dennis R. Magary (eds), *Do Historical Matters Matter to Faith? A Critical Appraisal of Modern and Postmodern Approaches to Scripture* (Wheaton: Crossway, 2012), 55-69.

36 물론 "내러티브"라는 그런 미분화된 범주는 복음서, 사도행전, 전기 예언서, 창세기, 출애굽기, 에스라-느헤미야, 요나서, 다니엘서라는 다양한 텍스트를 담아내기에 충분할 만큼 포괄적인 제목이 아니다. 이러한 책들과 책들의 일부가 소속될 수 있는 수많은 하위 범주들이 존재한다.

는 것일 수 있다. 하지만 이것은 언제나 적용될 수 있는 만고불변의 원칙은 아니다. 때로는 어떤 사건이 성경에 묘사된 방식대로 발생하였는지 여부가 (고대 저자와 21세기 독자 모두에게) 실제로 중요한 문제가 되는 경우도 있다.[37] 엄밀한 의미에서 기독교 성경 해석은 그 차이를 말할 수 있어야 한다. 우리는 모든 역사적 세부사항들까지 고려하면서 텍스트를 살필 정도로 비평적일 필요가 있으며, 더불어 역사비평적 결정들이 종종 신학적인 파급효과를 가진다는 점을 인식할 정도로 복음주의적일 필요가 있다.

비평적인 동시에 복음적인 성서학

그러므로 본서는 보수적 성서학자들이 비평적인 동시에 복음주의적이 되어야 한다고 요청한다. "복음주의"라는 용어의 정확한 의미가 무엇인지에 대해서는 여전히 논쟁이 진행 중이며, 우리의 의도는 그 용어가 포괄하는 범위를 규정하는 것이 아니라 그 용어가 묘사하는 핵심을 밝히는 것이다. 이런 의미에서 우리는 최근에 티모시 라슨(Timothy Larsen)이 『케임브리지 컴패니언 시리즈: 복음주의 신학』(*Cambridge Companion to Evangelical Theology*)에서 제시한 개념정의를 따른다.

복음주의란 1) 정통적 개신교로서, 2) 존 웨슬리 및 조지 휘트필드와 관련된 18세기 부흥운동에서 비롯된 세계적 기독교 네트워크의 전통에 서 있으며, 3) 성경이 신적으로 영감된 말씀으로서 그리스도인의 신앙과 행위에 대한 최종

---

37   Hays, "Theological Hermeneutics."

권위라고 인정하며, 4) 십자가에 달리신 예수 그리스도의 속죄사역을 통한 하나님과의 화해를 강조하며, 5) 개인의 인생에서 회심을 초래하는 성령의 사역, 하나님과의 지속적인 교제의 삶, 그리고 하나님과 이웃에 대한 섬김(여기에는 모든 민족에게 복음을 선포하는 과업에 모든 신자들이 참여해야 할 의무도 포함된다)을 강조한다.[38]

여기서 우리가 복음주의자라고 규정하는 대상은 위와 같은 신자들이다.

본서의 구성

본서의 목적은 복음주의자들에게 역사비평에 관여하는 것이 그들의 기독교 신앙고백을 위험에 빠뜨리지 않는다는 점을 보여줌으로써 역사비평적 방법을 진지하게 다루도록 격려하는 데 있다. 우리는 이를 위해 중요하면서도 논쟁적인 일곱 가지 역사비평적 주제들을 다룰 것이다. 물론 우리는 어떤 단일 사안에 대한 최종적인 해결책을 제시하려는 것이 아니라 역사비평이 갖는 잠재적인 신학적 영향력을 평가하려는 것이다. 본서의 각 장은 주어진 주제에 대한 비평적 입장을 기술하는 것으로 시작하여 여기 제시된 비평적

---

38 Timothy Larsen, "Defining and Locating Evangelicalism," in Timothy Larsen and Daniel J. Treier (eds), *The Cambridge Companion to Evangelical Theology* (Cambridge: Cambridge University Press, 2007), 1-14 (1). Larsen 자신은 그 개념을 David Bebbington의 유명한 "사중적" 발전으로 제시한다. "복음주의 신앙의 특정한 표지였던 네 가지 특징들이 존재한다. 즉, 삶이 변화될 필요가 있다는 신념인 회심주의, 활동적인 복음 제시를 의미하는 활동주의, 성경에 대한 특별한 관심을 의미하는 성경주의, 그리고 십자가에서의 그리스도의 희생에 초점을 맞추는 십자가 중심주의라고 불리는 것이 있다."(D. W. Bebbington, *Evangelicalism in Modern Britain: A History from the 1730s to the 1980s* [London: Unwin Hyman, 1989], 3).

개념들이 기독교 교리에 미치는 파장을 분석하는 데로 나아갈 것이다.

각 장들은 비평적 논제들의 묘사에서 출발하여 그 논제들의 신학적 추이에 대한 평가로 이동하는 기본 절차를 따를 것이지만, 논의되는 주제와 관련된 가장 중요한 비평적·신학적 사안들에 집중하는 방식으로 조율될 것이다. 종종 비평적 입장은 너무나 제각각이어서 (역사적 예수 탐구, 혹은 사도행전의 바울과 서신서의 바울 간의 관계에 대한 연구에서처럼) 다양한 관점들을 개별적으로 다룰 필요가 있을 것이다. 일반적으로 비평학계는 (아담의 역사성에 대한 논란 혹은 정경 내에 위작 텍스트가 존재하는지 여부와 같은 문제에서처럼) 기독교 신학과 관련하여서는 주어진 사안에 대해 통일된 입장을 견지한다. 따라서 우리는 부수적인 사안들에 대해 비평학자들 사이에 존재하는 무한한 불일치점들을 세세하게 다룸으로써 독자들의 인내를 시험하지는 않을 것이다.

각 장에서는 역사비평적 주제를 탐구하는 과정에서 제안되는 다양한 교리적 이슈들이 다루어질 것이다. 당연한 일이지만, 예를 들어 역사적 예수 탐구와 같은 주제는 다양한 기독교 교리들(기독론, 종말론, 구원론)에 대해 파급효과를 갖는 한편, 예언의 "실패" 같은 주제는 주로 특별계시의 본질에 관련된다. 물론 어떤 장들은 단일한 비평적 견해나 기독교 교리에 초점을 맞추기도 하겠지만, 그럼에도 각 장은 표준적인 역사비평적 관점들을 묘사하는 동일한 기본절차를 따른 후에 그러한 관점들의 신학적 귀결이 어떠한지를 밝힐 것이다. 마지막으로 각 장의 저자들은 각자의 영역에서 복음주의 신학을 한걸음 더 진보시키는 방법에 대해 잠정적인 제안들을 내놓을 것이다.[39]

---

[39] 당연히 우리의 집필자들은 각자 자신의 글에 표현된 입장을 지지할 뿐이며, 본서의 다른 장들에서 제시된 입장들을 필연적으로 지지하는 것은 아니다.

본서가 역사비평만큼이나 신학도 다룬다는 점은 이제 명백해졌다. 결국 본서의 주제는 기독교 신학에서 역사비평이 갖는 중요성에 관한 것이다. 우리는 어떤 장들에서는 비평적 연구가 기독교 신학에 전혀 손상을 가하지 않는 상황도 접하게 될 것이다. 어떤 경우에는 특정 교리들이 새로운 역사적 통찰로 인해 새로이 작성되어야 할 필요가 있다는 점을 발견할 것이다. 그리고 어떤 경우에는 역사비평이 성경에 나타난 하나님과 그분의 자기계시에 대한 우리의 이해를 실제로 강화시킨다는 사실을 발견하기도 할 것이다. 요약하자면 우리는 역사비평이 잘못 사용하면 손해를 끼칠 수도 있으나 유능한 작업자의 손에 쥐어지면 대단히 가치 있고 건설적일 수 있는 예민한 도구라는 사실을 발견할 것이다.

우리는 본서가 다양한 관점들을 배제한 채 특정한 비평적 관점만을 옹호할 것을 제안하지 않는다는 점을 강조하고자 한다. 결국 역사비평학은 아직도 진행 중인 학문이며 우리는 모든 비평적 논쟁에 대한 역사적 답변을 갖고 있다고 감히 말하지 않는다. 본서는 성경비평 개론서가 아니다. 오히려 본서는 저자들이 성경비평 강의를 듣는 학생들이었을 때 참고 도서로 소유하기를 소망했던 바로 그 책이다. 본서는 역사비평학의 신학적 귀결들에 관해 간략하면서도 이해하기 쉬운 설명을 제공한다. 우리는 신학적 고려사항이 학계로 하여금 특정한 주제에 대해 결국 하나의 결론을 도출하도록 인도할 것이라고 주장하지 않는다. 오히려 우리가 의도하는 바는 여기서 다뤄지는 이슈들이 역사적으로 아무리 복잡하다고 해도 그것들이 우리의 기독교(혹은 심지어 우리의 복음주의) 신앙을 폐기하라고 요구하지는 않음을 보여주는 것이다. 우리의 동료들과 스승들을 포함하여 다수의 복음주의 학자들이 여전히 비평학계에 손 내밀기를 주저하는 상황에서, 우리는 본서가 그러한 대열에 동참할 수 있는 용기를 북돋아주기를 소망한다. 역사비평학이 신학생, 목회자, 관심 있는 일반 성도들을 좌절시키거나 당혹스럽게 만들었다면, 우리는 본서가 신학자들의 작업이 교회의 신앙을 제거하거나 불신임하게 만들지는 않는다는 위로를 제공해주기를 소망한다. 학문 세계는 단순히 냉랭하고 난해하며 헐뜯기를 좋아하는 대적이기만 한 것이 아니며, 교회의 동료가 될 수도 있다.

개요

본서의 논증은 아홉 장으로 전개된다. 제1장에서 현대 복음주의 성서학계의 역사적·지성적 맥락에 관한 일반적인 개론을 이미 제공하였기 때문에, 이어지는 장들은 특정한 비평적 주제들에 집중할 것이다.

제2장(크리스토퍼 M. 헤이스, 스티븐 레인 허링의 "아담과 타락")은 비평학계가 통상적으로 창세기 2-3장의 역사성을 부인하는 문제를 다루면서 논쟁의 심연으로 뛰어든다. 그러나 이 장은 역사적 논쟁의 참호에서 재빨리 빠져나온 후에, 만일 비평학자들의 주장이 옳다면 죄에 관한 교리(인죄론)는 어떤 영향을 받게 될 것인지를 질문하면서 기독교 신학의 산마루를 걷는다. 결론적으로 저자는 아담의 역사성에 관한 논쟁의 결말이 어떠하든지 간에 기독교 교리의 핵심은—비록 교리의 특정 요소들이 재정의될 필요가 있기는 하겠지만—여전히 확고한 발판 위에 서 있을 것이라는 점을 보여준다.

제3장(크리스토퍼 B. 안스베리의 "출애굽: 사실인가 허구인가, 아니면 둘 다인가?")은 출애굽 사건에 대한 최소주의자와 최대주의자의 접근법 사이에서 양극화된 논쟁을 다룬다. 고대 역사기술과 문화적 기억에 대한 최근의 학문적 진전을 발판으로 안스베리는 성경의 권위가 출애굽에 대한 최대주의적

확증에 의해서만 존중될 수 있다는 개념을 타파한다. 그럼에도 불구하고 안스베리는 하나님이 참으로 이집트에서 이스라엘을 구원하시기 위해 개입하셨다는 믿음이 이스라엘의 선민의식, 구속에 대한 소망, 게다가 예수의 메시아 지위에 대한 기독교적 확증에 어떤 식으로 작용하는지를 밝히고자 한다. 그래서 이 장은 출애굽 사건에 대한 최소주의 및 최대주의 접근방식 모두의 약점들을 밝히는 한편 이집트로부터 이스라엘의 구원이라는 주제에 대한 건설적이고 비평적인 관여를 위한 신학적·방법론적 공간을 만들어준다.

제4장(크리스토퍼 B. 안스베리, 제리 황의 "바빌로니아 포로 이전에는 언약이 없었다? 신명기 토라와 이스라엘의 언약신학")은 대중에게는 거의 알려지지 않았지만 구약학자들이 이스라엘의 역사를 이해하는 방식에서 중심을 차지하는 주제인 언약 문제와 씨름한다. 황과 안스베리는 신명기 언약이 바빌로니아 포로 이전에 만들어졌는지 아니면 포로 이후에 발전했는지에 관한 학계의 견해 차이를 소개한 후에, 만일 신명기가 모세의 저작이 아니거나 혹은 그것이 이스라엘의 위대한 예언자와 역사적으로 단지 제한적인 관계만을 가질 경우 그 책이 가지는 의의가 무엇인지 질문한다. 이어 그들은 건설적인 측면으로 돌아서서, 만일 신명기가 모세 사후 수 세기에 걸쳐 점진적으로 저술되었다면 어떻게 그 책을 하나님의 백성이 모세 언약의 계시를 지속적으로 후대에게 전달하고 재적용하는 방식을 보여주는 모델로 삼을 수 있는지를 설명한다.

제5장과 제6장은 구약과 신약에 공통적으로 나타나는 현상을 다룬다. 제5장(앰버 워허스트, 시스 B. 타러, 크리스토퍼 M. 헤이스의 "예언 문제")은 성경 예언들의 진리주장들을 위험에 빠뜨리는 것으로 여겨졌던 예언의 특징들을 탐구한다. 역사비평가들은 다음과 같은 점들을 지적해왔다. 1) 예언자들이 예보한 어떤 사건들은 사실상 성취되지 않았다. 2) 일부 예언은 "사건이 발

생한 이후에" 기록되었던 것처럼 보인다. 3) 때로 예언의 성취는 반복적으로 재공시되었고 미래로 연기되었다. 일부 독자들은 이에 근거하여 성경 계시들의 진실성에 대한 기독교의 신념에 의문을 제기하면서 성경의 예언들이 "거짓"이라고 결론지었다. 그럼에도 불구하고, 워허스트, 타러, 헤이스는 이러한 부정적인 판단이 실상은 예언 장르가 신적 계시를 소통하는 방식에 대한 오해에서 비롯된 것이라는 점을 보여준다. 실제로 예언에 대한 역사비평적 탐구는 하나님이 자기 백성에게 스스로를 드러내기 위해 예언을 어떻게 사용하시는지를 그리스도인들에게 훨씬 더 분명하게 보여줄 수 있다.

제6장(크리스토퍼 B. 안스베리, 케이시 A. 스트라인, 에드워드 W. 클링크 3세, 데이비드 린시컴의 "위작과 정경")은 성경의 특정 책들(혹은 그 일부)을 그 책의 저자로 알려진 사람들이 저술하지 않았다는 역사비평적 합의를 다룬다. 이러한 합의는 대체적으로 성경의 권위나 계시에 대한 주장을 말살시키는 것으로 받아들여졌지만, 본 장의 저자들은 그것이 진리와 동떨어진 것임을 보여준다. 안스베리와 클링크는 오경과 요한복음을 통해 저자와 권위에 대한 고대의 개념이 오늘날의 그것과 얼마나 다른지를 설명함으로써 예를 들어 모세가 토라를 작성했다는 점을 입증할 책임을 완화시킨다. 이어서 스트라인과 린시컴은 이사야서와 바울 서신에 대한 탐사를 통해 하나님이 성경과 오랜 역사 속에서 자신을 계시하기 위해 스스로 낮아지신 복잡한 과정을 분석한다. 이 연구는 복음주의자들이 위작이라는 현상에 대해 느꼈던 불안감을 상당 부분 경감시켜줄 뿐 아니라, 하나님이 어떻게 성경을 통하여 자신을 알게 하셨는가에 대한 더욱 활기차고 고무적인 이해로 우리를 인도한다.

제7장(마이클 J. 데일링, 크리스토퍼 M. 헤이스의 "역사적 예수")은 우리를 기독교 신앙의 핵심인 그리스도의 인격과 사역에 대한 논의로 인도한다. 예수 연구에서 가장 논쟁적이고 신학적으로 신랄한 주제 가운데 네 가지(예수의

자기제시, 기적, 동정녀 탄생, 부활)를 간략하게 묘사하면서, 본 장은 예수 학자들 사이에 대두되는 다양한 견해들을 요약한 후에 그와 같은 비평적인 예수상이 기독론, 구원론, 종말론 교리에 어떤 영향을 미칠 수 있는지 설명한다. 본 장은 그리스도인들이 진지하고 비평적인 예수 연구를 수행하면서도 자신의 신앙에 해를 입지 않을 수 있을 뿐 아니라, 교회의 신앙을 수호하기 위해 그리스도인들이 오히려 그런 연구를 지원하기까지 해야 한다는 점을 보여준다.

8장(애런 J. 큐커, 켈리 D. 리벤굿의 "사도행전의 바울과 서신서의 바울")은 사도행전에 묘사된 바울이 우리가 그의 서신들을 통하여 만나게 되는 바울과 조화를 이루는가라는 특히 난해한 주제에 천착한다. 큐커와 리벤굿은 학자들이 갈라디아서 2장과 사도행전 15장에 묘사된 두 개의 연대표를 조화시키기 위해 시도했던 방식들을 설명한다. 그들은 서로 다른 비평적 관점들을 열거한 후에 성경의 권위에 대한 학자들의 인식이 이 주제에 대한 그들의 접근 방법에 어떤 영향을 끼치는가를 분석한다. 이어서 큐커와 리벤굿은 바울 연구에서 두 번째로 중요한 이슈로 넘어가서 바울 서신의 신학적 내용과 사도행전에서 바울이 행한 것이라고 알려진 연설들을 비교한다. 그러한 과정에서 저자들은 일련의 복잡한 주석적 논점들을 정리한 후에, 성경에 대한 비평적 해석에서 중요하면서도 덜 알려진 몇 가지 요인들을 부각시킨다. 그들은 바울 연구의 난해한 이슈들을 다룰 때만 아니라 그리스도인으로서 역사비평적 작업에 참여할 때도 염두에 두어야 할 몇 가지 신학적 고려사항들을 제시하면서 논문을 마무리한다.

본서의 마지막 장(크리스토퍼 B. 안스베리, 크리스토퍼 M. 헤이스의 "신실한 비평과 비평적 신앙")은 앞서 제시된 여덟 장의 연구를 기반으로 복음주의 기독교 학자들에게 교회를 수호하고 풍요롭게 하기 위해 역사비평에 깊이, 그리고 생산적인 방식으로 참여하라고 요청한다. 성경에 대한 비평적 연구가 반드시 전통과의 관계를 상실한 채 역사비평적 공허 속에서 신학적 허무주의로 귀결되는 것은 아니다. 복음주의 비평가들은 공적인 증명의 영역 내에서 역사적 판단에 공정을 기하면서도 그들의 신학적 유산 대부분을 확증할 수 있다. 따라서 본서의 편집자들은 차세대 성서학자들에게 그동안 기독교 정통에 뿌리를 둔 채로 동시대 연구의 가장 첨예한 도전들과 분투해온 **신실한 비평**(faithful criticism)에 몸담을 것을 요청한다. 동시에 이 장은 새로운 통찰들을 바탕으로 전통적인 전제들에 대해 엄밀한 탐구를 수행하면서도 하나님을 알려는 열심을 잃지 않는 **비평적 신앙**(critical faith)의 배양을 촉구한다. 그와 같은 연구에 박차를 가하기 위해 본서는 역사비평에 생산적으로 참여하는 방법에 관한 몇 가지 신학적 조언을 제공하는 것으로 마무리한다. 본서의 저작에 참여한 모든 기고자들의 통찰들을 한마디로 요약하자면, 차세대 학자들이 성경을 하나님의 말씀—하나님께서 역사 속에서 그의 백성들의 유익을 위하여 자신을 어떻게 계시하셨는가를 보여주는 영감된 기록—으로 제시하는 데 도움을 줄 것이라고 생각되는 몇 가지 해석학적·영적 관점들이다. 우리는 본서가 21세기 기독교 성서학자의 연구 결과물인 동시에 그들의 특권과 책임감을 대변한다고 생각한다. 하나님의 자기계시에 우리 자신을 굴복시키는 것은 우리의 의무이자 행운이다. 비록 그 계시가 우리가 예상하였던 형태를 취하지 않더라도 말이다.

후속 연구를 위한 제안

Enns, Peter, *Inspiration and Incarnation: Evangelicals and the Problem of the Old Testament* (Grand Rapids: Baker Academic, 2005).

Frei, Hans W., *Eclipse of Biblical Narrative: A Study in Eighteenth and Nineteenth Century Hermeneutics* (New Haven: Yale University Press, 1974).

Hoffmeier, James K., and Magary, Dennis R. (eds), *Do Historical Matters Matter to Faith? A Critical Appraisal of Modern and Postmodern Approaches to Scripture* (Wheaton: Crossway, 2012).

Noll, Mark, *Between Faith and Criticism: Evangelicals, Scholarship, and the Bible in America*, 2nd edn (Vancouver: Regent College Publishing, 2004).

Sparks, Kenton L., *God's Word in Human Words: An Evangelical Appropriation of Critical Biblical Scholarship* (Grand Rapids: Baker Academic, 2008).

2
아담과 타락

크리스토퍼 M. 헤이스, 스티븐 레인 허링

이번 장에서 우리가 다룰 주제는 아주 성가신 것이다. 창세기 2-3장의 역사성은 특별히 현대 고고학, 진화론, 그리고 역사비평의 등장 이후로 많은 논쟁의 중심이 되었다. 우리가 처한 곤궁은 아담과 타락 이야기의 특징을 규정할 때 "토대적"(foundational)과 같은 의미심장한 단어들을 동원하면서 선동적인 방식으로 이 주제를 다루는 (블로거들로부터 학자들에 이르기까지) 다양한 사람들의 성향에 의해 악화되고 있다. 물론 성경 이야기들은 어떤 의미에서는 토대적이겠지만, 우리는 성경 자체가 창세기의 특징을 규정할 때 이러한 종류의 용어를 사용하지 않는다는 점을 명심할 필요가 있다. 오히려 성경은 "토대"(터, 기초)라는 표현을 예수[1]와 그의 윤리적 교훈[2]을 묘사할 때 사용한다. 아담의 타락이라는 성가신 주제를 조사할 때, 어떤 관점에서 성경의 주장이 기독교 신앙의 기초라고 말하는가 하는 점이 중요하다.

이 장은 창세기에 대한 현대 비평학 연구를 일별하는 것으로 시작할 것이다. 우리의 목표는 특정한 비평적 입장을 주장하려는 것이 아니라, 우리의 주제와 관련이 있는 주도적인 비평적 입장을 요약하고 그 정수를 제공하는 것이다. 우리는 대부분의 비평학자들이 인류의 단일한 유전학적 조상으로서 인류에게 죄악성과 유한성을 가져다준 책임이 있는 아담과 하와라

---

1   고전 3:11; 막 12:10//눅 20:17//막 21:42; 행 4:11; 엡 2:20; 벧전 2:6.

2   눅 14:29; 마 7:21-27//눅 6:46-49.

는 이름을 가진 한 쌍이 역사적으로 존재했다는 점을 부인한다는 사실을 발견하게 될 것이다. 당연히 이러한 결론은 수많은 복음주의 독자들에게 대단히 충격적이지는 않더라도 최소한 당황스러운 것임에는 틀림없다. 그러나 우리의 목표는 우리 자신의 비평 방법론을 개척하려는 것이 아니라, 비평학자들의 결론이 옳다고 가정할 때 우리가 고수하는 기독교 신앙에 무슨 일이 일어날지를 가늠해보자고 제안하는 것이다.

따라서 역사비평의 신학적 영향을 다루고자 하는 본서의 의도에 충실하게 우리는 아담의 타락이 역사적 사건임을 부인하는 비평학계의 입장이 기독교 교리에 미치는 영향에 관한 이론적 연구를 제공할 것이다. 우리는 원죄 교리에 초점을 맞추면서 성경 이후의 유대교, 바울의 로마서, 초기 교회의 교리, 그리고 현대 구성신학을 차례차례 살펴볼 것이다. 결국 우리는 상상력에 기반한 이러한 작업이, 설사 창세기 2-3장의 역사성을 전적으로 거부한다 하더라도 기독교 신학의 정통성이 약화되지는 않으리라는 점을 입증할 것으로 기대한다.

현대 역사비평에서 창세기 2-3장

창세기 2-3장의 자료, 연대, 그리고 저술

"비평적"이라는 용어를 어떻게 규정하느냐에 달려 있기는 하지만,[3] 창세

---

3   성경 텍스트에서 불규칙성을 식별해내는 일이 현대 "계몽주의" 전통의 산물이라고 생각하는 것은 오해다. 실제로 성경에 대한 "비평적" 접근들은 적어도 성경(Bible)을 정경(Canonical Scripture)으로 수용한 이래 줄곧 존재해왔다. 예. John Barton, *The Nature of Biblical Criticism* (Louisville: Westminster John Knox, 2007). 창 2-3장의 연구사에 대한 보다 방대한 요약으로는 다음을 보라, Terje Stordalen, *Echoes of Eden: Genesis 2-3 and Symbolism of the Eden*

기 1-3장에 대한 비평적 연구는 18세기에 헤닝 베른하르트 비터(Henning Bernhard Witter)라는 학자가 출간한 논문과 함께 시작되었다.[4] 비터는 창세기 1:1-2:4a과 2:4b-3:24에서 하나님을 가리키는 이름이 서로 다르게 사용되었다는 사실을 깨닫고 이 세 장이 별개의 두 가지 창조 이야기로 구성되어 있다고 주장했다. 몇몇 다른 학자들은 오경 전반에 등장하는 동일한 현상을 주목하고서 신명(神名)에 대한 이러한 초기 관찰에 이중보도(doublets)와 같은 다른 독특한 특징들을 덧붙이면서 비터의 노선을 따랐다.[5] 머지않아 오경이 이처럼 단편적인 자료들로 구성되어 있는 것처럼 보인다는 점이 면밀한 조사의 대상이 되었으며, 19세기 중순에 이르러서는 오경이 네 가지 주요 자료들로 구성되어 있다는 최첨단의 의견이 개진되었다. 즉 야웨라는 신명을 가진 문서, 엘로힘이라는 신명을 가진 편집본, 제사장 문서, 그리고 (일부 학자들이 현재의 결합된 형태의 오경을 구성한 무명의 편집자와 연관 짓는) 신명기라는 네 가지 자료다.

사람들이 창세기 텍스트에 다양한 자료가 존재한다고 믿기 시작하면서 곧이어 자연스럽게 연대의 문제가 등장했다. 어떤 자료가 가장 이른 연대의 것인가, 그리고 이 자료들의 연대는 역사상 어느 시대에 속하는가? 이 초기 학자들 가운데 상당수는 창세기 1장의 자료(P)가 연대기적으로 창세기 2-3장(J)의 자료보다 앞선다고 보았다. 이러한 초창기의 연대 추정은 일

Garden in Biblical Hebrew Literature (Leuven: Peeters, 2000), 187-213.

4   Henning Bernhard Witter, *Jura Israelitarum in Palestinam terram Chananaeam commentaione perpetua in Genesin demonsrata* (Hildesheim, 1711).

5   예. Jean Astruc, *Conjectures sur les mémoires originaux dont il parait que Moyse s'est servi pour composer le Livre de la Genèse* (Brussels: Fricx, 1753); Johann Gottfried Eichhorn, *Eileitung in das Alte Testament* (Leipzig: Weidmanns, 1780-30); Johann Severin Vater, *Commentar über den Pentateuch* (Halle: Weisenhaus, 1805).

반적으로 율리우스 벨하우젠(Julius Wellhausen)과 관련지어지는 문서가설의 고전적 공식화를 통하여 상당한 변화를 겪었다.[6] 벨하우젠은 오경이 기원전 9세기의 야웨 문서(J), 기원전 8세기의 엘로힘 문서(E), 요시아 시대로 연대를 추정하는 신명기의 기본 내용(D), 그리고 바빌로니아 포로 시대 이후의 제사장 자료(P)로 구성되어 있다고 여겼다.[7] 벨하우젠이 가져다준 여파가 너무 커서 1960년대까지 구약학계는 창세기 2-3장이 창세기 1장보다 연대적으로 앞서며 바빌로니아 포로 이전의 야웨 자료의 첫 부분에 해당한다는 주장에 압도적으로 공감하였다. 그러나 1970년대에 이르러 이러한 공감대에 존재하던 균열들은 산산이 조각나는 수준으로까지 확장되었다.[8] 보다 최근의 저술들에서는 초기 학자들이 특정 자료들(주로 J와 E)을 구분하고 어떤 문헌이 서기관 학파, 편집자, 혹은 저자의 것인지 여부를 결정할 수 있는 능력을 가졌었는지에 대한 확신이 점차 줄어들고 있는 것을 감지할 수 있다. 지난 한 세기 동안은 J 자료의 저작 연대가 통일왕조 시대라는 것이 "확정적"이었지만, 오늘날에는 그 연대를 바빌로니아 포로 이전의 이른 시기에서 포로 이후 시대까지로 다양하게 주장하는 학자들뿐 아니라 J 자료 전체의 존재를 의심하는 학자들도 발견할 수 있다.[9]

---

6   Julius Wellhausen, *Die Composition des Hexateuchs und der historischen Bücher des Alten Testaments* (Berlin: Reimer, 1876/7).

7   이것은 물론 Wellhausen의 관점을 단순화한 것이다. 그 관점이 현대 성서학에 준 충격과 아울러 Wellhausen의 결론들에 대한 간편한 요약으로는 다음을 보라. Ernst Nicholson, *The Pentateuch in the Twentieth Century: The Legacy of Julius Wellhausen* (Oxford: Oxford University Press, 1998).

8   예. John Van Seters, *Abraham in History and Tradition* (New Haven: Yale University Press, 1975); Rolf Rendtorff, *The Problem of the Process of Transmission in the Pentateuch*, trans. J. J. Scullion, JSOTSup 89 (Sheffield: JSOT Press, 1990).

9   이 논쟁을 다룬 자료로는 다음을 보라. T. B. Dozeman and K. Schmid (eds), *A Farewell to the Yahwist: The Composition of the Pentateuch in Recent European Interpretation*, SBLSymS 34 (Atlanta: SBL, 2006).

현재 진행 중인 이러한 혁명의 결과들 가운데 하나는 전통적인 비평적 연대표를 뒤집어서 창세기 2-3장도 창세기 1장처럼 바빌로니아 포로기의 산물로 해석할 것을 제안하는 수많은 학자들이 존재한다는 것이다.[10] 마찬가지로 일부 동시대 이론들은 창세기 2-3장에서 발견되는 전통적인 모티프들과 주제들이 단일 저자의 연구와 창의력의 결과물이며, 이스라엘 서기관들에 의한 문헌 이전의 발전 단계, 자료들의 조합, 혹은 문학 작품들의 편집에서 비롯된 것이 아니라고 제안한다.[11] 결과적으로 창세기 2-3장의 저자와 연대기적 순서에 관한 연구에 나타나는 최근의 경향들은 다양한 방식으로 벨하우젠 이전 시대에 공통적으로 발견되던 입장들을 반영하는 듯하다.

자료들과 연대에 대한 논쟁이 갖는 중요성에도 불구하고, 복음주의 학자들은 오늘날 우리가 갖고 있는 형태의 텍스트 구성에 가장 큰 관심을 보이는 경향이 있다. 예상했겠지만, 창세기 2-3장의 구성과 관련하여 최근 연구의 추세와 경향은 저자와 연대에 관한 위의 논의를 모방한다. 지난 세기의 상당 기간 동안 구약학계의 대다수는 이 두 장이 복합적인 성격을 갖는다는 점에 동의하였다. 실제로 많은 사람들은 창세기 2-3장이 남자와 여자의 창조를 중심으로 한 하나의 자료와, 아담과 하와의 추방을 중심으로 한

---

10   창 1장이 창 2-3장보다 연대적으로 우선한다는 주장들에 대해서는 다음을 보라. Gordon J. Wenham, "The Priority of P," VT 49 (1999), 240-58; Joseph Blenkinsopp, *The Pentateuch: An Introduction to the First Five Books of the Bible*, ABRL (New Haven: Yale University Press; London: SCM Press, 1992), 64-7; Andreas Schüle, "Made in the 'Image of God': The Concepts of Divine Images in Gen. 1-3," *ZAW* 117 (2005), 1-20. 창 2-3장의 늦은 연대에 대한 가장 최근의 논의로는 다음을 보라. Stordalen, *Echoes*, 21-2; 205-13. 창 2-3장의 연대를 늦게 잡는 것이 일반적인 경향이었는데, 최근에 이 단락 내에서 보다 오래된 기사들을 구분해내는 소수의 연구가 발표되었다. David McLain Carr, *The Formation of the Hebrew Bible: A New Reconstruction* (Oxford: Oxford University Press, 2011), 463-9.

11   가장 현저하게는, John Van Seters, *Prologue to History: The Yahwist as Historian in Genesis* (Louisville: Westminster John Knox, 1992).

또 하나의 자료라는 (적어도) 두 가지 서로 다른 자료와 두 개의 서로 다른
이야기로 이루어졌다고 생각했다. 그와 같은 결론은 본문에서 발견되는 수
많은 난점들에 대한 관찰에 근거한 것이었다. 가장 많이 인용되는 난제들
중 일부는 다음과 같다. 1) 아담은 동산에 두 번 배치된다(8, 15절). 2) 첫 부
부는 두 번 추방된다(23, 24절). 3) 동산에는 생명나무와 선악을 알게 하는
나무, 이렇게 두 나무가 있었다. 그런데 그 나무들은 단 한 번만 함께 언급되
며(2:9), 동산 중앙에 어떤 나무가 서 있었는지에 약간의 혼란이 있는 것처
럼 보인다. 즉 2:9에 따르면 동산 중앙에 서 있는 나무는 생명나무지만, 3:3
에 따르면 그것은 확실히 지식의 나무다.

   이런 명백한 차이점들에도 불구하고, 오늘날에는 창세기 2-3장이 근
본적인 통일성을 갖는다고 주장하는 일부 진영이 존재한다.[12] 여전히 많은
사람들이 후대의 첨가라고 생각하는 2:10-14을 제외하고 거의 대다수 본
문상의 난제들은 광범위하게, 통상적으로, 그리고 신빙성 있게 논파되었다.
창세기 2-3장의 복합적인 특성에 대한 과거 학계의 접근 방식이 만족스럽
지 못하고 설득력이 없다는 비난은 점점 일반적인 것이 되어가고 있는데,
물론 그 텍스트가 오직 하나의 통일성을 가진 문서로서만 충분히 설명될 수
있다는 주장도 만족스럽지 못하고 설득력이 없기는 마찬가지다.[13]

---

12   Stordalen에 따르면, 이러한 전환은 지난 세기의 중반과 같이 이른 시기에도 확인될 수 있다.
     그와 관련된 논의와 참고문헌에 대해서는 다음을 보라. *Echoes*, 197-8; cf. Jean-Louis Ska,
     "Genesis 2-3: Some Fundamental Questions," in Konrad Schmid and Christoph Riedweg
     (eds), *Beyond Eden: The Biblical Story of Paradise (Genesis 2-3) and Its Reception History*, FAT
     II.34 (Tübingen: Mohr Siebeck, 2008), 4-16.

13   예. Stordalen, *Echoes*, 187-97에서의 상세한 논의를 보라.

창세기를 어떻게 읽을 것인가: 신화와 역사의 이분법을 넘어서

문헌으로서의 내러티브의 역사와 저술 과정에 대한 다양한 관점에도 불구하고, 창세기 2-3장에 이질적인 전통과 토착적인 전통이 공존한다는 점은 여전히 광범위하게 인식되고 있다. 19세기와 20세기 초반에 걸쳐 창세기 1-11장과 많은 특징들을 공유하는 고대 메소포타미아 이야기들이 발견되었다. 창세기 2-3장과 가장 밀접한 병행구들을 가진 이야기는 아마 아트라하시스 서사시일 것이다.[14] 아트라하시스 서사시와 창세기 2-8장의 일반적인 스토리라인은 유사하다. 양자는 메소포타미아를 배경으로 할 뿐 아니라 창조와 홍수를 아우른다. 게다가 그 이야기들은 원시 세상에 대한 묘사, 농업의 우선적인 역할, 원시 인류의 목적, 그들의 반역, 홍수 사건을 포함한 수많은 세부사항들을 공유한다.

처음부터 이러한 유형의 병행들은 성경 내러티브들의 장르를 결정하는 데 있어서나 뒤이어 본문의 의미를 해석하는 데 있어서 주도적인 역할을 해왔다.[15] 이러한 장르상의 병행에 근거하여 초기의 비평학계는 창세기 2-3장(그리고 동일한 이유로 창 1-11장)을 "신화"나 "전설"로 묘사하면서 그 내러티브들의 역사성에 대한 그 어떤 주장도 거절하는 데 익숙해졌다. 이와는

---

14   창 2-3장, 아트라하시스 서사시, 다른 고대 근동 텍스트들 사이의 연관관계와 대조표에 관한 논의의 예로는 다음을 보라. David McLain Carr, *Reading the Fractures of Genesis: Historical and Literary Approaches* (Louisville: Westminster John Knox, 1996), 241-6; Peter Enns, *The Evolution of Adam: What the Bible Does and Doesn't Say about Human Origins* (Grand Rapids: Brazos, 2012), 46-56; 참조. Van Seters, *Prologue*, 122-5.

15   비록 이러한 대조들이 종종 이스라엘의 자기이해와 신념들의 독특한 성격을 부인하는 일에 남용되었다는 것이 사실이지만, 그러한 남용은 더 이상 일반적이지 않다. 오히려 더욱 최근의 기여는 고대 이스라엘이 고대 근동의 공통 장르들을 사용하는 특정 방식을 열거하는 데 상당한 주의를 기울인다. (보다 최근에 자신의 저서[*Echoes*, 27-30]에서의 비교자료의 사용에 대한 Stordelan의 변호와 그 적용에 대한 경고를 보라; 참조. Enns의 초기작, *Inspiration and Incarnation: Evangelicals and the Problem of the Old Testament* [Grand Rapids: Baker, 2005]와, *Adam*, 35-59).

대조적으로 일부 보수 학자들은 창세기 2-3장이 다른 고대 근동의 신화들 및 전설들과 밀접한 병행을 이룬다는 점을 인정하는 일이 창세기의 역사성에 대한 주장들을 유지하기 어렵게 만들었기 때문에 그러한 병행을 인정하기를 노골적으로 거부했다. 양 진영은 신화와 역사가 동일한 고대 내러티브 내에서 만족스럽게 공존할 수 없다는 공통적인 전제를 가지고 있었다. 다만 그들의 결론은 서로 달랐다. 한쪽은 역사를 거절했고 다른 한쪽은 신화를 거절했다.

하지만 학자들은 고대 문학에서 신화 및 전설이 역사와 공존할 수 없다고 가정하는 것이 잘못이라는 점을 차츰 인식하기 시작한다. 이러한 문제적 가정은 고대의 문학 장르를 현대의 개념적 틀에 종속시킴으로써 생겨난 것이다.[16] "신화"와 "역사"라는 범주를 생각할 때 우리 현대인의 마음속에 떠오르는 것은 "허구"와 "사실" 혹은 "판타지"와 "실재" 사이의 대조다. 그러나 고대 세계에서는 만사가 그와 같이 단순하지 않았다. 사실상 많은 고대 근동 텍스트들은 우리가 신화라는 범주에 넣을 만한 것과 역사라는 범주에 넣을 만한 것 사이를 오락가락한다. 그러한 예들은 고대 텍스트들을 이분법적으로 구분하는 일의 적절성을 약화시키는 것처럼 보인다.[17]

일반적으로 근대와 현대의 학자들은 (보수와 진보를 막론하고) 창세기 2-3장을 죄와 고통과 죽음이라는 존재의 원인 및 불멸성과 에덴동산의 상

---

16 이 논의에 대한 충분한 논의와 참고문헌을 위해서는 다음을 보라. Van Seters, *Prologue*, 24-44. 히브리 성경의 일반적인 역사 문제를 다룬 전반적인 논의로는 다음을 보라. Steven L. McKenzie, *How to Read the Bible: History, Prophecy, Literature—Why Modern Readers Need to Know the Difference and What It Means for Faith Today* (Oxford: Oxford University Press, 2005), 23-65.

17 텍스트 및 그와 관련된 논의로는 다시 다음을 보라. Van Seters, *Prologue*, 24-8; McKenzie, *How to Read*, 28-31 (창세기의 예는, 31-46); 참조. Enns, *Inspiration*, 23-70.

실의 원인까지도 하나님의 의지에 대한 인간의 불순종으로 돌리는 **원인론 이야기**로 보는 경향이 있었다. 그와 동시에 대부분의 사람들은 창세기 2-3장이 보다 원대한 "역사기술적" 프레임 안으로 교묘하게 통합되었다는 점을 인정한다.[18] 과거에 창세기 2-3장(또한 창 1-11장)과 오경 및 신명기 역사 간의 이러한 관계는 프레임 전체의 역사성을 옹호하는 근거로 사용되었다. 그러나 다른 고대 근동 텍스트들에서도 이와 같은 변이가 용이하게 발생한 다는 사실은, 역사성에 대한 현대인의 선입견이야말로 우리가 창세기 2-3장을 이해하려 할 때 주목하지 말아야 할 잘못된 초점이라는 점을 보여준다. 좋든 싫든 간에 창세기 2-3장은 고대의 방식으로 문제를 제기하고 고대의 문맥에서 뜻이 통하는 대답을 제공하는 고대 근동 텍스트다. 역사적 정밀성에 대한 근대 계몽주의 이후의 편견을 이 텍스트에 부과하는 것은 방법론적으로 무책임하며[19] 해석학적으로 위험하다. 달리 표현하자면,

> 진리를 전달한다는 명목으로 이스라엘의 성경을 그것이 기록된 세상으로부터 고립시켜야 한다고 고집하는 것은 기초적인 해석적 관행의 위반이며…문맥을 벗어난 해석을 옹호하는 것이며…성경의 다른 부분에 대한 해석에서는 거의 용인될 수 없는 일이다.[20]

---

18 다시 말해 창 2-3장의 창조와 타락 이야기는 계보학적 머리말(소위 톨레도트)을 통하여 창세기 나머지와 연결되었다. 이 구조적 장치는 창 2:4a에서 시작하여 창 37:2에까지 계속되기 때문에 아담에서 모세까지 이어지는 기본적인 "역사적" 연결고리를 제공한다. 일반적으로 대부분의 학자들은 이것이 더 후대의(종종 제사장적) 편집자의 작업이었다고 믿는다.

19 고대의 우주론과 현대의 창조 이론 간의 차이점에 대한 짧고 유용한 논의로는 다음을 보라. Richard J. Clifford, *Creation Accounts in the Ancient Near East and the Bible*, CBQMS 26 (Washington: Catholic Biblical Association of America, 1994), 7-10.

20 Enns, *Adam*, 58.

물론 우리 복음주의자들도 역사성에 대한 질문이 일부 성경 텍스트에 대해서는 상당히 잘못된 접근방법이라는 점을 인식한다. 내가 예수의 비유나 요한계시록을 읽으면서 "이 일들이 정말로 일어났나요?"라고 묻는다면 대부분의 사람들은 내가 잘못된 질문을 하고 있다는 것을 금세 알아차릴 수 있다. 돌아온 탕자 비유의 진실성은 묘사된 사건들이 발생했는가의 여부에 달려 있지 않다. 그 사건들은 발생하지 않았다. 그러나 그렇다고 해서 죄인들의 회개에 따른 하나님의 기쁨에 대해 말하는 일이 방해받는 것은 아니다. 마찬가지로 이사야의 수사학적 질문인 "라합을 저미시고 용을 찌르신 이가 어찌 주가 아니시며"(사 51:9)라는 표현의 진실성은 하나님이 실제로 혼돈을 일으키는 신화 속의 괴물을 찌르고 토막 내셨는가 여부에 달려 있지 않다. 하나님은 결코 중세 시대 로맨스 판타지에 나오는 기사처럼 용들을 사냥하지 않으셨다. 하지만 그렇다고 해서 하나님이 자기 백성의 유익을 위하여 (또한 그렇게 하실 것이라는 당신의 약속 때문에) 위험하고 혼란스러운 세상에 질서를 가져다주신다는 사실에 대한 이사야의 기쁨이 왜곡되는 것은 아니다. 마지막으로 요한계시록의 진실성은 거대한 전갈 괴물들이나 바다에서 올라오는 일곱 개의 머리가 달린 짐승들의 (과거나 미래의) 역사적 출현에 달려 있는 것이 아니다. 즉 이것들은 결코 현실 세계에 나타나지 않았다(그리고 앞으로도 나타나지 않을 것이다). 하지만 그렇다고 해서 하나님의 백성이 권세를 가진 인간이나 악마들에 의해 당해왔고 또 당하게 될 고통에 대한 요한계시록의 주장이 허위가 되는 것은 아니다.

우리는 여러 비유들과 묵시들을 살펴본 후 텍스트가 우선적으로 관심을 갖는 질문 중에 일상적인 역사기술이라는 측면은 포함되지 않는다는 사실을 깨달았기 때문에, 비유와 묵시를 다룬 본문에서 제기할 수 있는 "적절한 종류의 질문들"이 무엇인가에 대해 이러한 결론에 도달하였다. 이와 유사하게 창조 내러티브를 다룰 때는 고대 근동의 다른 창조 내러티브를 지배하고 있는 질문들이 어떤 종류의 것들인지를 조사하는 것이 지혜로운 일일 것이다. 비평학계의 대다수는 창세기 2-3장의 주도적인 관심이 하나님의 성품을 드러내는 한편 인간과 하나님 간의 관계가 갖는 본질이 무엇인지를 보여주는 데 있다고 결론지었다. 창세기 2-3장은 현대 역사기술 학자들이 던질 법한 종류의 질문들을 만족시키는 것에 우선적으로 집중하고 있지 않다고 여겨진다. 그런 측면에서 비평학자들은 창세기에 묘사된 사건들의 역사성에 의혹을 제기하는 것을 부끄러워하지 않으며 당당하게 그들의 생각을 표현한다. 즉 대부분의 비평학자들은 인류의 유일한 유전학적 선조들이었으며 인류에게 죄악성과 유한성을 가져다준 장본인들인 아담과 하와라는 역사적 부부가 있었다는 것을 부인한다.

하지만 비평학자들의 이런 주장은 잘못된 것으로 보인다. 아마도 창세기 2-3장, 그리고 고대 근동의 다른 텍스트들은 특정한 시기에 실제로 무슨 일이 일어났는지를 정확하게 기록하는 일에 관심을 가졌던 것 같다. 이것은 충분히 제기할 수 있는 주장이며 (복음주의자 및 다른 성향의) 학자들이 계속해서 연구하는 주제이기도 하다. 그러나 우리는 이 문제를 충분히 살펴보지도 않은 채 그러한 결론으로 도약해서는 안 된다. 실제로 창세기가 고대 문헌이라는 사실, 그리고 창세기 2-3장과 고대 근동의 다양한 텍스트들 간에 유사성이 존재한다는 사실은 창세기의 사건들이 텍스트에 묘사된 그대로 발생했는지 여부에 관하여 결정을 내리기 전에 잠깐 숨을 돌릴 이유를 제공한다.

프라이팬에서 나와 불속으로?

이 모든 것은 당혹스러울 수 있다. 창세기에 대해 지난 200년간 비평학계가 수행해온 연구를 요약하자면, 역사비평가들이 창세기 2-3장에 명백하게 묘사된 사건들이 발생했다고 믿지 않는다는 것만은 명확해진다. 아담과 하와도, 뱀과 동산과 나무들도, 추방과 타락도 없다.

이 논쟁은 창세기 2-3장의 역사성이 여러 다른 예민한 주제들(성경의 특성, 예수의 사역, 인간의 정체성, 하나님의 선하심,[21] 창조의 선함)과 연관되어 있다는 점에서 특히 더 신중하게 다룰 필요가 있다.[22] 그러나 무엇보다도 창세기 2-3장은 인간의 죄악성, 즉 인죄론의 교리(hamartiology; *hamartia*가 "죄"를 의미한다)에 대한 이해에 영향을 준다. 창세기 2-3장은 교회로 하여금 인류가 **본질적으로는**(essentially) 죄악된 존재가 아니나 **보편적으로는**(universally) 죄악된 존재라고 규정 짓도록 영향을 주었다. 그러므로 우리는 다음과 같이 물을 필요가 있다. 만일 역사비평이 주장하는 대로 아담도 타락도 없었다면, 그러한 사실은 기독교 신학 전체에 대해 어떤 의미를 갖는 것일까? 만일 우

---

21 사람들은 종종 창 2-3장이 세상의 악에 대한 책임을 하나님에게서 인간에게로 전환시키는 하나의 방식이라고 주장한다. 그들은 성경이 아담과 하와가 선악과를 따먹는 자유로운 선택을 통하여 세상에 죄를 가져왔다는 사실을 통하여 하나님의 결백을 유지한다고 주장한다. 이와 같은 신정론적 접근에 대한 심각한 도전으로는 다음을 보라. Marilyn McCord Adams, *Horrendous Evils and the Goodness of God* (Ithaca: Cornell University Press, 1999), 32-55, 특히 38-9.

22 마찬가지로, 많은 사람들은 창 2-3장의 역사성을 변호하는 데 실패하는 것이 창조의 선함을 위태롭게 한다는 전제하에 그와 같은 변증 작업을 수행할 필요를 느낀다. 이 주제를 자세하게 설명하는 것은 본 장의 범위를 벗어나며, 다음과 같이 덧붙이는 것으로 충분할 것이다. 1) 창조가 완벽하지 않더라도 선할 수 있다. 그리고 2) 설사 창 1-3장을 실제 역사로 해석한다 해서 창조의 완전성이 확증되는 것은 아니다. 창 1장은 세상이 좋았다고 말하지만, 세상이 완벽하였다거나 악으로부터 자유로운 곳이었다고는 말하지 않는다. 창 3장은 속이는 뱀이 타락 이전에 존재했다고 묘사하며, 창세기에 대한 세심한 해석은 죽음이 타락의 결과가 아니라, 아담과 하와가 그들을 영원히 살도록 만들어줄 생명나무에서 멀어진 결과라는 점을 보여준다(창 3:22). 추가로, 타락 이전의 세상이 어떻게 벌레, 식물, 세포의 죽음으로부터 자유로울 수 있었을 것인가, 혹은 판구조가 어떻게 지진이나 화산을 초래하지 않을 수 있었을 것인가를 상상하기란 어렵다. 창조가 어떻게 선한 동시에 윤리적 악과 자연적 재해로 고통을 겪을 수 있는가를 물어야 하는 실제적인 신학적 질문들이 존재하며, 아담과 하와의 타락에 대한 "역사적 이해"는 이런 질문들을 회피하지 않는다.

리가 창세기 2-3장과 관련해 논쟁을 일으킨다면 그것은 마치 호수에 돌을 던지는 일과 같을 것이다. 하지만 우리는 그 돌이 잔물결을 일으키고 말지 아니면 거대한 파도를 일으킬지는 알지 못한다.

이 논문의 나머지 부분에서는 독자들을 추론적 실험의 장으로 초대할 것이다. 우리는 여러분에게 만일 아담과 타락이 없었다면 인죄론에 무슨 일이 발생할 수 있을지를 상상하도록 요청할 것이다.

우리는 이런 식의 질문이 지난 수십 년간 발전해왔던 다양한 중도적 입장들에 대한 정당한 태도가 아니라는 것을 인정한다. 그러나 본 논문의 의도는 창세기 2-3장에 대한 또 다른 면밀한 해석을 제공하려는 것이 아니다. 대신에 우리는 창세기에 대해 전적으로 역사비평적인 해석을 적용했을 때 무슨 일이 일어날 것인가에 대해 가설적이지만 신랄하게 묻고자 한다. 그것이 어떻게 죄의 교리에 영향을 줄 수 있을까?

전통적인 복음주의적 죄 교리의 핵심 용어

죄 교리와 "원죄"라는 표현이 다양한 방식으로 이해될 수 있기 때문에 우리는 명료성을 위해 그 용어를 분해하는 작업으로 논의를 시작해야 한다.

학자들은 인간의 죄악성이 발현된 첫 번째 행동(아담과 하와가 선악을 알게 하는 열매를 먹은 사건)을 언급할 때 "원죄"(originating sin; *peccatum originans*)라는 표현을 종종 사용한다. "시원적인"(originating)이라는 용어에서 추론할 수 있듯이, 이 표현은 죄악성이 발현된 첫 번째 행위의 존재뿐만 아니라, 그 행동이 모든 후속적인 죄악성에 어느 정도 촉매 역할을 했다는 점도 지적한다.

유대교와 기독교 저자들이 동의하듯이, 이 "원죄"의 결과는 지속적으로 죄를 지으려는 성향, 즉 잘못을 행하려는 욕구라고 가정된다는 점에서, 우리는 그것을 "욕정"(concupiscence; 죄에 대한 욕망)이라고 부른다. (사람들은 종종 "죄성"[sin nature]이라는 표현도 사용하는데, 이에 따르면 사람들은 본성상 출생 시부터 죄를 지으려는 성향을 보인다는 점에서 "태생적 죄악성"을 지니고 있다고 묘사될 수 있다.) 이것을 라틴어 문구로는 "죄를 짓지 않을 능력이 없다"(*non posse non peccare*)라고 표현한다. 이 말은 사람이 어떤 특정 순간에 반드시 죄를 지을 것이라는 의미가 아니다. 그것은 다만 사람이 하나님에 대한 혐오감(*aversio Deo*)을 가지며, 그들이 죄와 무관한 삶을 살 수도 없다는 것이다. "욕정"이란 사람이 충분한 시간이 주어지기만 하면 반드시 죄를 지으리라는 것을 의미한다.

복음주의 인죄론의 공통적인 세 번째 측면은 우리가 실제로 아담의 죄로 인하여 유죄판결을 받는다는 개념이다. 이것은 "원죄책"(original guilt)이라고 불린다. 이러한 견해는 "욕정"을 넘어선 것이다. 그것은 인간의 의지가 아담에 의해 부패했고 죄를 향해 기울어 있으며, 따라서 심판받을 만한 무언가를 범한다는 것만을 의미하는 것이 아니다. 오히려 원죄책은 한 사람이 죄를 지었기에 심판을 받을 만한가의 여부와는 상관없이, 각 인간은 아담의 범죄 행위로 인해 심판을 받을 수밖에 없다고 주장한다. 다시 말해 심지어 신생아조차도 아담의 죄가 전가되었다는 점에서 이미 정죄 받을 만하다는 것이다.

창세기 2-3장의 역사성을 부인하는 것이 인죄론에 어떤 의미를 갖는가?

역사비평이 진가를 발휘하는 곳이 바로 여기다. 다시 말해 현대의 창세기 학자들이 옳다면, 선악을 알게 하는 나무도, 그 나무 열매를 따 먹은 아담도 존재한 적이 없다. 이 말은 1) "원죄"(originating sin)가 없었거나, 2) 일부 다른 역사적 행동이 "원죄"로 묘사되어야 한다는 의미일 것이다(예를 들면, 윤리 의식을 가진 인류의 조상의 첫 번째 죄가 다른 죄들의 기원의 역할을 하는데, 그런 죄들은 첫 번째 죄의 영향을 받지 않았다면 발생하지 않았을 것이다). 여기서 후자의 견해에 대한 가능성이 위에서 암시되었던 창세기에 대한 몇몇 "중재적" 해석들에 의해 탐구되었기 때문에, 우리는 본 장에서 악마의 대변인 역할을 할 것이며 원죄가 없었다는 듯이 논의를 진행할 것이다.

만일 "원죄"가 없었다면, 1) 욕정(concupiscence)은 존재하지 않았거나, 2) 우리는 욕정이 존재한다는 사실에 대해 신학적으로 다른 설명을 제공해야 할 것이다. 미리 귀띔을 하자면, 우리는 욕정의 존재가 단지 성경을 통해서만 증명되는 것이 아니라 인간의 경험을 통해서도 얼마든지 입증될 수 있는 기독교 교리라는 생각을 가지고 있다. 따라서 우리는 본 장에서 최초의 죄에 기원을 두지 않은 "욕정"(concupiscence)에 대해 말할 여지가 있는지 살펴볼 것이다.

결론적으로, "원죄"가 존재하지 않는다면 원죄책(original guilt)은 개념상 불가능한 것인데, 왜냐하면 그 어느 누구도 발생하지 않았던 일로 유죄판결을 받을 수는 없기 때문이다. 달리 표현하자면, 우리는 원죄 및 원죄책이라는 요소를 배제하고서 오로지 이성, 경험, 성경, 그리고 기독교 전통에 충실한 것으로 생각되는 죄에 대한 교리를 이론적으로 도출할 수 있을지 질문할 것이다. 그것이 가능하다면 창세기 2-3장에 대한 역사비평적 해석들이 기독교 신학을 황폐화시키지도 않을 것이며, 또한 창세기 2-3장에 대해 비평적인 동시에 정통에 입각한 신학적 해석을 전개하고자 할 때 맞이하게 될 우려 또한 완화시킬 수 있을 것이다.

성경 이후 유대교에서의 인죄론

창세기 3장을 제외하고서 아담과 인죄론에 관한 신학적 성찰에 준거가 되는 구절은 로마서 5장이다. 하지만 바울신학에 진입하기 이전에 먼저 바울의 일부 동시대인들이 죄 문제에 대해 어떤 견해를 가지고 있었는지 개괄하는 것도 유익할 것이다. 물론 바울이 동시대 사람들의 견해에 반드시 동의한다고 말할 수는 없겠지만, 이런 종류의 연구는 바울이 그의 독자들 사이에서 공유되는 전제라고 합리적으로 가정할 수 있었던 것은 무엇이며, 한편 그가 논증을 통해 변론해야만 했던 것은 무엇이었는지에 대한 개념을 우리에게 제공한다.

무엇보다도 유대인 저술가들에게 아담, 하와 혹은 악마가 필멸성의 근원이라는 점은 보편적인 기정사실이었다.[23] 그렇다면 제2성전기에 살았던 신앙심이 깊은 유대인들이 아담의 존재와 그의 타락을 실제 일어난 사건으로 받아들였음은 지극히 당연하다(다시 말해 그들은 **원죄**를 인정했을 것이다).

---

23 죽음의 근원으로서의 아담: *4 Ezra* 3.4-7, 21; 7.118-119; *2 Bar.* 17.3; 54.15; 56.6; 랍비들의 인용에 대해서는 다음을 보라, Samuel S. Cohen, "Original Sin," in Samuel S. Cohen (ed.), *Essays in Jewish Theology* (Cincinnati: Hebrew Union College Press, 1987), 219-72 (250-1). 죽음의 근원으로서의 하와: *Ecclus.* 25.24; *Apoc. Mos.* 14.2. 죽음의 근원으로서의 악마: *1 En.* 2.23-24; *Wisd.* 2.23-24. *L.A.B.* 13.8은 이 셋 모두에게 죽음의 근원적 책임이 있다고 주장하는 것으로 만족한다.

욕정(concupiscence)이라는 개념이 유대 사회에 존재했다는 점도 광범위하게 입증되고 있다. 죄의 근원에 대한 견해는 다양하다. 유대인 해석자들은 다양한 대상들을 죄의 근원으로 여겨 비난했는데, 그 목록에는 하와, 사탄, 타락한 천사들, 그리고 인간의 의지(때로는 예체르[상상력, 성향]라고 불리기도 한다)가 포함된다.[24] 우리의 연구에서 악한 성향(예체르 하라)이라는 개념이 특히 중요한데, 이것이 욕정과 밀접하게 연계되기 때문이다.[25] 악한 상상력이 인간들을 통제하는 것은 아니지만 인간들을 악으로 유혹하며, 따라서 우리는 법률이나 선한 상상력(예체르 하토브)을 통해 이에 대적해야만 한다.[26]

요컨대 원죄 및 욕정 개념은 기독교에 고유한 것이 아니라 유대교에 기원을 두고 있다. 하지만 흥미롭게도 원죄책 개념은 그 어디에서도 발견되지 않는다. 한 사람이 대표 자격으로 수행한 행동의 결과가 많은 사람에게 고통을 가져다줄 수도, 또는 유익을 가져다줄 수도 있다는 "공동 연대" 개념은 어느 정도 보편화된 것이지만,[27] 이 개념은 사실상 어떤 집단이 다른 사람의 행동으로 말미암은 (긍정적이거나 부정적인) 영향을 경험하는 방식에 초점을 맞춘다.

---

24   *Ecclus.* 25.24, *Apoc. Mos.* 32.2와 *T. Adam* 3.5는 하와를 죄의 근원으로 여긴다. *Wisd.* 2.23-24는 사탄을 비난한다. *1 En.*(8.1-4; 9.8; 10.7-8; 54.6; 69.5)는 타락한 천사들을 비난한다. 다른 텍스트들은 자유의지에 초점을 맞춘다. *Ecclus.* 15.11-20; 17.1-31; *2 Bar.* 54.19; *1 En.* 98.4.

25   예. 4 Ezra 3.20-22, 26; 4.30-31; 7.92. "예체르 하라"(*yezer hara*)에 대한 강조는 각 사람이 두 가지 "예체림"(*yezerim*)을 갖고 태어났다는 개념을 발전시켜온 랍비문학에서 점차 눈에 띈다(Cohen, "Original Sin," 247-8).

26   *b. Ber.* 5a; *'Abot R. Nat.* 20; 동일한 맥락에서 1QS III.23.

27   예를 들어 수 7장에서 이스라엘 사람들은 아간 한 사람이 금지된 물건들을 도둑질한 사건으로 인해 민족 전체가 심판을 받는다. 민 25장에서 이스라엘 사람들은 동족들 중 일부가 미디안 사람들과 결혼했다는 이유로 재앙을 겪는다. 이스라엘 사람들은 인구조사라는 다윗의 범죄로 인해 또 다른 재앙을 겪는다(삼하 24:1-25). 십계명에 따르면, 부모의 죄가 후세대들에게 다시 "찾아올" 수 있다(출 20:5-6; 신 5:9-10).

하지만 유대 저자들은 특히 영원한 정죄와 관련하여 한 사람의 죄책을 타인에게 전가한다는 개념을 꺼려한다.[28] 유대 문헌에서 아담의 타락이 후손들에 대한 심판으로 이어지는 방식에 대해 이야기할 때, 그것은 언제나 중재적인 개념을 포함한다. 다시 말해 타락이 세상에 죄를 가져오지만, 후세대들은 스스로 죄를 범함으로써만 심판에 이르게 된다는 것이다. 일례로 집회서는 하와를 죄와 죽음의 근원으로 여기지만("여자로부터 죄가 시작되었으며 그녀로 인하여 우리 모두가 죽는다"; 25.24), 개별 인간들은 각자의 행위에 따라 심판을 받는다고 강조한다.

> 태초에 인류를 창조하셨던 분은 [주님]이시다. 하나님은 그들에게 자유로운 선택의 능력을 부여하셨다. 당신은 계명을 지키기로 선택할 수 있으며, 신실하게 행동하는 것도 선택의 문제다. 하나님이 당신 앞에 불과 물을 두셨다. 손을 내밀어 둘 중 하나를 택하라. 각 사람 앞에 삶과 죽음이 있으니 무엇을 선택하든지 그가 선택한 것이 그에게 주어질 것이다(Sir. 15.14-17).

환원하자면, 죄책과 영원한 심판은 자유 의지의 결과인 것이다.

원죄책 개념과 가장 근접한 유대 문헌은 묵시문학 작품인 에스라4서이지만, 아담의 행위에 대한 탄식을 묘사하는 장면에서도 집회서보다 진전된 원죄책 개념을 보여주지는 않는다.

> 아담이여, 당신이 무엇을 하였는가? 비록 당신이 죄를 지었지만, 타락은 당신

---

28   그 개념이 성경 시대 이후 유대교에서 두드러지게 되었지만, 구약에서는 사후심판에 대해 거의 논의하지 않는다.

만의 것이 아니라 당신의 후손인 우리의 것이기도 합니다. 비록 우리에게 영원한 세대가 약속되어 있다 해도 우리가 죽음을 초래하는 행위를 저질렀다면, 그것이 우리에게 무슨 유익이 되겠는가? 설사 우리에게 영원한 소망이 약속되어 있다 해도 우리가 비참하게 실패했다면, 그것이 우리에게 무슨 유익이 되겠는가? 또는 안전하고 쾌적한 처소가 우리에게 준비되어 있다 해도 우리가 악한 삶을 살았다면?(4 Ezra 7.118-120; 참조. 3.4-7)

에스라4서에 따르면, 아담의 타락이 "우리의" 타락인 이유는 우리가 아담의 죄로 인해 직접적으로 심판을 받기 때문이 아니라 모든 사람이 스스로 죄를 저지르기 때문이다. 아담의 타락이 "우리의" 타락인 이유는 그가 후손들로 하여금 죄를 짓고 그 죄의 결과인 죽음을 겪는 것을 가능하게 (혹은 확실하게) 만들었기 때문이다. 결국 에스라4서는 원죄책이 아니라 욕정(죄에 대한 욕망)을 확증한다.[29]

요약하자면, 바울의 저작들도 죄와 죽음을 아담과 하와의 행동에서 비롯된 결과로 간주하는 것이 일반적이었던 유대 배경에 속해 있었다. 물론 바울의 동시대인들 상당수는 아담이 죄를 지었기 때문에 그 결과 사람들이 죄를 짓는다고 믿고 있었을 것이다. 하지만 우리가 바울의 동시대인들에게서 발견할 수 없는 것이 있는데, 바로 아담이 행한 일에 대해 후손들이 죄책을 떠안는다는 믿음이다. 이 같은 사실이 중요한 이유는 후대 기독교 신학자들이 원죄책 교리에 대한 성경적 보증을 얻고자 할 때 바울에게 호소하기

---

29 이것은 단순히 하나의 신경증적인 예다. 다른 상호연관적인 본문들(예. *2 Bar.* 48.42-47; 54.15; *L.A.B.* 13.8-10)에 대한 후속적인 논의에 대해서는 다음을 보라. Alexander J. M. Wedderburn, "The Theological Structure of Romans V. 12," *NTS* 19 (1972-3), 332-54 (350-1).

때문이다. 물론 이론상으로는 바울이 그와 같은 생각을 발전시켰을 가능성이 없는 것은 아니지만, 바울이 속한 환경에서 그와 같은 믿음이 특이한 것이었다는 사실은 바울의 저작에 그와 같은 해석을 적용하는 일에 신중을 기해야 한다는 경고가 된다.

이런 경고를 염두에 두고 이제 인간의 문제로 돌아가서 바울이 실제로 죄에 대해 뭐라고 말하는지 들어보자.

로마서 5:12-21에서 아담과 죄

바울은 고린도전서와 디모데전서에서 아담을 언급한다(고전 15:20-49; 딤전 2:12-14). 그러나 바울이 죄에 관한 교리를 전개하는 곳은 로마서 5:12-21이기 때문에 우리는 그 본문에 주목해야 할 것이다.

로마서 5:12-21에 대한 가장 일반적인 복음주의 관점은 "언약적 해석"(federalist reading)이라고 알려져 있다. 언약적 관점에서는 아담을 모든 인류를 대표하는 머리로 여긴다. 아담이 무엇을 행하든지 그는 모든 사람을 대표한다. 이런 관점은 사람들이 그들의 지도자가 가진 약점 때문에 초래된 결과들로 인해 고통을 겪을 수도 있다는 (혹은 그들의 지도자의 의로움 때문에 초래된 유익을 즐길 수 있다는) 유대적 "공동 연대" 개념에서 비롯된 것으로 보인다. 언약주의는 이런 개념에 의존하여 인간이 아담의 죄가 초래한 결과들로 인해 고통을 겪으며, 한 걸음 더 나아가 아담의 죄로 말미암아 죄책을 떠안는다고 주장한다. 언약주의는 보수적 개신교에서 원죄책을 설명하는 방식

이다.[30]

이어지는 논의를 위해 우리는 원죄책의 성경적 근거가 오로지 로마서 5장뿐이라는 점을 염두에 둘 필요가 있다. 이를 보충하는 것으로 제시되는 (고전 15:21-22과 같은) 다른 본문들은 로마서 5장이 명백하게 원죄책을 확증한다는 전제에 의존한다. 그러나 로마서 5장은 정말로 원죄책에 대해 말하고 있는가? 이 질문이 특히 중요한 이유는 고대 유대 문헌 어디에서도 원죄책 개념을 확증해주지 않기 때문이다.

로마서 5장의 전반부는 그리스도의 죽음에 대한 믿음을 통하여 우리가 의롭게 되며 하나님과 화목하게 되었다고 말한다(롬 5:1-11). 반면에 로마서 6:1-2은 비록 이 칭의가 놀랍고 자비로운 선물이지만 우리가 그것을 죄에 대한 면허로 여겨서는 안 된다고 설명한다. 여기서 바울은 그리스도의 사역이 얼마나 놀라운 것인지를 강조하기 위해 그 사역을 죄와 죽음이 아담의 죄를 통하여 세상에 들어온 방식과 대비시킨다.

여기까지는 논쟁의 여지가 없으며 논란이 시작되는 지점은 여기다. 바울은 아담의 타락 이후로 모든 사람이 겪어야만 했던 죽음이 어떻게 사람들에게 마땅한 것이 되었다고 생각했는가?

다행스럽게도 로마서 5:12-21은 인간이 어떻게 죽음의 지배하에 놓이게 되었는가에 대한 아주 명확한 선언으로 시작한다. "그러므로 한 사람으로 말미암아 죄가 세상에 들어오고 죄로 말미암아 사망이 들어왔나니 이와 같이 모든 사람이 죄를 지었으므로 사망이 모든 사람에게 이르렀느니라"(12절). 여기서 바울의 논리는 아담이 세상에 죄를 가져왔으며 결과적으로 그

---

30 그들은 "실체 형이상학"(즉 영혼이 아담의 행동으로 인해 변질된 특정한 본질을 가지고 있다는 이론)을 가정하는 더 오래된 (가톨릭의) 원죄에 대한 설명을 거부한다.

죄가 (육체적·영적) 사망을 가져왔다는 것인데,[31] 이것은 동시대 유대인들의 사고방식과 크게 다르지 않은 것이다. 바울은 아담이 가져온 죽음이 나머지 인류에게 전파된 것은 **다른 모든 사람도 동일하게 죄를 지었기 때문**(*eph' ō*)이라고 설명한다. 다시 말해 로마서 5:12에 따르면 사람들이 죽어야 하는 이유는 그들이 죄를 지었고 죄를 자초했기 때문이다. 이것은 우리가 바울의 동시대인들에게서 발견했던 것과 일맥상통하는 관점이다. 사람들은 각각 자신의 죄로 인해 죽어야 마땅하다. 아담의 죄책이 직접적으로 다른 사람들에게 전가된다는 언급은 발견되지 않는다.

이처럼 로마서 5:12이 원죄책 개념을 확증하는 것이 아니라면, 이 개념은 어떻게 등장하게 된 것인가? 두 가지로 설명할 수 있을 것이다. 첫 번째는 일종의 역사적 해프닝이다. 원죄책 교리를 최초로 제창한 인물은 아마 아우구스티누스였을 것이다(그에 대해서는 아래에서 자세하게 다룰 것이다). 아우구스티누스는 신앙의 거인이었지만, 탁월한 명성에 비해 그리스어 실력은 조금 부족한 편이었다. 그래서 그는 로마서 5:12을 라틴어로 읽었고 그 텍스트를 다음과 같은 의도로 이해하였다. "그러므로, 죄가 한 사람을 통하여 세상에 들어왔고 죽음이 죄를 통하여 들어왔듯이, 모든 사람들에게 퍼졌다. 그 사람 안에서(*in quo*) 모두가 죄를 짓는다"(Augustine, *Pec. merit.* 11). 만일 *eph' ō*가 대부분의 영어 성경 번역들에서 "때문에"로 번역된 것이 옳고[32] 라

---

31   여기에서 원죄에 대한 두 관점 모두의 지지자들에게 문제의 "죽음"은 단지 물리적 죽음이 아니라, Moo가 "총체적 죽음"이라고 부르는 "육체적이며 영적인 죽음, 필멸성과 정죄"를 의미하는 것으로 보인다(Douglas J. Moo, *The Epistle to the Romans*, NICNT [Grand Rapids: Eerdmans, 1996], 320, 『NICNT 로마서』[솔로몬 역간]. 죽음이 영적인 요소를 갖는다는 사실은 롬 5:16의 "정죄"와의 비교를 통해, 그리고 롬 5:21이 "영생"과 죽음을 대조한다는 점을 고려할 때 명백해 보인다.

32   참조. 고후 5:4. 일부 학자들은 *eph' ō*를 "이러이러한 결과와 함께"로 해석하기를 선호하였다. 그러나 이런 번역은 원죄책을 의미하는 표현이 될 수는 없다. 바울이 "모든 사람이 죄를 지

턴어 표현인 *in quo*가 "그래서"(in that)를 의미할 수 있다면, *in quo*라는 라틴어 표현은 *eph' ō*라는 그리스어에 대한 온당한 번역어일 것이다. 하지만 *in quo*는 "그 사람 안에서"(in whom)라고 번역되기에 충분할 정도로 모호하며 (물론 그리스어 *eph' ō*는 이렇게 번역될 수 없다) 아우구스티누스는 이 표현을 그런 식으로 이해했던 것이다(아래를 보라). 이런 잘못된 번역으로 인해 아우구스티누스는 로마서 5:12이 아담 안에서 모든 사람들이 죄를 지은 것으로 간주했다고 생각했으며, 이것을 근거로 아담의 죄가 우리의 죄이며, 우리가 아담의 죄로 인하여 죄책을 지게 된다고 설명하였다.

원죄책의 교리에 대한 주석적 기원에 문제가 있음에도 불구하고 오늘날 복음주의자들이 언약주의(federalism)를 지지하는 두 번째 중요한 이유가 있다. 즉 15-19절은 아담의 죄가 우리의 죽음을 초래하는 방법에 대한 12절의 설명을 반복하는 대신에 다음과 같이 선언한다.

15. 그러나 이 은사는 그 범죄와 같지 아니하니, 곧 한 사람의 범죄를 인하여 많은 사람이 죽었은즉 더욱 하나님의 은혜와 또한 한 사람 예수 그리스도의 은혜로 말미암은 선물은 많은 사람에게 넘쳤느니라.

16. 또 이 선물은 범죄한 한 사람으로 말미암은 것과 같지 아니하니, 심판은 한 사람으로 말미암아(한 번의 범역으로 말미암아) 정죄에 이르렀으나 은사는 많은 범죄로 말미암아 의롭다 하심에 이름이니라.

17. 한 사람의 범죄로 말미암아 사망이 그 한 사람을 통하여 왕 노릇 하였은즉

은 결과로, 죽음이 모든 사람에게 퍼졌다"고 말했다면 아마도 "죽음"을 아담의 죄로 말미암아 초래되었고 우리 자신의 범죄로 이어지는 영적인 부패로 이해하는 것이 가장 자연스러울 것이다. 그렇다면 그와 같은 죽음은 욕정(concupiscence)을 의미할 것이다. 그 누구도 원죄책이 사람으로 하여금 죄를 짓게 한다고 말하지 않는다는 점에서 말이다.

더욱 은혜와 의의 선물을 넘치게 받는 자들은 한 분 예수 그리스도를 통하여 생명 안에서 왕 노릇 하리로다.

18. 그런즉 한 범죄(한 사람의 반역)로 많은 사람이 정죄에 이른 것 같이 한 의로운 행위로 말미암아 많은 사람이 의롭다 하심을 받아 생명에 이르렀느니라.

19. 한 사람이 순종하지 아니함으로 많은 사람이 죄인 된 것 같이 한 사람이 순종하심으로 많은 사람이 의인이 되리라.

여기서 바울은 아담의 반역이 어떻게 정죄를 초래했는가에 대해 아무 말도 하지 않는다. 사실상 16절의 "말미암아"라는 표현과 18절의 "이른/이르렀느니라"라는 표현은 그리스어 원문에서는 발견되지 않는다.[33] 여기서 바울의 표현들은 상당히 모호하다. "한 번의 반역에 따른 심판 → 정죄"(16절)… "한 사람의 반역 → 모든 사람에 대한 정죄"(18절). 반역이 어떻게 정죄로 이어지는지에 대해서는 답변되지 않은 채로 남겨져 있다. 여기서 이런 질문을 던질 수 있다. 아담의 죄가 어떻게 모두에게 정죄를 가져왔는가?

성경 해석의 기본적인 규칙 중 하나는 성경을 문맥에 따라 해석해야 한다는 것이다. 다행히도 로마서 5장의 초두에서는 이미 아담의 죄의 결과로 죽음이 어떻게 인류에게 퍼져나갔는지를 상당히 명확하게 설명해주었다. 모든 사람이 범죄함으로써 아담의 죄가 확산되었다는 것이다. 만일 우리가 바울이 어떻게 아담의 반역이 모든 사람에게 정죄를 가져왔다고 생각했는지 설명하고자 한다면, 아마도 바울 자신이 5:12에서 제공했던 설명, 곧 모든 사람의 범죄를 통하여 정죄가 모든 사람에게 임했다는 선언을 상기하는

33　그들은 그리스어 원문의 단어를 번역한 것이 아니며, 단지 비동사 구문에 동사를 첨가한 것이다.

것이 가장 자연스러울 것이다. 모든 사람이 죄를 짓는다는 사실은 바울신학의 기본이며, 로마서 3:23을 암기하는 모든 그리스도인들이 이런 사실을 인지하고 있다.

공정하게 말하자면, 언약주의자들도 16-18절에 대한 자신들의 설명이 문맥을 따른 것이라고 여긴다. 어쨌거나 아담의 타락이 초래한 결과들은 그리스도의 죽음이 초래한 결과들에 비견될 수 있다. 언약주의자들은 그리스도의 의가 사람에게 전가된다고, 즉 인간이 그리스도의 죽음을 통해 무죄로 선언된다고 지적한다. 그와 같이 언약주의자들은 16-18절을 문맥적으로 해석하면, 그리스도의 무죄함이 우리에게 전가되는 것처럼 아담의 죄책도 우리에게 전가된다는 논리적인 결론이 도출될 수밖에 없다고 주장한다.[34]

물론 대부분의 복음주의 그리스도인들은 그리스도의 의가 자동적으로 우리에게 전가되는 것이 아니라,[35] 오히려 그리스도의 의가 믿음을 통하여 우리에게 받아들여지고 적용된다고 믿는다. 이것은 공로의 문제가 아니라, 행동을 요구하는 것이다. 그렇다면 우리는 도대체 무슨 이유로 바울의 사상

---

34   물론 언약주의자들이 롬 5:12을 알지 못하는 것은 아니다. Douglas Moo는 우리가 18-19절에 비추어 5:12d("모든 사람들이 죄를 지었기 때문에")을 해석해야 한다고 주장한다. 바울이 "모두가 범죄하였다"라고 말할 때, 그는 모든 사람이 아담 안에서 공동체적으로 범죄하였다고 말하는 것이다. 그럼에도 불구하고 Moo는 "우리가 12d절의 '모두가 범죄하였다'를 '모든 사람들이 아담 안에서 그리고 아담과 함께 범죄하였다'라는 의미로 해석하는 것이 12절과 18-19절의 병치에 거의 전적으로 의존한다는 점을 인정해야 한다"라고 말한다(Moo, *Romans*, 327). 이런 접근법은 5:18-19에 무게를 실어주기 위해 5:12d을 봉괴시키는 것인데, 혹자는 이에 대해 12d절이 18-19절에서 생략된 중항(middle term)이라고 주장할 수도 있을 것이다. 그렇다면 우리는 어떤 구절에 우선권을 주어야 하는가? 우리는 12d절을 18-19절에 예속시키고 그들 모두가 아담 안에서 범죄하였기 때문에 모두가 정죄 받았다고 말해야 하는가, 아니면 12d절에 비추어 18-19절을 확장하고 모두가 그 반역의 결과로서 범죄했기 때문에 한 사람의 반역이 모든 사람에 대한 정죄로 이어졌다고 말해야 하는가? 자기 자신의 행동과는 별개로 모든 사람이 "아담 안에서" 범죄했다는 개념과 관련하여 우리에게 다른 선례가 없다는 점을 고려할 때, 우리는 후자의 입장이 더 합리적이라고 생각한다.

35   바울은 그렇게 생각하지 않는다. 살후 1:8-9, 롬 2:12을 보라. 그러나 이 중요한 시점에서 우

에서는 아담의 죄책이 우리에게 전달되는 일이 자동적으로 발생하며 우리 편에서의 아무런 행동도 요구하지 않을 것이라고 가정해야 하는 것인가?

우리가 로마서 5:12에서 살펴보았듯이, 바울은 사람들이 아담의 죄가 초래한 죽음을 맛보게 되는 일이 자동적으로 발생한다고 말하지 않는다. 사람들은 자신의 냉혹한 범죄의 결과로 죽는다. 아담의 행동과 그리스도의 행동은 모든 인류에게 영향을 끼쳤지만, 그 영향은 사람들 자신의 행동에 달려 있다. 왜냐하면 사람들은 자신들의 행위를 통해 먼저는 (필연적으로) 아담과, 그리고 이어서 (바라기는) 그리스도와 보조를 같이하기 때문이다.

환언하자면, 로마서 5:16-18의 모호함은 로마서 5:12을 통해 이해되고 해소되어야 한다. 다시 말해 아담의 죄가 모든 인류의 "총체적 죽음"을 초래하는 이유는 모두가 죄를 짓기 때문이다. 이것은 문법적·문맥적 해석이며, 원죄책에 대한 전적으로 새로운 개념을 발전시킬 것을 우리에게 요구하지 않는다. 우리는 바울 서신 어느 곳에서도 원죄책에 대한 명시적인 보증을 발견할 수 없으며, 유대 문학에서도 전례를 찾을 수 없다. 요컨대 창세

리는 수사학적 병행들을 해석하는 작업의 복잡성에 대해 경고할 필요가 있을 것이다. 이 구절에서 언약주의 해석자들이 그리스도의 무죄의 전가와 아담의 죄책의 전가 사이의 병행을 강조하기를 원한다면, 그리고 그들이 아담의 죄책이 자동적으로 모든 사람에게 전가된다고 생각한다면, 결과적으로 그리스도의 무죄가 자동적으로 모든 인간에게 전가된다는 논리적 결론이 도출될 수 있을 것이다. 환원하자면, 언약주의에서 주장하는 아담과 예수의 이중 전가 개념은 다음과 같은 논증을 통해 쉽사리 보편구원론으로 이어질 수 있다. 누구나 "아담 안에서" 죄책이 있다고 자동적으로 선언된다면, 마찬가지로 누구나 "그리스도 안에서" 자동적으로 무죄하다고 선언되어야 한다. 물론 이것은 대부분의 복음주의 독자들이 포용할 수 있는 주장은 아니다. 우리는 어떤 개념이 예수와 아담을 병행적으로 대조하는 바울의 논증으로부터 논리적으로 도출되는 것처럼 보인다 해도, 그 개념을 성급하게 확증하기 전에 먼저 심사숙고해야 한다. 그리스도의 의의 전가와 아담의 죄책의 전가 간에 유비를 설정하는 것이 논리적으로 타당해 보이는 것과 마찬가지로, 동일한 유비의 원칙에 따른 논증이 보편구원론(대부분의 복음주의자들이 문제가 있다고 여기는 신학적 관점)에 유리하게 적용될 수도 있다.

기 2-3장을 우리가 어떤 식으로 해석하든지 간에 로마서 5:12-21을 원죄책의 교리에 대한 가르침으로 간주하는 것이 최상의 독법은 아닐 것이다. 게다가 만일 우리가 이곳에서 원죄책의 교리를 발견할 수 없다면, 아마 우리는 그것을 성경 어디에서도 발견할 수 없을 것이다.[36]

바울과 원죄: 바울이 아담을 실존 인물로 간주했다는 사실이 문제가 되는가?

바울에 대한 우리의 논의는 원죄책에 초점을 맞췄다. 이것은 역사적 타락의 발생이 부인되는 극단적인 경우에도(따라서 사람들에게 죄책을 떠안길 수 있는 원죄가 배제되는 경우에도) 우리가 바울신학의 인죄론을 거부할 필요는 없다는 점을 보여주는 역할을 수행한다.

그러나 이러한 신학적 노선은 비교적 자명한 한 가지 요점을 지금까지 놓치고 있었다. 어쨌거나 바울은 비록 원죄책은 인정하지 않았을지 모르지만, 그럼에도 아담이 존재했으며 원죄가 발생했다고 믿고 있었다. 이것은 우리에게 추가적으로 두 가지 질문을 제기한다.

---

36 혹자는 롬 5:13-14이 원죄책의 존재를 암시하는지, 다시 말해 모세의 율법이 주어지기 이전에 (비록 율법 없는 죄가 생각될 수 없음에도 불구하고) 죄와 죽음이 지배권을 가졌던 이유가 사람들이 아담의 범죄로 인해 죄책을 가졌기 때문이라고 제안하는지 질문할 수 있다. 슬프게도 이런 독법은 성경 어느 곳에서도 명확하게 제시되지 않은 원죄책의 개념에 여전히 의존한다. 다행히도 바울은 이 동일한 편지에서 이방인들이 어떻게 모세의 법에 대한 지식과는 별도로 심판받을 수 있는가를 이미 설명하였다. 모세는 자연이 하나님의 법(사람들의 죄에 대한 심판을 정당화하기에 충분할 만큼의 하나님에 관한 그들의 지식)의 역할을 수행하기에 충분하도록 하나님을 계시하였기 때문에 사람들이 모세의 법과는 상관없이 정죄 받을 수 있다고 말한다(롬 1:19-21, 24-26, 32; 2:12-16). 이것은 롬 5:13-14에 대한 가장 자연스러운 설명인 것처럼 보인다. 바울은 비록 율법이 없는 죄를 처벌할 수 없지만 일반계시가 사람들로 하여금 하나님을 인식하고 자기 자신들의 행동에 윤리적인 책임을 지도록 만들기에 충분하기 때문에 죄와 그에 따르는 심판의 죽음이 모세의 법 이전에 사람들을 지배했다고 주장할 수 있었다.

1. 바울이 역사적 아담을 믿었기 때문에 우리도 그것을 믿을 의무가 있는 것인가?
2. 만일 아담도 원죄도 존재하지 않다면 로마서 5장에서의 바울의 주장은 허물어지는가?

첫 번째 질문과 관련하여, 성경 저자가 현대 그리스도인들이 받아들이기 어려운 전제들을 개진하는 것을 우리는 심심치 않게 발견할 수 있다. 그러한 전제들은 저자의 시대에 통용되는 것이며, 역사적 혹은 과학적 견지에서 명백하게 부정확한 것인 경우가 종종 있다. 그러나 우리는 성경 저자가 단순히 추정하는 사안들과 그가 확증하고자 하는 사안들을 혼동하지 말아야 한다.

일례로 욥기는 눈과 우박으로 가득 찬 창고가 하늘에 있다고 말한다(욥 38:22). 창세기는 하늘이 단단한 반구이며(창 1:6-8) 그 너머에 거대한 혼돈의 바다가 있다고 말한다. 창세기는 또한 그 반구의 창이 열렸을 때 비가 내린다고 주장한다(창 7:11; 8:2). 여호수아는 태양이 지구 주변을 이리저리 떠돌고 있으며, 그것은 멈추게 할 수 있는 물체라고 추정한다(수 10:12-13). 이 모든 주장들은 구약 저자가 살았던 고대 근동 세계의 과학적 가설들을 반영하고 표현한다.

이처럼 과학적으로 불완전한 전제들은 신약에서도 나타난다. 바울은 삼층천이 실재하는 것으로 생각했는데, 거기서 하늘은 물리적으로 땅 위에 있고 지옥의 영역은 문자적으로 땅 아래 놓인 것으로 여겨졌다(빌 2:10).[37] 베드로후서의 저자는 지구가 우주먼지와 가스로 구성된 자전하는 융합체

---

37   참조. Enns, *Adam*, 93-5.

가 아니라, "땅이 물에서 나와 물로 성립된 것"(벧후 3:5)이라는 고대 유대인들의 관점을 받아들였다. 예수는 겨자나무 씨가 모든 씨 중에서 가장 작다고 말씀하셨지만(마 13:32/막 4:31), 사실은 난초, 페튜니아, 베고니아 씨가 더 작다.

나는 본서의 독자 대부분이 그런 구절들을 접할 때 아무런 문제의식도 느끼지 못했을 것이라고 장담한다. 우리는 성경에서 "사실이 아닌" 요소들이 발견된다고 해서 당황할 필요가 없는데, 왜냐하면 비록 저자들이 그러한 잘못된 전제들을 개진하기는 하지만 그들이 말하고자 하는 요지가 그러한 전제들을 확증하거나 보증하거나 전파하려는 것이 아님을 알기 때문이다. 성경 저자들은 자신들만의 고유한 신학적 관점을 당시의 언어와 지적인 범주들을 사용하여 표현한 것이다. 우리는 비록 당시의 지적인 범주들이 우리가 더 이상 수용할 수 없는 세계관을 반영한다 하더라도 그들의 신학적 확언이 타당한 진리임을 받아들이기를 망설일 필요가 없다. 따라서 우리는 하늘에 빗물 창고가 있다는 욥의 말에 과민 반응할 필요가 없는데, 이는 기상학적 추론들에 대한 욥의 주장에 동의하지 않고서도 하나님이 자연의 힘을 통제하신다는 욥의 신학적 확언을 받아들일 수 있기 때문이다. 마찬가지로 우리는 창세기의 우주론에 곤혹스러워할 필요가 없는데, 이는 창세기가 제시하는 대기의 구성에 동의하지 않고서도 하나님이 하늘을 창조하셨다는 신학적 요점에 우리가 동의할 수 있기 때문이다. 우리는 여호수아가 제시하는 천동설에 불안해할 필요가 없는데, 이는 우리가 여호수아의 천체이론을 받아들이지 않고서도 여호수아 10장의 신학적 관점을 확증할 수 있기 때문이다. 우리는 삼층천에 대한 바울의 신앙으로 인해 낙담할 필요가 없는데, 이는 모든 사람과 악마와 천상의 존재들이 주님이신 그리스도 앞에 절할 것이라는 바울의 신학적 요점을 우리가 기꺼이 긍정할 수 있기 때문이다. 우리는 베드로후서의 저자가 행성의 형성 과정에 대해 무지하다고 해서 마음이 흔들릴 필요가 없는데, 이는 예전에 지구를 창조하셨던 하나님이 결국 그것을 새롭게 하실 것이라는 점에 우리가 동의하기 때문이다. 그리고 우리는 겨자씨가 모든 씨 가운데 가장 작은 것이라는 예수의 비유로 인해 동요할 필요가 없는데, 이는 하나님 나라가 오욕으로 얼룩진 세상 속에 침투하여 점점 웅장하게 자라간다는 예수의 요점에 우리가 동의하기 때문이다. 만일 우리가 이 성경 저자들이 의도했던 바가 대기는 단단하고, 태양은 지구 주위를 돌며, 하늘에는 빗물 창고가 존재하고, 겨자씨가 모든 씨 중에 가장 작다는 것을 확증하는 것이었다고 믿었다면, 성경의 그런 전제들은 정말로 우리에게 문제가 되었을 것이다. 그러나 위의 예들에서 신학적 사상을 언어학적·과학적 포장과 분리시키는 것이 해석학적으로 그리 어려운 과제는 아니다.

실제로 그리스도인들은 오래 전부터 성경 저자들의 신학적 확언들을 그 배경에 놓인 전제들로부터 분리시켜왔는데, 그렇다면 우리가 동일한 결론을 아담에 대한 바울의 관점에 대해서도 내리지 못할 논리적인 이유는 없다. 만일 우리가 다른 근거로 아담의 역사성에 대해 의심해야 한다면 말이다. 만일 과학적·역사적 맥락에서 아담이 존재했다(그리고 원죄가 있었다)는 주장을 의심할 이유들이 있다면, 우리는 먼저 바울의 논증이 아담과 타락의 역사성에 의존하는지 여부를 결정해야 할 것이다. 창조세계를 향한 하나님의 주권에 대한 욥의 주장은 기후학에 대한 그의 잘못된 지식에 의존하지 않는다. 그렇다면 로마서 5장에 개진된 바울의 신학에 대해서도 동일하게 말할 수 있는가? (이것이 우리의 두 번째 질문이다.)

우리는 로마서 5장에 개진된 바울의 신학을 아담과 관련된 그의 전제들과 구분하는 것이 충분히 타당한 일이라고 결론지을 수 있을 것이다. 로마서 5:12-21에서 바울의 기본적인 의제가 이신칭의와 십자가에 달리신 예수의 단일하고 의로운 행위를 통한 하나님과의 화해를 칭송하고 상술하는 것이라는 점에 대해서는 광범위한 합의가 이루어져 있다. 우리는 바울이 타락 내러티브를 거론하는 이유가 이러한 기독론적이고 구원론적인 의제를 부각시키기 위한 것이라고 말할 수 있다. 여기서 아담의 단일한 악행이 가져온 파괴적인 영향은 그리스도의 단일한 의의 행위가 구원에 미치는 영향을 강조하는 역할을 한다. 그러나 여기서 중요한 점은 그리스도의 단일한 의의 행위가 구원에 미치는 영향이 **논리적으로** 아담의 단일한 악행에 **의존하지 않는다는** 사실이다. 다시 말해 그리스도는 세상을 죄와 죽음으로 몰아넣은 것이 아담의 행위였는지 여부와 무관하게 십자가에서의 죽음을 통하여 온 세상에 구원을 제공할 수 있었다. 세상은 죄와 죽음의 상태에 처해 있을 뿐이며, 그리스도의 행동은 여전히 세상을 구원할 수 있다. 그리스도의 사역이 갖는 효력은 죄가 세상에 들어온 방법에 영향을 받지 않는다.[38] 우리는 로마서 5장에 나타난 아담에 대한 호소를 그리스도의 사역에 관한 바울의 논의에서 논리적 전제로 받아들일 것이 아니라, 예시적이고 수사적인 목적을 가진 것으로 받아들이는 것이 타당할 것이다. 여기서 바울의 주장은 "모든 사람이 아담의 행위의 결과로 죽었기 **때문에,** 모든 사람이 예수의 행위의 결과로 구원받을 수 있다"는 것이 아니라, "모든 사람이 아담의 행위의 결과로 죽었던 것과 **동일한 방식으로,** 모든 사람이 예수의 행위의 결과로 구원받을 수 있다"는 것이다. 로마서 5장에서 아담의 역할은 바울의 구원론을 예시하는 것이지만, 그의 구원론은 예시 없이도 지지될 수 있다.[39]

---

38 이런 논법을 원죄책이라는 주제에 적용한다면, 아담의 죄가 우리에게 전가되어야만 그리스도의 의가 우리에게 전가될 수 있는 것은 아니다.

39 그럼에도 불구하고 고전 15:21-22은 언급할 가치가 있다. 비록 이 본문이 죄를 다루는 것이

당연한 이야기지만, 만일 우리가 바울이 로마서 5장에서 원죄책을 확증했다고 믿는다면, 우리는 바울의 신학이 논리적으로 아담의 역사성에 의존한다고 결론지어야 할 것이다. 그러나 만일 우리가 로마서 5장에서 (위에서 시도되었듯이) 원죄책을 가르치지 않는다는 입장을 견지한다면, 로마서 5장에서 바울의 주장은 우리가 더 이상 지지하지 않는 고대의 전제들에 의존하는 다른 성경의 주장들만큼이나 신뢰할 만한 것으로 온전하게 유지될 수 있을 것이다.

신약성경에서 죄에 대해 보다 명확하게 다루는 본문: 야고보서 1:13-15

본 장의 앞부분에서는 우리가 원죄와 원죄책 개념에 얽매이지 않고서 성경 텍스트에 충실한 기독교 인죄론을 이론상으로 구축할 여지가 있는가 하는 문제를 다루었다. 거기서 우리는 인간의 죄성에 대한 로마서 5장의 신학이 원죄책 개념을 **포함하지** 않으며 그리스도의 사역에 대한 바울의 가르침이 원죄 개념을 **필요로 하지** 않는다고 주장했다. 바울에 따르면 사람들에게 죽음과 심판이 마땅한 이유는 그들이 개인적으로 범한 죄 때문이다. 이처럼

아니라 죽음에 초점을 맞춘 것이고 고전 15:22이 인과관계라기보다는 예증을 통해 아담과 그리스도 사이의 병행관계(*hosper...houtos kai*)를 구성하지만, 고전 15:21은 아담의 죽음과 그리스도의 부활 사이의 인과관계를 상정하는 것처럼 보인다. "이는 사망이 한 사람으로 말미암았으니(*epeide*) 죽은 자의 부활도 한 사람으로 말미암는도다." 우리가 성경 저자의 신학적 결론들에 동의하기 위해서 반드시 그가 가진 과학 이전 시대의 세계관에까지 동의해야 하는 것은 아닌 것과 마찬가지로, 저자의 신학적 결론들을 포용하기 위해서 저자가 자신의 과학 이전 시대 세계관을 근거로 펼치는 논리적 주장들을 승인할 필요는 없다. 비록 바울 서신의 한 구절이 죽음의 도래가 한 사람으로 말미암았기 때문에 죽은 자의 부활도 한 사람을 통해 발생한다고 주장하기는 하지만, 우리는 부활이 그리스도의 사역으로 인해 발생한다는 것을 믿기 위해서 반드시 죽음이 한 사람으로 말미암아 도래했다고 믿을 필요는 없다.

간결한 인죄론은 아담의 존재 없이도 얼마든지 유지될 수 있다.

비록 바울이 로마서 3:23에서 인간의 죄성이 가진 냉혹함에 대해 긍정하기는 하지만, 로마서 5장에서 욕정(죄에 대한 욕망)의 존재를 명시적으로 긍정하지 않는다는 점이 흥미롭다. 참고로 야고보서 1장에서 욕정에 대한 아주 간결한 언급을 발견할 수 있는데, 여기서도 아담 및 타락과의 연결은 찾아볼 수 없다.

사람이 시험을 받을 때에 "내가 하나님께 시험을 받는다" 하지 말지니 하나님은 악에게 시험을 받지도 아니하시고 친히 아무도 시험하지 아니하시느니라. 오직 각 사람이 시험을 받는 것은 자기 욕심에 끌려 미혹됨이니 욕심(욕망)이 잉태한즉 죄를 낳고 죄가 장성한즉 사망을 낳느니라(약 1:13-15).

위 본문의 흐름은 아주 자연스럽다. 여기서 야고보는 하나님이 우리의 죄 때문에 비난당하실 수 없으며, 각 사람이 비난을 받아야 한다고 설명한다. 그는 모든 사람이 "자기 자신의 욕망으로 인해"(*hypo tes idias epithymias*) 유혹을 받는다는 말로 시작한다.

그림 2.1 욕정(Concupiscence)에 대한 야고보서의 도해

그는 출생의 은유를 사용하여 욕망이 죄를(혹은 죄에 대한 생각을) 잉태하며

죄를(혹은 죄악된 행동을) 낳는다고 설명한다. 더 나아가 그 죄가 자라서 영적 죽음이라는 후손을 생산한다.[40] 그 과정은 그림 2.1에서 드러나듯이 아주 명확하다. 사람들을 죄와 죽음으로 인도하는 부패한 욕망들이 존재한다는 개념을 설명하기 위해 사용되는 전문 용어가 "욕정"이다.[41] 이것은 바울이 로마서 5:12에서 주장했던 바와 일치한다. 요컨대 우리는 로마서 5장과 야고보서 1장이 원죄나 원죄책 개념을 요구하지 않는 "욕정의 인죄론"(hamartiology of concupiscence)을 제시한다고 합리적으로 주장할 수 있다.

인죄론과 역사신학

그러나 역사신학의 경우는 어떤가? 비록 복음주의자들이 오직 성경(Sola Scriptura) 교리를 아주 강력하게 주장하는 경향을 보이기는 하지만, 나는 그들 대부분이 원칙적으로 기독교 역사에서 그들이 제시한 교리를 확증해주는 선구자들을 발견하는 것이 최선이라는 보편적인 사고를 가지고 있다고 믿는다. 그리고 비록 신약성경이 원죄, 욕정, 그리고 원죄책을 아우르는 인죄론을 명시적으로 발전시키지는 않았지만, 서구 기독교(로마 가톨릭과 개신

---

40   여기서 고려되는 죽음은 이 구절들이 유혹을 참아내는 사람들에 대한 "생명의 면류관"(명확하게 영적이며 종말론적인 생명)이라는 보상과 대비되도록 의도되었다는 점에서 영적인 죽음으로 여겨져야 한다(1:12). 따라서 야고보서에 나타나는 "죽음"이라는 단어(약 5:20)도 배타적으로 육체적인 죽음을 의미하기보다는 영적인 죽음을 가리킨다.

41   물론 야고보의 관심은 인간의 죄의 기원에 대해서만 말하는 것이 아니라, 개개 인간들의 죄악성의 원인을 묘사하려는 것이다. 물론 우리는 누구나 인간의 죄가 어디서 왔는가를 여전히 물을 수 있지만, 그것이 야고보나 바울이 염두에 두었던 질문은 아니었다. 바울은 다만 죄가 한 사람을 통해서 왔다고 말하지만, 그는 어째서 그 한 사람의 죄가 발생했는가에 대해 상술하는 데는 관심이 없다. 물론 바울과 야고보가 이후 절차에 대해 생각하고 있었을지도 모르지만, 그들의 생각은 성경 텍스트에 보존되지도, 정경화 되지도 않았다.

교)가 역사적으로 그와 같은 이론을 확증했다는 점에 대해서는 이견이 없다. 이러한 역사는 창세기 2-3장에 대한 비평적 해석이 가져다주는 영향을 탐구하는 우리의 논의에 유효적절하다. 따라서 이번 단락에서는 이와 같은 형태의 인죄론이 어떻게 등장했는지 간략하게 설명한 후에 이러한 관점이 기독교 역사에서 유일한 관점도 아니고 최초의 관점도 아니라는 점을 보여줄 것이다.

여기서 우리는 아우구스티누스에 대해 몇 가지를 언급할 필요가 있는데, 이는 우리가 그에게서 완성된 형태의 원죄책 개념을 포함하는 최초의 명확하고 진보한 인죄론을 발견할 수 있기 때문이다.[42]

아우구스티누스의 인죄론을 이해하려면, 영혼들의 번식방법에 대한 그의 입장을 제대로 평가해야 한다. 아우구스티누스가 죄에 대한 자신의 교리를 발전시켰을 때, 그는 인간의 영혼이 잉태될 때마다 새롭게 창조되는 것이 아니라(영혼창조설), 영혼이 부모에서 자녀에게로 전달된다고 믿었다(영혼유전설). 그러므로 아담이 범죄하였을 때, 그는 사실상 자신 안에 있던(이것은 왜 사람들이 "아담 안에서" 범죄했는지를 설명해주는데, 이는 아우구스티누스가 롬 5:2의 *eph' ō*에 대응하는 라틴어 번역어인 *in quo*를 "그 사람 안에서"의 의미로 오독한 데서 비롯되었다) 모든 인류의 영혼과 본성을 훼손하였으며 그 훼손된 영혼을 모든 후손들에게 정액을 통해 전달하였다.

---

42   아우구스티누스의 사고에 결정적인 전환이 일어난 것은 기원후 412년 『죄의 면죄와 유익』 (*De remissione peccatorum et meritis*)을 저술하면서였다. 그 이전에는 심지어 아우구스티누스도 원죄를 고수하는 것처럼 보이지 않았다(우리는 이런 통찰을 제공한 Kenneth Wilson에게 감사한다). 아우구스티누스의 원죄신학에 선구자 역할을 한 교부 시대 저작들을 부분적으로 언급한 책으로는 다음을 보라. Jerry D. Korsmeyer, *Evolution and Eden: Balancing Original Sin and Contemporary Science* (New York: Paulist, 1998), 25-31; David Weaver, "From Paul to Augustine: Romans 5:12 in Early Christian Exegesis," *SVTQ* 27.3 (1983), 187-206.

아우구스티누스에 따르면, 아담이 자신의 후손에게 전달하였던 훼손된 인간 본성은 두 가지 요소를 포함한다. 하나는 유전적인 도덕적 취약성(그는 이것을 "결함"[vitium]이라고 불렀고, 우리는 "욕정"[concupiscence]이라고 부른다)이고, 다른 하나는 아담의 죄에 대한 법적 책임(그는 이것을 "죄책"[reatus]이라고 불렀고, 우리는 "원죄책"[original guilt]이라고 부른다)이다. 아우구스티누스는 모든 사람이 욕정을 겪으며 살아가게 될 것이라고 설명한다. 하지만 그는 원죄책이 세례(일반적으로 유아 세례)를 통하여 사해질 수 있다고 주장하였다. 그러니 죄를 범하기 전에 죽은 유아는 아담의 죄책(reatus)으로 인해 정죄당할 필요가 없는 것이다(Pec. merit. 21).

여기서 중요한 사실은 후대 로마 가톨릭과 개신교의 원죄 교리 주창자들이 하나같이 원죄책 교리의 분수령을 이룬 인물로서 아우구스티누스의 공로를 인정한다는 점이다. 하지만 아우구스티누스의 원죄 교리를 구성하는 핵심 요소 가운데 세 가지는 오늘날 대부분의 복음주의자들이 받아들일 수 없는 것이다. 오늘날 거의 모든 복음주의자는 영혼유전설을 믿지 않으며, 그 대신 (인간이 육체와 영혼을 가진 것으로 이해하는) 이분설과 함께 영혼이 매번 새롭게 출생한다는 영혼창조설을 고수한다. 오늘날 eph' ō가 "그 사람 안에서"로 번역되어야 한다고 믿는 복음주의자는 거의 없으며(위의 논의를 참조하라), 대부분은 "때문에"(because of)로 번역되는 것이 옳다고 믿는다. 또한 극소수의 현대 복음주의자들만이 유아 세례가 원죄를 제거한다고 믿는다. 일반적으로 복음주의자들이 신자세례주의자(credobaptist)이긴 하지만, 심지어 유아 세례 지지자들도 유아 세례를 죄 용서와 구원을 위한 유효적인 수단으로 보기보다는 언약적 표지로 설명하는 것을 선호한다. 원죄에 대한 현대 개신교의 설명이 아우구스티누스의 도식을 재구성한 것이기는 하지만, 사실상 어떤 복음주의자도 현대 서방 교회 인죄론의 출처인 아우구스티누스

인죄론을 구성하는 그런 핵심적인 요소들을 받아들일 수 없을 것이다.

아우구스티누스와 (잘못된 근거 위에 형성되었던) 그의 원죄론이 끼친 막대한 영향에도 불구하고, 그의 관점은 기독교 역사에서 유일한 것도 아니고 인죄론에 대한 최초의 언급도 아니다. 종종 우리 개신교도들은(심지어 신학을 연구하는 학자들조차도) 기독교가 세 가지 주된 전통, 곧 로마 가톨릭, 개신교, 동방 정교회로 구성된다는 사실을 망각하곤 한다. 흥미로운 사실은 동방 정교회가 오래 전부터 (바울 이전의 유대교 신학에서처럼) 원죄책(original guilt)을 배제하고 욕정(concupiscence)에 초점을 맞추는 인죄론을 주장해왔다는 점이다. 게다가 이 관점은 아우구스티누스보다 수 세기 이전으로 거슬러 올라가 이레나이우스와 같은 초기 교부들에 의해서도 지지를 받는다. (그리고 위에서 전개한 주해를 어떻게 받아들이느냐에 따라 야고보와 바울에게서도 이런 관점이 발견된다고 말할 수도 있다.) 이 신학적 혈통은 이레나이우스로부터 다마스쿠스의 요한을 거쳐 현대 정교회 전통에까지 미친다. 동방 정교회가 인죄론에 대해 (동방 정교회 신학에서 대단히 이례적으로) 단일한 교리적 규정을 공표하지 않았을 뿐만 아니라 이 교리의 다양한 국면들에 대해 일치된 목소리를 내는 것도 아니지만, 그들은 인류가 부패와 죽음을 물려받음에도 불구하고 오로지 자신들이 범한 죄에 대해서만 심판을 받는다는 주장에 동의한다.[43] 따라서 동방의 아우구스티누스라 불리는 다마스쿠스의 요한 같은 인물은 죄가 자유로운 선택의 결과라고 말하곤 했다. 다시 말해 우리가 비록 조상들로부터 죽음과 욕정을 물려받지만, 우리는 아담의 죄로 인해 유죄판결을 받는 것이

---

43   David Weaver, "The Exegesis of Roman 5:12 among the Greek Fathers and Its Implication for the Doctrine of Original sin: The 5th-12th Centuries (Part III)," *SVTQ* 28.1 (1984), 231-57 (251-2).

아니라 우리 자신의 죄로 인해 형벌을 당한다는 것이다.[44]

우리가 기독교 전통을 살펴볼 때 확인할 수 있는 사실은, 상당수의 하나님의 백성들이 원죄책을 배제하고 "욕정"과 자신의 의지로 범한 죄에 대한 "책임"을 강조하는 인죄론의 관점을 지속적으로 고수해왔다는 점이다. 물론 동방 교회 전통에서도 서방 교회와 동일한 빈도로 아담과 타락의 역사성을 강조해왔다. 오늘날의 비평적이고 과학적인 통찰들의 영향이 없었던 시기에는 어쩌면 당연한 일이었을 것이다. 그럼에도 불구하고 원죄책의 문제는 기독교의 보편적인 교리가 아니라 교회사에서 논쟁이 끊이지 않는 주제다.[45]

책임 벗어버리기?

우리는 아담의 타락의 역사성에 대한 비평학계의 거부를 수용할 때 뒤따르게 될 몇 가지 도전들에 대해 살펴보았다. 실제로 이러한 비평적 결론은 인죄론을 이해하는 방식과 일부 특정 텍스트를 읽는 방식을 재조정할 것을 요구한다. 그런데 사람들은 역사비평이 경우에 따라서는 과거의 교리적 주장들이 만들어낸 문제점들을 개선하는 데 도움을 주기도 한다는 점을 인지하

---

44   예. John of Damascus, *De Fide Orthodoxa* 2:12, 22; Cyril of Alexandria, *Commentary on the Epistle to the Romans*, PG 74, 784B-C; Theodoret of Cyrus, *Interpretation of the Letter to the Romans*, PG 82, 100A-B; *Eranistes*, PG 83, 248; Theodore of Mopsuestia, *Against the Defenders of Original Sin*; David Weaver, "The Exegesis of Romans 5:12 among the Greek Fathers and Its Implication for the Doctrine of Original Sin: The 5th-12th Centuries (Part II)," *SVTQ* 27.4 (1983), 133-59 (144-5); Weaver, "Romans 5:12 (III)," 231-5, 50.

45   사실상 7대 보편교회 공의회들의 교리들과 교회법 가운데 어떤 것도 원죄책에 대해 말하지 않는다. 원죄책을 거론하는 유일한 종교회의는 419년의 카르타고 공의회다(법규집 110).

는 데 실패하곤 한다.

창세기 3장에 대한 비평적 해석이 원죄책의 개념을 배제한다는 사실에 매력을 느끼는 사람들도 있을 것이다. 어쨌거나 한 사람이 다른 누군가의 죄로 인해 유죄판결을 받게 될 수 있다는 개념은 윤리적으로 상당히 거슬리는 것이다. 사람들은 타인의 악행에 대해 대신 비난 받고 처벌을 당하는 일에 본능적으로 반대한다. 우리는 타인이 행한 일의 결과로 고통을 당하는 것은 어느 정도 참아줄 수 있지만(어쨌거나 이것은 세상이 돌아가는 이치이기도 하다), 그들의 행동으로 인해 우리가 유죄판결을 받는 것은 전혀 다른 문제다.

공동 연대라는 성경적 개념은 사람들이 그들의 대표자의 죄로 인해 유죄판결을 받거나 혹은 그들의 행동의 결과를 함께 짊어지는지에 대해 어느 정도 모호한 측면이 있다. 하지만 정경 내에서도 하나님 자신이 공동 연대 개념을 문제시하시는 것처럼 보인다. 다수의 성경 저자가 한 사람이 부모나 지도자의 행위로 인해 대신 처벌 받고 고통당하는 상황이 불합리함을 인정한다(신 24:16; 삼하 24:17; 렘 31:29; 겔 18:2, 20; 참조. 요 9:2-3).

공동 연대가 집단적 파급효과나 집단적 죄책을 수반하는지 여부가 불투명하다고 주장하는 이들도 있을 것이다. 갓난아이가 세례도 받기 이전에, 그리고 죄를 하나도 범하기 이전에 (그리스도께로 돌아설 기회도 전혀 없이) 죽음을 맞이해도 정죄를 받아 영원한 고통에 처해질 수 있다는 개념은 우리가 상상할 수 있는 가장 잔혹한 불의 가운데 하나인 것처럼 보인다. 물론 서방 교회 신학자들은 이 난감한 문제를 회피하기 위해 다른 우회로들을 찾으려고 시도했다. 하지만 타락의 역사성을 논박해버리면 이 성가신 철학적 난제는 금세 해결되어버린다.[46] 물론 우리가 비평적 결정을 내리는 데 단지 철학

---

46 타락의 역사성에 대한 역사비평학계의 논박이 신약의 독자들에게 롬 5장을 더욱 정밀하게

적 편이성만을 고려할 수는 없지만, 비평학계가 제기하는 모든 도전들에도 불구하고 그것은 신학적으로 유용한 것으로 판명날 수도 있다.

아담으로부터가 아니라면, 욕정은 무엇에서 기인하는가?

본 장의 대부분은 우리가 경험하는 다음과 같은 몇 가지 질문들과 관련된 것이다. 첫째, 역사비평학계가 창세기 2-3장의 역사성을 부인하는 것이 다른 중요한 성경신학적 주장들에 대한 부인으로 이어질 수 있는가에 대한 질문이었으며, 둘째, 그러한 비평적 관점이 기독교 전통 전반에 대한 포기로 간주될 수 있는가에 대한 질문이었다. 다행스럽게도 원죄책의 교리가 성경에 명시되지 않았음에도 유대교에서는 전제되고 기독교 신학에서는 보편적이 되어 있는 상황을 볼 때 꼭 그런 것 같지는 않다. 반대로 "죄를 짓지 않을 수 없다"(*non posse non peccare*)는 의미를 지닌 욕정(concupiscence) 개념에는 기독교 역사, 신약성경, 그리고 유대교를 관통하는 뿌리가 있다. 그럼에도 불구하고 사람들은 일반적으로 욕정이 아담의 죄에서 비롯된다고 가정했다. 따라서 우리가 던지는 마지막 질문은 다음과 같다. 우리가 역사비평적 관점에 동의하여 타락의 역사성을 부인한다면 우리는 욕정의 존재도 부인해야만 하는가?

그럴 필요는 없는 것으로 보인다. 조나단 에드워즈가 주목하였듯이, 인간의 경험을 통해 손쉽게 입증될 수 있는 기독교 교리가 있다면 그것은 바로

살펴볼 것을 요구한다고 말하는 것이 적절할 것이다. 독자들은 결국 원죄책 개념이 실제로 텍스트에 제시되지 않는다는 것을 발견하게 될 것이다.

죄의 보편성에 관한 교리다![47] 죄의 성향이 얼마나 보편화되어 있든지 간에 그러한 성향이 존재한다는 점은 부인하기 어렵다. 이는 원죄와 원죄책을 부인하는 것이 성육신과 십자가 처형 및 부활에 나타난 그리스도의 구원사역의 필요성을 제거하는 데까지 이를 수는 없다는 의미다. 우리가 어떻게 그러한 죄의 상태에 도달했든지 간에 우리 모두는 구세주가 필요한 죄인들이다.

그렇다면 우리는 사변적인 관점에서 (아담의 타락과는 별개로) 성경적인 욕정 개념을 지지하는 근거들을 제시할 수 있을 것인가? 사실 신학자들이 인간의 보편적인 죄성이라는 현상에 대해 사회학적·생물학적·심리학적·실존적·악마론적 관점에서 다양한 제안들을 내놓았기 때문에 우리에게는 선택의 폭이 대단히 넓다.[48] 여기서는 그중 몇 가지만 언급할 것이다.

일례로 사회과학은 우리가 일반적으로 가족과 사회의 가치와 신념을 받아들여 내면화한다는 점을 보여주었다. 한 개인은 단지 경험적 관찰과 분석적 추론에만 의지하여 진공 상태에서 자신의 세계관을 발전시켜가는 것이 아니라 (인생의 초창기에는 전적으로, 그리고 인생의 나머지 기간에도 상당한 정도로) 부모, 친척, 친구들, 지도자들, 원수들로부터 가치들과 성향들을 수용하여 우리의 것으로 만들어간다. 정체성과 인류학에 대한 이해가 강해질수록 우리는 그런 가치들과 성향들이 단지 우리가 모방하는 나쁜 모델들이기만 한 것이 아니라, 그런 가치와 성향들이 본질적으로 우리 자신의 일부라는 사실을 깨달을 수 있다. 따라서 우리가 죄악이 이미 편만한 사회에 존재하

47　Edwards는 심지어 어린이들을 포함하여 모든 인간의 마음이 보편적으로 타락했음을 경험적으로나 성경적으로 논증하는 데 상당히 많은 에너지를 소비한다(Clyde A. Holbrook, "Editor's Introduction to Original Sin," in Jonathan Edwards, *Original Sin*, ed. Clyde A. Holbrook [New Haven: Yale University Press, 1970], 27-41).

48　이런 일부 아이디어에 대한 멋진 개괄로는 다음을 보라. Brian O. McDermott, "The Theology of Original Sin: Recent Developments," *TS* 38 (1977), 478-512.

게 되었다면, 우리 자신도 그들과 유사한 성향을 지니게 될 것이라는 점에는 이론의 여지가 없다. 이런 사회학적 통찰은 욕정의 신학에 중대한 소재를 제공한다.

생물학적 대진화를 확신하는 사람이라면 누구나 인간의 죄성이 어떻게 만연해질 수 있었는지에 대해 아주 납득할 만한 설명을 발견할 수 있을 것이다. 자연선택은 생리적으로 유리한 특질들만 선호하는 것이 아니라 폭력(자신과 무리를 보호하기 위한), 다양한 파트너와의 빈번한 성행위, 음식을 차지하기 위한 싸움, 약자를 유기하거나 죽이는 행위 등도 선호했을 것인데, 왜냐하면 일반적으로 이런 방식으로 행동하는 동물들이 오래 살아남아서 번식을 하고 큰 무리를 이룰 가능성이 좀 더 높기 때문이다. 달리 표현하자면, 생식을 통해 재생산을 하기까지 살아남는 동물은 이기적인 성향을 다양하게 보여주는 동물들일 가능성이 높다.[49] 의심할 여지 없이, 이런 행동들은 인간 세계에서 일반적으로 악하게 여겨지는 것들이다(우리는 그런 성향들을 정욕, 음행, 미움, 살인, 식탐, 소외된 자들의 방치라고 부른다). 진화론이 인류의 생물학적 조상으로 간주하는 유인원과 하등동물에게서 우리가 그런 행위들을 여전히 발견할 수 있기 때문에, 인간의 그런 행위들이 진화적 유산의 일부라고 주장하는 것은 진화론적 관점에서 상당히 합리적이다. 흥미롭게도 우리가 여기서 언급한 내용들은 죄악성이 모방을 통해서가 아니라 출생을 통해 유전된다는 아우구스티누스의 주장에 대한 훌륭한 생물학적 설명이 되는데, 왜

---

49   이것은 진화론이 이기적인 행동만을 선호한다는 의미는 아니다. 생물학자들도 자연선택이 자신의 부족이나 가족 구성원에 대한 충성과 이타심의 표현을 격려할 것이라고 생각한다. 물론 사람에게서는 그런 행위들이 덕으로 규정되었을 것이다. 환언하자면, 자연선택 이론들은 다양한 종류의 행동들에 대한 생물학적 동기부여를 포함한다. 그 행동들 가운데 일부는 나쁜 것으로 여겨질 것이며, 그 가운데 일부는 윤리적 주체에 의해 수행될 때 선한 것으로 여겨질 것이다. 우리가 알고 있는 진화론은 창조가 선악의 혼합이라는 점을 보여준다.

냐하면 죄의 성향이 자연선택을 통하여 인간들에게 배양된 것으로 볼 수 있기 때문이다. 신학자들은 이러한 신학적 통찰들을 자신의 죄 이론에 유익하게 통합시킬 수 있다.

기독교 인죄론이 사회학적·진화생물학적 통찰들에서만 유익을 얻을 수 있는 것은 아니다. 모든 인간이 심리학적으로 의식적 욕망과 보다 원초적인 무의식적 욕망 사이에서 엄청난 갈등을 겪고 있다고 주장하는 것이나, 또는 실존적으로 하나님과의 화해를 통해서만 채워질 수 있는 거룩성에 대한 심오한 결핍감으로 인해 고통을 당한다고 주장하는 것도 충분히 타당하다. 마찬가지로, 창세기 2-3장의 역사성을 논박한다고 해서 세상의 윤리 영역에서 사탄과 마귀의 존재를 배제해야 하는 것은 아니다. 이런 사안들은 방법론적으로나 주제상으로나 별도의 탐구영역이다. 달리 표현하자면, 설사 아담의 타락이 욕정의 근거라고 믿지 않는다 하더라도, 우리는 대안적으로 모든 사람은 진화생물학적으로 이기적인 성향을 가지고 있으며 그러한 성향이 우리의 사회적·심리학적·영적 지평들에 의해 강화되는 동시에 악마의 꼬드김으로 인해 더욱더 부추겨지고 있다고 설명할 수도 있을 것이다. 물론 욕정에 대한 이런 대안적인 설명들이 별로 설득력이 없다고 생각하는 사람들도 있겠지만, 우리는 죄의 보편성을 설명하기 위해 반드시 아담의 타락에 호소해야만 한다고 생각해서는 안 된다.[50]

---

50 물론 이것은 하나님께서 왜 창조세계가 이런 상태로 존재하기를 원하셨는가라는 질문을 제기하는 것이 아니라, 어떻게 이런 상태가 존재하게 되었는가라는 내재적인 질문을 제기한다.

결론

이제 우리는 성경과 교리를 넘나드는 신학적이고 사변적인 산책의 끝자락에 도달했다. 결론을 제시하기에 앞서 먼저 우리는 본 장의 목적이 독자들에게 창세기 2-3장에 대한 역사비평적 해석을 확신시키는 것이 아니었음을 언급할 필요가 있다. 창세기 2-3장을 해석하는 작업에는 수많은 역사적·주석적 난제들이 존재하며, 텍스트에 대한 역사비평적 주장들을 지지하거나 반대하기 위해 엄청난 분량의 책들이 저술되었다. 본서에 포함된 다른 장들과 마찬가지로 이번 장에서도 우리는 역사비평이 복잡하고 힘겨운 과업이라는 점을 진심으로 인정할 수밖에 없다. 그런 이유에서라도 복음주의 학자들과 신학생들은 자신들의 능력과 신념을 다해 이 논의에 뛰어들어야 한다. 하지만 우리 복음주의자들은 창세기 2-3장이 성경과 기독교 교리의 다른 부분들과 복잡하게 얽혀 있는 방식을 정확하게 인식하고 있었기 때문에 지금까지 이에 관한 비평적 논의를 회피해왔다. 우리가 넘어뜨리려 하는 신학적 도미노의 정체가 무엇인지 확실히 알 수 없기 때문에 손을 무릎 위에 두고 꿈쩍도 하지 않았던 것이다.

그런 이유에서 본 장은 독자들에게 만일 창세기에 대한 역사비평적 관점들이 옳다면 무슨 일이 일어날지에 대해 상상력에 기반한 사변적인 실험을 한번 전개해보라고 제안하는 것이다. 우리는 죄의 신학, 즉 창세기 2-3장이 핵심적인 역할을 하는 교리적 주제에 초점을 맞추었다. 타락의 역사성에 대한 비평학계의 거부는 비록 욕정(concupiscence)이라는 개념을 위태하게 하지는 않았지만 원죄(*peccatum originans*; originating sin)와 원죄책(original guilt) 개념을 배제시킬 수도 있었다. 하지만 우리는 원죄책이 성경에서, 심지어 로마서 5장에서도 지지를 받는 개념이 아니라는 점을 확인할 수 있었다. 마찬가지로 원죄책 개념은 2, 3세기의 교부들에게도 이질적인 것이었으며 동방 기독교 교리에서도 결코 수용된 적이 없었다. 게다가 원죄책의 폐기는 기독교가 안고 있는 심각한 철학적 난제를 제거해준다는 점에서 신학적으로 바람직한 것으로 여겨질 수도 있다. 마지막으로 우리는 아담의 타락에 의존하지 않고서도 이론적으로 유대교와 기독교 인죄론의 가장 중요한 요소인 "욕정" 개념을 죄의 성향을 촉발시키는 것으로서 지지할 수 있다고 설명했다.

이런 주장들은 결코 창세기 2-3장이 비역사적이어야 한다거나 원죄라는 개념이 잘못된 것이라는 결론을 도출하기 위한 것이 아니다. 우리가 보여주고자 한 것은, 창세기 2-3장에 대한 역사비평적 해석이 설사 우리의 신학체계의 일부분에 도전을 가할 수 있다 하더라도 그런 해석이 기독교 신앙을 파괴하지는 않는다는 점이다. 어쨌거나 우리는 복음주의자들이 이 비평적 논의에 관여할 필요가 있다고 생각한다. 아마도 그런 논의들은 창세기 2-3장의 역사성을 변호하는 데 설득력 있는 근거가 되어줄 것이며, 이를 통해 교회는 더욱 강력해질 것이다. 아마 그들은 창세기 2-3장에 대한 전통적인 복음주의적 해석이 그들이 생각했던 것만큼 성경이나 기독교 교리에 충실한 것은 아니라는 사실을 발견하게 될 것이다. 진리가 무엇이든지 간에, 모든 진리는 하나님의 진리다.

후속 연구를 위한 제안

Enns, Peter, *The Evolution of Adam: What the Bible Does and Doesn't Say about Human Origins* (Grand Rapids: Brazos, 2012). 『아담의 진화』(기독교문서선교회 역간).

Korsmeyer, Jerry D., *Evolution and Eden: Balancing Original Sin and Contemporary Science* (New York: Paulist, 1998).

McKenzie, Steven L., *How to Read the Bible: History, Prophecy, Literature - Why Modern Readers Need to Know the Difference and What It Means for Faith Today* (Oxford: Oxford University Press, 2005).

Van Seters, John, *Prologue to History: The Yahwist as Historian in Genesis* (Louisville: Westminster John Knox, 1993).

Weaver, David, "From Paul to Augustine: Romans 5:12 in Early Christian Exegesis," *SVTQ* 27.3 (1983), 187-206.

3
출애굽: 사실인가 허구인가, 아니면 둘 다인가?

크리스토퍼 B. 안스베리

*본 장의 주제와 관련하여 통찰력 있는 연구를 제공해준 Seth Tarrer에게 감사한다. 비평적인 논쟁들에 대한 그의 지식, 면밀한 분석, 그리고 우호적인 대화는 크나큰 도움이 되었다.

G. 어니스트 라이트(George Ernest Wright)는 성경에 실린 위대한 사건들을 다룬 1958년의 저술에서 오늘날의 주도적인 복음주의 구약학자들과 고고학자들 상당수의 확신을 다음과 같이 표현했다. "성경에 대한 믿음은 거기에 기록된 핵심적인 사건들이 실제로 일어난 것인지 여부에 모든 것이 달려 있다."[1] 어째서 그런가? 라이트를 비롯하여 오늘날 미국과 영국의 보수적인 복음주의자들의 견해에 따르면 성경적 신앙은 성경이 진술하는 사건들의 역사성에 의존하는데, 이 사건들이 "계시의 중심 수단"이기 때문이다.[2] 여기서 신적 계시는 성경 사건들의 역사성과 불가분하게 연결된다. 그 사건들이 결코 발생하지 않았거나, 성경에 진술된 것과는 다른 방식으로 혹은 다른 시간에 발생한 것으로 드러나지는 않는가? 그렇게 된다면 신적 계시의 진실성은 와해되고 말 것이며, 신앙 자체의 핵심이 파괴되고 말 것이다. 예상되는 심각한 결과들을 고려할 때 많은 복음주의자들이 성경에 담긴 역사적 전승들의 진정성을 검증하기 위한 증거들을 수집해온 것은 당연한 일이었다. 그리고 그러한 노력에는 그만한 가치가 있었다.

한편 이러한 과제에는 겉으로 드러난 것 이상의 무언가가 숨겨져 있다. 물론 이것은 이스라엘 백성의 출애굽 사건에 대한 연구에서 특히 명백하게

---

1   George E. Wright, *God Who Acts: Biblical Theology as Recital* (London: SCM Press, 1958), 126.

2   Wright, *God Who Acts*, 13.

확인할 수 있다. 20세기에 수행된 이집트와 고대 근동에 대한 고고학적·사본학적 연구 결과들에 근거하여 대다수의 구약학자, 고고학자, 그리고 역사가들은 더 이상 성경에 나타난 출애굽 기사의 온전한 역사성을 고수하지 않는다. 이러한 정서는 성경을 대하는 그리스도인 독자들에게 중요한 질문들을 제기한다. 하나님은 역사 내에서 행동하시지 않는가? 속박과 잔혹한 압제로부터 하나님이 가져다주시는 해방이라는 전형적인 표현은 단지 고대인들이 꾸며낸 말에 불과한 것인가? 아니면 하나님의 행동과 성품이 역사비평적 관심에 의해 왜곡된 것인가? 출애굽기를 기독교의 성경으로 읽는 사람들은 비평학계와 성경 텍스트가 제시하는 서로 다른 묘사들을 어떻게 설명할 것인가? 간단히 말해 신앙을 고백하는 그리스도인들은 출애굽 사건의 역사적 실재와 그에 대한 신학적 표상 사이에서 어떻게 확고하면서도 책임 있는 방식으로 길을 찾아갈 것인가?

본 장은 이러한 난해한 질문들에 대답하려고 노력하면서 출애굽과 관련된 역사비평적 제안들이 기독교 신앙과 양립 가능한지 여부를 결정하기 위해 그러한 제안들의 신학적 함의에 대해 성찰할 것이다.[3] 우리는 논의에 연루된 핵심적인 두 그룹, 즉 최대주의(maximalist) 역사가들과 최소주의(minimalist) 역사가들의 근본적인 가정들과 기본적인 접근들에 대한 묘사로 시작할 것이다. 이러한 배경하에 우리는 고대 역사기술, 내러티브, 문화적 기억에 대한 예리한 판단이 어떤 방식으로 출애굽 사건의 내러티브 표현과 그 역동적 기능에 대한 우리의 이해를 이끌어줄 수 있는지를 설명할 것이다. 마지막으로 우리는 출애굽과 관련된 최소주의적 판단들이 제공하는 신

---

3   출애굽 사건과 관련된 역사적·신학적 이슈들이 이스라엘의 가나안 기원과 정착뿐만 아니라 광야 방랑 전승과도 관련이 있지만, 공간의 제약으로 인해 역사적·텍스트적 관계에 내재하는 다양한 주제들을 전부 다룰 수는 없다. 본 장에서는 출애굽 전승에만 초점을 맞출 것이다.

학적 함의들을 평가하며, 그것들이 하나님의 선민이자 하나님의 미래 구원에 대한 신뢰라는 이스라엘의 정체성을 어느 정도로 약화시키는지를 조사할 것이다. 나는 이러한 연구들이 우리의 복음주의 신앙에 활기를 주며 우리가 섬기는 해방의 하나님에 대한 우리의 비전을 형성해가기를 소망한다.

분파: 소위 최대주의자와 최소주의자

19세기 말 이래로 일반 성도들, 목회자들 그리고 신학자들은 성경 텍스트의 정확성을 확증하기 위해 과거 사건들을 재구성하고자 시도했다. 20세기 후반에는 고고학 연구가 성경에 기록된 출애굽의 역사성에 대한 우리의 평가에 어떤 방식으로 영향을 끼칠 수 있는지와 관련해 두 학파가 등장하였다. 한 진영에서는 고고학이 성경 이야기(의 대부분)와 조화될 수 있다고 주장한다. 이것을 가리켜 "최대주의" 관점이라 부른다. 또 다른 진영에서는 고고학이 전통적 해석들을 거부하고 성경에 언급된 사건들에 의심을 제기한다고 주장한다. 이러한 학자들이 지지하는 관점에는 "최소주의" 혹은 "수정주의"라는 이름이 주어졌다. 이 그룹들의 근본적 가정들과 출애굽에 대한 그들의 독특한 관점들에 대해서는 별도로 언급할 가치가 있다.[4]

---

4   이 극단적인 입장들 중간 지점에 많은 학자들이 위치할 수 있지만, 이처럼 대척 관계에 있는 두 학파가 성경 자료의 역사성에 대한 두 가지 기본 접근 방식들을 대표한다. 20세기 중반에 고대 이스라엘과 관련해 가장 큰 영향력을 가졌던 두 학파에 대한 묘사와 세부적인 설명으로는 다음을 보라. Megan Bishop Moore, *Philosophy and Practice in Writing a History of Ancient Israel*, LHBOTS 435 (London and New York: T&T Clark, 2006).

최대주의자

본질상 최대주의자들은 성경 텍스트가 신뢰할 만한 역사자료이며, 비록 군데군데 수정과 미세한 차이점들이 존재하기는 하지만 성경이 진술하는 사건들이 외적인 발견들에 의해 확증될 수 있다고 믿는다. 따라서 최대주의자들은 성경의 역사적 선언들에 대해 "무죄추정"의 원칙으로 접근한다. 다시 말해 반박할 명백한 증거가 제출되지 않는 한 역사적 사실로 받아들인다.[5] 따라서 최대주의자들이 기본적으로 성경에 언급되는 사건들의 역사성을 지지하는 것은 놀랍지 않다. 왜냐하면 그들은 성경의 묘사가 그것들이 기록하고 전달한다고 주장하는 사건들에 상응한다고 가정하기 때문이다. 더욱이 이러한 가정은 사건들의 발생과 그에 대한 성경의 기록 간의 근접성에 대한 최대주의자들의 신념에 의해 강화된다.

저명한 복음주의 이집트학자인 제임스 호프마이어(James Hoffmeier)는 이 그룹을 대변하는 주도적인 인물 중 하나다. 비록 호프마이어가 ("이른" 출애굽 지지자들이 옹호하는 기원전 15세기설이 아니라) 기원전 13세기 출애굽설을 지지하기는 하지만, 그의 저작은 그 사건의 연대기적 틀에 대한 논의를 넘어 출애굽 전통의 정당성을 고찰하는 데까지 나아간다. 호프마이어는 금석학과 고고학적 증거 및 이집트 지리학의 측면에서 출애굽 사건이 개연성을 가진다는 점뿐만 아니라 성경의 언급이 가치 있는 역사자료의 역할을 한다는 점도 입증하려고 노력한다.[6] 사실상 이집트에서 나온 간접적(혹은 "정황"적) 증거는 출애굽 내러티브가 이집트에서 유래했거나 혹은 이집트 배경을 갖고 있다는 점을 지적하는 것처럼 보인다. 성경에 대해 최소주의적으로 접

---

5   James K. Hoffmeier, *Israel in Egypt: The Evidence for the Authenticity of the Exodus Tradition* (New York: Oxford University Press, 1999), 10-11.

6   Hoffmeier, *Israel in Egypt*.

역사비평의 도전과 복음주의의 응답

근하는 학자들과 달리 호프마이어는 출애굽에 대한 언급이 민속학자들의 이야기나 역사화된 신화들의 선집이 아니라는 점을 입증하기 위해 다양한 형태의 텍스트와 증거 자료들을 채택한다. 그는 출애굽이 신뢰할 만한 텍스트의 이야기 속에 보존된 개연적인 역사적 사건이라고 주장한다. 비록 호프마이어가 출애굽의 역사성이 고고학적 데이터로 "증명"되지는 않으며 성경의 이야기가 신화적 언어를 포함하는 신학적 내러티브라는 점을 인정하기는 하지만,[7] 그는 구약 정경 전반에서 출애굽 전통의 중요성뿐만 아니라 이집트의 간접적 증거, 성경 텍스트의 증거가 그 사건의 역사적 진정성을 "압도적으로 지지한다"고 주장한다.[8]

출애굽 전통에 대한 호프만의 본문비평적·고고학적·금석학적 탐구와 결을 같이하여, 이안 프로반(Iain W. Provan), 필립스 롱(Philips Long), 트렘퍼 롱맨(Tremper Longman III)은 역사기술에 대한 현대적 접근들의 인식론적 토대에 관한 연구를 진행했다. 이들의 목표는 성경적 이스라엘 역사를 구성하기 위한 방법론적 기초를 놓는 것이었다.[9] (너무 실증적인) 역사비평과 (역사를 정확하게 재구성할 수 없는) 장르비평이 처한 난관을 극복하기 위해 그들은 증언이라는 매개 수단과 관련된 새로운 연구방법을 도식화하려고 시도한다. 저자들은 역사 지식이 과거로부터 현재로 전달되는 수단인 "증언"에 의존함으로써 역사적 내러티브에 대한 성경의 해석을 이스라엘의 역사가 전달

---

7   Hoffmeier, *Israel in Egypt,* 108-9.

8   James K. Hoffmeier, "'These Things Happened': Why a Historical Exodus Is Essential for Theology," in James K. Hoffmeier and Dennis R. Magary (eds), *Do Historical Matters Matter to Faith? A Critical Appraisal of Modern and Postmodern Approaches to Scripture* (Wheaton: Crossway, 2012), 99-134.

9   Iain W. Provan, V. Philips Long and Tremper Longman III, *A Biblical History of Israel* (Louisville: Westminster John Knox, 2003). 『이스라엘의 성경적 역사』(기독교문서선교회 역간).

되는 수단으로 간주한다.[10] (역사적 사건들이 외적 증거를 통하여 확인되어야 한다는) "입증의 원칙"(principle of verification)과 관련된 난점들과 결부하여, 과거에 대한 지식을 획득하는 데 있어 증언의 중요성은 저자들로 하여금 (허위라는 점을 입증할 만한 명백한 증거가 존재하지 않는 한 고대 본문들을 수용해야 한다는) "반증의 원칙"(principle of falsification)을 우선시하는 한편 이스라엘 역사의 구성을 위한 성경적 증언의 역사적 가치를 지지하도록 이끌었다.[11] 성경의 증언에 대한 신뢰는 이스라엘의 초기 역사에 대한 저자들의 탐구가 그 사건에 대해 기원전 13세기 연대설이나 15세기 연대설의 가능성을 모두 인정한다는 점에서, 출애굽에 대한 단일한 해석을 도출하지는 않는다.[12] 그럼에도 불구하고 "증언"의 역할에 대한 그들의 논의와 성경 내러티브의 이데올로기적이며 예술적인 국면들에 대한 그들의 관심은 실증주의와 허무주의 사이에서 진퇴양난을 거듭하던 상황에서 벗어나는 길을 열어준다.[13]

이러한 연구들(최대주의 관점을 대변하는)은 모두 동일한 결론에 도달한다. 즉 출애굽은 시공간에서 일어난 사건이라는 것이다. 이러한 결론은 성경 텍스트의 지지를 받는다는 이점이 있다. 그럼에도 불구하고 역사비평적·고고학적 발견물들은 그 사건에 대한 최대주의적 재구성을 약화시키는 것처

---

10   Provan, Long and Longman, *Biblical History of Israel*, 36-50.

11   Provan, Long and Longman, *Biblical History of Israel*, 73.

12   기원전 15세기나 13세기 출애굽 연대에 추가하여, 비교적 인기가 적은 입장들로는 Bimson의 기원전 16세기설과 Rensburg의 기원전 12세기설을 들 수 있다. John J. Bimson, *Redating the Exodus and Conquest*, JSOTSup 5 (Sheffield: Sheffield Academic Press, 1978); Gary A. Rensburg, "The Date of the Exodus and Conquest/Settlement: The Case for the 1100's," *VT* 42 (1992), 510-27.

13   "역설적으로, 이 관심들은 실증주의의 막다른 골목과 이에 대해 문화적 기억이 제공하는 가능한 출구에 관하여 최소주의자들의 입장들과 어느 정도 중첩된다. Philip Davies, *Memories of Ancient Israel: An Introduction to Biblical History – Ancient and Modern* (Louisville: Westminster John Knox, 2008), 158-64.

럼 보인다. 예를 들자면 이집트로부터 상당수의 아시아인들이 출발했다는 주장을 지지하는 텍스트상의 혹은 고고학 자료상의 증거가 부족하다는 사실뿐만 아니라 출애굽기 내에서의 애매모호한 지리상의 언급들은 성경 텍스트의 역사적 신뢰성에 의문을 제기한다. 시나이반도 전반에 걸친 방대한 발굴 작업에도 불구하고 이집트와 레반트 전역에 걸쳐 대규모의 인구 이동에 대한 증거가 발견되지 않았다. 게다가 이집트에서 일시에 어마어마한 규모의 이주가 발생한 이유를 설명해야 하는 논리적 난점들은 성경의 진술이 비현실적이라고 제안한다. 여기서 광야로 행진한 이스라엘 사람들의 숫자에 대한 라이마루스와 레싱(Gotthold Ephraim Lessing)의 비판은 잘 알려져 있다. 그들에 따르면, 6명씩 열을 지어 이스라엘이 행진을 할 경우 대열의 끝부분이 이집트를 떠나기도 전에 대열의 선두가 가나안에 도착했을 것이다. 게다가 이집트 사회의 절정기에도 이집트의 전체인구가 100만 명을 넘어서지 못했다. 출애굽 전승의 진정성에 대한 역사적·고고학적 연구가 초래한 질문들은 중대한 것이다. 인정하건대 출애굽 이야기에 등장하는 거대한 숫자들은 여러 가지 방식으로 이해될 수 있을 것이며, 그러한 숫자에 대한 고고학적·역사적 증거의 부재가 출애굽 사건의 비역사성에 대한 증거로 작용할 수는 없을 것이다. 그럼에도 불구하고 여기서의 침묵은 그 정도가 상당히 심하다. 한 세기가 넘게 역사적·고고학적 탐사가 진행되었지만, 성경 이야기의 세부 사항들을 입증할 정도의 그 어떤 직접적인 증거도 발견되지 않았다. 출애굽 사건이 발생했을 개연성은 물론 존재하지만, 역사적·고고학적 연구는 그 사건의 실재성에 의구심을 제기한다.

출애굽에 대한 직접적인 증거가 부족하기 때문에 우리는 역사적으로 이스라엘의 출애굽을 시사하는 성경 외적 고대 증거가 작은 것 하나라도 존재하는지 살펴볼 필요가 있다. 성경 이야기에 기록된 대로 고대 이집트에서 어떤 대규모의 사건이 발생했다면, 그것이 그들의 역사 연대기에서 어떤 방식으로든 발견될 수 있으리라는 기대는 합당하다. 그러나 그런 자료는 존재하지 않는다. 하지만 최대주의자들은 이집트의 파라오가 성경에 등장하는 (무명의) 파라오가 겪었던 것과 같은 당혹스러운 패배를 후대에게 전달하고 싶어 하지는 않았으리라는 논리로 대응한다. 실제로 역사는 파라오들이 그처럼 자기 합리화의 성향을 가지고 있었음을 보여준다. 가데스 전투(기원전 1275년)의 비문과 기록이 증거하듯이, 이집트 파라오 람세스 2세는 히타이트인들에 대한 자신의 전승을 크게 과장하였는데, 그로 인해 히타이트 사람들은 실제로 이집트 파라오들이 보여준 이러한 경향을 조롱하기까지 했다.[14]

최대주의자들은 이집트와 시나이반도로부터의 직접적인 증거에 기초하지 않은 채 이집트 역사 내의 특정 시기에 출애굽 사건을 위치시키려는 경향을 보이는데, 이는 그들이 연관 짓고자 하는 자료들과 사건들을 설명할 수 있는 배경을 제공하기 위함이다. 이런 관점에서 기원전 15세기와 13세기 출애굽 연대가 신왕조 시대로 알려진 시기에 속한다는 사실에 주목할 필요가 있다. 기원전 1539년에서 1075년까지 이어지는 시기는 출애굽의 역사성을 수용하는 수많은 학자들의 주목을 받아왔다. 많은 학자들은 출애굽기 1:11에 언급되는 "라암셋"이라는 도시가 람세스 2세(기원전 1278-1213년)의 수도를 지칭한다고 주장한다. 람세스 2세가 문제의 람세스였을 것이라는 가설은 (그의 많은 기념물이 증명하듯이) 그의 극적인 통치뿐만 아니라 그의 직속 후계자의 군사적 정복을 통해서도 오랫동안 학자들의 마음을 사로잡았다. 메르네프타(기원전 1213-1204년경)는 자신의 치세 기간 중에 가나안

---

14   "The Battle of Qadesh - The Poem, or Literary Record," trans. K. A. Kitchen, in William W. Hallo and K. Lawson Younger (eds), *The Context of Scripture: Monumental Inscriptions from the Biblical World*, 3 vols (Leiden: Brill, 2001), 2.5A.32-8.

의 몇 민족과 도시들을 정복했다고 알려져 있다. 이것은 테베에서 발견된 한 비문으로 확증된다. 이 비문은 메르네프타의 전투가 휩쓸고 지나갔던 가나안 내에 "이스라엘"이라고 알려진 민족을 위치시킨다. 메르네프타 비문이라고 알려진 그 비문은 다음과 같이 말한다.

> 가나안은 탈취당하며, 아스글론은 노략당하며 게셀은 함락된다.
> 예노암은 빈 곳이 된다. 이스라엘은 황폐해지니 그 씨가 없으며
> 후르루는 이집트로 인해 과부가 된다.[15]

이집트어로 기록된 텍스트는 이 비문에 언급된 이스라엘이 도시가 아니라 민족이라는 점을 보여준다. 다만 아스글론, 게셀, 예노암은 도시를 가리키는 상징들로 묘사되어 있다. 이것은 이집트 문헌에서 "이스라엘"에 대한 첫 언급이다. 그러므로 람세스 2세는 성경의 출애굽 기사에 등장하는 파라오였을 가능성이 충분하다. 하지만 불행하게도 람세스 2세는 갈대 바다의 바닥이 아니라 카이로 국립박물관의 무덤 안에 누워 있다.

메르네프타 비문과 함께 아마르나 서신은 출애굽의 재구성을 위한 중요한 역사 자료다. 아마르나 자료 대부분은 가나안의 종복들과 파라오의 궁정 사이에 오간 서신들이다.[16] 이 서신들은 가나안 지역에 거하는 이질적인 민족 집단(아피루)에 대한 그들의 관심을 통하여 기원전 14세기 가나안의 사회정치적 환경을 밝히지만, 이스라엘이라는 이름을 가진 민족을 전혀 언급하지도 않으며 상당 규모의 부족연맹체가 존재했음을 증거하지도 않는

---

15   "The (Israel) Stela of Merneptah," trans. James K. Hoffmeier, in Hallo and Younger (eds), *Context of Scripture*, 2.6:41.

16   J. A. Knudtzon, *Die El-Armana-Tafeln*, 2 vols (Leipzig: J. C. Hinrichs, 1915).

다.[17] 하지만 이 서신들은 출애굽을 재구성하기 위한 뼈대를 제공한다. 아마르나 서신과 메르네프타 비문을 일종의 북엔드 삼아 학자들은 후대에 "이스라엘"이라고 알려진 한 민족의 일부 파견대가 가나안에 거주했을 가능성을 제기했다. 일부 최대주의자들은 기원전 13세기 말에 이스라엘이 이미 출애굽하여 가나안에 정착했어야 한다고 주장하면서 이러한 재구성을 긍정적인 것으로 환영했지만, 다른 학자들은 출애굽의 구체적인 요소들에 관한 직접적인 증거가 없기 때문에 우리가 아는 것이라고는 기원전 13세기 말경에 "이스라엘"이라고 알려진 한 집단이 가나안에 출현했거나 혹은 내부에서 융합되었다는 것뿐이라고 주장한다.[18]

결국 최대주의자 입장은 다양한 장점에도 불구하고 여러 가지 취약점에 노출되어 있다. 비록 단정 지어 말하기에는 증거가 산발적이지만, 학자들이 접할 수 있는 고고학적·문헌적 증거는 성경이 묘사하는 것과는 다른 현실을 보여준다.[19] 위에서 간략하게 선별적으로 보여주었듯이, 역사적 증거들은 출애굽 사건이 성경에 기록된 것과 정확히 일치하는 방식으로 발생했

---

17 Niels Lemche, *The Old Testament between Theology and History: A Critical Survey* (Louisville: Westminster John Knox, 2008), 131. 그럼에도 불구하고 일부 학자들은 그 편지에 언급되어 있는 이질적인 유목민들, 즉 아피루(*'apiru*)가 히브리인들을 포함할 수 있다는 점을 고수한다. 이 경우에 아피루는 히브리인과 동일한 집단은 아니다. 오히려 가나안 혹은 이집트 대적자들이 히브리인들을 이 거대하고 소외된 집단 가운데서 따로 분류하였을 수 있다. Nadav Na'aman, "Habiru and Hebrews: The Transfer of a Social Term to the Literary Sphere," *JNES* 45 (1986), 271-88.

18 이스라엘의 가나안 기원에 대한 제안들을 개관한 것으로는 다음을 보라. Hoffmeier, *Israel in Egypt*, 3-51; William G. Dever, *Who Were the Early Israel and Where Did They Come from?* (Grand Rapids: Eerdmans, 2003).

19 가나안 정복과 관련해서도 동일하게 말할 수 있을 것이다. 관련된 고고학 자료들을 통해 볼 때 이스라엘의 가나안 등장과 정착은 여호수아서의 신학적 묘사와 상응하지 않는다. 역사적·군사적 가나안 정복이 제한적이었다는 주장은 목표 집단에 대한 종교적 폭력을 최소화한다는 점에서 일부 독자에게 긍정적으로 받아들여질 수 있을 것이다. 그럼에도 그것은 이런 형태의 전쟁에 대한 신적 승인에 얽힌 윤리적 문제를 전혀 해결하지 못한다.

다고 주장하는 학자들의 견해에 의구심을 제기한다. 하지만 역사적 증거들과 성경 내러티브 간의 이러한 부조화에도 불구하고 최대주의자들은 출애굽 사건의 역사성에 대해서는 신학적인 타협이 불가능하다고 주장한다. 다시 말해 성경이 그렇게 기록하기 때문에 반드시 그렇게 발생했어야 한다는 것이다. 비록 성경 텍스트가 이데올로기나 신학적 의제에 따라 형성되었을 수 있지만, 그렇다고 해서 그 텍스트가 역사적 정보나 역사적 지시대상을 결여하고 있다는 의미는 아니라는 것이다. 출애굽에 대한 직접적인 증거는 존재하지 않을 수 있으나, 그럼에도 그 사건은 그 개연성을 갖는다.

위에서 언급했듯이 최대주의자들은 반증의 원칙(principle of falsification)에 의거하여, 출애굽이 발생하지 않았다는 증거가 없기 때문에 그 사건이 발생했다고 믿기로 선택한다.[20] 그들은 출애굽 사건의 역사성을 증명하기 위해 성경 외적 "증거들"을 수집하지만, 많은 최소주의 학자들은 그런 증거들을 불확실한 것으로 간주한다. 따라서 고고학은 두 입장 모두에서 부적절한 것으로 드러난다. 결국 고고학은 출애굽의 역사성을 논박할 수도 없고, 그렇다고 해서 확증할 수 있는 것처럼 보이지도 않는다.[21] 최대주의자들이 출애굽의 역사성을 "압도적으로" 지지하는 것으로 제시하는 단 하나의 증거는 성경 기록 자체다. 하지만 불행하게도 성경조차도 출애굽 사건에 대해 일관된 그림을 보여주지는 않는다.[22] 따라서 출애굽에 대한 최대주의자들의 변호에 결정적으로 작용하는 요인은 다름 아니라 신학적 필요성인 것처럼 보인다.

---

20   Hoffmeier, "These Things Happened," 132-3.
21   Davies, *Memories of Ancient Israel*, 149.
22   수많은 성경 텍스트들이 야웨가 이집트의 굴레로부터 이스라엘을 구원하셨다고 이야기하지만, 사건에 수반된 징조와 기사들의 모호성뿐만 아니라 이 구원에 대한 정경의 보편적인 해석(예. 시 78, 105편)은 정밀한 재구성을 불가능하게 만드는 다채로운 그림을 만들어낸다.

최소주의자

이와 정반대의 접근법은 출애굽의 역사성에 대한 소위 최소주의적 혹은 "수정주의적" 탐구들에 방법론적 중추를 제공한다. 최소주의자들은 사실상 역사적 진실성을 판가름하는 리트머스 시험지로 고고학적 발견과 성경 외적인 텍스트 자료를 이용한다. 그들에게 성경 텍스트는 별 가치가 없으며, 이스라엘의 과거에 대한 적법하고 역사적인 증언으로 간주되지 않는다.[23] 닐스 페터 렘케(Niels Peter Lemche)는 다음과 같은 말로 성경 텍스트에 대한 자신의 회의적인 관점을 표현한다. "우리는 성경의 기록에 의해 인도받기를 거절하며, 대신에 그것을 본질상 비역사적인 다른 전설적인 자료들과 동일한 것으로 간주한다. 그것은 오로지 다른 정보를 통해서만 예외적으로 입증될 수 있는 자료다."[24] 최대주의자들이 성경의 증언과 관련하여 성경에 유리한 방향으로 해석하는 데 반해 최소주의자들은 성경이 허구적 성격, 신적 개입에 대한 관심, 그리고 이념적 편향성을 보인다고 굳게 믿기 때문에 성경 텍스트를 역사적 자료로 받아들이기를 거부한다.[25] 성경 이야기의 역사적 신뢰성을 평가할 때 최대주의자들은 "반증의 원칙"에 호소하는 반면, 최

---

23 역사적 최소주의의 대표적인 학자들과 저작들은 다음을 포함한다. Thomas L. Thompson, *The Historicity of the Patriarchal Narrative: The Quest for the Historical Abraham* (Harrisburg: Trinity Press International, 2002); Davies, *Memories of Ancient Israel*; Niels Lemche, *The Israelites in History and Tradition* (Louisville: Westminster John Knox, 1998); John Van Seters, *In Search of History: Historiography in the Ancient World and the Origins of Biblical History* (New Haven: Yale University Press, 1983; Winona Lake: Eisenbrauns, 1997).

24 Niels Lemche, *Early Israel: Anthropological and Historical Studies on the Israelite Society before the Monarchy*, VTSup 37 (Leiden: Brill, 1985), 415.

25 이것은 최소주의자들이 성경 텍스트와 과거 역사에서의 그 형성과정이 역사 분석의 대상으로서 가치가 없다고 여긴다는 말이 아니다. 왜냐하면 최소주의자들도 성경 텍스트의 형성에 기여했던 다양한 요인들을 파악하기 위해 "문학의 사회학"을 적용하기 때문이다. 하지만 그 초점은 텍스트 내의 역사적 지시대상보다는 성경 텍스트가 (포로 이후나 헬레니즘 시대에) 형성된 배경과 그 텍스트가 가진 속성들에 맞춰진다. Moore, *Philosophy and Practice*, 85-6.

소주의자들은 "입증의 원칙"에 호소한다. 또한 최대주의자들이 성경 텍스트가 그 안에 기록된 사건들과 근접한 시기에 작성되었다고 주장하는 데 반해 최소주의자들은 텍스트가 그 안에 묘사된 사건들보다 상당히 후대에 출현한 것이라고 주장한다. 두 접근법 간의 차이는 심대하고 인식론적 간극은 넓다. 그럼에도 우리가 주목해야 할 한 가지 사실은, 최소주의자들의 목표가 최대주의자들의 목표와 사실상 동일하다는 점이다. 그들의 목표는 역사적 진리주장들이 과거의 실재들과 어느 정도로 상응하는지를 밝히고 도식화하는 것이다.

역사적 최소주의자들의 기본 전제와 목표를 고려할 때, 그들이 출애굽기 1-14장에 언급된 이스라엘의 출애굽을 "하나님의 인도를 받는 백성이라는 민족적 자기정체성을 강화시키기 위해 신화적·전설적·비역사적 민간전승들을 통합한 후대의 문학적 창작물"로 여긴다는 사실은 놀랍지 않다.[26] 출애굽 기사는 일종의 "구속사", 다시 말해 인간사에 대한 신적 개입과 역사적 사건들에 대한 초월적 설명을 포함하는 역사적 서사로 간주되며, 최소주의자들은 출애굽 이야기의 초자연적 주장들이 자연의 법칙과 현대 역사 연구를 지배하는 원칙들에 위배되기 때문에 그것을 진정한 역사적 자료로 여기지 않는다. 최소주의 역사학자들은 "입증의 원칙"에 근거하여 출애굽 기사의 역사성을 부인하는데, 그들에 따르면 출애굽 기사는 텍스트 자료나 고고학 자료에 의해 직접적·객관적으로 입증될 수 없는 자연적·초자연적 사건들을 전하는 내러티브에 불과하다. 출애굽 내러티브는 이스라엘의 국가

---

26   Thomas L. Thompson, *The Origin Tradition of Ancient Israel, I: The Literary Formation of Genesis and Exodus 1-23*, JSOTSup 55 (Sheffield: Sheffield Academic Press, 1987), 39, 195; John Van Seters, "The Plagues of Egypt: Ancient Tradition or Literary Invention?," *ZAW* 98 (1986), 31-9 (38).

적 정체성과 하나님과 이스라엘 간의 독특한 관계에 대한 이데올로기라는 틀에 맞춰진 기사이기 때문에 편향성을 띨 수밖에 없으며, 초기 이스라엘의 "과학적 역사"를 탐구하는 현대 역사가들에게 적절한 도움을 주지 못한다. 출애굽 기사는 포로 시대나 포로 이후 시대에(사건이 실제로 발생한 지 수 세기가 흐른 후에) 기록된 이야기로서 이스라엘의 국가 역사에서 실제로 발생한 사건들에 대한 진정한 목격자 증언이라기보다는 사회정치적 환경의 산물로 간주된다. 달리 표현하자면 출애굽 이야기는 포로 시대 이전의 문맥보다는, 페르시아나 그리스-로마인들에 의한 식민지배하에서 이스라엘 공동체의 정체성을 규정하려고 저작된 하나의 내러티브로 여겨진다.

이런 특징들이 성경 내러티브, 특히 출애굽 사건에 대한 최소주의 관점의 핵심 요소다. 이 모든 요소들을 종합하여 그들은 출애굽이 결코 발생한 적이 없다고 결론짓는다. 성경에 기록된 이야기의 역사성을 검증할 수 있는 문헌 증거가 부재하다는 사실은 성경 텍스트의 이데올로기적 특징, 신적 개입에 대한 관심, 후기 저작설 등의 요인들과 함께 성경의 역사적 신뢰성을 약화시키고 그 신화적 본질을 드러내는 것처럼 보인다.[27]

고대 역사, 내러티브, 문화적 기억에 대한 성찰

출애굽 사건에 대한 최소주의 관점은 몇 가지 기초적인 문제를 제기한다. 만일 이스라엘이 하나님의 주도하에 어떤 형태로든 이집트를 탈출하는 사

---

27   Gösta Ahlström, *Who Were the Israelites?* (Winona Lake: Eisenbrauns, 1986), 46; Niels Lemche, *Ancient Israel: A New History of Israelite Society* (Sheffield: JSOT Press, 1988), 109.

건이 발생하지 않았다면, 그것은 신학적으로 어떤 문제를 야기하는가? 이 질문에 대답하기 전에 먼저 고대 역사 서술, 신학, 문화적 기억에 대해 몇 마디 언급할 필요가 있다.

이념적으로 민감한 오늘날과 같은 시대에, 만고불변의 객관성이라는 개념이 단지 신화에 불과하다는 점을 부인할 사람은 거의 없을 것이다. 그어떤 저자나 해석자도 과거에 대한 포괄적인 지식을 소유하지 못한다. 그리고 어느 누구도 특정 사건, 텍스트 혹은 고고학적 자료에 편견과 전제 없이 접근할 수 없다. 모든 역사적 발견들은 해석되어야 하며, 내러티브 내에서 자기 자리를 찾아야 한다. 내러티브들은 특정 자료나 사건들을 일련의 에피소드 내에 위치시킴으로써 전체 내러티브에 보다 큰 의미를 부여하는 인과적 관계성을 구축한다. 달리 표현하자면, 내러티브들은 과거 사건들의 특정한 국면들을 취합하고(문서화), 그것들을 일정한 형태로 배열함으로써(해석) 이러한 사건들의 의미를 밝혀주는 인과론적 네트워크를 창출한다(의미부여). 이러한 내러티브 역사 서술 개념이 현대 역사기술(historiography)에만 해당하는 고유한 접근법은 아니다. 성경의 일반적인 역사기술이나 특히 출애굽 기사에서도 상황은 마찬가지다.

성경의 역사기술은 과거에 대한 내러티브를 통해 역사를 전달하는데,[28] 이는 역사기술을 역사적 사건들에 대한 "내러티브 묘사"로 본 하이든 화이트(Hyden White)의 개념과 일맥상통한다.[29] 비록 이러한 내러티브들이 현대의 "바람직한" 역사 서술 방법과는 다른 기준을 가지고 작업하는 유한한 인

---

28 참조. 위에서 논한 Provan, Long and Longman의 내러티브와 증언에 대한 논의.
29 Hyden White, *The Content of the Form: Narrative Discourse and Historical Representation* (Baltimore: Johns Hopkins University Press, 1987), 10 외 여러 곳.

간들에 의해 작성된 것이지만,[30] 그럼에도 부인할 수 없는 사실은 (고대의 것이든 근대의 것이든) 그 어떤 역사적 사실도 내러티브에 통합되지 않고서는 오늘날 우리에게 전해질 수 없다는 점이다. 또한 어떤 내러티브도 해당 주제의 모든 측면을 다루지는 못한다. 따라서 모든 내러티브는 선택적이며 불완전하다. 엄밀히 말하자면, (성경이든 다른 문서든 관계없이) 내러티브 내에 사실들과 사건들이 취합되어 있다는 사실 자체가 원저자와 그 내러티브를 적용하고자 하는 역사가 모두에게 해석의 필요성을 부과한다.

모든 역사기술이 선택적이고 관점적이며 성경 역사기술이 역사적 사건들에 대해 부분적이며 신학적으로 편향된 내러티브를 제시한다는 점에서, 성경의 출애굽 묘사가 비과학적 기사로 분류되는 것은 놀랄 일이 아니다. 이것은 출애굽 내러티브가 역사에 무관심하다는 뜻이 아니라, 그 기사가 과거에 대한 "객관적"인 녹취 작업이 아니라는 의미다. 출애굽 이야기는 과거에 대한 내러티브 묘사로서 역사적 진실성에 대한 현대적 질문들("그 사건은 실제로 이런 방식으로 발생했는가?")에 대답하기보다는 의미에 대한 질문들("그것은 무슨 의미인가?")에 대답하고자 한다. 성경의 일반적인 역사기술과 특히 출애굽 내러티브가 "무엇이 실제로 일어났는가"에 대한 종합적이고 공정한 기사를 제공하는 데 목표를 둔 것이 아니라면, 우리는 이스라엘 역사기술의 의제를 재평가할 필요가 있다. 왜냐하면 이러한 형태의 담화는 과거사에 대한 반복과는 다른 의제를 반영하기 때문이다. 이러한 의제의 다채로운 측면

---

30   고대 역사기술의 특징 중 하나는 역사가들이 과거를 설명하기 위해 광범위한 자료(예. 이야기들, 구전 자료들)를 포함시키고, 사건들을 설명하기 위해 신적·인간적 관계 모두를 동원한다는 것이다. Diana Edelman, "Clio's Dilemma: The Changing Face of History-Writing," in André Lemaire and Magne Sæbo (eds.), *Congress Volume: Oslo 1998*, VTSup 80 (Leiden: Brill, 2000); 247-55; Eric A. Seibert, *Disturbing Divine Behavior: Troubling Old Testament Images of God* (Minneapolis: Fortress Press, 2009), 104-13.

들을 포착하는 개념이 "문화적 기억"이다.

문화적 기억 개념은 성경 역사기술에 대해 실증주의 역사분석의 단점을 극복할 수 있는 접근방법을 제공하고 과거에 대한 내러티브 묘사의 기능을 조명해준다는 점에서 우리의 논의에 대단히 중요하다.[31] 문화적 기억은 성경의 전통을 공동체의 과거에 대한 단순한 반복이 아니라, 이스라엘 공동체의 당시 상황에 대한 집단적 성찰로 이해한다. 문화적 기억에 주목하는 학자들은 역사적 사건의 재구성에 관심을 두기보다는 이스라엘 사람들이 이러한 사건들을 그들의 현재 상황에 따라 어떻게 기억하고 재진술하는지에 관심을 가졌다. 이런 관점에서 볼 때, 출애굽은 이스라엘의 문학적 전통 내에서 기록되고 보관된 하나의 사건에 불과한 것이 아니다. 그것은 단순히 "주어진" 사건이 아니라, 동시대의 관심사에 따라 지속적으로 기억되고, 재설정되고, 재진술되어야 할 주제인 것이다.[32] 성경 내러티브를 어떤 범주로 분류할 것인가와 관련하여, 문화적 기억 개념은 역사와 신화 사이에 중도적 길을 제시한다.[33] 이 개념은 내러티브의 기능을 한 집단의 정체성과 신념들

---

31   특히 이스라엘 사람들의 문화적 기억을 소개한 책으로는 다음을 보라. Ronald Hendel, "The Exodus in Biblical Memory," *JBL* 120 (2001), 601-12; Jan Assmann and Rodney Livingstone, *Religion and Cultural Memory: Ten Studies* (Stanford: Stanford University Press, 2006), 18; and Davies, *Memories of Ancient Israel*, 105-23. 약간 다른 관점으로는 다음을 보라. Mark S. Smith, *The Memoirs of God* (Minneapolis: Fortress Press, 2004); Jens Bruun Kofoed, "The Old Testament as Cultural Memory," in James K. Hoffmeier and Dennis R. Magary (eds), *Do Historical Matters Matter to Faith? A Critical Appraisal of Modern and Postmodern Approaches to Scripture* (Wheaton: Crossway, 2012), 303-23.

32   이런 역학은 역대기 역사가가 자신의 포로 이후 시대 청중의 필요에 부합하도록 사무엘서와 열왕기 속에서 서술되었던 문화적 기억들을 재구성하는 방법 속에서 특별히 명백하다.

33   여기서 이스라엘 역사기술의 본질에 대한 Barstad의 성찰은 특히 유용하다. Barstad는 모든 기록된 문헌을 역사/허구나 역사/진실이라는 범주들로 나누기보다는, 유럽식 역사주의의 엄격한 한계들을 넘어서려고 노력한다. Barstad는 역사기술의 내러티브적 측면에 대한 분석을 통하여 현대 이전의 내러티브에서 진리가 오늘날의 진리와는 다르지만 그렇다고 그것이 확실히 열등한 진리는 아니라는 점을 주목한다. Hans Barstad, *History and the Hebrew Bible:*

을 구성하는 공유된 기억들의 저장고로 이해할 수 있는 틀을 제공한다.

출애굽은 선택적·문화적 기억으로서 공유된 집단 경험을 통하여 형성되었으며 이스라엘 공동체의 정체성과 신념을 구성할 목적으로 후대에 전달되었다. 말하자면 출애굽에 대한 기억은 실제 역사적 경험을 바탕으로 형성되었으며, 공동체의 근간이 되는 그 사건에 참여하지 않았던 후손들도 과거에 대해 공유된 문화적 기억을 가질 수 있도록 대를 이어 전달되었다. 이런 측면에서 출애굽 이야기는 각 세대가 자신들의 고유한 상황에 맞추어 적용할 수 있는 역사와 기억의 융합이라 할 수 있다. 출애굽 사건에 대한 기억과 이스라엘 공동체 내에서의 그 기억에 대한 회상은 이스라엘의 국가적 정체성을 구축하는 역할을 수행했으며, 하나님의 선민으로서 그들 자신의 존재를 규정하는 전형적인 기능을 감당했다.

출애굽 내러티브는 출애굽 사건이 이스라엘 공동체의 필요를 충족시키기 위해 기억되고 재구성되었던 방식에 대해 우리가 가진 유일한 증언은 아니다. 정경은 다양한 목소리와 문학 양식을 통해 이 원초적인 기억이 공동체의 점증하는 요구를 채우기 위해 재설정되고 확장되고 의례화되었던 방식들을 보여준다.

출애굽에 대한 성찰들은 정경에 침투하여 구체화된 모습으로 나타난다. 출애굽은 이스라엘의 축제와 의식의 근거라는 점에서 그 민족의 제의적·실천적 삶에서 결코 분리될 수 없는 것이다(출 16:3[유월절]; 16:2[칠칠절]; 신 6:20-25; 26:3-11). 그것은 오늘날에도 이스라엘의 정체성을 규정하고 이스라엘과 야웨 간의 유대를 재현하기 위해 지속적으로 소환된다. 하나님께

Studies in Ancient Israelite and Ancient Near Eastern Historiography, FAT 61 (Tübingen: Mohr Siebeck, 2008), 15, 28-31.

대한 공동체적 찬양과 신뢰의 표현으로서 출애굽 사건에 도전할 만한 경쟁자는 없다(시 78; 105; 135; 136편). 출애굽을 통한 하나님의 구원에 대한 묘사는 두 가지 버전의 십계명 서문의 가장 중요한 자리에서(출 20:2; 신 5:6) 하나님이 그의 선민과 맺으시는 자애로운 관계를 전형화하는 한편 공동체 규범에 근거를 제공한다. 자기 백성을 향한 하나님의 구속적 개입을 보여주는 전형적 표현인 출애굽 사건이 예언서에서는 임박한 미래의 구원을 계시하기 위해 기억되고, 재구성되고, 재진술된다(새로운 출애굽; 겔 20:1-44; 사 40-55장).[34] 또한 신약성경 저자들에게 출애굽은 하나님의 선민들로 하여금 하나님께서 마지막 때에 다시금 메시아를 통해 구원을 이루실 것을 기대할 수 있게 만들어주는 선례가 된다(막 1:2-3; 눅 1:67-79).

출애굽 사건에 대한 정경의 해석은 한 민족의 공유된 기억들이 그 민족의 정체성과 기대를 구체화하기 위해 사용되는 방법들을 보여준다.[35] 따라서 출애굽은 단순히 이스라엘 역사에서 발생했던 하나의 사건이 아니라 이스라엘 역사 전반에 걸쳐 기억되고 건설적으로 재적용된, 이스라엘의 기원적 내러티브의 필수 요소다.

출애굽, 정체성, 소망

앞 단락에서 살펴본 고대 역사기술, 내러티브, 문화적 기억에 대한 통찰들은

---

34 신약의 저자가 예수를 "새로운 출애굽"을 일으키는 분으로 묘사하는 방법에 대한 논의로는 다음을 보라. Rikki E. Watts, *Isaiah's New Exodus and Mark*, WUNT II.88 (Tübingen: Mohr Siebeck, 1997).

35 S. Earl, *Reading Joshua as Christian Scripture*, Journal of Theological Interpretation Supplement 2 (Winona Lake: Eisenbrauns, 2010), 4-7.

출애굽 사건에 대한 비평적 논쟁이 가지는 신학적 함의들을 평가할 수 있는 길을 열어준다. 고대 이스라엘 저자들이 과거를 다룬 기사들에서 역사와 종교를 융합시킴으로써 역사적 사건에 대해 신적 인과관계가 설명적 역할을 수행하도록 허용했다는 사실은 이러한 고대 역사기술 양식이 현대 역사기술의 표준과는 크게 다르다는 점을 보여준다. 따라서 일반적인 역사비평학자들과 특히 최소주의 역사가들이 출애굽 내러티브 기사를 거부하는 것은 당연한데, 이는 역사에 대한 그들의 과학적 분석을 지배하는 원칙들이 출애굽 내러티브에 잘 들어맞지 않기 때문이다. 그런데 신앙적 역사기술이 유비와 상호관계의 원리에 따라 이루어지는 것은 아니기 때문에, 현대 역사학자들은 성경 내러티브가 가진 독특성을 제대로 다룰 준비가 되어 있지 않다고 말할 수 있다. 이 말은 비평적 역사기술이 무시되어야 한다는 뜻이 아니며, 출애굽에 대한 신앙적 해석이 "주도권을 행사해야 하는 경우에만" 그렇다는 뜻이다. 신앙적 관점에서 성경을 읽는 그리스도인들에게 출애굽 내러티브의 초자연적인 요소들과 신적 인과관계에 대한 관심은 의심, 유비, 연관성이라는 역사학자의 방법론적 원칙들의 통제를 받을 것이 아니라 믿음의 관점에서 조망되어야 한다.[36]

출애굽 이야기가 가진 비현실적인 요소들과 이스라엘이 이집트로부터 탈출했다는 직접적인 증거의 결여가 성경 내러티브의 역사성에 도전하는 것은 사실이다. 그럼에도 불구하고 이집트로부터의 간접 증거와 이 사건이 이스라엘의 정경 문학 전반에 대해 미치는 후속적인 "영향들"은 (원)이스라엘에 의한 모종의 출애굽이 발생했을 개연성을 암시할 뿐 아니라 이스라엘

---

36 Christopher M. Hays, "Theological Hermeneutics and the Historical Jesus: A Critical Evaluation of Gadamerian Approaches and a New Methodological Proposal," in Jan van der Watt (ed.), *The Quest for the Real Jesus* (Leiden: Brill, 2013).

의 정체성과 미래의 소망을 위해 그 사건이 역사적으로 발생했어야 할 필요성을 보여준다. 출애굽과 관련된 간접 증거는 성경 내러티브가 일부 역사적 실체들을 포함하고 있을 가능성을 시사한다. 그 증거는 적어도 다음과 같은 점들을 지적한다. 1) 상당수의 아시아인들이 기원전 제2천년기 후반에 이집트에 거주하였다. 2) 출애굽 내러티브 내의 특정한 재앙 전승들은 이집트 역사에서 실제로 백성들을 괴롭혔던 질병 및 비극들뿐 아니라 해마다 반복되었던 나일강의 범람을 반영한다.[37] 3) 출애굽 이야기를 기록한 이스라엘 저자는 이집트의 관습과 행동에 익숙했다. 추가로 정경 내의 다양한 텍스트들이 출애굽의 "파급효과들"을 예시하는데, 이스라엘의 각 세대들은 이집트의 지배, 가혹한 압제, 그리고 신적 개입에 대한 기억을 소환함으로써 자신들의 독특한 정체성을 규정하고, 현재의 경험을 주조하며, 미래를 향한 소망을 형성한다. 이러한 정체성과 이스라엘의 미래적 소망은 그것들이 역사적 출애굽과 필연적으로 연관지어진다는 점에서 중요하다.

　　야웨가 이스라엘을 이집트로부터 구원하기 위해 그들을 위해 개입하지 않았다면, 하나님의 선민이라는 그들의 국가적 정체성은 토대를 빼앗긴다. 게다가 야웨가 이스라엘을 이집트로부터 구원하시기 위해 그들을 위해 개입하지 않았다면, 야웨가 그들을 유배로부터 구원하시려고 또다시 역사에 개입할 것이라는 이스라엘의 소망도 근거를 잃는다. 왜냐하면 미래의 구원에 대한 이스라엘의 기대가 이집트의 속박으로부터 하나님의 구속적 해방이라는 역사적 실재에 기반하고 있기 때문이다. 따라서 출애굽 내러티브가 야웨의 성품과 이스라엘의 정체성에 대해 비역사적이지만 신학적으로는 정교한 그림을 제시한다고 주장하는 것만으로는 충분치 않다. 물론 성경의 기

37　　Hoffmeier, *Israel in Egypt*, 144-53; Hendel, 'Exodus in Biblical Memory', 608-15.

사가 단순히 "실제로 일어난 일"에 대해 진부한 묘사를 제공하는 데 관심이 있는 것이 아니라, **그 사건이 하나님과 그의 백성에 대해 의미하는 바**를 설명하는 데 관심이 있다는 것은 사실이다. 하지만 출애굽 내러티브가 지닌 신화적·전설적·민속학적 특징들을 그 이야기가 단순히 일련의 신학적 신념들을 전달하고자 했음을 보여주는 증거로 해석하는 것은 문제의 본질을 놓치는 것이다. 그 이야기는 기본적인 신념들을 표현할 뿐 아니라, 그 사건들이 (어떤 형태로든) 실제로 발생했다는 점을 독자들에게 확신시킴으로써 그러한 신념들을 뒷받침하고자 한다. 자기 백성을 이집트의 지배로부터 구원하셨던 하나님의 권세를 증명해줄 잊지 못할 가시적 표상이 없다면 하나님의 선민이라는 이스라엘의 정체성은 사라지고, 하나님과 이스라엘의 관계는 그 토대가 침몰하며, 결국 미래의 구원에 대한 이스라엘의 소망은 몽상에 불과한 것이 된다.

신학적 관점에서 볼 때, 출애굽 기사는 하나님에 대한 이스라엘의 믿음, 곧 하나님이 역사 속에서 자신들을 위해 개입하셨다는 강력한 신념을 증거한다. 역사비평이 본질상 출애굽 사건을 신적 인과관계라는 관점에서 묘사하지는 않지만, 그 사건에 대한 역사적 해석들은 신학적 설명을 배제하지 않으며, 출애굽이 사실상 자기 백성을 구원하는 하나님의 행위였다는 유대-기독교적 신념을 논박하지도 않는다. 신학적 설명은 비평적 탐구의 영역을 벗어나 있다.

우리가 살펴보았듯이, 역사비평은 또한 출애굽 사건이 성경 텍스트에 묘사되는 방식으로 역사 내에서 발생하지 않았을 수 있다는 점을 지적한다. 이것은 우리가 하나님이 출애굽 사건에 개입하셨다는 우리의 신학적 신념들을 포기해야 한다는 의미는 아니다. 이것은 또한 우리가 역사비평에 귀를 기울이고서는 그리스도인이 될 수 없다는 의미도 아니다. 이 극단적인 입장들 사이에 더 많은 절충안이 있다. 우리가 하나님이 자기 백성을 이집트에서 구원하시기 위해 모종의 사건을 성취하셨다고 믿는다면, 우리는 여전히 출애굽의 의미에 대한 신앙적 이해를 고수하는 동시에 출애굽 내러티브의 역사성에 대한 비평적 평가를 지지할 수 있다.

이러한 구원이 단일한 신학적 내러티브로 통합된 몇몇 소규모의 운동들로 묘사되든지[38] 혹은 가나안 내부에서 발생한 이집트의 지배로부터의 이스라엘의 해방으로 개념화되든지 간에,[39] 그 역사적 사건들 중 일부는 정통 기독교 신앙에만 아니라 이스라엘의 정체성과 신학적 비전에도 본질적인 요소다. 신적 개입을 통한 "출애굽"이 없다면, 이스라엘의 선택, 정체성, 그리고 야웨와의 독특한 관계는 거짓이다. 신적 개입을 통한 "출애굽"이 없다면, 유배로부터의 구속에 대한 이스라엘의 미래적 소망도 근거를 잃는다.[40] 마찬가지로, 신적 개입을 통한 이스라엘의 "출애굽"이 없다면, 영적 속박과 이 시대의 바빌로니아로부터의 해방에 대한 기독교의 소망은 희미해지고, 박약해지며, 희석되어버린다. 우리가 가진 신앙의 최우선적인 근거가 그리스도 안에서 나타난 하나님의 구속사역에 있다는 점에서 기독교 전통은 출애굽의 비역사적 본질을 감내할 수도 있다. 그럼에도 불구하고 예수가 하나님이 선택하신 메시아라는 우리의 신앙과 이스라엘이 하나님께서 메시아를 보내기 위해 택하신 민족이라는 우리의 신앙이 서로 연관되어 있다는 점에서, 전적으로 비역사적인 출애굽이라는 개념이 기독교에 미치는 파장은 무

---

38 Terence E. Freitheim, *Exodus*, IBC (Louisville: John Knox, 1991), 9; Carol Meyers, *Exodus*, NCBC (Cambridge: Cambridge University Press, 2005), 7-8.

39 Thomas B. Dozeman, *Exodus*, Eerdmans Critical Commentary (Grand Rapids: Eerdmans, 2009), 29-30.

40 미래의 소망을 위해 출애굽이 역사적으로 발생했어야 할 신학적 필요성에 대한 탁월한 논의로는 다음을 보라. Hays, "Theological Hermeneutics."

시할 수 없을 것이다. 따라서 우리는 출애굽의 역사성이 선민으로서의 이스라엘의 정체성과 미래의 소망에 대해 중대한 함의를 가질 뿐 아니라 역사 내에서 하나님의 기적적인 개입에 대한 그리스도인의 확신에도 영향을 미친다는 사실을 망각하지 말아야 한다.

모종의 역사적 출애굽이 신적 개입을 통해 발생했다고 주장함으로써 우리는 이미 역사적 탐구의 영역을 넘어 신앙의 영역으로 진입했다. 그럼에도 우리는 과거 내러티브의 신학적 제안을 위해 역사를 희생시키려고 시도하지는 않았다. 우리는 무시할 수 없는 반대증거에 대해 냉소적인 태도를 보이는 완고한 신앙을 옹호하지 않으며, 일반은총을 사용하여 책임 있게 작업하는 냉철한 연구자들의 유망한 연구결과들에 정직하게 건설적으로 반응하는 합리적인 신앙을 지지한다. 그런 자세로 우리는 최대주의와 최소주의 접근방법들의 전제와 절차가 출애굽에 대한 우리의 이해에 어떻게 기여할 수 있는지 확인하려고 시도하였다.

결론

출애굽의 역사성은 어떤 형태로든 이스라엘의 정체성, 하나님과의 관계, 그리고 미래적 소망의 기초가 된다. 그럼에도 우리는 출애굽에 대한 직접적인 역사적 증거가 존재하지 않으며 그 사건의 정밀하고 세세한 내용이 우리 세대에는 구체적으로 밝혀지지 않을 것이라는 점을 인정해야만 한다. 우리가 출애굽 전승의 진정성을 확증할 수 있을 만큼 과거에 대한 포괄적인 지식을 소유하거나 특정 세부 사항들을 재건할 수 없다는 사실이 역사적 탐구에 대한 책임을 면제해주는 것은 아니다. 반대로 우리의 신앙은 역사에 근거한

역사비평의 도전과 복음주의의 응답

것이며 역사비평적 탐구를 요구한다.

　출애굽과 관련해서, 일부 비평적 역사분석은 의문스러운 결과들을 양산했다. 출애굽 내러티브가 페르시아 시대 혹은 헬레니즘 시대에 만들어진 허구적 기사라는 최소주의적 개념은 고대 이스라엘의 포로 시대 이전 정체성을 제거할 뿐만 아니라, 미래에 대한 이스라엘의 소망을 좀먹고 출애굽이 증거하는 해방 신앙에 대한 기독교적 확신을 파괴한다. 그러나 최소주의 출애굽 개념이 역사비평적으로 유일한 가능성은 아니며, 다만 역사비평적 연구의 극단적인 형태일 뿐이다. 그리스도인으로서 신앙의 근본적인 교리주장들에 대한 우리의 헌신은 이런 극단적이고 허무주의적인 역사관을 수용하지 못하도록 우리를 막아선다. 그럼에도 불구하고, 우리의 신앙은 출애굽의 역사적 실재를 탐구하거나 그 이야기가 고대 이스라엘 공동체의 삶에서 어떤 기능을 가졌는지를 결정하기 위해 비평적 방법론을 사용하는 것을 금하지 않는다. 반대로 수많은 최소주의 학자들이 신앙의 근거들을 훼손한다는 사실이야말로 오히려 기독교 신앙에 깊이 헌신한 더 많은 복음주의 학자들이 그 대화에 참여해야 하는 강력한 이유인 것 같다. 우리는 출애굽의 역사성, 출애굽의 의미, 그리고 이에 대한 내러티브 묘사를 신학적 준거틀에 따라 성찰함으로써 신앙을 옹호하는 사역에 참여할 뿐 아니라 동시에 수천 년을 이어온 희망과 해방의 전통을 지속시키는 과업을 수행해나간다.

후속 연구를 위한 제안

Barstad, Hans, *History and the Hebrew Bible: Studies in Ancient Israelite and Ancient New Eastern Historiography*. FAT 61 (Tübingen: Mohr Siebeck, 2008).

Hoffmeier, James K., *Israel in Egypt: The Evidence for the Authenticity of the Exodus Tradition* (New York: Oxford University Press, 1999).

Lemche, Niels, *The Israelites in History and Tradition* (Louisville: Westminster John Knox, 1998).

Moore, Megan Bishop, *Philosophy and Practice in Writing a History of Ancient Israel*. LHBOTS 435 (London and New York: T&T Clark, 2006).

4

바빌로니아 포로 이전에는 언약이 없었다? 신명기 토라와 이스라엘의 언약신학

크리스토퍼 B. 안스베리, 제리 황

신명기는 고대 이스라엘의 언약 선포(covenant manifesto)라 할 수 있다. 그것은 이스라엘 민족의 사회정치적 세계관을 정제하고, 이스라엘 역사의 사건들을 이해하는 해석학적 체계를 구축하는 한편, 예언자들의 신탁에 풍부한 자료를 제공하는 역할을 수행한다. 그럼에도 불구하고, 신명기 토라(12-26장)의 기원, 구성, 발전의 문제는 일반적으로 고대 이스라엘 종교와 특히 이스라엘 언약신학의 발전과 관련하여 가장 당혹스러운 몇 가지 질문들을 제기한다.[1] 역사비평학계가 일반적으로 정경 형태의 신명기를 포로 시대나 포로 이후 시대의 산물로 여겨왔기 때문에, 복음주의자들이 그러한 재구성으로부터 텍스트를 보호하려고 시도한 것은 어찌 보면 당연한 일이다. 이러한 재구성에 내포된 함의들은 까다로운 문제들을 야기한다. 원신명기(Urdeuteronomium)가 요시아 치세에 왕의 개혁운동을 정당화하기 위해 만들어진 경건한 위작이었다면, 그러한 사실이 성경의 권위에 어떤 영향을 끼칠 것인가? 원신명기가 언약 저주(신 28장)를 포함하지 않는다면, 우리는 이스라엘이 언약을 깨뜨렸기에 바빌로니아 포로가 발생했다는 "신명기 역사"의 주장을 어떻게 받아들여야 하는가? 그리고 신명기의 언약 갱신이 예언자의

---

1   구약학계 내에서 "신명기적"(Deuteronomic)과 "신명기 역사적"(Deuteronomistic)이라는 용어들의 구분과 관련하여 심각한 모호성이 존재한다. 여기서는 신명기의 내용을 의미하는 것으로 "신명기적"이라는 표현을 사용하고 "신명기 역사서"(여호수아-열왕기)에 반영된 신명기의 신학적·문학적 영향을 지칭하는 것으로 "신명기 역사적"이라는 표현을 사용한다.

증언에 근거하여 저술된 것이라면, 그러한 사실이 이스라엘 언약신학의 발전에 어떤 영향을 끼칠 것인가? 이와 관련해서, 일부 복음주의자들이 신명기의 기원과 발전에 대한 역사비평적 제안들을 이스라엘의 고유한 신앙이 언약에 토대를 둔 것이라는 교리에 대한 위협으로 여기는 이유를 이해하는 것은 어렵지 않다. 그러나 우리의 목표는 그런 우려가 과장된 것이라는 점을 밝히는 것이다. 비록 우리가 신명기의 기원과 발전에 관한 일부 역사비평적 논제들에 대해서는 문제를 제기하겠지만, 어떤 비평적 결론들은 우리에게 이스라엘 언약신학의 발전을 조망하는 시야를 제공해줄 수 있다.

특정한 역사비평적 판단들이 신명기를 이해하는 데 어떻게 기여할 수 있는지 조사하기 위해서는 먼저 가장 두드러진 제안들을 살펴보고 그 제안들이 신학적으로 의미하는 바를 평가할 필요가 있다. 우리는 우선 신명기 토라의 기원, 구성, 발전에 대한 다양한 역사비평적 관점들을 개괄할 것이다. 이어서 우리는 신학적 기준으로 이런 제안들을 반추해볼 것이다. 우리는 이런 논의가 신명기의 본질을 조명하고, 방법론적 이분법이 만들어낸 긴장을 해소해주며, 이스라엘의 언약신학에 대한 우리의 이해를 강화하리란 소망을 갖는다.

신명기 토라의 기원

신명기 토라의 형성에 관해 다양한 역사비평적 관점들이 존재하지만, 몇 가지 이슈들이 두드러진다. 그 가운데 아마도 소위 원신명기(Urdeuteronomium)의 기원 혹은 연대, 그리고 문서 저작의 역사 문제가 가장 중요할 것이다.

학자들은 원신명기의 규모에 대하여 다양한 제안을 하지만, 특정 기준들이 그 문서의 핵심을 분석하는 가이드 역할을 한다. 많은 기준들 가운데서도 이스라엘 제의의 중앙화, 곧 예배가 "너희의 하나님 여호와께서 자기의 이름을 두시려고…택하신 곳"(신 12:5)으로 집중된다는 개념이 가장 중요한데, 왜냐하면 이 기준이 다른 조항들에 미치는 혁명적인 영향이 이 문서의 발전과 의제를 규정하는 토대를 제공하기 때문이다.[2] 원신명기에서 제의의 중앙화라는 주제가 갖는 중요성에 비춰볼 때 그 문서의 기원에 관한 논의가 특정한 역사적 상황과 밀접하게 관련지어지는 것은 당연한 일이다. 신명기의 초기 형태가 기원한 역사적 배경과 관련하여 두 가지 가능성이 제안되었다. 1) 기원전 8세기 말 혹은 7세기 말, 2) 포로 시대 혹은 포로 이후 시대(기원전 6세기 말부터 4세기까지). 두 배경 모두 간단한 논의가 필요하다.

히스기야와 요시야: 포로 이전 시대의 신명기

비평적 구약학계가 태동한 이후로 많은 학자들이 기원전 8세기 말과 7세기 말 사이에 신명기의 초기 형태가 출현했다고 주장한다. 이런 결정으로 이어진 동인은 요시야 통치 기간에 힐기야가 "토라의 책"을 발견한 일과 관련된 사건들(왕하 22-23장)에 대한 데 베테(W. M. L. de Wette)의 해석이었다. 데 베테에게 이 "토라의 책"은 요시야의 개혁운동을 합리화하기 위해 저작된 신명기 토라의 초기 형태로서 사실상 (요시야의 시대에) 새로이 고안된 책이었다.[3] 이런 결론은 벨하우젠에게 오경에 내재하는 자료들의 연대를 결정하는

---

2 Reinhard G. Kratz, *The Composition of the Narrative Books of the Old Testament*, trans. John Bowden (London: T & T Clark, 2005), 114-33; Bernard M. Levenson, *Deuteronomy and the Hermeneutics of Legal Innovation* (Oxford: Oxford University Press, 2002).

3 Wilhelm M. L. de Wette, *Dissertatio critico-exegetica qua Deuteronmium a prioribus Pentateuchi libris dievrsum, alius recentioris auctoris opus esse monstratur* (Jena: Literis Etzdorfii, 1957), 9.

역사적 기준을 제공했을 뿐 아니라,[4] 원신명기의 정확한 기원과 내용을 탐구하는 토대가 되었다.

데 베테가 요시아의 개혁운동을 원신명기와 연관 지은 이후로 학자들은 문서의 구체적인 기원 및 문서 저작에 관여한 그룹(들)에 대한 학문적 제안들을 쏟아내기 시작했다. 데 베테가 원신명기는 요시아 개혁의 청사진으로서 저술되었다고 주장한 데 반해 어떤 학자들은 신명기의 규정들과 열왕기하 22-23장의 기사 사이에 존재하는 모순들을 근거로 원신명기가 보다 이른 시기에 만들어졌다고 주장했다. 폰 라트(Gerhard von Rad)는 레위인 집단이 기원전 701년 이전 어느 시점에 고대법에 대한 자신들의 호전적인 해석을 통하여 예루살렘의 공식적인 제사장 제도를 확립하기 위해 이 문서를 저술했다고 주장했다.[5] 대조적으로 E. W. 니콜슨(E. W. Nicholson)은 이 책의 기원을 북이스라엘의 예언자 그룹에게 돌렸다.[6] 니콜슨은 이 예언자 집단이 기원전 722년 사마리아의 멸망으로 인해 유다로 스며들어 자신들의 전통을 남쪽의 전통과 통합하여 유다의 지배자들을 위한 개혁문서를 만들었다고 주장했다. 모셰 바인펠트(Moshe Weinfeld)는 제사장과 예언자 배경을 넘어 이 저작의 기원을 기원전 7세기 예루살렘 궁정의 지혜자들에게 돌렸다.[7] 그런가 하면 다른 학자들은 이 문서를 기원전 8세기 말과 7세기 초 신아시리아의 위협에 대한 반응으로 개혁프로그램을 제작하기 위해 고대 이스라

---

4   Julius Wellhausen, *Prolegomena to the History of Israel* (Edinburgh: A. & C. Black, 1885); repr. Cleveland: World, 1957), 9.

5   Gerhard von Rad, *Studies in Deuteronomy*, SBT 9 (Chicago: Henry Regnery, 1953), 66-7; *Deuteronomy: A Commentary*, OTL (Philadelphia: Westminster, 1966), 23-30.

6   Ernest W. Nicholson, *Deuteronomy and Tradition: Literary and Historical Problems in the Book of Deuteronomy* (Philadelphia: Fortress Press, 1967). 참조. Adam Cleghorn Welch, *The Code of Deuteronomy: A New Theory of Its Origin* (London: James Clarke, 1924).

7   Moshe Weinfeld, *Deuteronomy and the Deuteronomic School* (Oxford: Clarendon Press, 1972).

엘 사회의 다양한 계층의 요구를 결합시켰던 무명의 집단/개인과 연결시켰다. 어쨌거나 원신명기의 저자가 레위인들, 예언자들, 지혜자들, 혹은 무명의 그룹 중 누구인지와 무관하게 수많은 학자들이 데 베테의 이론을 높이 평가하고 신명기의 기저를 이루는 층을 요시아 이후 시대의 것으로 해석하려고 시도했다.

학자들은 내적·외적 증거들을 모두 동원하여 대개 이런 결론을 지지하였다. 내적 증거로서 성경 텍스트는 신명기 프로그램의 핵심 국면들이 요시아 통치보다 거의 한 세기 이전에 히스기야에 의해 시행되었음을 지적한다(왕하 18장). 비록 히스기야의 종교개혁 기사가 종교개혁의 추동력으로서 신명기나 권위적인 "책"의 존재를 제시하지는 않지만, 텍스트는 신명기 프로그램의 종교적 개념들(제의 중앙화, 산당 파괴, 이방신상 배척)이 이미 기원전 8세기에 존재했다는 점을 시사해준다. 북왕국의 예언자 호세아의 신탁은 이 개념을 확증한다. 신명기의 규정들과 히스기야의 개혁 방침에 따라 호세아는 이방 신들에 대한 숭배뿐만 아니라 제단들의 확산, 이방 신상의 사용도 고발하였다(호 2:8, 13; 13:1). 히스기야의 개혁이 호세아의 사역 배경이었다면, 신명기의 신학적 개념들이 이미 요시아의 개혁 이전에도 북왕국과 남왕국 모두에 유포되어 있었던 것으로 보인다.[8] 이러한 측면에서, 원신명기나 그 문서가 포함하는 종교사회적 개념들의 배경을 기원전 8세기 말과 7세기 초에 위치시킬 수도 있을 것이다.

또한 학자들은 원신명기가 포로 이전 시대에 저작되었다는 가설을 입증하기 위해 다양한 외적 증거들에 호소한다. 다양한 고려사항들을 거론할

---

8   Jeffrey H. Tigay, *Deuteronomy = [Devarim]: The Traditional Hebrew Text with the New JPS Translation/Commentary* (Philadelphia: Jewish Publication Society, 1996), xx–xxi.

수 있겠지만, 두 가지 요인이 주도적인 역할을 했다. 첫째, 학자들은 종교개혁 일반, 특히 히스기야 개혁의 역사성을 입증하기 위해 고고학 자료를 동원하였다. 아라드 신전 및 텔 브엘세바 제의 중심지가 산헤립의 침공 이전에 파괴되었다는 사실과, 기원전 8세기 이후로 우상을 본뜬 디자인들이 감소했다는 사실은 일부 학자들로 하여금 이런 유물 증거들을 히스기야의 개혁에 대한 성경의 기록을 확증하는 것으로 이해하게 만들었다(왕상 18:4).[9] 고고학 자료가 히스기야의 명령으로 제의 중심지가 해체되었음을 입증할 정도로 충분하지 않지만, 최근에 발견된 증거 자료는 이 장소가 기원전 8세기 말에 의도적으로 파괴되었다고 제안한다. 둘째, 학자들은 신명기와 고대 근동 정치조약 간의 언어적·구조적·법률적 유사성을 살펴봄으로써 문서의 연대를 결정하려고 시도하였다.[10] 신명기를 히타이트 조약 전통이나 신아시리아 조약 전통, 혹은 고대 근동에서 일반적으로 통용되던 조약 언어와 비교해볼 때, 이 문서들 사이에서 발견되는 공통점들은 신명기의 일부 형태가 포로 시대 이전에 존재했을 가능성을 제시한다. 이와 같은 종교사적 정황 속에서 신명기는 반아시리아 격문으로, 혹은 신아시리아 제국으로 인한 위기가 가져온 사회경제적 영향으로 말미암은 제의의 중앙집권화를 정당화하

---

9   Ze'ev Herzog, "Perspectives on Southern Israel's Cult Centralization: Arad and Beer-sheba," in Reinhard G. Kratz and Hermann Spieckermann (eds), *One God-One Cult-One Nation: Archaelogical and Biblical Perspectives*, BZAW 405 (Berlin: de Gruyter, 2010), 169-99; 참조. Nadab Na'aman, "The Abandonment of Cult Place in the Kingdom of Israel and Judah as Acts of Cult Reform," *UF* 31 (2002), 391-415.

10 일례로 Weinfeld, *Deuteronomy and the Deuteronomic School*; Eckart Otto, *Das Deuteronomium: politische Theologie und Rechtsreform in Juda and und Assyrien*, BZAW 284 (Berlin: de Gruyter, 1999), 351-64; Christoph Koch, *Vertrag, Treueid und Bund: Studien zur Rezeption des altorientalischen Vertragsrechts im Deuteronomium und zur Ausbildung der Bundestheologie im Alten Testament*, BZAW 383 (Berlin: de Gruyter, 2008), 28-9.

는 개혁문서로 작용하였을 것이다.[11]

포로 시대와 포로 이후 시대의 신명기

원신명기의 기원에 대한 위의 제안들이 문서의 저작을 기원전 8, 7세기의 종교개혁 운동과 연관지은 데 반해, 또 다른 부류의 학자들은 이 문서의 저작을 이스라엘 역사에서 포로 시대나 포로 이후 시대에 배치한다. 포로 이전 연대의 지지자들과는 반대로, 포로 시대나 포로 이후 연대의 지지자들은 이 문서의 최초 형태의 연대를 식별하는 데 있어서 고대 근동 조약들의 가치뿐만 아니라, 신명기와 히스기야 및 요시아의 종교개혁 운동 간의 관계에 의문을 제기한다.

원신명기의 연대를 포로 시대나 포로 이후 시대로 추정하는 학자들은 열왕기하에 나타난 종교개혁 이야기들이 신학적 성격을 강하게 지니고 있으며 복잡한 편집의 역사를 거쳤다는 사실에 비추어 이 텍스트가 신뢰할 만한 자료가 아니라고 주장한다.[12] 다시 말해 이 이야기들이 원신명기의 저작과 관련한 이론들을 구성하기 위한 확고한 역사적 기초를 제공한다고 여기지 않는다. 이런 식으로 신명기 형성사의 "아르키메데스 포인트"를 제거한다면, 원신명기의 기원을 포로 시대나 포로 이후 시대에 위치시킬 수 있을 것이다. 이 관점의 대변인들은 이러한 종교사적 맥락이 아시리아 제국의 붕괴라는 사건보다 종교개혁에 도입된 새로운 아이디어들을 이해할 수 있는

---

11 Moshe Weinfeld, "Cult Centralization in Israel in the Light of a Neo-Babylonian Analogy," *JNES* 23 (1964), 202-12; Otto, *Das Deuteronomium*, 74-5, 350-1.

12 Juha Pakkala, "The Date of the Oldest Edition of Deuteronomy," *ZAW* 121 (2009), 388-401 (389-91); "Why the Cult Reforms in Judah Probably Did Not Happen," in Reinhard G. Kratz and Hermann Spieckerman (eds), *One God - One Cult - One Nation: Archaelogical and Biblical Perspectives*, BZAW 405 (Berlin: de Gruyter, 2010), 201-35 (213-29).

더 나은 배경을 제공한다고 주장한다. 먼저, 신명기가 성전과 예배 장소에 대해 모호한 태도를 취할 뿐 아니라 군주의 권력을 제한시키려 한다는 사실은 원신명기가 성전도 군주도 국가도 없던 정황에서 만들어졌음을 시사한다.[13] 게다가 신아시리아 제국으로 인한 위기 상황에서 신명기가 제의 제도에 획기적인 개혁을 감행하려 했다는 것은 이러한 개혁이 아시리아 전쟁으로 인해 피폐해진 수많은 전통적·사회적 구조들을 더욱 불안정하게 만들었을 것이기 때문에 개연성이 적어 보인다.[14] 소수파에 속하는 그들은 이러한 관찰들을 바탕으로 포로 시대 혹은 포로 이후 시대가 원신명기를 저작하고 이스라엘에 새로운 종교 개념을 도입하는 데 보다 개연적인 배경이라고 결론지었다. 이러한 도식에 따르면 히스기야와 요시아의 종교개혁에 대한 성경 기사들은 더 이상 원신명기의 연대 추정을 위한 성경적 준거점을 제공하지 못한다. 물론 그런 기사들이 어느 정도 진정한 역사적 요소들을 포함할 수는 있겠지만, 그 기사가 종교개혁을 이상적으로 묘사할 뿐 아니라 제2성전 시대 유대교의 이상들과 연결된다는 사실은 이 텍스트가 "문학적 고안이며 후대의 이상이 왕조 시대에 투영된 것"이라는 점을 시사한다.[15]

원신명기의 기원을 포로 시대나 포로 이후 시대에 두는 학자들은 신명기와 히스기야-요시아 개혁 간의 관련성을 반박할 뿐 아니라 그 문서의 연대를 결정하는 데 고대 근동 조약들이 갖는 가치에 대해서도 의문을 제기한다. 비록 신명기가 고대 근동의 정치적 조약들과 몇 가지 형식적 유사성들을 공유하기는 하지만, 이 유사성들이 신명기가 그 조약들과 동일한 시기에

---

13   Pakkala, "Oldest Edition,"; "Cult Reforms," 210-13.

14   Pakkala, "Cult Reforms," 207.

15   Pakkala, "Cult Reforms," 229.

역사비평의 도전과 복음주의의 응답

저술되었다는 것을 의미하지는 않는다는 것이다.[16] 오히려 신명기 내에 언약 형식과 법률 형식이 혼재되어 있다는 사실은 이 자료들이 다른 층에서 형성되었을 가능성을 제시하는 것 같다. 이러한 층들이 상대적으로 늦은 단계에 혼합되었다고 제안하는 메이스(A. D. H. Mays)는 포로 이후 시대에 신명기 역사가(Deuteronomistic Historian)가 요시아의 개혁을 신명기와 연결시키기 위해 법률 조항에 언약의 형태를 덧씌우고 열왕기하 22-23장의 이야기를 만들었다고 주장한다.[17] 이런 관점에서 볼 때, 신명기 법전은 언약서(출 21-23장)와의 밀접한 관련 속에서 고대 근동 법전의 하나로 발전했다. 하지만 원신명기는 신아시리아 조약문서들보다 훨씬 후대인 포로 시대까지도 언약 문서로 개작되지 않았다.

신명기 형성사

원신명기의 연대와 기원에 관한 역사비평적 관찰은 정경 형태의 신명기의 형성사에 대한 학문적 판단의 출발점이 된다. 신명기 형성사에 관한 이론들이 상당히 복잡하기 때문에 우리는 몇 가지 기본적인 윤곽들을 제시하는 것으로 만족할 것이다.

　　신명기의 형성 과정에 관한 제안들은 세 가지 기본적인 범주로 구분된다. 첫 번째 모델은 신명기의 중심부(4:45-26:19; 혹은 28:1-69까지 포함하여)

16　Kratz, *Composition*, 132.
17　Andrew D. H. Mays, *Deuteronomy*, NCB (London: Marshall, Morgan & Scott, 1979), 54, 81.

가 요시아 개혁 시대에 만들어졌다고 주장한다.[18] 이런 초기 형태의 신명기
는 아시리아 제국으로 인한 위기의 상황에서 희생제사에 중점을 두고 당시
만연해 있던 이방종교의 관습을 약화시키기 위해 언약서의 규정들과 고대
씨족 농경 사회의 시민법을 서문(4:44-11:30) 및 언약 금지규정들(28:1-69)
과 통합시켰다. 이어서 포로 시대의 저자(들)는 이 본래의 중심부에 신명기
역사 이전의 고대 자료들(신 32-33장)과 함께 1-3장, 4:1-40, 30-34장을
포함시켰다. 이런 식으로 그 저자(들)는 신명기의 기본적인 내용을 확정하는
동시에 그 문헌을 보다 방대한 신명기 역사서의 서론으로 개작했다.[19]

두 번째 모델은 그 문서의 생성과 발전 과정을 설명하기 위해 고대 근
동 서기관들의 관습에 호소한다. 이 모델에 따르면, 신명기의 최종형태는 문
서의 필사를 위해 새로운 원본을 준비할 책임을 가진 서기관들이 만들었던
몇몇 판본들의 산물로 여겨진다.[20] 이 모델은 첫 번째 모델과 많은 유사점을
가지고 있지만, 몇몇 측면에서는 차이를 보인다. 가장 중요한 차이는 이 모
델이 신명기 5-11장과 16:18-18:21을 신명기의 중심부에서 제거하여 그
장들을 포로 시대에 배치한다는 점이다.

이 모델들과는 대조적으로, 세 번째 제안은 그 문서 내의 특정한 편집
층들을 식별하고 연대를 측정할 수 있는 해석자의 능력에 대해 보다 큰 확

18　Weinfeld, *Deuteronomy and the Deuteronomic School*, 7; Tigay, *Deuteronomy*, xxii; Richard D.
　　Nelson, *Deuteronomy*, OTL (Philadelphia: Westminster John Knox, 2002), 8.

19　Martin Noth는 그의 영향력 있는 작품인 *Überlieferungsgeschichtliche Studien* (ET, 2nd edn,
　　JSOTSup 15 [Sheffield: JSOT Press, 1991], 1-110)에서 이 제안을 개척하였다. 일부 학자
　　들이 신명기 역사의 다중적 편집들을 제안하면서 Noth의 제안을 수정하였지만, 다른 사람
　　들은 여전히 전체 문헌을 포로 시대의 단일 저자에게 돌린다. John Van Seters, *In Search of
　　History: Historiography in the Ancient World and the Origins of Biblical History* (New Haven:
　　Yale University Press, 1983; Winona Lake: Eisenbrauns, 1997).

20　Karel van der Toorn, *Scribal Culture and Making of the Hebrew Bible* (Cambridge, MA:
　　Harvard University Press, 2007), 144-66.

신을 보여준다. 편집비평에 대한 이런 주제적 접근법이 위에서 설명한 두 번째 모델과 유사한 다양한 이론들을 양산해 냈지만, 이 접근법의 일부 지지자들은 신명기의 최초 판본을 기원전 586년 이후의 맥락에 배치함으로서 이전 주장을 수정했다. 유하 파칼라(Juha Pakkala)는 그런 접근 방식을 대표하는 인물이다.[21] 위에서 살펴보았듯이, 파칼라는 원신명기에 왕, 성전, 유다, 예루살렘에 대한 언급이 결여된 이유를 설명하기 위해 그 문서가 성전도 국가도 왕도 존재하지 않던 종교사회적 맥락에서 기록되었다고 주장한다. 파칼라는 신명기가 고대 언약서의 특정 규례들을 재해석하고 기원전 586년 이전 시대에 기원을 둔 몇 가지 규정들을 담고 있음을 인정하면서도 원신명기가 과거를 이상화된 방식으로 제시하는 포로 시대 또는 포로 이후 시대의 산물이라고 주장한다.[22]

원신명기의 연대와 기원 혹은 신명기의 형성사에 대한 견해와는 무관하게, 역사비평적 제안들은 대체로 신명기의 최종형태가 포로 시대나 포로 이후 시대의 저작이라는 이론을 지지하였다. 설사 그 문서의 핵심 부분이 포로 시대 이전의 어느 시점에 기원을 둔다 하더라도, 일반적으로 학자들은 그 핵심 부분이 포로 시대나 포로 이후 시대에 정경의 형태를 갖추기 위해 확장되었다는 데 동의한다. 이런 공통의 결론은 신명기의 신학적 권위가 내러티브 세계 내에서의 역사적 진실성에 달려 있는지 여부와 관련된 (본 장의 초두에 열거했던) 몇 가지 이슈들을 제기한다. 기본적인 질문은 다음과 같다. 신명기에 대한 역사비평적 이해는 성경 텍스트가 제시하는 그림과 충돌할 수밖에 없는가?

---

21   Pakkala, "Oldest Edition"; "Cult Reforms."
22   Pakkala, "Oldest Edition," 399.

신명기가 포로 시대나 포로 이후 시대의 저작이라는 주장의 신학적 함의

일부 복음주의자들은 이 질문에 긍정적으로 대답할 수도 있을 것이다. 하지만 본 장의 서론에서 이미 논의하였듯이 신명기에 대한 역사비평적 판단들은 복음주의 학자들에게 좀처럼 받아들여지지 않는다. 그들이 느끼는 불안은 이 판단들이 만들어내는 소란이 일반적으로 이스라엘의 신앙 일반, 그리고 특히 언약신학을 침식시키는 파도로 받아들여지기 때문에 이해할 만하다. 고든 웬함(Gordon Wenham)은 그 정서를 다음과 같이 표현한다.

> 신명기의 이념과 언어가 구약성경에 미치는 파급효과가 얼마나 대단한가 하면, 신명기의 기원을 모세에게 돌리느냐 아니면 요시아 시대로 돌리느냐에 따라 이스라엘의 신학이 발전해온 과정에 대한 우리의 평가가 완전히 달라질 수 있다.[23]

빅터 해밀턴(Victor Hamilton)은 신명기에 대한 역사비평적 제안들을 철저히 살펴본 후에 두 견해를 비교하는 것으로 그 이슈를 요약한다. "신명기와 관련하여, 그 이슈들에는 오직 두 가지 견해가 있다. 하나는 전통적인 입장이고 다른 하나는 다양한 형태로 재현된 데 베테의 입장이다."[24] 그의 관찰은 복음주의자들이 신명기에 대한 역사비평적 제안들에 접근해왔던 방식을 보여준다. 그러나 이 문제가 과연 복음주의 학자들이 제안하듯이 흑백논리로

---

23 Gordon J. Wenham, "The Date of Deuteronomy: Linch-Pin of Old Testament Criticism. Part One," *Them* 10.3 (1985), 15-20 (17).

24 Victor Hamilton, *Handbook on the Pentateuch*, 2nd edn (Grand Rapids: Baker Academic, 2005), 373.

해결할 사안인가? 이런 제안들이 잘못된 이원론을 만들어냄으로써 역사비평학이 이스라엘 언약 전통의 신학적 발전을 이해하는 데 기여한 공로를 간과하는 것은 아닌가? 신명기의 연대를 요시아 통치 시대, 포로 시대, 혹은 포로 이후 시대로 추정하는 것은 기독교 신앙의 근본적 주장들과 양립할 수 없는가?

이스라엘의 언약 전통과 관련하여 몇 가지 이슈들의 신학적 함의를 논의할 필요가 있는데, 여기서는 두 가지 가장 두드러진 이슈들에 초점을 맞출 것이다. 하나는 "경건한 사기"로서의 신명기의 권위에 관한 것이고, 다른 하나는 신명기와 예언자들의 관계다.

경건한 사기? 저자, 권위, 그리고 정경적 지위

신명기의 초기 형태가 "경건한 사기"—요시아의 개혁운동을 출범시키거나 정당화할 목적으로 작성된 문서—라는 개념은 역사비평학계가 신명기를 대하는 특징적인 모습이다. 많은 사람들이 이러한 판단을 데 베테와 연관시키지만, 데 베테가 요시아 통치 기간에 성전에서 발견된 "율법서"를 결코 이런 식으로 규정하지 않았다는 점을 주목하는 것이 중요하다. 그는 단지 이 문서가 힐기야가 심어놓았던 문서였을 가능성을 고려하였다.[25] 데 베테의 제안이 비평학계의 전통으로 자리매김했던 역설적인 방식과는 별개로, "경건한 사기" 개념은 신명기의 법조문이 기원전 7세기의 고안물이었다는 데 베테의 주장이 도달하는 논리적 귀결이다. 그렇다면, 역사비평의 신명기 이해는 정통 기독교의 범주 내에서 그 권위와 신학적 가치가 상당히 축소되는 것 아닌가? 기만적이고 위조된 문서가 신학적 진리에 대한 신뢰할 만한 진

---

25   Bill T. Arnold, "Deuteronomy as the *Ipsissima Vox* of Moses," *JTI* 41 (2010), 53-74 (38-9).

술의 기능을 수행할 수 있을 것인가? 현대인의 관점에서 이러한 질문들에는 통상 부정적인 대답이 주어진다. 그러나 고대의 관점에서 보자면 사안이 그렇게 단순하지 않다.

위작(Pseudepigraphy)이 고대 이스라엘 문학 전통에서 존중받는 관습이자 하나님이 인류에게 말씀하실 때 선택하셨던 합법적인 수단이었는지 여부와는 별개로, 고대 세계에서의 저자 개념이 현대의 개념과는 상당히 다르다는 점을 주목할 필요가 있다. 제6장("위작과 정경")에서 언급하였듯이, 고대 "저자들"은 지적 재산권을 가진 독립적이고 자주적인 주체들이 아니었다. 오히려 그들은 공동체의 집단적 전승을 창출하기 위해 구전자료와 문헌자료를 하나의 문서로 편찬해냈던 거대한 그룹의 대변인 역할을 했다. 이런 저자(authorship) 개념은 권위의 자리를 개인 "저자"로부터 자료의 내용으로 옮겨놓는다. 이런 관점에서는 "저자"가 텍스트의 기원이라기보다는 전통에 대한 권위적 주장의 대변자다. 이런 맥락에서 신명기를 읽는다면, 모세의 이름이 거론되는 것은 그가 저자라는 것을 의미하기보다는 신명기의 자료가 권위적이고 계시적인 모세 유전(Mosaic *traditum*)과 관련된다는 것을 의미한다.[26]

권위를 저자와 동일시하는 이런 개념은 신명기 내에서 모세의 발언과 관련된 논쟁을 새로운 시각에서 바라볼 수 있도록 돕는다. 신명기 내에서 모세가 3인칭으로 제시되고, 신명기 서론이 가나안 내에 거주하는 인물의 지리적 관점을 반영한다는 점으로 볼 때(신 1:1-5), 신명기의 익명의 저자들

---

26   Michael Fishbane을 따라서, *traditum*은 전통의 원내용을 지칭하고 *traditio*는 전통의 전달과정(즉 *traditum*이 새로운 문맥들에 차용되거나 재해석되는 방식)을 의미하는 것으로 사용한다. Michael Fishbane, *Biblical Interpretation in Ancient Irael* (Oxford: Clarendon Press, 1985), 6-8과 여러 곳.

이 정경 형태의 신명기를 모세 이후 시대에 편찬했다는 점은 명확하다.[27] 만일 이런 형태의 신명기가 히스기야 시대나 요시아의 개혁 시대에 (혹은 더 이후에) 날조된 것이라면, 이것은 당연히 기만적인 위서로 분류될 수 있을 것이다. 이런 결론이 일부에게는 문젯거리일 수도 있겠지만, 그것이 정통 기독교와 반드시 양립 불가능한 것은 아니다. 어쨌거나 역사적으로 중요한 기독교 신조들은 이 문제를 거의 언급하지 않는다.

그럼에도 불구하고, 이런 역사비평적 판단은 기독교 정경으로서 신명기의 권위에 문제를 제기한다. 구체적으로는 신명기의 권위의 자리가 어디인지를 묻는다. 신명기의 권위가 그 문서의 저자로 추정되는 자에게 배타적으로 존재하는 것이라면, 모세 기원설을 부정하는 것은 텍스트의 권위를 본질적으로 약화시킨다. 그러나 신명기가 고대 근동의 저자 개념을 배경으로 조망된다면, (저자가 아니라) 그 문서의 내용이 권위의 자리를 차지한다. 이럴 경우 모세가 저자임을 거부하는 것이 신명기가 권위 있는 문서임을 거부하는 것은 아닌데, 왜냐하면 텍스트의 권위는 일차적으로 문서자료의 출처에 달린 것이 아니라 일반적으로는 텍스트의 내용에, 그리고 특별히 성령의 계시적 사역에 달린 것이기 때문이다. 여기서 성령은 자료의 저자 혹은 편집자와 협력하여 텍스트의 형성과 정경화 과정을 인도하는 역할을 한다. 신명기의 권위가 이러한 관점에서 이해될 때, 신명기 전승에서 모세 자료의 존재를 통째로 거부한다고 해도 하나님의 뜻에 대한 증언으로서 신명기의 권위나 진실성이 의문시되지는 않는다. 또한 신명기의 권위가 그 책의 내용을 형성하는 데 관여하신 성령의 역동적이고 계시적인 사역에 근거한 것이라

---

27   분명히 밝히자면, 이것은 신명기가 진정한 모세의 전승들을 결여하고 있다고 주장하는 것이 아니라, 다만 신명기의 최종적이며 정경적인 판본이 모세 자신의 손에서 나온 것이 아니라고 주장하는 것이다.

면, 모세 기원설을 부인하는 것은 기독교 정경으로서 신명기의 권위에 대한 부인과 동일시될 수 없다. 다시 말해 저자를 거부하는 것과 권위를 거부하는 것을 혼동하지 말아야 한다. 요컨대 역사비평이 신명기의 모세 기원설을 거부하는 것이 약간의 문제를 야기할 수는 있겠으나 그것이 흔히 생각하는 것처럼 신학적으로 엄청난 충격을 가져다주는 것은 아니다.

이러한 역사비평적 판단이 기독교 정경으로서 신명기의 권위에 대해 난해한 문제를 야기하는 반면, 어떤 판단들은 신명기의 문학적 특징에 대해 역동적이고 신학적으로 견실한 해석을 제시하려는 역사적·정경비평적 관심들에 대해 보다 미묘한 성찰을 제공한다. 이전의 제안과는 달리, 만일 신명기가 (구전이든 문헌이든 간에) 진정한 모세의 자료, 혹은 후세대가 정교하게 만들고 재작업한 모세 관련 전승들을 포함한다면, 신명기를 기만적이고 위조된 저작이라고 분류하는 것은 지나친 것처럼 보인다. 설사 후대(요시아 시대, 포로 시대 혹은 포로 이후 시대)에 익명의 "저자"가 그 문서를 기록했다고 해도, 그 문서의 내용과 정신이 언약서 및 모세 전승과 일관성을 가진다는 점에서 그것을 모세와 연결시키는 것은 상당히 적절한 일이었을 것이다. 요컨대 신명기를 모세와 연관 짓는 것은 저자에 대한 고대 개념과 일치한다. 그런 측면에서 볼 때 중요한 것은 어떤 진술이 실제로 모세의 입에서 나온 것인지 여부가 아니라 진술의 내용, 다시 말해 주어진 텍스트가 모세의 내러티브를 통해 하나님의 뜻을 전달하는지 여부다. 말하자면, 성령은 개인 저자들과 편집자들에게 역사하셔서 그들로 하여금 이스라엘 법률 전통의 본질, 문체, 정신과 일치하는 권위적·계시적 텍스트를 만들게 하신 것인가? 복음서의 자료들과 역사적 예수 사이의 관계에 대해 제기되는 질문에서와 마찬가지로 중점 사안은 신명기의 연설들이 모세 전승의 본질을 포착하는가 하는 것이다.[28] 비평학계의 대다수가 신명기의 저작에 관련된 사람들이 언약서(모세 전승과 결부된 법률집)에 의존했다고 주장한다는 점에서, 신명기의 기원을 요시아 시대, 포로 시대, 혹은 포로 이후 시대에 두는 것이 그 권위를 약화시키지는 않는 것으로 보인다. 왜냐하면 그 문헌에 포함된 자료들이 모세와 갖는 연관성은 유지되고 있기 때문이다. 사실상 위에 언급한 시대들에 그 문서에 관여한 사람들은 "모세와 같은" 예언자들, 즉 모세 전승에 담긴 계시적 자료들에 부합하게 하나님을 대신해서 말하고 하나님의 뜻을 드러내는 사람들로 분류될 수 있다(참조. 신 18:15). 비록 모세가 신명기에 대해 갖는 관계의 본질에 대한 해석이 비평학계 내에서도 다양하지만, 이스라엘의 법률 자료와 언약 자료에 토대를 제공한 모세의 역할은 다양한 형태로 보존되었다.

이런 관찰들은 모세 저작설이나 위명 저작설 모두에 대한 다양한 논증들이 문학이론에서 "의도적 오류"라고 불리는 현상을 겪고 있다는 점을 보여준다.[29] 보수적 해석자들은 모세 저작설이 역사적 모세가 약속의 땅에 들어가지 못한 정복 이전 세대 이스라엘에 행한 연설들을 이해하는 데 필수적인 요소라고 주장함으로써 종종 이런 오류에 빠진다.[30] 비평학계에서 범하는 유사한 오류는 모세라는 허구적 인물이야말로 왕국 시대, 포로 시대, 혹은 포로 이후 시대에 작업하였던 신명기 학파 서기관들을 암시하는 열쇠라는 주장에서 발견된다.[31] 이러한 제안들에서 보수주의 해석자들과 비평주의

---

28   Arnold, *Ipsissima Vox*의 탁월한 논의를 보라.

29   Barton, *Reading the Old Testament: Method in Biblical Study* (London: Darton, Longman & Todd, 1984), 147-51.

30   예. Eugene H. Merrill, "Deuteronomy and History: Anticipation or Reflection," *Faith and Mission* 18 (2000), 57-76.

31   예. Thomas C. Römer, "Deuteronomy in Search of Origins," in Gary N. Knoppers and J.

해석자들이 공유하는 전제는, 신명기의 메시지를 이해하기 위해서는 먼저 저자(와 기원)의 문제가 해결되어야 한다는 것이다. 달리 말해 대다수 진영의 학자들은 종종 정경으로서 신명기의 권위가 그것의 문학적 기원에 달려 있으며 문서의 역사적 배경이 신학적 메시지를 이해하는 열쇠라고 전제한다. 그러나 신명기의 내적 증거가 이미 내러티브 안에서 모세의 목소리가 그의 사후에도 지속적으로 발언을 할 수 있는 길을 의도적으로 닦아놓음으로써 저자 개념에서 권위 개념으로의 이동을 분명하게 보여주고 있다는 점을 주목할 필요가 있다(신 34:1-12). 모세 전승의 영속적인 권위와 재적용을 위한 개방성은 세 가지 방식으로 표현된다.

첫째, 모세는 신명기 전반에 걸쳐 "너희"라는 호칭을 사용하는데, 이는 이집트를 출발한 이스라엘의 첫 세대(신 5:3)와 가나안에 정착한 세대(6:20-25), 그리고 심지어 바빌로니아 유배(4:25-29)와 본토로의 귀환(30:3-5)을 경험하게 될 사람들까지 포함하는 불특정한 집단을 염두에 둔 것이다. 이처럼 여러 세대를 동일하게 "너희"라고 부른다는 사실은 그가 이스라엘 역사 전체를 아우르는 다양한 청중들에게 말하고 있다는 점에서 그 어떤 연대표적 해결 가능성도 허용하지 않는다.[32] 이처럼 각각의 세대들을 "너희"로 통합한다는 점은 신명기를 연구하는 모든 학자들에게 모세의 수사학이 모압 평지를 넘어 무시간적으로 공명하도록 설계된 방식을 고려할 것을 제안한다.

Gordon McConville (eds), *Reconsidering Israel and Judah: Recent Studies on the Deuteronomistic History*, Source for Biblical and Theological Study 8 (Winona Lake: Eisenbrauns, 2000), 112-38.

32   시대착오에 대한 세부적인 논의에 대해서는 다음을 보라. Jerry Hwang, *The Rhetoric of Remembrance: An Investigation of the "Fathers" in Deuteronomy*, Siphrut 8 (Winona Lake: Eisenbrauns, 2012).

둘째, 모세는 "이 법"(신 31:9; 1-30장의 연설을 가리킴)의 내용을 기록하고서 레위 제사장들에게 7년마다 초막절에 신명기 법전을 낭독하라고 명령한다(신 31:9-13). 대중 앞에서 율법을 낭독하는 것은 이스라엘 공동체에 속한 미래의 모든 구성원이 모세에게 "너희"가 된다는 점을 보장한다.[33] 이렇게 모세가 사용한 "너희"라는 모호한 호칭은 신명기 자체의 내러티브 세계에서 이미 발견되는 시대착오(anachronism)를 넘어서 미래의 모든 세대의 청중을 포함한다. 결과적으로 신명기에서는 구전자료와 문서자료가 한데 얽혀 모세의 연설들이 미래에도 하나님의 백성에게 권위를 갖도록 보장하는 역할을 한다.

셋째, 모세가 이스라엘 백성들에게 그를 통해 반포된 계시에 새로운 것을 더하지도 줄이지도 말라고 선언했을 때, 권위라는 이슈가 표면화되었다(4:2; 12:23[MT; 12:32, 개역개정]). 그렇다 하더라도 정경이 보여주는 이런 자의식적 태도는 신명기 토라 자체가 이전의 오경 법조항들을 수정해온 사실과 조화될 수 없다.[34] 가장 명백한 예로는 출애굽기 20장과 신명기 5장에 각각 제시된 십계명 간의 차이를 들 수 있다. 신명기 연구는 이 책이 옛것과 새것들이 어느 정도는 고르지 않게 조합되어 있다는 사실에 의해 생동감을 얻는 동시에 헤아릴 수 없을 정도로 복잡해진다. 이를 버나드 레빈슨(Bernard M. Levinson)은 다음과 같이 표현한다.

신명기 텍스트에 대한 충실성을 판단하기 위해서는 전통에 충실하다는 화자의

---

33   James W. Watts, *Reading Law: The Rhetorical Shaping of the Pentateuch*, Biblical Seminar 59 (Sheffield: Sheffield Academic Press, 1999), 16-17, 55-7.

34   Frank Crüsemann, *The Torah: Theology and Social History of Old Testament Law*, trans. Allan W. Mahnke (Minneapolis: Fortress Press, 1996), 201-4.

주장을 액면 그대로 받아들여서는 안 된다는 점을 인식해야 한다. 이는 공시적 방법론을 채택하든 혹은 통시적 방법론을 채택하든 마찬가지다. 신명기에 대한 해석은 전통과 혁신 사이에서의 변증법적 상호작용을 가시화한다.[35]

신명기 자체가 모든 세대를 향해 권위를 갖는다고 스스로 주장한다는 점에 비춰볼 때 신명기의 문학적 영향이 구약 정경 전반으로 확장된다는 것은 놀라운 일이 아니다. 신명기가 구약의 나머지 책들—특히 여호수아-열왕기나 예레미야서처럼 신명기 역사의 영향을 받았다고 여겨지는 책들—에 끼친 영향의 범위를 추적하는 일에 있어서 역사비평학자들에게 가장 큰 도움을 주는 사실은 신명기의 모세 유전(*traditum*)이 여러 갈래의 전승(*traditio*)들로 나뉜다는 사실이다.

또한 이러한 관찰은 신명기 저자에 대한 역사비평적 제안들의 잠재적 가치를 보여줄 뿐 아니라 신명기의 기원을 모세 혹은 요시아에게 두는 잘못된 이분법을 극복하는 길을 제시한다. 구체적으로 이러한 비평적 제안들은 신명기의 내용과 선포가 특정한 역사적 사건이나 정황에 제한되지 않는다는 점을 지적해줌으로써 우리의 시선을 "저자"로서의 모세가 아니라 언제나 현실 속에 존재하는 "모세 역할을 맡은 등장인물"(Mosaic *persona*)에게로 돌려주며, 신명기를 정적인 책으로가 아니라 나름의 수용사를 지닌 역동적 문서로 대하게 해준다. 적어도 우리는 정경 형태의 신명기에 책임이 있는 사람들이 "우리에게 모세의 교훈, 곧 배교의 유혹에 저항하고 후세를 위해 유일신 사상을 보존하도록 고안된 유일신론적 진술을 전해준다"고 확언할

---

35   Bernard M. Levinson, "The Hermeneutics of Tradition in Deuteronomy: A Reply to J. G. McConville," *JBL* 119 (2000), 269-86 (285).

수 있다.[36] 결론적으로 신명기 토라의 저자, 연대, 발전 과정에 대한 다양한 역사비평적 제안들에도 불구하고 이런 판단들이 모세의 목소리가 갖는 권위나 신명기의 무시간적 증언을 폄하할 이유는 없는 것으로 보인다. 그 목소리들은 어느 한 시대에 국한되지 않고 역사 속에서 줄기차게 말한다. 모세의 시대나 요시아의 시대, 포로 시대나 포로 이후 시대 할 것 없이 말이다.

신명기 형성사에 대한 비평학계의 우려를 신학적·해석학적으로 해소하기

신명기가 무시간적·권위적 증언이라는 주장은 자연스럽게 우리를 신명기와 예언현상의 관계에 대한 논의로 이끄는데, 왜냐하면 모세의 목소리(신 18:15)가 "나의/너의/그의 종 예언자"의 지속적인 증언을 통하여 구약성경 다른 곳에서도 울려 퍼지기 때문이다.[37] 보수주의 구약학계가 오경의 결말로서의 신명기에 초점을 맞추는 경향이 있는 반면, 비평학계는 신명기 역사(여호수아-열왕기)와 구약 예언서(이사야-말라기)를 적절하게 사용함으로써 모세 전승이 어떻게 권위를 유지하면서도 새로운 정황과 세대에 속한 하나님의 백성을 위해 변모해 가는지를 예시해준다. 비록 신명기 운동의 본질 및 범위와 관련하여 해결되지 않은 많은 문제들이 남아 있지만, 신명기 역사서에 대한 역사비평적 작업은 신명기와 신명기 역사서를 상호 보완적으로 해석하려는 정경적 해석 전략을 개괄하는 데 유익을 줄 수 있다.

신명기와 "전기 예언서"의 관계는 자신의 사역이 "네 형제 중에서 너를

---

36   Tigay, *Deuteronomy*, xxvi.
37   이 표현들은 왕하 9:7; 17:13; 21:10; 24:2; 렘 7:25; 25:4; 26:5; 29:19; 35:15; 44:4; 겔 38:17; 슥 1:6; 단 9:6; 스 9:11에서 발견된다.

위하여 [일어난] 나와 같은 선지자 하나"를 통하여 지속될 것이라는 모세의 주장에 근거한 것이다(신 18:15). 신명기 역사의 기원에 대한 복잡한 논쟁에 깊이 들어가지는 않더라도, 여호수아-열왕기의 문학적 단위가 토라의 집행자인 모세의 예언자적 목소리에 대한 언급으로 시작하고 끝난다는 사실에는 주목할 필요가 있다. 모세의 사후에 하나님은 여호수아에게 "나의 종 모세가 네게 명령한 그 율법을 다 지켜 행"할 것을 명령하신다(수 1:7; 참조. 신 1:37-38; 31:23-24). 이처럼 이스라엘을 가나안으로 인도하기 위해 여호수아가 우선적으로 준비해야 할 일은 군사계획을 수립하는 것이 아니라 신명기의 법령에 세심하게 주의를 기울이는 것이었다.[38] 신명기는 수시로 여호수아가 모세와 같은 권위를 가진 것으로 묘사하는데, 특히 여호수아는 그의 고별설교(수 23-24장)에서 하나님께 대한 불순종이 멸망을 초래한다는 점을 강조함으로써 모세의 세 번째 연설(신 28:1-30:20)을 환기시킨다.

여호수아서에서 시작된 해석학적 여정은 신명기 역사의 마지막 책에서 완성된다. 열왕기하 17장에서, 역사가는 신명기에 저장된 모세의 목소리를 통해 유배를 앞둔 이스라엘과 유다의 영적 실패를 설명한다.

여호와께서 각 선지자와 각 선견자를 통하여 이스라엘과 유다에게 지정하여 이르시기를 "너희는 돌이켜 너희 악한 길에서 떠나 나의 명령과 율례를 지키되 내가 너희 조상들에게 명령하고 또 내 종 선지자들을 통하여 너희에게 전한 모든 율법대로 행하라" 하셨으나(왕하 17:13).

---

38 Terence E. Fretheim, *Deuteronomic History* (Nashville: Abingdon, 1983), 50-2; 참조. Gordon J. Wenham, "The Deuteronomic Theology of the Book of Joshua," *JBL* 90 (1971), 140-8 (145-6).

열왕기하 17장이 신명기 토라와 주고받는 정경 내적 대화의 세 가지 특징을 살펴보는 것은 우리의 탐구 목적에 의미가 있다. 첫째, 열왕기하 내러티브는 두 왕국이 멸망한 이유가 신명기 법을 지키지 못한 탓이라고 설명함으로써 이스라엘의 유배와 유다의 유배를 하나로 통합한다.[39] 텍스트상으로 열왕기하 17장에 이어지는 문맥은 북왕국 이스라엘이 아시리아로 유배된 사건을 다루며, 유다의 멸망에 관한 기사는 열왕기하 24-25장에 가서야 등장한다. 열왕기하 17장에서 기원전 8세기와 6세기에 발생한 두 개의 유배 사건을 모두 언급한 것은 각 세대를 통합시키는 신명기의 수사학적 장치일 뿐만 아니라, 정경 형태의 열왕기하 17장을 편집한 인물이 이스라엘을 통합적인 전체로 다루기 위해 유배에 관한 모세의 전승을 북왕국과 남왕국의 멸망 모두와 연결시키고자 했던 포로 이후 유대 민족의 전승가들이었음을 드러낸다. 신명기의 예언적 관점이 다른 본문들과의 역동적 상관관계를 대신한다는 개념에 대해서는 뒤에서 다시 다루겠다.

둘째, 열왕기하 17장에서 신명기 역사가는 모세라는 등장인물의 입을 통해 아시리아와 바빌로니아 유배가 "규례와 법도"를 지키기를 게을리 하여(참조. 신 5:31; 30:16) 불의한 "길"로부터 돌이키는 데 실패하고(참조. 신 4:40; 6:2), 그 결과 모세와 그를 뒤이은 예언자들을 통하여 선포된 "모든 법"(참조. 신 4:8)을 위반한 결과라고 묘사한다. 그러므로 열왕기하 17장은 신명기 역사가가 신명기의 언어를 사용하여 이스라엘 역사의 주요 갈림길에서 불순종이 저주를 초래하며 모세의 목소리를 청종하는 것이 축복을 초래한다고 말하는 몇몇 사례들과 유사한 모습을 보여준다(예. 수 23장; 삼상 12

---

39   왕하 17장의 유대적 관점에 대한 논의로는 다음을 보라. Pauline A. Vivano, "2 Kings 17: A Rhetorical and Form-Critical Analysis," *CBQ* 49 (1987), 548-59; Marc Zvi Brettler, *The Creation of History in Ancient Israel* (New York: Routledge, 1995), 133.

장; 왕상 8장).[40] 그러나 신명기 역사서의 다른 연설들과 달리 열왕기하 17장은 회개의 시기가 이미 지났으며 이제는 유배라는 신명기 저주가 임했다고 주장한다는 점에서 독특하다. 이러한 관찰은 열왕기하 17장의 이야기가 신명기에서 저주 언약을 다루는 모세 유전에 대한 갱신된 전승(traditio)을 대변한다는 추가적인 증거를 제공한다.[41]

셋째, 유배라는 주제가 일관된 방식으로 다루어지는 것이 신명기 자체(예. 28장)와 몇몇 정경 예언서(예. 아모스, 예레미야, 에스겔, 스가랴)에 국한된다는 점에서, 열왕기하 17장의 "내 종 선지자"(my servants the prophets)의 정체를 엘리야(왕상 17-19장)나 미가야(왕상 22장) 같은 북왕국의 구두 예언자들로만 제한할 수 없다.[42] 따라서 열왕기하 17장은 독자들을 유배에 대한 설명을 이해하기 위한 적절한 신학적 배경인 신명기 전승과 신명기 학파 예언자들에게로 인도한다.

그럼에도 불구하고, 신명기를 연상시키는 모세의 목소리를 구약성경 전반에서 들을 수 있다는 사실은 우리를 "범신명기주의"(Pan-Deuteronomism)[43]의 유래에 대한 난해한 논쟁으로 인도한다. 학자들의 논쟁은 히브리어 언어학에서의 연대기적 평행 현상과 깊이 연관되어 있다. 기원전 제2천년기의 모세가 수백 년 뒤에 저술된 역사서와 예언서에서 발견되는 동일한 히브리

---

40   Noth, *Deuteronomistic History*, 5-6.

41   Carolyn J. Sharp, *Prophecy and Ideology in Jeremiah: Struggles for Authority in the Deutero-Jeremianic Prose*, OTS (London: T&T Clark, 2003), 144.

42   Ernest W. Nicholson, "Deuteronomy 18.9-22, the Prophets and Scripture," in John Day (ed), *Prophecy and Prophets in Ancient Israel: Proceedings of the Oxford Old Testament Semiar*, LHBOTS 531 (London and New York: T&T Clark, 2010), 151-71 (152-3).

43   이 용어는 영향력 있는 단행본의 제목에서 가져온 것이다. Linda S. Schearing and Steven L. McKenzie (eds), *Those Elusive Deuteronomists: The Phenomenon of Pan-Deuteronomism*, JSOTSup 268 (Sheffield: Sheffield Academic Press, 1999).

어 방언을 말하는 것이 가능한가? 열왕기하 22장에서 힐기야가 발견한 고대의 율법책이 어떻게 언어학적 시간 왜곡을 초월하여 요시아 당대의 표현 양식으로 말할 수 있었는가? 신명기와 신명기에 기반한 개혁들을 연관 짓기 위해서는 고전 형태의 신명기를 상당한 시간이 흐른 후대인들이 어떻게 이해할 수 있었는가라는 언어학적 이슈를 다루어야만 한다.

현재까지 발견된 최상의 금석학적·문헌적 증거는 히브리어가 세 단계의 발전 과정을 거쳤음을 보여준다. 먼저 1) 기원전 제2천년기의 고어체 시(예. 창 49장; 출 15장; 신 33장; 삿 5장)에 보존되어 있는 초기 성경 히브리어(Early Biblical Hebrew), 이어서 2) 대부분의 구약 텍스트에 보존되어 있는 유대 방언으로서의 고전 성경 히브리어(Classic Biblical Hebrew), 마지막으로 3) 아람어의 심대한 영향을 보여주며 에스라-느헤미야와 같은 포로 이후의 문서들에서 발견되는 후기 성경 히브리어(Late Biblical Hebrew).[44] 신명기의 히브리어 산문은 고전 성경 히브리어(CBH)와 가장 근접하게 유사할 뿐만 아니라, 모세가 신명기에서 기원전 8세기 혹은 7세기 남왕국에서도 이해할 수 있는 언어(dialect)로 유창하게 말한다는 바로 그 사실로 인해 학자들은 표준 "신명기 어법"의 목록을 작성할 수 있었으며[45] 신명기와 신명기 역사서 사이의 문학적 의존에 관한 정교한 이론들을 제시하기에 이르렀다.[46]

신명기의 산문 연설들이 언어학적 관점에서 시대착오적이라는 사실은

---

44   다음과 같은 논의를 살펴보라. Angel Sáenz-Badillos, *A History of the Hebrew Language*, trans. John Elwolde (Cambridge: Cambridge University Press, 1993), 50-75, 112-29; Ziony Zevit and Cynthia L. Miller-Naudé (eds), *Diachrony in Biblical Hebrew* (Winona Lake: Eisenbrauns, 2012).

45   Weinfeld, *Deuteronomy and the Deuteronomic School*, 320-66.

46   예. Noth, *Deuteronomistic History*, 4-5는 공유된 신명기적 문체를 근거로 자신의 영향력 있는 이론을 전개한다.

일견 신명기가 기원전 7세기에 작성된 "문학적 허구"임을 밝혀주는 추가적 증거인 것처럼 보인다. 그러나 이미 살펴본 바대로, 이러한 결론은 신명기 내에 존재하는 모세 전승의 무시간적 특징을 간과한 것이다. 우리는 이것을 "경건한 사기"로 볼 것이 아니라, 신명기 모세 전승의 산문 연설들이 후속 세대들에게 권위적 전승으로 받아들여지도록 지속적으로 개정된 결과로 여기는 것이 더 개연적이다. 그와 같은 개정 작업의 최종 결과로, 정경 신명기의 산문 연설은 고전 성경 히브리어(CBH)로 기록된 전기 예언서 및 후기 예언서의 히브리어와 매우 유사한 예언적 표현 양식을 사용한다. 신명기 1-30장의 산문 연설 및 신명기 32장의 시문학 작품인 "모세의 노래"와는 대조적으로, 신명기 33장의 운문 전승은 이스라엘 지파들에 대한 모세의 축복에 나타난 고어체에서 그 문학적 독특성을 제거하지 않는 한 개정될 수가 없었기 때문에, 초기 성경 히브리어(EBH)의 모체로서 언어학적 시간상에서 고정된 형태로 존재한다.[47] 신명기 내에 모세의 것으로 여겨지는 다양한 언어층들이 공존한다는 사실은 이 정경 문서가 모세 유전(*traditum*)과 갱신된 전승(*traditio*)의 융합을 반영한다는 점을 보여준다. 따라서 정경 형태의 신명기는 무시간적인 "유전"과 흘러가는 "전승" 사이에 모세의 정경적 권위를 위치시키고 있다.

신명기 운동을 통시적으로 재구성하는 작업은 불확실한 것으로 간주되어야 하겠지만, 역사비평학은 복음주의자들에게 신명기가 포로 이후 시대까지도 최종형태를 갖추지 않았던 신명기 역사서의 대화 파트너가 되기 위

---

47   Frank M. Cross and David N. Freedman, *Studies in Ancient Yahwistic Poetry*, 2nd edn (Grand Rapids: Eerdmans, 1997), 64-81에 실린 신 23장의 고어 철자법과 문법에 대한 중대한 논의를 보라.

해 어떻게 재상황화를 겪어왔는지 이해할 수 있는 길을 열어준다. [48] 신명기 텍스트와 신명기 역사 텍스트 간에 어느 방향으로 문학적 의존이 이루어졌는지를 규명하는 작업은 여전히 난해하기로 악명이 높지만, 그럼에도 학자들이 자신의 견해를 어떤 식으로든 표명할 수 있다는 것은 두 텍스트 간에 밀접한 어휘적 상응성이 존재한다는 의미다. 서로 상응하는 두 텍스트 중에 어느 것이 먼저 만들어졌는가에 대한 논쟁은 그런 요점을 놓치는 것이다. 여기서 얻을 수 있는 더 큰 소득은 모세의 목소리가 유전(*traditum*)과 전승(*traditio*) 모두를 통하여 역동적으로 말한다는 점을 깨닫는 것이다.

결론

종합하자면, 신명기 언약의 저자와 재사용에 대한 역사비평적 연구는 복음주의자들로 하여금 신명기의 권위가 자리하는 곳이 어디이며, 이스라엘 역사 전반에 걸쳐 신명기의 신학적 개념이 수용되어온 방식이 무엇인가라는 주제에 보다 가까이 다가갈 수 있도록 도와준다. 그러나 이와 같은 방법론들이 모두에게 유용한 것이 되기 위해서는 학자들이 저자와 권위에 대한 현대적 개념을 과감하게 탈피할 필요가 있다. 그런 개념들은 복음주의 학자들뿐 아니라 보다 회의적인 그들의 대화 상대자들 모두를 종종 걸고 넘어졌다. 신명기에 나타난 모세의 목소리가 갖는 생동성이 단지 한 시대(모세의 시

---

48   포로 이후 시대까지 확장하는 이 "재상황화"의 사용에 대한 논의는 특히 다음 책과 다르다. Peter T. Vogt, *Interpreting the Pentateuch: An Exegetical Handbook* (Grand Rapids: Kregel, 2009), 137은 신명기에서 재상황화의 한계를 모압의 새세대를 위한 출애굽기-레위기의 재구성(recasting)으로 제한한다.

대든 요시아의 시대든 혹은 다른 어떤 시대든) 혹은 장소로 국한될 수는 없다. 게다가 그 문서의 권위도 단지 한 사람에게만 돌려질 수 없다. 우리가 기독교 정경으로서 신명기의 권위를 일반적으로는 그 문서의 내용에, 그리고, 특히 공인된 전승가들을 통한 성령의 역할에 두게 되면, 모세 기원설에 대한 가장 예리한 공격들조차도 그 책의 권위적 지위를 빼앗거나 그 계시적 목소리를 잠재우지 못한다.

권위에 대한 위와 같은 관점과 정경으로서 신명기의 지위에 대한 인식은, 이 문서에 대한 역사비평 작업이 기독교의 정통성에 위협이 될 필요가 없다는 점을 보여준다. 대신에 역사비평 작업은 하나님이 성경을 통하여 말씀하시려고 사용하셨던 인간적·문학적·역사적 수단들을 파악하는 능력을 보강해주며, 예전에 게르하르트 폰 라트가 신명기의 "강화된 동시성"[49]이라고 불렀던 것을 발견할 수 있도록 도와준다. 이처럼 역사비평 방법론들은 신명기의 역동적 언약신학이 (나사렛 예수와 신약 저자들은 말할 필요도 없이) 후대 유대교 해석자들[50]의 사상을 형성하는 데 어떤 역할을 했는지 이해하는 데 도움을 줄 뿐 아니라,[51] 우리가 언약의 하나님을 섬길 때 그러한 계시를 적용할 수 있는 모델을 제공해준다.

---

49 Gerhard von Rad, "The Form-Critical Problem of the Hexateuch," trans. E. W. Trueman Dicken, in Kenneth C. Hanson (ed.), *From Genesis to Chronicle*, Fortress Classics in Biblical Studies (Minneapolis: Fortress Press, 2005), 1-58 (22-3).

50 다음 논의를 참조하라. Maarten J. J. Menken and Steve Moyise (eds.), *Deuteronomy in the New Testament*, LNT 358 (London: T&T Clark, 2007).

51 David Lincicum, *Paul and the Early Jewish Encounter with Deuteronomy*, WUNT II.284 (Tübingen: Mohr Siebeck, 2010); Hindy Najman, *Seconding Sinai: The Development of Mosaic Discourse in Second Temple Judaism*, Supplement to the Journal for the Study of Judaism 77 (Leiden: Brill, 2003), 19-40.

후속 연구를 위한 제안

Arnold, Bill T., "Deuteronomy as the *Ipsissima Vox* of Moses," *JTI* 41 (2010), 53-74.

Hwang, Jerry. *The Rhetoric of Remembrance: An Investigation of the "Fathers" in Deuteronomy, Siphrut* (Winona Lake: Eisenbrauns, 2012).

Levinson, Bernard M., *Deuteronomy and the Hermeneutics of Legal Innovation* (Oxford: Oxford University Press, 2002).

Levinson, Bernard M., "The Hermeneutics of Tradition in Deuteronomy: A Reply to J. G. McConville," *JBL* 199 (2000), 269-86.

McConville, J. Gordon, *Grace in the End: A Study in Deuteronomic Theology* (Grand Rapids: Zondervan, 1993).

5
예언 문제

앰버 워허스트, 시스 B. 타러, 크리스토퍼 M. 헤이스

모든 복음주의자들은 예언의 중요성을 인정한다. 예언을 역사에 대한 하나님의 주권을 특징짓는 증거로 여겼던 종교개혁자들뿐 아니라, 오늘날까지 여전히 예언을 수행하는 은사주의자들도 마찬가지다. 실제로 신약성경의 저자들은 그리스도와 (그가 출범시킨) 하나님 나라가 구약성경에 이미 예언되었다는 확신에 근거하여 스스로를 히브리 성경 및 구약 시대 하나님의 백성과 결속시킨다. 따라서 복음주의 변증 수사학이 성경의 진실성을 신뢰할 수 있는 이유로서 예언의 성취를 거론하는 것은 이해할 만한 일이며 여기에는 커다란 이점이 있다.

예상한 대로, 성경에는 성취된 많은 예언들이 있는가 하면 성취되지 않은 것으로 보이는 예언들도 적지 않다는 사실로 인해 예언의 진정성에 이의를 제기하는 도전들이 등장한다. 복음주의 신학생과 일반 성도들도 이 문제에 관심을 가지기 때문에 종종 목회 현장에서도 이에 대해 우려하는 목소리가 들려온다. 제5장에서는 그러한 불안이 대개는 예언의 수행방식에 대한 일부 잘못된 전제들(혹은 더 적절하게는 제한들)에서 비롯된다는 점을 지적함으로써 우려를 종식시키고자 한다.

우리는 예언된 사건들이 정확히 예보된 방식대로 실현되지 않았던 경우들을 지적하는 것으로 논의를 시작하고자 한다. 그에 대한 응답으로 우리는 하나님의 자유와 인간의 책임성이라는 맥락에서 예언의 목적, 언어, 그리고 기능을 재검토함으로써 보다 심도 있는 해석을 제공하고자 한다. 결과적으로 우리는 많은 복음주의 구약학자들에게 혐오의 대상이 되어버린 "사후예언"(*vaticinium ex eventu*)이라는 주제와 마주하게 될 것인데, 여기서 우리는 사후예언의 존재를 논박하기보다는 그것을 고대문학에서 발견할 수 있는 하나의 관습으로 상황화할 수 있는 길을 열어놓음으로써 그 현상에 대해 우리가 느끼는 불편이 사후예언이 표방하는 바에 대한 기본적인 오해에서 비롯되었음을 보여줄 것이다. 마지막으로 우리는 이러한 관찰들을 통합하여 오늘날 우리가 가지고 있는 기독교적 소망과 관련된 예언의 영역으로 눈을 돌려서, 하나님의 백성과 왕국이 최종적으로 회복되는 시기가 거듭 지연되는 이유를 살펴볼 것이다. 여기서 우리는 예언에 대한 생생한 묘사를 통해 그리스도의 재림에 대한 예언이 여전히 우리가 소망 가운데 기도해야 할 타당한 이유로 남아 있음을 보여줄 것이다. 우리는 비평학을 통해 예언의 본질을 확장하고 개선하는 이런 작업이 성경의 진실성에 대한 우리의 확신을 증대시키고 그리스도의 재림에 대한 우리의 소망에 생기를 불어넣기를 기대한다.

부정확한 것으로 보이는 예보적 예언의 예들

성경 해석사 전반에서 예보적 예언(predictive prophesy)의 성취는 기독교 변증학의 핵심이었다. 일부 학자들은 텍스트와 역사 간의 일치가 성경의 진리주장을 입증한다고 말한다. 반대로 회의주의자들은 성취되지 않은 예언의 사례들을 지적한다. 구약성경 내에 예언자들이 묘사한 방식대로 실현되지 않은 예보적 예언들이 존재한다는 점은 부인할 수 없는 사실이다. 일례로, 자주 논란이 되는 에스겔 26장은 두로가 바빌로니아 왕 느부갓네살의 손에 완전히 멸망할 것을 예보한다(겔 26:1-21). 그러나 두로는 기원전 332년 알렉산드로스 대왕이 도시를 포위할 때까지 온전한 채로 남아 있었다. 마찬가지로, 이사야 13:17-19과 예레미야 51:11-12은 바빌로니아가 메대인들에게 멸망할 것이라고 예언하지만, 이 제국은 기원전 539년 페르시아 왕 고레스에게 정복당했다. 부정확한 예언의 예들이 비단 열방에 관한 신탁들에만 한정된 것은 아니다. 심지어 이스라엘을 향한 예언들조차도 착오를 드러낸다. 예레미야는 바빌로니아 왕이 시드기야를 사로잡을 것이라고 예보하면서(렘 34:1-5) 그에게 "네가 칼에 죽지 아니하고 평안히 죽을" 것이라고 확언했다(34:4b-5a). 하지만 예레미야 52:3-11은 시드기야의 죽음이 전혀 평화롭지 못할 것임을 시사한다. "그[느부갓네살]가 시드기야의 두 눈을 빼고 놋사슬로 그를 결박하여 바벨론 왕이 그를 바벨론으로 끌고 가서 그가 죽는 날까지 옥에 가두었더라"(11절; 참조. 왕하 25:7). 마찬가지로, 예레미야는 사람들이 여호야김의 죽음을 애도하지 않을 것이라고 예보하면서(렘 22:18-19; 36:30-31) 다음과 같은 선언을 덧붙인다. "이는 그의 자손 중 형통하여 다윗의 왕위에 앉을 사람이 다시는 없을 것임이라"(렘 22:30). 그러나 열왕기하 24:6과 역대기하 36:8은 여호야김이 자기 선조들과 함께 잠들었으며 "그의 아들 여호야긴이 대신하여 왕이 되"었다고 말한다.

판단 기준으로서의 성취

성경에는 "그 입에서 나온 말이 실현되는 예언자만이 진실로 야웨로부터 보냄을 받은 예언자"라고 주장하는 구절이 두 개 있는데 이와 같은 구절들은 소위 "거짓" 예언들이 만들어내는 긴장을 고조시킨다. 신명기는 임박한 재앙을 예보하는 예언자들을 염두에 두고서 부정적인 방식으로 다음과 같이 주장한다. "만일 선지자가 있어 여호와의 이름으로 말한 일에 증험도 없고 성취함도 없으면 이는 여호와께서 말씀하신 것이 아니요, 그 선지자가 제 마음대로 한 말이니 너는 그를 두려워하지 말지니라"(신 18:22). 예레미야는 미래의 평화와 안전을 예보하는 예언자들을 염두에 두고서 긍정적인 방식으로 이를 표현한다. "평화를 예언하는 선지자는 그 예언자의 말이 응한 후에야 그가 진실로 여호와께서 보내신 선지자로 인정 받게 되리라"(렘 28:9). 이 구절들은 이 사안을 다루는 두 가지 방식을 제시한다. "그 말이 여호와께서 이르신 말씀인지 우리가 어떻게 알리요"(신 18:21). 먼저 심판을 예보하는 예언자의 경우에는 그의 메시지가 실현되지 않을 경우 그가 틀렸음이 입증될 것이며, 다음으로 평화를 예보하는 예언자의 경우에는 그의 메시지가 실현될 경우 그가 옳았음이 입증될 것이다. 첫 번째 진술(신 18:22)은 "심판의 날" 예언자들을 마주하는 백성들에게 위로를 가져다준다("너는 그를 두려워하지 말지니라"). 두 번째 진술(렘 28:9)은 "점쟁이"에 불과한 자들의 말만 믿고 안심해서는 안 된다고 경고한다. 구약성경에서 예보적 예언의 주된 목표가 (본 장의 마지막 부분에서 논의될) 회개와 개혁에 대한 요청임을 감안할 때, 현상 유지를 고무하는 평화의 예언자들은 그들의 메시지에 대해 더욱 엄격한 입증의 책임을 져야 할 것이다.[1] 그렇다면, 우리는 미래에 대해 부정확하게 예보한 것으로 보이는 위의 예언들을 어떻게 하면 신명기 18장 및 예레미야 28장에 나오는 심판과 평화의 예언에 관한 기준들과 조화시킬 수 있을 것인가?

---

[1] 이 점은 예레미야서 구절의 보다 광범위한 문맥에서 강조된다. 특히 렘 26, 28장을 보라; 참조. 사 8:11-15. J. Todd Hibbard, "True and False Prophecy: Jeremiah's Revision of Deuteronomy," *JSOT* 35 (2011), 339-58 (353-4).

역사비평의 도전과 복음주의의 응답

문제에 대한 반응

비평학자들은 예보적 예언이 성취되지 않는 것처럼 보이는 문제가 가져오는 사회학적·본문비평적·해석학적 파장들에 대해 예리한 통찰들을 제공한다. 사회학적 접근은 신앙 공동체 내에서 소망이 좌절되고 기대가 실현되지 않을 때 어떤 결과가 초래되는지를 탐구한다.[2] 이에 뒤따르는 "인지부조화"가 제2성전 시대에 예언 활동이 점차 쇠퇴하고 그 대신 종파주의와 묵시문학이 등장한 이유를 설명해준다.[3]

편집비평적 관점에서 보자면, 성취되지 않은 예언은 구약의 텍스트를 형성하는 과정에 기여한다. 편집자들은 새로운 신학적 관점들이나 역사적 상황의 변화를 반영하기 위해 본문을 수정하거나 확장한다. 두로의 멸망에 대한 에스겔의 예언이 명백한 예다. 에스겔 26장에서는 두로가 "이방의 노략거리"가 될 것이라고 주장하지만(5절), 우리는 불과 몇 장 뒤에서 두로를 전복시키려는 느부갓네살의 시도가 실패했다는 것을 인정하는 문구를 발견한다.

> 인자야, 바벨론의 느부갓네살 왕이 그의 군대로 두로를 치게 할 때에 크게 수고하여 모든 머리털이 무지러졌고 모든 어깨가 벗어졌으나 그와 군대가 그 수고한 대가를 두로에서 얻지 못하였느니라(겔 29:18).

바로 다음 구절에서는 두로의 멸망에 대한 예언이 이집트를 향한다.

---

2   특히 Robert Carroll, *When Prophecy Failed: Cognitive Dissonance in the Prophetic Traditions of the Old Testament* (New York: Seabury Press, 1979).

3   James I. Crenshaw, *Prophetic Conflict: Its Effect upon Israelite Religion*, BZAW 124 (Berlin, de Gruyter, 1971); Paul D. Hanson, *The Dawn of Apocalyptic: The Historical and Sociological Roots of Jewish Apocalyptic Eschatology* (Philadelphia: Fortress Press, 1975).

그러므로 주 여호와께서 이같이 말씀하셨느니라. "내가 애굽 땅을 바벨론의 느부갓네살 왕에게 넘기리니 그가 그 무리를 잡아가며 물건을 노략하며 빼앗아 갈 것이라 이것이 그 군대의 보상이 되리라"(겔 29:19).

에스겔서의 이 구절들은 역사적 정황의 변화에 대응하는 이차적인 편집의 명백한 예를 제공한다. 여기서 주목할 것은 텍스트에 대한 이런 재작업에서 "오류가 있는" 예측들 자체가 그대로 유지된다는 점이다. 편집자들은 두로의 멸망에 대한 이전 예언을 수정하거나 제거하기로 선택하지 않았다. 아마 신앙 공동체 내에서 그 자료가 가지고 있는 권위적 기능이 그런 조치를 허용하지 않았을 것이다. 더 나아가 편집자들은 이전 예언을 보존함으로써 그 자료에 정경적 지위를 부여하는 한편, 수정되어야 할 것은 예언 자체가 아니라 청중들의 기대라는 확신을 피력했다. 이것은 고대 이스라엘인들이 (포스트)모던 세계에 사는 우리들이 일반적으로 추정하는 것보다 예언의 성취에 대해 훨씬 더 역동적인 이해를 가지고 있었음을 보여준다.

예언의 성취와 관련하여 편집비평과 밀접하게 연관된 또 다른 접근방법은 후대의 공동체가 예언을 그들의 미래를 위한 지속적인 가능성들로 탈바꿈시킨 방식들을 강조한다. 여기서는 텍스트의 발전 과정을 강조하기보다는, 역사적 사건들 사이의 연관성을 인식했던 후세대들에 의한 예언의 재적용을 강조함으로써 예언에 대해 모형론적 기능을 부여한다. 일례로 우리는 이사야의 다음과 같은 예언에서 그것을 확인할 수 있다. "보라! 처녀가 잉태하여 아들을 낳을 것이요"(사 7:14). 이 신탁의 직접적인 문학적·역사적 맥락은 이사야의 자녀와 관련된 것으로 보인다(참조. 8:3-4). 하지만 다음 장에서는 동일한 예언이 왕위 후계자(아마도 히스기야)의 즉위를 예보하는 것으로 사용되는데, 그에게는 다윗 왕조의 부흥에 대한 소망을 실현할 책무가 주어진다(9:6-7). 다윗 왕조의 몰락, 그리고 이어지는 그리스도의 강림으로 말미암아 이 소망은 메시아적·기독론적 해석으로 대체된다(마 1:23).[4] 여기서는 예언의 지시대상이 시간의 흐름에 따라 확장되며, 뒤이어지는 사건들은 예언적 선언의 내용을 반영하는 것처럼 보인다.

확실히 비평학은 성취되지 않은 것으로 보이는 구약성경의 일부 예언들이 야기하는 사회학적·편집적·해석학적 반응들에 대한 우리의 인식을 상당히 강화해준다. 그러나 텍스트와 역사 간의 불일치가 만들어내는 신학적인 문제들은 대체로 미해결인 채로 남아 있다. 실현되지 않은 예언이 어떻게 거짓 예언이 아닌 다른 무엇으로 여겨질 수 있는가? 이것은 예언들이 야웨의 입에서 나온 말씀이라는 주장에 대해 어떤 함의를 갖는가? 이 질문들에 대답하기 위해 우리는 예언과 성취가 어떻게 기능하는지에 대해 구약성경 자체가 제시하는 규정들을 조사해볼 필요가 있다.

예언에 대한 재검토

옹호론자와 회의론자를 가리지 않고 성경 독자들은 대체로 텍스트를 대할 때 "예언"과 "성취"가 언어, 시간, 그리고 인과관계에 대한 합리적인 개념에 근거하여 서로 밀접하게 연관되어 있을 것이라는 기대를 표명한다. 텍스트에서 유래하지도 않고 텍스트의 지지를 받지도 않는 일관성이라는 개념을 성경에 강요함으로써 독자들은 텍스트상의 불일치와 역사적 모순들을 설명

---

4   Ronald Clements, "The Immanuel Prophecy of Isa. 7:10-17 and Its Messianic Interpretation," in Ronald E. Clements (ed.), *Old Testament Prophecy: From Oracles to Canon* (Louisville: Westminster John Knox, 1996), 65-77.

해주는 방법을 고안해내야만 하는 상황에 처하게 된다. 우리는 예언과 성취 개념을 보다 광범위하게 정의하고 세상에서의 하나님의 사역에 대해 보다 개방적인 관점을 갖는 것이 바로 미래에 대한 거짓 예보들로 보이는 성경의 진술들이 만들어내는 긴장을 완화시키는 방법이라고 제안한다. 아래에서는 구약 예언의 본질에 대한 독자들의 관점을 재설정하기 위해 새 가지 요점이 제시된다.

예언의 목표

구약의 예언을 분류하는 보편적인 방식은 미래지향적 예언(예보)과 야웨의 직접적인 말씀(대언)을 구분하는 것이다. 물론 유용한 개념적 범주들이기는 하지만, 그러한 구분은 피조물에 대한 하나님의 궁극적인 통치와 구원사적 의도들을 표현하고자 하는, 예언의 보다 광범위한 목표를 모호하게 만든다. 물론 예언이 이미 완성된 사건들이나 미래에 발생할 사건들에 대한 약속, 경고, 격려, 혹은 꾸짖음을 포함하기는 하지만, 예언은 최우선적으로 하나님 의 뜻이 충만하게 성취되는 데 관심이 있다. 예언을 통하여 인류는 역사 속 에서 실현되는 하나님의 뜻을 잠깐이나마 들여다볼 기회를 얻는다. 하지만 신적 의지의 결과물인 역사 속의 우발적인 사건들은 여전히 모호하고 신비 하고 당혹스러운 채로 남아 있다. 바로 이것이 역사 속의 특정한 사건들과 예언의 말씀들을 말끔하게 연결시키려는 시도들이 거의 성공하지 못하는 이유다. 예언의 최우선적 관심사가 하나님의 뜻이 "충만하게" 성취되는 데 있기 때문에, 예언이 본래 계시되었던 것과는 다르게 보다 포괄적이고 기이 한 방식으로 성취되는 것은 전혀 비상식적이거나 문제시되는 일이 아니다.

예언은 단선적이고 편협하게 규정된 성취의 수단만을 가진 정적 선언이라기보다는 궁극적인 목표를 향해 나아가는 유기적이고 창조적인 말씀이다. 발터 침멀리(Walther Zimmerli)는 미래에 대한 구약의 예언과 역사 속에서의 하나님의 의도의 성취 간의 관계를 묘사하기 위해 흐르는 물의 은유를 사용한다.

> 구약 전체를 개관할 때 우리는 약속에서 성취로 이어지는 거대한 역사 속에 연루된 자신을 발견하게 된다. 그 역사는 거대한 시내처럼 흐른다. 여기서는 빠른 속도로 돌진하다가 저기서는 잔잔한 배수지에서 숨을 고른다. 그러고는 모두 한 덩어리가 되어 저 멀리 자기 너머에 있는 목표를 향해 나아간다.[5]

일단 예언이 세상에 대한 하나님의 궁극적인 왕권에서 기인하는 동시에 그 왕권을 지향한다는 점을 인식하게 되면, 우리는 예언의 말씀과 인간 역사 사이의 관계가 보다 역동적이고 미묘하며 예측 불가능한 것임을 짐작할 수 있다.

덧붙여서 구약 "예언"이 세상에서의 하나님의 일하심이라는 보다 일반적인 맥락에서 이해되어야 하는 것과 마찬가지로, "성취"도 하나님의 구속사적 목표를 "채워감"이라는 보다 광범위한 과정으로 이해되어야 한다. 성취를 의미하는 히브리어 단어는 사물의 비어 있는 공간이 채워진다는 개념을 포함한다. 예언에 적용해보면 그 단어는 충분하게 혹은 완전하게 만든다는 개념을 반영한다. 진실한 말은 채워지는(이루어지는) 반면, 거짓된 말은 비

---

5   Walther Zimmerli, "Promise and Fulfilment," in Claus Westermann (ed.), *Essays on Old Testament Interpretation* (London: SCM Press, 1963), 89-122 (111-12).

어 있다(헛되다)(사 55:11).[6] 예언을 성취하는 다양한 사건들이 그 말씀을 채워갈 수 있다. 예를 들어 다윗에게 주어진 하나님의 약속(비록 엄밀한 의미에서 예언은 아니지만)은 구약에서 성취가 시간상의 특정 시점에 일어난 사건으로 보다는 하나의 과정으로 이해되었음을 보여준다. 사무엘하 7장에서 하나님은 다윗에게 다음과 같이 약속하신다.

> "네 수한이 차서 네 조상들과 함께 누울 때에 내가 네 몸에서 날 네 씨를 네 뒤에 세워 그의 나라를 견고하게 하리라. 그는 내 이름을 위하여 집을 건축할 것이요, 나는 그의 나라 왕위를 영원히 견고하게 하리라.…네 집과 네 나라가 내 앞에서 영원히 보전되고 네 왕위가 영원히 견고하리라" 하셨다 하라(7:12-13, 16).

솔로몬은 성전을 완성한 후에 자기 아버지 다윗에게 주어진 이 말씀이 이제 성취되었다고 선언한다.

> 이제 여호와께서 말씀하신 대로 이루시도다. 내가 여호와께서 말씀하신 대로 내 아버지 다윗을 이어서 일어나 이스라엘의 왕위에 앉고 이스라엘의 하나님 여호와의 이름을 위하여 성전을 건축하고(왕상 8:20; 참조. 24절).

그러나 성취를 이런 관점에서 이해한다 하더라도 솔로몬은 하나님의 말씀에 대한 후속적인 "채워감"이 필요하다는 점을 인식한다. 따라서 솔로몬은

---

6   Brevard Childs, "Prophecy and Fulfillment: A Study of Contemporary Hermeneutics," *Int* 12.3 (1958), 260-71.

계속해서 다음과 같이 질문한다. "그런즉 이스라엘의 하나님이여, 원하건대 주는 주의 종 내 아버지 다윗에게 하신 말씀이 확실하게 하옵소서"(왕상 8:26). 마찬가지로 열왕기의 화자는 비록 다윗 왕조에 악한 왕들이 있음에도 불구하고 다윗을 향한 하나님의 약속에 대한 후속적인 성취가 가능하도록 그의 왕조가 보존되어야 한다는 점을 인정한다(왕상 15:4; 왕하 8:19). 여기서 성취는 하나의 과정으로 이해되며, 약속은 자기 백성을 위한 하나님의 보다 광범위한 구원 계획에 포섭된다.

예언의 언어

예언이 세상에서 행해지는 하나님의 사역을 다루기 때문에 인간의 언어는 그 문제의 핵심을 온전히 포착하기에 불충분하다. 하나님의 일을 인간의 언어로 표현하다 보면 어느 정도의 모호함, 부정확성, 비포괄성, 그리고 부적절성이 야기되는 것은 불가피하다. 신적인 실재들을 입증하기 위해 예언자들이 사용한 다양한 은유, 이미지, 문학적 장치, 명제적 진술은 단지 부분적인 시각만을 제공할 뿐이다. 이와 마찬가지로 하나님의 시간을 인간의 시간 개념으로 적절히 묘사하는 것은 불가능하다. 따라서 장차 이루어질 일에 대한 (신적) 예보로 제시된 것들은 시간의 전개에 대한 우리의 이해와 상응하지 못할 수도 있다. 예를 들어 후기 예언자들은 "야웨의 날", "그날에", "후일에"와 같은 단선적인 시간 표현 양식들을 종종 사용한다. 그러나 이러한 시간 범주들은 때때로 특정 시점이 아니라 특정 "유형"의 시간을 의미한다.[7] 주어진 문맥이 저자의 관점에서 이러한 실체들이 **시간 속에서** 실현되기를

---

7   Brevard Childs, "Retrospective Reading of the Old Testament Prophets," *ZAW* 108 (1996), 362-77 (374).

기다린다는 점을 지적하기도 하지만, 강조점은 사건이 발생하는 시간에 있는 것이 아니라 예견된 축복들의 격렬함과 차별성에 놓여 있다.

하나님의 자유

결국 예언과 성취의 관계를 결정론적인 범주들로 도식화하는 것은 인간의 주체적 자율성, 역사의 우발성, 그리고 하나님의 자유를 적절하게 설명할 수 없다. 하나님의 말씀은 신실하지만, 그 말씀은 또한 하나님이 자신의 목적을 성취하실 때 과거에 묘사된 것과는 다른 방식으로 일하실 수도 있다는 점에서 잠정적인 것이기도 하다. 마찬가지로 하나님은 주권적이시지만, 인간들에게 진정한 자율성을 허락하셔서 역사의 과정에 영향을 미치게 하신다는 점에서 대응적이다. 우리는 예언자 요엘에게서 이런 신학적 확신을 발견할 수 있다. 심판의 예언에 이어(욜 2:1-11), 요엘은 만사가 그와는 다르게 결말 지어질 수 있으리라는 소망을 드러낸다.

> 여호와의 말씀에 "너희는 이제라도 금식하고 울며 애통하고 마음을 다하여 내게로 돌아오라" 하셨나니, 너희는 옷을 찢지 말고 마음을 찢고 너희 하나님 여호와께로 돌아올지어다. 그는 은혜로우시며 자비로우시며 노하기를 더디하시며 인애가 크시사 뜻을 돌이켜 재앙을 내리지 아니하시나니 주께서 혹시 마음과 뜻을 돌이키시고 그 뒤에 복을 내리사 너희 하나님 여호와께 소제와 전제를 드리게 하지 아니하실는지 누가 알겠느냐?(욜 2:12-14)

달리 표현하자면, 성경 텍스트 자체는 **예언의 성취가 사실상 조건적**이라고 주장한다.

하나님께서 사전에 예보된 대로 행동하시지 않고 "돌이키시는" 구약의 많은 예들[8] 가운데 가장 두드러지는 것은 아마도 요나의 이야기일 것이다.[9] 요나서 전체에서 유일한 예언의 말씀은 남은 날수에 대한 통보다. "사십 일이 지나면 니느웨가 무너지리라"(욘 3:4). 하지만 요나는 하나님의 보다 원대한 계획이 인류의 포괄적인 구원에 있다는 것을 알고서 다음과 같이 고백한다. "주께서는 은혜로우시며 자비로우시며 노하기를 더디하시며 인애가 크시사 뜻을 돌이켜 재앙을 내리지 아니하시는 하나님이신 줄을 내가 알았음이니이다"(욘 4:2). 환언하자면, 요나는 니느웨에 예보된 파괴가 그들이 자신들의 악행을 고집하느냐에 달려 있는 조건적인 재앙이라는 점을 인정하였다.

그렇다면 과연 요나의 예언은 하나님이 "그들에게 내리리라고 말씀하신 재앙을 내리지 아니하"셨을 때 실패한 것인가?(욘 3:10) 만일 예언의 성취가 말씀과 사건이라는 두 가지 실체 간의 객관적이고 직접적인 상응 관계로 편협하게 해석된다면 위의 질문에 그렇다고 답할 수 있을 것이다. 그러나 우리는 그런 해석이 성경의 예언을 희화화하는 것이라고 생각한다. 하지만 이와 대조적으로 예언을 인류 구원이라는 하나님의 원대한 목적을 달성하기 위한 수단으로 이해하고 성취를 하나님의 목적이 실행되는 과정으로 이해한다면, 우리는 니느웨에 대한 요나의 예언이 그 목적을 달성했다고 결론을 내려야 한다.

예보적 예언의 외견상 모순들에 대한 결론적 논평

여기서 다시 신명기 18장과 예레미야 28장에서 제시하는 진리 기준에 대

---

8   예. 출 32:14; 삼하 24:18(대상 21:15); 왕하 20:5; 렘 26:18-19; 31:19; 암 7:3, 6.
9   대부분의 비평학자들이 요나 내러티브의 역사성에 대해 비판적 견해를 취하지만, 현재의 논증에서는 요나서가 예언의 조건적 특성을 드러내는 요소들에 관심을 갖는다.

한 논의로 돌아가보면, "권위를 빙자한"(거짓) 예언자와 "하나님이 보내신"(참) 예언자를 구별하기 위해서는 예언이 실현되는지 여부를 확인할 수 있는 시간 간격이 필수적이라는 점에 주목해야 한다. 예언의 최초 수령자들에게는 시간 간격의 부재로 인해 분별이 쉽지 않겠지만, 역사적으로 충분한 거리를 둔 후세대들에게는 참, 거짓이 분명하다. 이것이 바로 정경이 특정 예언자들의 예언적 주장을 비준함으로써 그들을 "하나님이 보내신" 자들로 승인해주는 이유다. 외견상 부정확한 것으로 보이는 예언들을 정경 내에 하나님의 말씀으로 보존해둔 이유는 그것들이 하나님의 원대한 계획의 실현이라는 본래의 목적을 충실하게 수행한다는 점에서 신뢰할 만한 예언으로서의 특질을 반영한다고 여겨졌기 때문이다. 따라서 옹호론자들과 회의주의자들 모두는 예언과 성취 간에 존재하는 역사적·본문비평적 긴장들을 해결하려고 노력하기보다는 예언과 성취의 관계가 어떠해야 하는가에 대한 그들의 기대를 재검토할 필요가 있다.

예언과 성취의 본질에 대한 우리의 가정들을 재검토하는 작업의 중요성을 가장 절실히 느낄 수 있는 순간은 우리가 비평학계의 끔찍한 "망령"(bogey-man)인 "사후예언"(*Vaticinium ex eventu*)과 조우할 때다. 다음 단락에서는 이 현상에 대해 우리가 느끼는 불편함이 기본적으로 소위 "사후예언"(prophecy after the fact)과 마주할 때 우리가 어떤 종류의 신언(divine speech)을 다루고 있는지에 대한 혼란에서 비롯된다는 점을 살펴볼 것이다.

역사비평의 도전과 복음주의 응답

사후예언(*Vaticinium ex eventu*; prophecy after the fact)

정의

예언서나 다니엘서에 대한 현대의 비평적 구약 주석서들을 읽다 보면 독자들은 거의 예외 없이 "*vaticinium ex eventu*"라는 라틴어 표현과 마주하게 된다. 이 표현은 "사후예보/예언"이라고 번역되는데 그 의미는 사건이 먼저 발생하고 그 후에 작성된 예언적 텍스트가 스스로를 예보(foretelling)라고 주장한다는 것이다. 앞으로 살펴보겠지만 히브리 성경 이전 시대 혹은 동시대 문화에서 만들어진 많은 고대 텍스트들에서 사후예언 현상이 목격된다.

역사적으로 사후예언이라는 개념은 18세기까지 전통적인 기독교 성경 해석에서 거의 발견되지 않는다. 히에로니무스, 아우구스티누스, 칼뱅은 하나같이 그런 용어를 사용하기를 꺼렸다. 그들은 예언 텍스트가 예언자 자신의 말을 있는 그대로 기록한 것이라고 여겼지만, 그의 예보는 상당한 정도의 맹신성을 강요했다. 텍스트 내에 명백한 난점이 존재하는 경우, 문제는 미래 사건을 정확하게 예보해야 할 예언자의 말이나 능력에 있는 것이 아니라, 그것을 믿는 독자들에게 있다는 것이다. 때때로 이것은 수용할 만한 결과가 나올 때까지 데이터를 주무르도록 해석자에게 압력을 행사하는 불행한 결과를 초래했다. 특히 계몽주의 이후에 교회의 신성불가침한 주장들에 당돌하게 도전했던 점증하는 증거들에 직면하여 주해가들은 예언서에 대해 이런 강압적인 주해 방식을 채택했다.

성경 해석사의 가장 이른 시기에도 위에서 언급한 전통적인 기독교 접근방법에 동의하지 않는 목소리들이 있었다는 점을 주목할 필요가 있다. 기원후 3세기에 철학자 포르피리오스(Porphyry)는 『그리스도인 반박』(*Against the Christians*)이라는 책에서 다니엘서의 저자가 기원전 6세기의 히브리인 다니엘일 수는 없다고 단언했다. 그는 다니엘 7-12장의 저자는 텍스트에 묘사된 사건들이 발생한 이후에도 살아 있었음이 분명하다고 주장했다. 포르피리오스는 다니엘서의 저자를 마카비 가문의 애국자들이 활동했던 시대에 위치시켰고 다니엘서에 기록된 예보들이 다루는 문제의 핵심은 셀레우코스 왕조의 안티오코스 4세 에피파네스라는 인물이라고 여겼다.

19세기에 들어서면서 독일 구약학계가 내놓은 입장은 다니엘 7-12장에 실린 예언의 본질에 대한 비평적 해석의 표준이 되었다. 그들에 따르면 예언의 형태를 한 이 신탁들은 예보된 사건들이 발생한 이후에, 다시 말해 안티오코스 4세의 시대에 핍박받는 유대인들을 고무하는 묵시적 메시지에 신뢰성을 부여할 목적으로 기록되었다. 비평학자들을 다니엘서의 예언에 대한 전통적인 관점과 철두철미하게 단절시켰던 것은 내적 증거였다. 물론 다니엘서가 예언적 묵시문학으로 분류되어야 한다는 점 및 그 책이 다수의 유대교 위명 저작들과 유사하다는 점도 그런 단절의 이유가 되었을 것이다. 학자들은 다니엘서의 언어와 논리를 면밀히 살펴본 후에, 다니엘서가 (안티오코스 4세의 죽음[기원전 163년]을 얼마 앞둔) 기원전 165년 어간에 안티오코스 4세의 잔혹한 억압과 박해에 직면하여 사면초가에 몰린 유대인 지도자들을 대상으로 기록되었을 것이라고 추정한다. 한마디로 비평학계가 포르피리오스의 주장을 부분적으로나마 인정한 것이다.

무엇이 위기에 처한 것인가?

보수주의 학계가 사후예언 개념의 적용에 신속하게 한목소리로 반발한 것은 물론 예상되었던 일이었다. 전통주의 관점의 선봉에 선 인물은 옥스퍼드

운동의 지도자 중 하나였던 E. B. 퓨지(E. B. Pusey)였다.[10] 그와 뜻을 같이하는 많은 사람들은 성경에 대한 자유주의의 침략으로부터 전통주의를 보호해야 할 마지노선이 바로 여기라고 생각했다. 그는 대놓고 이렇게 말했다. "다니엘서는 신앙과 불신앙 간의 전쟁터로 제격이다.…그 책이 신적 기원을 가졌든지 아니면 사기꾼의 위조품이든지 둘 중 하나다. 저자가 다니엘이 아니었다면 그는 거짓말쟁이일 수밖에 없다."[11]

오늘날 많은 복음주의 독자들에게 이 사안은 예언의 기원을 텍스트가 암시하는 것보다 늦은 시기로 잡아야 하는 이유가 무엇인가 하는 질문과 관계된 것이다. 어떤 이들에게 이 사안은 윤리적인 것이다. 그들은 텍스트가 만들어진 시기가 텍스트 자체에서 주장되는 것보다 후대인 것으로 판명된다면 텍스트는 독자들에게 거짓말을 한 것이며, 그렇다면 성경의 나머지 부분도 동일하게 의심의 대상이 될 수밖에 없다고 항의한다. 다른 이들은 "위조된" 텍스트와 가까운 시기에 살았던 사람들은 틀림없이 텍스트의 위장 전술을 간파했을 것이라는 점에 비추어 사후예언의 개념에 의문을 제기한다. 신실한 세대들이 그 예언들을 옹호하고 전수했다는 사실이 그 예언들의 진실성에 대한 증거라는 것이다. 하지만 사후예언에 대한 두려움이 여전히 예언에 대한 그릇된 관점의 한구석에 자리하고 있는데, 인정하든 인정하지 않든 간에 이 관점은 일견 예언적인(예보적인) 텍스트와 미래의 어떤 시점에 일어난 사건 간의 직접적인 연관성을 요구한다(그리고 종종 발견한다). 아래에서는 이 문제를 세세하게 논의할 것인데 먼저 두 가지 질문을 제시한다. "사후예언이란 무엇인가?", "우리는 다니엘서에서 이것을 관찰할 수 있는가?"

---

10   Edward Bouverie Pusey, *Daniel the Prophet: Nine Lectures, Delivered in the Divinity School of the University of Oxford: With Copious Notes* (Oxford: 1865).

11   Pusey, *Daniel*, 1.

사후예언은 반대자들이 제기하는 무수한 항의에도 불구하고 결코 성경의 영감을 불신하려는 역사비평가들의 왜곡된 의도의 산물이 아니다. 오히려 그것은 텍스트에 대한 신중한 (그리고 비평적인) 탐구의 산물이며, 적어도 재구성이 가능한 경우에는 텍스트를 그것이 묘사하는 것처럼 보이는 시간과의 관계 속에서 검토한다. 사후예언 현상이 명백하게 드러나는 가장 오래된 문서들로는 기원전 제2천년기 초에 만들어진 "이푸-베르의 경고"(*Admonitions of Ipu-Wer*)와 "네페르티의 예언"(*Prophecy of Neferti*)을 들 수 있다. 학자들은 이 이집트 문서들이 텍스트가 묘사하는 사건들보다 훨씬 늦은 시기에 등장했으며 두 문서가 서로 유사한 특징들을 공유한다는 점에 만장일치로 동의한다. 두 문서는 격변의 미래를 "보는" 환상가, 장차 도래할 의로운 통치자, 결과적으로 백성들에게 찾아오는 번영의 시대와 같은 특징들을 공유한다. 그런 특징들의 상당 부분은 왕조에 대한 선전, 곧 한 왕조의 권위 주장을 고무하기 위한 사후 정당화(after-the-fact legitimation)로 간주된다. 사후예언의 또 다른 명백한 예를 보여주는 고대 텍스트는 아카드어 문서들이다. 예언의 형태를 한 다섯 개의 텍스트는 앞서 언급한 이집트 문서들과 유사한 주제들을 공유한다. 요컨대 격랑의 시대에 한 통치자가 등장하여 백성들에게 질서를 가져다주고 번영의 시대를 열어줄 것이다. 학자들은 이 고대 텍스트들이 장차 유대 묵시문학으로 알려지게 될 장르의 선구자 역할을 했다는 데 일반적으로 동의한다. 게다가 유사한 주제들이 일부 성경 자료, 특히 가장 현저하게는 다니엘 7-12장의 환상들에 등장한다는 점은 사소한 문제가 아니다. 헬레니즘 시대 정경과 위경 텍스트의 수많은 저자들이 이런 텍스트들 및 그와 유사한 다른 텍스트들을 알고 있었을 뿐 아니라 그것들로부터 영향을 받았다고 제안하는 것은 결코 사실을 과장하는 것이 아니다.

현대 독자들이 느끼는 어려움은 부분적으로 저자들이 스스로 그런 문

역사비평의 도전과 복음주의의 응답

학적 기교를 사용하고 있다고 명확하게 선언하지 않는다는 사실에서 비롯된 것이다. 만일 다니엘서의 저자가 6장과 7장 사이에 독백을 삽입해서 4세기 가량의 시간이 흘렀음을 알려주었다면 지금과 같은 논란은 결코 없었을 것이다. 그러나 텍스트 내에 그런 편집자의 설명은 존재하지 않는다. 덧붙이자면, 두 개의 이질적인 텍스트를 하나의 매끄러운 전체로 통합시키려고 노력한 흔적이 발견되지 않는다는 점도 지적할 수 있을 것이다. 문법적-역사적 접근법이 해석자들에게 요구하는 것은, 우리가 성경에 대해 역사적 맥락을 통해 복구해낼 수 있는 최상의 지식을 바탕으로 알아낸 것들을 고수하라는 것이다. 그렇게 할 때 사후예언은 훨씬 덜 위협적인 요소가 될 것이다.

우루크 예언

사후예언을 담고 있음이 명백한 가장 오래된 텍스트들은 이집트에서 나왔지만, 여기서는 우루크라는 메소포타미아 성읍에서 출토된 후기 아카드어 텍스트에 초점을 맞출 것이다. "우루크 예언"(Uruk Prophecy)은 기원전 3세기 메소포타미아의 토판에서 발견된 고대 금석문이다. 그것은 아카드어로 기록된 예언서로, 구약의 열왕기나 역대기와 유사한 방식으로 11명의 왕에 대해 예언한다. 모든 왕들은 미래 시제로 언급되는데, 어떤 왕은 무거운 세금을 부과할 것이며 다음 왕은 정의를 구현하는 데 실패할 것이다. 처음 아홉 명의 왕은 유사한 방식으로 묘사된다. 그리고 나서 열 번째 왕에 대해 이야기하는데, 그는 공평하게 행할 것이며, 제의를 회복시키고 번영을 가져다줄 것이다. 결정적으로 그의 아들, 곧 열한 번째 왕은 강성해져서 영원한 왕조를 세우게 될 것이다.

이 텍스트를 사후예언으로 간주할 수 있게 해주는 몇 가지 이유가 있다. 첫째, 몇몇 왕들의 정체는 그들의 행위에 대한 예보를 통해 식별이 가능하다. 예를 들어 왕들 가운데 하나는 우루크에서 거룩한 우상을 제거하여 바빌론 도성으로 보내고 그것을 이방 우상으로 대체한다.[12] 학자들은 그가 기원전 8세기 바빌로니아 왕 에리바-마르두크(Eriba-Marduk)일 것이라고 믿는다. 그의 이력이 예언의 내용과 일치하기 때문이다. 둘째, 많은 학자들은 열 번째 왕이 느부갓네살 2세(기원전 604-562년)일 거라고 생각한다. 예언된 개혁들의 상당수가 그의 시대에 완성되었기 때문이다. 예언을 작성했던 사람들이 의도했을 목적을 고려할 때 사후예언의 존재는 납득할 수 있는 현상이다. 아마도 "우루크 예언"은 느부갓네살 2세의 아들 아멜-마르두크(Amel-Marduk)에 대한 백성들의 지지를 모으려고 만들어졌던 것으로 보인다. (그런데 아멜-마르두크는 바빌로니아 왕좌에 오를 때 극심한 반대를 받았으며 즉위한 지 2년 만에 암살되었으니…영원히 번영을 누리는 왕조일 수는 없다!)

거의 보편적인 동의를 얻고 있는 주장—이 문서가 사실은 텍스트 자체가 주장하는 것보다 훨씬 후대의 것이라는—에 비추어볼 때, 우루크 예언이 어느 한 시점까지는 정확하다는 것을 발견할 수 있다. 하지만 아멜-마르두크는 영원한 왕조를 수립한 인물이 아니었으며 그의 통치는 급작스럽게 중단된다. 다시 말해 끝에서 두 번째(다시 말해 10번째) 왕에 대한 예언까지는 정확한 반면, 11번째 왕에 대한 예보는 실패한 것이다. 이런 식으로 역사가들은 이 예언의 기원을 느부갓네살 2세의 통치기간에 둠으로써 이런 현상을 설명할 수 있다. 켄튼 스팍스는 이런 종류의 예언들의 저작 연대를 추정하는 것이 얼마나 용이한지를 설명한다. "우리는 다만 예언적 예보들이 어느 시점에서 실패하기 시작하는지만 추적하면 된다."[13] 역사비평은 고대 텍

---

12 Jason Radine, *The Book of Amos in Emergent Judah*, FAT II. 45 (Tübingen: Mohr Siebeck, 2010), 115-16.

13 Kenton L. Sparks, *God's Word in Human Works: An Evangelical Appropriation of Critical*

스트에 대해 그 역사성, 예보적 특성(과 성공 여부), 그리고 기원에 관한 모든 발견 가능한 가능성들을 고려하는 설명을 제공하려고 노력한다. 그런 노력의 결과로 학자들은 우루크 예언에 대해 위와 같은 설명을 제시한 것이다.

다니엘

다시 다니엘서로 돌아가서, 사후예언의 수용은 다니엘서 예언이 부분적으로는 "올바로 이해된 것"인 반면 끝부분은 잘못된 것으로 보인다는 역사비평학자들의 주장에 힘을 실어준다. 이 단락에서 우리는 안티오코스 4세가 다니엘서에서 맡은 역할과, 사후예언이 그의 개인사에 가져다줄 수 있는 명료성에 초점을 맞출 것이다.

역사비평학계는 거의 만장일치로 다니엘서 7-12장에 나타난 환상들의 연대를 헬레니즘 시대로 잡는다. 대개 위명 저작으로 여겨지는 7, 8, 9, 10-12장의 네 가지 환상은 그리스를 포함하고 그리스로 마무리되는 네 개의 연속적인 왕국을 묘사한다. 모든 비평학자들은 네 번째 왕국을 알렉산드로스 대왕의 사후 그의 네 명의 후계자들에게 분배된 왕국으로 여기는데, 그중에서 주도권을 잡았던 것은 셀레우코스 왕가의 안티오코스 4세 에피파네스였다. 다니엘 8:21-22은 이것을 명확히 한다.

> 털이 많은 숫염소는 곧 헬라 왕이요, 그의 두 눈 사이에 있는 큰 뿔은 곧 그 첫째 왕이요, 이 뿔이 꺾이고 그 대신에 네 뿔이 났은즉 그 나라 가운데에서 네 나라가 일어나되 그의 권세만 못하리라.

Biblical Scholarship (Grand Rapids: Baker Academic, 2008), 67.

본문은 계속해서 안티오코스가 하나님의 백성과 그들의 행위에 대해 참람한 말을 할 것이며, 결국 하나님이 예정하신 종말을 맞이할 것이라고 묘사한다. 안티오코스 4세는 기원전 167년에 예루살렘 제2성전에 제우스 신상을 세우고 제단에서 돼지를 도살함으로써 유대교의 제의 체계를 훼손한 사람으로 알려져 있다. 그 사건은 "멸망의 가증한 것"이라고 널리 알려져 있다.[14] 다니엘서에는 안티오코스 4세가 죽고 하나님의 종말론적인 왕국이 수립된 직후에 일어날 중요한 사건이나 일화에 관한 수많은 예언이 있다.[15] 이제 오래 기다려왔던 결과물을 보기 위해 역사 속에서 실제 발생한 것과 그에 대한 다니엘서 텍스트의 해석을 비교해보자.

안티오코스 4세 에피파네스의 죽음

다니엘 11:44-45은 안티오코스 4세가 이스라엘 국경 안에서 죽을 것이라고 예보한다.

> 그러나 동북에서부터 소문이 그를 번민하게 하므로 그가 크게 분노하여 나가서 많은 무리를 다 죽이며 멸망시키고자 할 것이요, 그가 장막 궁전을 바다와 영화롭고 거룩한 산 사이에 세울 것이나 그의 종말이 이르리니 도와 줄 자가 없으리라.

---

14 단 9:27; 11:31; 그리고 12:11. 마카베오하에 따르면, 안티오코스는 예루살렘을 약탈하면서 수천 명을 죽이고 여성과 아이들을 무차별적으로 도륙했다(마카베오하 5.11-14). 안티오코스는 유대인의 관습을 준수하는 것을 금지하고(마카베오하 6.5-11) 성전 금고를 약탈하였다(마카베오하 5.21). 안티오코스는 성전을 제우스에게 재헌정하였고, 제단에서 부정한 짐승을 드렸으며, 이방인들과의 제의적 성행위를 통해 성전 뜰을 오염시키도록 허용하였다(마카베오하 6.1-4).

15 단 7:25-27; 8:13-14; 11:40-45.

고대 세계에서 안티오코스 4세의 죽음에 대해 보고하는 수많은 자료들이 존재하지만, 다니엘서의 기대와는 달리 그 어떤 이야기도 안티오코스가 팔레스타인 경계 내에서 죽었다고 말하지 않는다. 고대 역사가인 폴리비오스(Polybius)와 포르피리오스(Porphyry)는 유대 자료인 요세푸스의 『유대고대사』나 외경 마카베오상·하에서와 마찬가지로 안티오코스 4세가 이스라엘 영토 밖인 페르시아 땅에서 반역행위를 저지르다가 죽었다고 말한다. 안티오코스 4세의 죽음 이전까지의 사건들이 정확하게 묘사된 데 반해, 다니엘서 텍스트가 그의 죽음과 이후 사건들에 대해 언급하는 부분은 뒤죽박죽이다.

임박한 종말론적 하나님 나라

다니엘서는 히브리 성경의 다른 어떤 책보다도 더 인간의 정치적 사건들에 대한 하나님의 개입에 대한 기대, 곧 하나님이 자기 백성 이스라엘을 위하여 세상에 대한 하나님의 주권적 통치를 시작하실 날에 대한 기대를 담고 있다. 이것은 묵시문학의 표준적인 소재다. "왕조 예언"(Dynastic Prophecy)이라 불리는 아카드어 텍스트에서 한 선견자는 다니엘서와 동일하지는 않지만 유사한 결말을 예보한다. 그는 헬라의 통치가 몰락하고 자치의 시대가 도래할 것을 예보한다. 다니엘서는 이스라엘에 투사가 등장하여 학대자들에게 종말을 고하고 백성들을 핍박으로부터 영구적으로 해방시킬 것이라고 가정하는 듯한데, 이는 "왕조 예언"과 유사하다. 따라서 안티오코스 4세 치하와 같은 격렬한 억압의 시기에 만들어진 텍스트에서 이런 종류의 표현을 발견하는 것은 전혀 놀랄 일이 아니다. 다니엘 7:27은 안티오코스의 멸망 직후에 대해 다음과 같이 예보한다.

나라와 권세와 온 천하 나라들의 위세가 지극히 높으신 이의 거룩한 백성에게 붙인 바 되리니 그의 나라는 영원한 나라이라. 모든 권세 있는 자들이 다 그를 섬기며 복종하리라.

압제당하는 자들에게는 포괄적인 언어로 하나님께서 자기 백성의 대적들에게 정의와 보복을 수행하신 후에 그들이 세상을 다스릴 것이라는 말씀이 주어진다. 게다가 텍스트는 이 예상된 종말론적 구원이 실현되어가는 시간들을 구체적으로 제시한다. 다니엘 8:14, 12:11, 그리고 12장을 비교할 때, 종말이 도래하기까지 아직 남아 있는 시간을 추산하는 세 가지 서로 다른 방식이 있음을 보게 된다.

8:14 그가 다니엘에게 이르되 "이천삼백 주야까지니 그 때에 성소가 정결하게 되리라" 하였느니라.

12:11 매일 드리는 번제물을 폐하며 멸망의 가증한 것을 세울 때부터 천이백 구십 일을 지낼 것이요.

12:12 기다려서 천삼백삼십오 일까지 이르는 그 사람은 복이 있으리라.

공정히 말하자면 8:14은 단지 성전과 종교 제도들이 정비될 때를 가리키는 것이며, 12장에서 묘사하는 것과 기술적으로 엄밀하게 동일한 그림을 보여주지는 않는다. 하지만 12:11과 12:12의 등장인물들, 1,290일과 1,335일은 모두 종말에 대한 예보들이다. 이와 같은 제안들에 내포된 1) 명백한 불일치와 2) 명백한 실패들을 사후예언으로 이해하지 않을 방법이 있겠는가?

먼저 지적하고 싶은 것은, 선험적인 신학적 신념들에 좌우되어 텍스트의 단순한 의미를 거부하는 것은 건전한 주석 작업이라고 할 수 없다는 점이다. 특히 그 단순한 의미에 논리적 설명이 동반될 때는 말이다. 자연스러운 제안은, 첫 1,290일이 경과된 후에 저자들이 그보다 조금 더 큰 숫자(1,335일)를 제시함으로써 독자들의 기대를 수정했으리라는 것이다. 묵시문학 분야의 개척자였던 헤르만 궁켈(Hermann Gunkel)은 이 점을 다음과 같이 우아하게 묘사한다. "이 설명들 내에 전체 역사가 보관되어 있다. 시간은 예언의 성취를 뒤틀지만, 신앙은 흔들리지 않는다."[16]

단순하게 말하자면, 종말은—그것이 부활을 의미하든지, 혹은 성전의 회복을 의미하든지 혹은 하나님 나라의 수립을 의미하든지 간에—예보된 시한 내에도, 연장된 시간표 내에서도 찾아오지 않았다. 안티오코스 4세는 예보된 방식대로 죽지 않았으며 종말론적 최후도 다니엘서의 저자가 기대했던 방식대로 찾아오지 않았다. 따라서 다니엘의 예보들 가운데 이른 시기에 대한 것들은 정확한 반면 마지막 사건들에 관한 예보들은 부정확하다면, 아마도 이런 명백한 불일치를 가장 잘 설명해줄 수 있는 것은 사후예언의 존재일 것이다. 우리가 "우루크 예언"에 대해 추론했던 것과 마찬가지로, 만일 우리가 다니엘서의 예보들이 정확성을 유지하다가 실패하기 시작하는 지점을 찾는다면, 우리는 어느 정도의 확신을 갖고 그 지점이 바로 예보들이 작성된 시점이라고 말할 수 있을 것이다. 그 시점보다 이전은 아닐 것이고 그보다 이후는 더더욱 아니다. 이러한 발견이 파괴적인 결과를 가져오는 것은 아니다. 오히려 그것은 수많은 고대 텍스트를 연구하고 정확하게 그

16　Hermann Gunkel, Heinrich Zimmern and K. William Whitney, *Creation and Chaos in the Primeval Era and the Eschaton: A Religio-historical Study of Genesis 1 and Revelation 12* (Grand Rapids: Eerdmans, 2006), 350 n. 101.

연대를 측정하는 데 사용되어온 건전하고 역사적으로 신중한 방법론이다.

사후예언에 대한 결론적 논평

퓨지와 그의 동료들은 사후예언이 기독교 독자들에게 재앙을 가져다주지는 않을까 두려워하였다. 그러나 이것은 어느 정도 성급한 판단이었던 것 같다. 자신이 사후예언에 의해 조종당하거나 속임을 당했다고 느껴야만 책임 있는 독자라고 불릴 수 있는 것은 아니다. 적어도 현대 독자들의 경우에는 말이다. 우리는 속임을 당했거나 어떤 파렴치한 선전의 희생자가 되었다고 느끼기보다는 우리 앞에 놓인 텍스트의 문학적 장르에 따라 주해의 방향을 재설정할 필요가 있다. 우리는 정경 다니엘서가 동시대의 위경 묵시문학과 공유하는 유사성들을 인식하고서, 그러한 인식을 바탕으로 우리의 주석 작업을 진행할 책임이 있다. 우리는 본문이 전달하고자 제안하는 것이 무엇인가를 정확하게 고려할 필요가 있다. 예를 들어 다니엘서를 유대의 예언적 묵시문학으로 분류하는 것은 우리가 그에 대해 물을 수 있는 질문의 본질을 제한한다. 우리는 다니엘서를 장차 임할 일에 대한 초자연적인 시연으로 보기보다는 다니엘서의 목적도 여타 묵시문학과 대체로 공명하는 것으로 대할 필요가 있다. 그 문서들이 공유하는 목적은 하나님이 그들을 사랑하셔서 언젠가는(머지않아!) 그들을 구원하실 것이라는 확실한 소망을 통해 억압받고 궁지에 몰린 사람들을 격려하는 것이다.

덧붙이자면, 다니엘서에서 사후예언의 역할에 대한 이해는 다니엘서가 권위 있는 성경으로 받아들여져야 하는 이유를 명확히 하는 데 도움을 줄 수 있을 것이다. 과거 세대는 특정 성경이 하나님의 백성에 대해 갖는 영적 권위의 근거를 거기 담긴 예보들의 정확성에서 찾았다. 하지만 우리가 보기에 그 신발은 엉뚱한 발에 신긴 것으로 보인다. 우리는 다니엘서나 다른 정경 문서가 입증 가능한 시간표를 예보한다는 이유로 그 책이 참되다고 믿는 것은 아니다. 오히려 우리는 다니엘서가 권위 있는 정경의 한 부분이고, 하나님이 오래전부터 그 책을 통해 자신의 백성들에게 말씀해오셨으며, 그것이 성령에 의해 영감되고, 보존되고, 우리에게 제시된 텍스트들 가운데 포함되어 있기 때문에 그것을 진실한 책으로 받아들인다. 역사비평은 정경 문서가 **어떻게 하나님을 대언하는 것으로 받아들여질 수 있는지**를 더욱 명확하게 이해하도록 돕는다. 더 나아가 사후예언을 고려하여 다니엘서를 재해석하는 것은 성경의 진실성에 대한 우리의 기대에도 도움을 준다. 왜냐하면 사후예언 개념은 사건들을 정확히 예보할 책임—이것은 예언을 예보적 활동으로 간주하는 근대주의적 전제가 만들어낸 책임이다—으로부터 다니엘서를 해방시켜주기 때문이다.

　기원전 2세기 유대인들이 마주한 역사적 상황과는 멀리 떨어져 있는 우리들도 여전히 우리에게 주어지는 하나님의 말씀을 들으려고 고군분투한다. 그 시대의 권세와 정사들이 유대인들을 괴롭혔듯이, 우리 역시 하나님의 나라가 이 세상에 충만히 임하는 날을 고대한다. 그러므로 다니엘서와 같은 텍스트의 메시지를 적절하게 사용하는 한 가지 방법은, 성령의 도우심으로 우리의 소망과 기대를 주어진 예언의 "예보적 특징"과 그에 따르는 성공과 실패에 두는 대신, 보다 원대한 정경적 증거로부터 취해진 예언의 "기능"에 두게 하는 것이다. 정경 내에서 다니엘 7-12장은 제2성전기 유대교의 (종말론적 구원을 기다리는 하나님의 백성으로서의) 자기이해의 중심일 뿐만 아니라, 1세기 기독교회의 새로운 묵시사상을 배태하고 형성한 요소이기도 하다.

예언 성취의 지연

지금까지 이 장에서 우리는 성경의 예언적·묵시적 텍스트에 대한 해석과 관련하여 행해진 몇몇 근본적인 방법론적 도전들을 다루어왔다. 우리는 역사비평의 통찰을 취하여 고대 예언이 기능하는 방식에 대해 문맥적이고 역사적으로 정통한 설명을 제시하려고 시도했다. 그 과정에서 우리는 예언을 역동적이며 잠정적인 것으로 만드는 다양한 요소들, 그리고 예언의 성취가 인간의 반응에 의존하거나 때로는 예언자가 예보한 것의 경계를 넘어서면서도 여전히 동일한 하나님의 성품을 표현하게 하는 방식들을 설명했다.

그러나 결국 21세기 그리스도인들에게 예언의 가장 중요한 기능은 예수의 재림과 하나님 나라의 완성에 대한 우리 자신의 소망을 유지시키는 것이다. 이러한 소망은 타당한 것인가? 실제로 역사비평의 예리한 분석과는 별개로 성경 자체도 텍스트 내에서 하나님의 백성에 대한 극적인 신원을 약속했다가 얼마 후에 만사가 예견된 대로 정확하게 실현되지 않았음을 조용히 인정함으로써 독자들에게 잠깐 멈춰 설 이유를 제공하는 것처럼 보인다. 그리스도인들은 이런 현상, 곧 "종말이 반복적으로 지연되는" 현상에 대해 어떻게 반응해야 하는가? 만일 우리가 구약의 "예지"(prognostication)에 의존할 수 없다면 어떻게 신약의 "예보"(prediction)들을 신뢰할 수 있을 것인가? 본 장 마지막 단락에서 우리는 예언과 묵시문학의 본질을 밝히는 데 역사비평적 통찰을 사용함으로써 기독교의 가장 근본적인 소망을 강화하고자 노력할 것이다.

이를 위해 본 장의 나머지 부분에서는 종말의 유보가 특히 현저하게 드러나는 텍스트들을 살펴볼 것이며, 이어서 비평학자들이 그런 자료들에서 도출해낸 (그리 고무적이지 않은) 일부 결론들을 약술할 것이다. 그럼에도 우리는 예언이 작동하는 방식에 대한 관습적인 이해를 개선하여 예언은 종종 과도하게 조건적이었다는 점을 지적할 것인데, 우리는 그것이 일부 우려들을 완화해줄 것으로 기대한다. 말하자면 예언자들은 악인들에게 만일 그들의 죄를 회개하지 않으면 멸망할 것이라고 경고하며, 만일 백성들이 신실하게 살아가는 데 실패하지 않으면 축복을 얻을 것이라고 약속한다는 것이다. 우리는 종말을 유보하는 성경 텍스트들을 예언의 실패로서가 아니라 사람들의 실패로 설명할 여지가 있는지 살펴볼 것이다.

예언 성취의 지연: 예레미야에서 예수까지

예레미야

우리는 바빌로니아 유수가 70년 동안만 지속될 것이라는 예레미야의 예언에서 시작할 것이다. 예레미야는 유대인들이 바빌로니아에 1차로(기원전 597년) 끌려간 지 몇 년이 흐른 뒤에 다음과 같이 예언한다.

> 여호와께서 이와 같이 말씀하시니라. "바벨론에서 칠십 년이 차면 내가 너희를 돌보고 나의 선한 말을 너희에게 성취하여 너희를 이곳으로 돌아오게 하리라." 여호와의 말씀이니라. "너희를 향한 나의 생각을 내가 아나니 평안이요 재앙이 아니니라. 너희에게 미래와 희망을 주는 것이니라. 너희가 내게 부르짖으며 내게 와서 기도하면 내가 너희들의 기도를 들을 것이요, 너희가 온 마음으로 나를 구하면 나를 찾을 것이요 나를 만나리라." 이것은 여호와의 말씀이니라. "나는 너희들을 만날 것이며 너희를 포로 된 중에서 다시 돌아오게 하되, 내가 쫓아 보내었던 나라들과 모든 곳에서 모아 사로잡혀 떠났던 그곳으로 돌아오게 하리라." 이것은 여호와의 말씀이니라(렘 29:10-14).

예레미야는 이스라엘 백성들이 70년간 외지에 머문 후에 유배에서 귀환할 것이라고 말한다. 그렇다면 그들은 70년 만에 유배에서 돌아왔는가?

역대기

역대기 역사가는 예레미야 예언의 신뢰성에 대해 일반적으로 낙관적이었으며 바빌로니아 포로가 예레미야가 예언한 70년의 성취라고 묘사하면서 자신의 저작을 마무리하였다(대하 36:20-21). 그는 고레스가 칙령을 내릴 때 크게 기뻐한다(기원전 539년). "하늘의 신 여호와께서 세상 만국을 내게 주셨고 나에게 명령하여 유다 예루살렘에 성전을 건축하라 하셨나니, 너희 중에 그의 백성된 자는 다 올라갈지어다. 너희 하나님 여호와께서 함께 하시기를 원하노라"(대하 36:23). 이것은 유다의 유배가 시작된 시점에서 대략 60년 정도가 지난 후의 일이지만, 그래도 예레미야의 예언과 상당히 일치하는 것처럼 보인다. 여기까지는 괜찮다.

스가랴

스가랴는 역대기에 묘사된 사건들로부터 20년의 시간이 흐른 뒤에 사역을 시작했지만, 예레미야의 신뢰성에 대해 유사한 확신을 보인다. 기원전 519년에 스가랴는 하나님이 70년 유배 생활을 끝내려 하신다는 환상을 보았다.

> 만군의 여호와여, 여호와께서 언제까지 예루살렘과 유다 성읍들을 불쌍히 여기지 아니하시려 하나이까? 이를 노하신 지 칠십 년이 되었나이다.…만군의 여호와의 말씀에 "내가 예루살렘과 시온을 위하여 매우 질투하노라.…내가 긍휼로 예루살렘으로 돌아왔으며, 내 집이 그 안에 세워질 것이며…나의 성읍들이 넘치도록 다시 풍부할 것이라"(슥 1:12-17; 참조. 7:1-7).

역사비평의 도전과 복음주의의 응답

스가랴는 연대들을 깔끔하게 끼워 맞추기 위해 예레미야의 70년이 시작되는 시점을 첫 번째 추방이 일어난 해(기원전 597년)가 아니라 성전이 파괴된 해(기원전 587년)로 재산정한 것 같다. 결국 숫자는 맞아 떨어지는 것처럼 보이며 예레미야 예언의 진실성은 보존된다.

그 이후로는 모든 것이 엉망이다.

에스라-느헤미야

에스라는 역대기의 연장선상에서(스 1:1-4) 첫 번째 추방이 일어난 해로부터 70년을 계산하는 느헤미야의 결정에 동의하는 것처럼 보인다. 그러나 에스라는 그런 복원이 계획했던 것처럼 자연스럽게 진행되지 않았다는 것을 보여준다. 에스라 8:1-20과 느헤미야 2:1-10은 고레스의 칙령이 반포된 시점으로부터 대략 80년과 90년이 지난 후에도(각각 기원전 458년경과 446년경) 일부 이스라엘 백성들이 여전히 약속의 땅으로 귀환 중이었다고 지적한다. 예루살렘 성벽은 아직 재건축되지 못했고 주변 지역의 총독들은 하나님의 백성들을 대적하여 음모를 꾸미고 있었다(느 2:4, 6). 이스라엘 사람들은 여전히 이방 나라에 조공을 바치고 있었으며 스스로에 대해 "우리가 오늘날 종이 되었는데 곧 주께서 우리 조상들에게 주사 그것의 열매를 먹고 그것의 아름다운 소산을 누리게 하신 땅에서 우리가 종이 되었"(느 9:36)다고 느끼고 있었다. 요약하자면, 포로 생활이 이전에 선언된 것보다 **두 배나** 지속된 이후에도 예레미야(29:11)와 스가랴(1:17)가 했던 번영의 약속들은 허울뿐이었다.

이런 정보를 가지고 있음에도 여전히 호의적인 독자들은 비록 예루살렘의 완전한 회복과 유배로부터의 귀환에는 몇 세대의 시간이 더 필요했겠지만, 첫 번째 추방으로부터 70년이 지난 뒤에 포로 생활이 끝나기 시작했다고 주장해야 했다. 덜 호의적인 독자라면 단순히 예레미야, 스가랴, 역대기 역사가는 틀린 것이라고 말할 것이다.

다니엘

다니엘서는 예레미야의 예언에 대해 스가랴나 역대기 역사가보다 훨씬 덜 낙관적이었다. 텍스트는 다리오의 통치 첫 해 동안에(기원전 520년, 슥 1:12-17의 예언이 있기 1년 전) 다니엘도 예레미야 70년의 종결을 예상하였고 포로 귀환을 소망하고 있었다고 말한다. 다니엘은 그 끝이 임박했는지 물었고, 전혀 예상하지 못한 대답을 들었다. 포로 기간이 사실상 70년의 일곱 배, 곧 490년간 지속된다는 것이다.

> 네 백성과 네 거룩한 성을 위하여 일흔 이레를 기한으로 정하였나니 허물이 그치며 죄가 끝나며 죄악이 용서되며 영원한 의가 드러나며 환상과 예언이 응하며 또 지극히 거룩한 이가 기름 부음을 받으리라(단 9:24).

앞에서 우리는 대부분의 비평학자들이 다니엘 7-12장의 연대를 기원전 2세기로 추정한다는 사실을 확인했다. 결과적으로 다니엘 9장의 저작 시기는 무죄한 자들이 무자비하게 도살되고 성전이 가증스럽게 더럽혀졌던 안티오코스 4세의 시대 어간이 될 것이다. 당시에는 아마 어느 누구도 이것이 바로 하나님께서 예언자들에게 약속하셨던 번영이었다고 믿지 않았을 것이다. 그러나 다니엘의 새 시간표, 즉 예레미야의 시간을 일곱 배로 재산정한 것이 동시대의 공포라는 지평을 넘어 "너희에게 소망의 미래를 주시려는" 하나님의 "계획들"을 확장하는 역할을 수행했다. 기원전 2세기의 절망적인 상황 가운데 지쳐 있던 유대 청중에게 이것은 희망을 가져다주었을 것이다.

그러나 보다 냉철한 시각을 가진 독자는 다니엘의 재산정이 70년간의 유배에 대한 예레미야의 예언은 단지 허황된 꿈이었음을 보여주는 단순한 증거라고 말할 수도 있을 것이다.

70년간의 유배라는 예레미야의 예언이 가져다준 여파는 다음과 같이 요약될 수 있다. 스가랴와 같은 앞선 인물들은 그 예언의 진실성에 대해 낙관적일 수 있었을 것이다. 그러나 많은 시간이 흐른 뒤에 에스라와 느헤미야는 70년을 포로 생활의 "끝의 시작"이라고 해석하면서 그 숫자를 얼버무려야만 했다. 다니엘 9장이 작성될 무렵, 예레미야의 시간표는 전면적으로 재산정하는 것 외에는 선택의 여지가 없을 정도로 명백한 착오라고 여겨진 것 같다. 사람들은 아마도 회복에 대한 예언적 소망은 그저 경건한 희망사항일 뿐이라고 결론지었을 것이다.

예수

그럼에도 여전히 이런 문제들에 영향을 받지 않은 채 남아 있는 상당수의 그리스도인들이 있다. 사실을 말하자면, 그리스도의 초림과 부활은 유대인들의 시간표를 장식했던 간극을 가려주었다. 비록 우리가 예수의 예언된 귀환을 고대하고 있지만, 우리는 예수께서 자신의 귀환 시기에 대해 함구하신 것이 다행이라고 생각하는 경향이 있다(막 13:32//마 24:36).

하지만 불행하게도 만사는 그리 단순하게 돌아가지 않는다. 예수는 자신의 귀환과 관련하여 정확한 날짜를 제시하는 일은 거절하시면서 보다 광범위한 연대기적 주장을 하셨는데, 그 주장은 문제가 있는 것으로 드러난다.

인자가 아버지의 영광으로 그 천사들과 함께 오리니 그때에 각 사람이 행한 대로 갚으리라. 진실로 너희에게 이르노니 여기 서 있는 사람 중에 죽기 전에 인자가 그 왕권을 가지고 오는 것을 볼 자들도 있느니라(마 16:27-28).

아니면 그와 유사하게 C. S. 루이스가 "확실히 성경에서 가장 당혹스러운 구절"이었다고 말한 텍스트를 보라.[17]

> 그때에 그 환난 후 해가 어두워지며 달이 빛을 내지 아니하며 별들이 하늘에서 떨어지며 하늘에 있는 권능들이 흔들리리라. 그때에 인자가 구름을 타고 큰 권능과 영광으로 오는 것을 사람들이 보리라. 그때에 그가 천사들을 보내어 자기가 택하신 자들을 땅 끝으로부터 하늘 끝까지 사방에서 모으리라.…내가 진실로 너희에게 말하노니 이 세대가 지나가기 전에 이 일이 다 일어나리라(막 13:24-30).

간단히 말해 예수는 심판을 위한 자신의 재림이 그의 동시대인들의 생애가 끝나갈 무렵에 이루어질 것이라고 약속하셨다. 하지만 지금 우리는 마지막 사도들이 세상을 떠난 지 1,900년이 흐른 뒤에도 여전히 소망 가운데 스스로를 독려하면서 다음과 같은 신조를 암송하고 있다. "그가 영광 중에 살아 있는 자들과 죽은 자들을 심판하러 오실 것이다. 그의 나라는 영원할 것이다."

비록 예수께서 예레미야처럼 구체적으로 연대기적 예보를 하지는 않으셨지만, 오늘날의 그리스도인들은 다니엘서의 저자와 동일한 입장일 수밖에 없다. 다시 말해 그들은 어째서 회복에 대한 약속이 예언자들이 확언

---

17 Clive Staples Lewis, *The World's Last Night, and Other Essays* (New York: Harcourt, Brace, 1960), 98.

했던 것처럼 보였던 울타리를 넘어 연기될 수밖에 없었는지 설명해야 할 필요를 느낀다.

성취의 지연에 대해 예상되는 비평적 반응들

이런 상황에 잠재한 신학적 문제들은 명백하다. 하나님으로 말미암은 미래의 신원(vindication)에 대한 예언이—그것이 유배로부터의 회복에 대한 것이든지 아니면 하나님 나라의 완성에 대한 것이든지 간에—좀처럼 실현되는 것처럼 보이지 않고 습관적으로 지연되고 재산정된다면, 우리는 예수께서 실제로 다시 오실 것이라는 소망의 근거를 어디에서 찾아야 하는가? 어느 시점에서는 사태를 파악하고 고도(Godot)를 기다리기를 중단해야 하는 것은 아닌가?

많은 비평학자들은 이런 현상을 예리하게 지적하면서, 우리가 예수로부터 배운 것이 무엇이든지 간에 주저앉아 주님의 재림만 기다려서는 안 된다고 말할 것이다. 추측하기로 어떤 사람들에게는 이것이 기독교 신앙을 통째로 부인하게 만드는 여러 이유 가운데 하나일 것이다.[18] 하지만 일부 비평학자는 여전히 우리가 목욕물과 함께 아이까지 버려서는 안 된다고 생각할 것이다. 그들에게 예수는 여전히 하나님의 독특한 현시(manifestation)이고, 주님과의 실존적 만남의 모델이며, 하늘에 대한 소망 가운데 정의와 자비를 행하도록 영감을 주시는 분이다. 설사 그가 재림의 기대와 관련하여 그릇 판단했다 하더라도 말이다.[19] 환언하자면, 일부 비평학자들에게 예언 성취

---

18   예. Bart D. Ehrman, *Jesus: Apocalyptic Prophet of the New Millennium* (Oxford: Oxford University Press, 1999), 243-5. 비록 Ehrman의 책이 독자들에게 이런 결론을 강제하지 않는다고 말하면서 오늘날의 시대에 묵시적인 천년왕국 예언자들을 "따르는" 일이 어렵다는 점을 가볍게 지적하기만 한다 해도 말이다.

19   예. Albert Schweitzer, *The Question of the Historical Jesus: First Complete Edition*, trans. W.

의 지연은 그들의 믿음을 의심할 근거가 되는 것처럼 보인다. 그러나 많은 비평학자들은 이런 현상이 기독교의 종말론적 소망을 심각하게 재고하라는 요구라고 결론지었다.

예언 성취의 지연에 대한 대안적 설명

예언의 조건적 특성

다행스럽게도 상황은 예언에 대해 위와 같은 역사비평적 해석이 지적하는 것만큼 심각하지는 않은 것 같다. 성취되지 않은 예언에 대한 논의에서 우리는 예언의 성취라는 것이 종종 현대인들이 기대하는 것처럼 단선적이고 고정적인 것은 아니라는 사실을 확인했다.

우리는 일반적으로 예언이 사실로 판명되기 위해서는 그것이 예언자의 예보와 정확히 동일한 방식으로 발생해야만 한다고 가정하지만, 성경도 종종 예언된 사건의 발생이 청중의 행동에 좌우되는 조건적인 것이라는 점을 지적한다. 다시 말해 예언은 백성이 어떻게 반응하는가에 따라 실현될 수도, 그렇지 않을 수도 있다는 것이다.[20] 사실상 이것은 우리가 위에서 다뤘던 신명기 18:21-22의 진술을 보완하고 개선한 예레미야 자신의 이해였다.[21] 예레미야 18장에서 하나님은 토기장이의 비유를 들어, 하나님께서는 백성들

Montgomery et al. (Minneapolis: Fortress Press, 2001), 478-87; Dale C. Allison, *Jesus of Nazareth: Millenarian Prophet* (Minneapolis: Augsburg Fortress, 1998), 217-19.

20   "옥스퍼드 박사 후 과정 종말론 대회"가 이 단락의 개념을 발전시켰다. 예보적 예언에 대한 이 접근방법에 대한 더 충분한 언급과 파루시아 지연의 문제는 다음 책에서 다루어진다. Christopher M. Hays (ed.), *When the Son of Man Didn't Come: A Constructive Proposal on the Delay of the Parousia* (Minneapolis: Fortress Academics, 2016).

21   참조. Hibbard, "True and False Prophecy."

의 행실이 그분의 마음을 어떤 방향으로 이끄는지에 따라 이전에 예보하셨던 것과 다르게 행동하실 수도 있다고 말씀하신다. 토기장이가 그릇을 만들기 시작한 이후에도 디자인을 바꿀 수 있듯이 말이다.

> 여호와의 말씀이니라. "이스라엘 족속아, 이 토기장이가 하는 것 같이 내가 능히 너희에게 행하지 못하겠느냐? 이스라엘 족속아, 진흙이 토기장이의 손에 있음 같이 너희가 내 손에 있느니라. 내가 어느 민족이나 국가를 뽑거나 부수거나 멸하려 할 때에 만일 내가 말한 그 민족이 그의 악에서 돌이키면 내가 그에게 내리기로 생각하였던 재앙에 대하여 뜻을 돌이키겠고, 내가 어느 민족이나 국가를 건설하거나 심으려 할 때에 만일 그들이 나 보기에 악한 것을 행하여 내 목소리를 청종하지 아니하면 내가 그에게 유익하게 하리라고 한 복에 대하여 뜻을 돌이키리라"(렘 18:6-10).

예레미야는 하나님이 복을 약속하셨더라도 백성들이 하나님의 뜻에 순종하는 데 실패하는 경우에는 행동방침을 수정하셔서 그들을 심판하실 수 있다고 말한다. 반대로 하나님이 심판을 약속하셨더라도 백성들이 회개하면 하나님은 그들을 살리시기로 결정하실 것이다.

예레미야는 이처럼 예언이 종종 조건적인 것이 될 수 있다고 이해했다. 예언의 결과가 사람들의 행동에 달렸다는 것이다. 그렇다면 이것은 예레미야가 예보한 이스라엘의 회복이 지연된 사태나 예수의 재림이 지연된 이유를 설명하는 데 도움을 줄 수 있을 것인가?

윤리적 무기력과 성취의 지연

예레미야

흥미롭게도 성경 텍스트를 면밀하게 조사해보면 그와 같은 역학의 논리가 정확하게 작동 중이라는 사실이 아주 분명하게 드러난다. 우리는 예레미야 29:11의 유명한 약속을 이미 언급한 바 있다. "여호와의 말씀이니라. 너희를 향한 나의 생각을 내가 아나니 평안이요 재앙이 아니니라. 너희에게 미래와 희망을 주는 것이니라." 그러나 바로 이어지는 구절에서 이러한 "계획들"을 이스라엘 사람들이 하나님의 징벌에 대해 반응하는 방식과 연결시켰다는 점에 유념하라.

> "너희가 내게 부르짖으며 내게 와서 기도하면 내가 너희들의 기도를 들을 것이요, 너희가 온 마음으로 나를 구하면 나를 찾을 것이요 나를 만나리라." 이것은 여호와의 말씀이니라. "나는 너희들을 만날 것이며 너희를 포로된 중에서 다시 돌아오게 하되 내가 쫓아 보내었던 나라들과 모든 곳에서 모아 사로잡혀 떠났던 그 곳으로 돌아오게 하리라." 이것은 여호와의 말씀이니라(렘 29:12-14).

따라서 우리가 던져야 할 질문은 다음과 같은 것이다. 이스라엘 사람들은 하나님께 어떻게 반응했는가? 그들은 포로 생활로부터의 유예에 대한 예언에 합당하게 행동했는가?

에스라-느헤미야

포로 회복의 지연이라는 문제와 씨름하는 에스라-느헤미야를 먼저 살펴보

자. 에스라는 예루살렘에 도착하자마자 이스라엘 백성들이 "가증한 일을 행하는 이 땅 백성들에게서 떠나지 아니하였다"는 말을 듣는다(스 9:1; 참조. 9:10-12; 10:1-11). 마찬가지로 느헤미야도 백성들의 경건생활에 미흡한 부분이 많다는 것을 발견하였다. 기근이 그 땅에 임했다. 경제적으로 여유가 없는 이스라엘인들은 땅을 담보로 잡고 친척들에게 돈을 빌려야 했다. 그들은 채무불이행으로 인해 재산을 잃었고 자녀들을 노예로 넘겨줘야 했다(느 5:1-11). 이것은 희망적인 소식이 아니었으며, 그리하여 에스라는 다음과 같이 기도했다.

> 우리의 악한 행실과 큰 죄로 말미암아 이 모든 일을 당하였사오나 우리 하나님이 우리 죄악보다 형벌을 가볍게 하시고 이만큼 백성을 남겨 주셨사오니 우리가 어찌 다시 주의 계명을 거역하고 이 가증한 백성들과 통혼하오리이까? 그리하면 주께서 어찌 우리를 멸하시고 남아 피할 자가 없도록 진노하시지 아니하시리이까? 이스라엘의 하나님 여호와여, 주는 의로우시니 우리가 남아 피한 것이 오늘날과 같사옵거늘 도리어 주께 범죄하였사오니 이로 말미암아 주 앞에 한 사람도 감히 서지 못하겠나이다(스 9:13-15).

이처럼 에스라는 자신과 이스라엘 사람들이 누리기 시작했던 포로 생활로부터의 유예가 이스라엘의 범죄의 결과로 **완전히 철회될** 수 있다는 것을 인정하였다.

에스라-느헤미야의 마지막 장에서는 두 사람이 이스라엘 민족을 정화하기 위해 최선의 노력을 기울였다고 말한다. 그들이 시도한 일들은 이스라엘 회중에서 이방인들을 추방하고, 성전을 개혁하고, 안식일 규례를 재집행하고, 잡혼을 종결하는 것이었다(느 13:1-31). 그러나 여전히 이렇게 물을 수밖에 없다. 그들의 노력은 충분했는가?

다니엘

다니엘서의 저자는 확실히 그렇게 생각하지 않았다. 우리는 저자가 포로 생활이 이미 기원전 6세기 후반에 종결되었다는 주장을 수용하는 대신에 예레미야의 70년을 일곱 배로 확장시키기로 결정했다는 사실을 확인할 수 있었다. 여기서 우리는 "일곱 배"라는 숫자의 중요성을 간과하지 말아야 한다. 이것은 사실상 레위기에서 가져온 징벌 모티프다!

레위기 26장은 언약 파기에 대한 징벌을 말하면서 유배에 대해 경고한다(레 26:17). 그리고 이어지는 절에서는 "만일 너희가 그렇게까지 되어도 내게 청종하지 아니하면 너희의 죄로 말미암아 내가 너희를 **일곱 배**나 더 징벌하리라"라고 덧붙인다. 이에 비춰볼 때 다니엘은 이스라엘이 포로 기간 동안 충분히 회개하지 않았기 때문에 예레미야의 예언이 성취되지 않았다고 말하는 것 같다. 흥미로운 것은 "일흔 이레"(일곱 배의 포로 기간)라는 언급이 이스라엘 백성들의 죄에 대한 다니엘의 확장적인 고백 직후에 주어졌다는 점이다!(단 9:3-19) 다시 말해 사후예언은 윤리적이고 신학적인 담화를 이루는 구성요소이며, 예언적 시간표의 수정은 인간이 자유를 남용한 결과로 해석된다.

게다가 회복된 이스라엘에 대한 다니엘 9:24과 12:1-3의 환상은, 이스라엘을 팔레스타인으로 이주시키는 단순한 사건이 영원한 의와 사망에서 영생으로의 부활에 대한 비전으로 대치된다는 점에서, 예레미야 29장의 환상보다 훨씬 더 포괄적이다. 여기서 우리는 자기 백성을 향한 하나님의 선하신 뜻이 예레미야를 통해 주어진 예언의 본래 경계를 초월하여 하나님의 의도와 전적으로 일치하는 방식으로 성취되는 것을 보게 된다.

요약하자면, 구약은 포로 귀환이 지연되는 신학적인 이유가 죄라고 말한다. 처음부터 회복에 대한 예언은 이스라엘의 회개를 조건으로 내걸었다 (참조. 단 30:1-10; 왕상 8:46-50). 따라서 예언들이 무산되고 부분적으로만 성취되는 이유는 이스라엘의 집요한 악함 때문이다.

베드로후서

구약 예언에 대해 작용하던 역학을 신약에서도 확인할 수 있을까? 파루시아의 지연, 곧 예수의 재림이 그들의 세대에 발생하지 않은 사태를 동일한 예언의 역학에 근거하여 설명할 수 있을 것인가? 사실 베드로후서의 저자는 정확히 동일한 일이 벌어지고 있다고 주장한다. 저자는 그리스도가 재림하셔서 세상을 심판하실 것이라는 예언이 이루어지지 않는 것을 목격했던 회의주의자들에게(벧후 3:4) 다음과 같이 편지한다. "사랑하는 자들아, 주께는 하루가 천 년 같고 천 년이 하루 같다는 이 한 가지를 잊지 말라. 주의 약속은 어떤 이들이 더디다고 생각하는 것 같이 더딘 것이 아니라 오직 **주께서는 너희를 대하여 오래 참으사 아무도 멸망하지 아니하고 다 회개하기에 이르기를 원하시느니라**"(벧후 3:8-9).

우리는 여기서 두 가지 사실을 발견한다. 첫째, 베드로후서의 저자는 하나님의 시간을 인간의 시간과 동일한 차원에서 해석하는 것이 부적절함을 인식하고 있었다. 구약 예언자들이 주의 "날"과 후대의 많은 "날들" 사이를 오고가듯이, 베드로후서도 인간의 시간 개념으로 표현된 파루시아의 시기에 대한 예보가 하나님이 경험하시는 시간이라는 보다 역동적인 개념에 종속되어야 한다는 점을 이해했다.

둘째, 베드로후서는 예수께서 아직 재림하시지 않은 것은 회개가 아직 충분치 않기 때문이라고 설명한다. 종말이 지연되는 이유는 "회개하고 복음을 믿으라"(막 1:15)는 예수의 명령에 올바로 반응하는 데 실패했기 때문이며, 하나님도 신적 자유로 악인의 최후 심판과 의인에 대한 보상을 연기하셨다. 이처럼 베드로후서의 저자가 종말의 지연을 회개의 결여와 결부시키는 것은 그도 구약의 예언자들처럼 예언의 성취가 인간의 행동에 의존하는 조건적인 것이라고 이해했기 때문이다. 그럼에도 결국에는 회개한 다수에 대한 하나님의 최종 구원과 죄인들에 대한 심판을 통해 사전에 예언되었던 모든 것이 채워질 것이다. 설사 최종 구원과 심판이 일어날 시간과 영역이 과거 예언의 경계를 넘어선다 해도, 예언의 궁극적인 성취는 이전 예언들을 통해 선언된 하나님의 뜻과 완전히 일치할 것이다.

종말의 지연에 대한 결론적 논평

간단히 말해 비평학계는 미래의 신원에 대한 예언의 성취가 지연되는 현상에 대해 어느 정도 통일되지 않은 태도를 보여왔다. 이런 현상은 구약에서 포로 귀환에 대한 예언과 관련하여 발생하며, 신약에서는 동시대인들이 아직 생존해 있을 때 재림하겠다고 하신 예수의 약속이 이루어지지 않았을 때 유사한 문제가 발생한다. 일부 비평학자들에게는 이것이 기독교의 소망을 그리스도의 재림과 동일시하지 말아야 할 이유가 되었다. 신앙은 유지되겠지만, 우리의 종말론은 심각하게 재고되어야 한다는 것이다. 다른 학자들에게는 이것이 기독교 신앙을 통째로 포기해야 할 또 다른 이유로 여겨졌다.

그럼에도 그들의 관점은 예언의 성취가 예보된 진술과 정확하게 상응해야 한다는 하나의 전제를 공유하고 있었다. 하지만 우리는 성경이 예언의 성취가 예언자의 선언에 대한 백성의 반응에 의존하는 조건적인 것이라

역사비평의 도전과 복음주의의 응답

고 묘사한다는 점에서 위와 같은 관점이 예언에 대한 불완전한 이해임을 보여주었다. 성경 저자들은 포로 귀환이 70년 후에 이루어질 것이라는 예레미야의 예언이 성취되지 않고 지연되는 상황을 해명하기 위해 이스라엘 백성이 예언자들과 율법이 요구하는 의를 행하는 데 실패했다는 점을 지적한다. 마찬가지로 베드로후서는 종말의 완성이 지연되는 이유는 인류의 회개가 충분히 확고부동하지 못했기 때문이라고 설명한다. 한마디로 예언의 성취가 지연되는 것은 하나님의 신뢰성에 관한 문제라기보다는 인간의 신실성에 관한 문제라는 것이다.

후기: 예언을 새롭게 읽기

이 장의 논의가 독자들에게 안도감을 가져다주길 바란다. 교회나 신학교에 속한 많은 복음주의자들은 성경의 예언에 나타나는 명백한 문제점들이 기독교 신앙에 위협이 된다고 여겼다. 예언과 성취가 특정 사건에 대한 예보와 그에 뒤따르는 실현 사이의 일대일 대응관계로 이루어진 단순한 과정이라는 우리의 통상적인 믿음이 성경적·역사적 증언이 품고 있는 복잡성을 문젯거리로 만들어버린다. 하지만 좋은 소식은 이 "문제들"이 성경에서 비롯된 것이 아니라 예언이 무엇이어야 하는가에 대한 우리의 선입견에서 비롯되었다는 것이다. 우리는 본 장에서 예언이 미래에 일어날 사건들을 예보할 수 있다는 것을 살펴보았으며, 비록 우리의 연구가 예언과 관련해 명백하게 "문제적인" 사례들에 초점을 맞추었지만, 어떤 사건들이 예보된 대로 역사 속에서 발생하는 것도 꽤나 종종 일어나는 일이다. 하지만 예언과 성취의 관계는 훨씬 더 유연한 것일 수도 있다. 예언의 성취는 때로 예언자가 예보한 것을 넘어서면서도 예언에 계시되었던 하나님의 본래 의지와 조화될 수 있다. 또한 예언은 인간의 행동이나 구체적인 반응에 좌우될 수도 있는데, 올바르게 반응하는 데 실패할 때는 예언되었던 결과가 무산되거나 지연될 수도 있다. 그리고 때로는 예언이 "사후에" 작성될 수도 있는데, 이것은 기만이라기보다는 하나님이 역사의 주재시며 참으로 그의 백성들을 구원하실 것이라는 확신의 표현이었다. 일단 예언이 어떻게 작동하는지에 대한 성경의 관점을 이해하고 나면, 예언의 성취 혹은 실패를 다룬 성경 기록들이 가진 통렬한 문제들은 자연스럽게 해소될 것이다.

사람들은 종종 예언이 하나의 사건을 예고하고 그것이 발생하는지를 살펴보는 단순한 과정이라고 자연스럽게 생각했다. 물론 그것도 예언의 본질에 포함되는 하나의 요소다. 그러나 우리는 성경이 풍부한 증거를 통해 우리에게 예언이 어떻게 작동하는지에 대해 가르쳐주는 이야기에 귀를 기울이고자 한다. 역사비평은 우리가 그것을 할 수 있도록 도와준다. 역사비평은 하나님이 과거와 미래, 현존과 기대의 역사에 대해 말씀하시는 방식을 더욱 명료하게 보여준다. 확실히 일부 역사비평가들은 신앙에 적대적이었으나, 결국 그들의 작업은 하나님에 대한 우리의 신뢰에 흠집을 내지 않았다. 훌륭한 역사비평은 하나님이 역사 속에서 과거에는 어떻게 행동하셨고 말씀하셨으며 오늘날은 어떻게 행동하시고 말씀하시는지 밝혀주며, 이를 통해 하나님께 대한 우리의 신뢰를 강화하고, 우리로 하여금 그 나라의 완성을 간절히 고대하는 가운데 힘을 다해 주님을 섬길 수 있도록 도와준다.

역사비평의 도전과 복음주의의 응답

후속 연구를 위한 제안

Carroll, Robert, *When Prophecy Failed: Cognitive Dissonance in the Prophetic Traditions of the Old Testament* (New York: Seabury Press, 1979).

Childs, Brevard S., "Prophecy and Fulfilment: A Study of Contemporary Hermeneutics," *Int* 12.3 (1958), 260-71.

Collins, John J., *Daniel: A Commentary on the Book of Daniel*, Hermeneia (Minneapolis: Augsburg Fortress, 1993).

Gnuse, Robert, "The Roots of Apocalypticism in Near Eastern Myth," in Catherine Wessinger (ed.), *The Oxford Handbook of Millennialism* (Oxford: Oxford University Press, 2011), 235-51.

Jenson, Philip, "Models of Prophetic Prediction and Matthew's Quotation of Micah 5:2," in Philip E. Satterthwaite, Richard S. Hess and Gordon J. Wenham (eds), *The Lord's Anointed: Interpretation of Old Testament Messianic Texts* (Carlisle: Paternoster Press; Grand Rapids: Baker, 1995), 189-209.

McGinn, Bernard, Collins, John Joseph, and Stein, Stephen J., *The Continuum History of Apocalypticism* (New York: Continuum, 2003), 3-29.

Tarrer, Seth B., *Reading with the Faithful: Interpretation of True and False Prophecy in the Book of Jeremiah from Ancient to Modern Times*, Journal for Theological Interpretation Supplement Series 6 (Winona Lake: Eisenbrauns, 2013).

Zimmerli, Walther, "Promise and Fulfilment," in Claus Westermann (ed.), *Essays on Old Testament Interpretation* (London: SCM Press, 1963), 89-122.

6
위작과 정경

크리스토퍼 B. 안스베리, 케이시 A. 스트라인,
에드워드 W. 클링크 3세, 데이비드 린시컴

우리가 사는 세상에는 저자들이 널려 있다. 그들은 아침 토크쇼에서 자기 책을 홍보하고, 출간 기념 사인회를 열고, 전문 분야에 대해 강의를 한다. 저자에 대한 이런 현대적인 개념이 성경 연구 분야에도 영향을 끼쳤다. 대부분의 신구약 개론서에서 다루어지는 다양한 주제 가운데 저자(authorship) 문제는 정경 내 각 문서들의 역사적 배경에 대한 논의를 주도한다. 저자에 대한 이런 관심은 당연한 것인데, 왜냐하면 저자는 텍스트의 종교사회적 배경을 들여다볼 수 있는 창을 제공할 뿐 아니라 전달되는 자료에 관한 지식의 원천인 동시에 권위의 근거라고 여겨지는 경향이 있기 때문이다. 저자, 권위, 신뢰성이 서로 밀접한 관계를 갖는다는 점 때문에 성경 문서 내에 위명(pseudonymity)과 위작(pseudepigraphy)이 존재한다는 주장은 많은 복음주의자들의 분노를 초래했다. 위명(pseudonymity)은 저자가 의도적으로 자신의 이름이 아닌 다른 이름을 사용하는 문학적 관습을 의미하는 반면, 위작(pseudepigraphy)은 어떤 문서가 실제 저자가 아닌 다른 사람에게 돌려짐으로써 저자가 잘못 표기되는 과정을 가리킨다. 이런 정의로 볼 때 복음주의자들이 위명이나 위작의 존재에 대해 다양한 질문들을 제기했다는 것은 어찌 보면 당연한 일이다. 정경에 포함된 특정 자료들의 제작에 책임이 있는 당사자들이 위명이나 위작의 관습을 차용했다면, 그 자료들은 신뢰할 만한 것으로 간주될 수 있는가? 만일 우리가 어떤 정경 텍스트를 위작으로 분류한다면, 정경이 하나의 체계로서 가지는 권위적 본질은 붕괴하고 말 것인가?

위명 저작과 정경은 상호 배타적인가?

　이러한 질문들에 대답하는 일은 결코 간단하지 않다. 본 장은 그 문제들에 대해 결정적인 해결책을 제공하고자 시도하지 않으며, 다루게 될 정경 텍스트의 위명 저작에 대한 포괄적인 해석을 시도하지도 않는다. 그 대신 우리는 역사비평이 정경의 저자, 권위, 영감에 대한 우리의 이해를 강화하거나 혹은 문제시하는 방식을 조명하려고 노력한다. 오경과 요한복음을 다루는 단락들에서는 역사비평이 저자와 권위에 대한 우리의 이해에 어떻게 기여하는지에 주로 초점을 맞추는 한편, 이사야서와 바울 서신을 다루는 단락들에서는 영감과 신적 허용 간의 복잡다단한 관계가 논의의 중심이 될 것이다.[1]

　이 간략한 탐구를 통해 우리는 이런 문서들이 권위와 영감의 본질에 어떻게 연루되는지를 밝힘으로써 위명/위작과 정경 간의 긴장을 해소하는 데 도움을 주길 바란다.

위작과 오경

어떤 측면에서 오경의 저자 문제는 복음주의 정체성의 판별 기준이다. 오경의 자기제시 및 수용사와 관련하여 전통적 관점의 지지자들은 모세가 오경의 저자임을 "실질적"으로 혹은 "본질적"으로 부인하는 것은 전형적인

1　이어지는 단락들에서 성경의 각 부분과 관련된 위작(pseudepigraphy) 문제에 대해 다양한 비평적 관점들을 제시하겠지만, 각각의 관점들이 갖는 신학적 함의들을 연달아 다루는 것은 지나치게 번거롭고 장황할 것이다.

"흠잡기"(hypercriticism)라고 주장한다.[2] 이런 경멸적인 표현이 오경의 저작과 저자에 대한 대부분의 역사비평적 탐구를 묘사하기에 적절한 것은 아니지만, 어쨌거나 역사비평 방법론의 주창자들은 오경의 저자에 대한 전통적인 합의가 문학적·본문비평적·역사적 문제점들로 얼룩져 있음을 확인했다. 이를 통해 그들은 오경이 모세의 손으로 쓰인 작품이 아니라 다양한 자료들로 구성된 장구한 저술의 역사를 가진 위명 저작임을 보여주었다. 이런 결론은 오경의 형성사에 관해, 그리고 오경을 모세에게 돌리는 근거에 관해 몇 가지 질문을 야기했다. 우리가 저자에 관한 고대의 개념을 배경으로 이런 질문들을 이해할 때, 텍스트의 권위가 위치하는 자리, 그리고 모세와 오경의 관계 문제가 보다 뚜렷해질 것이다.

오경의 저자 문제와 위작 문제가 오경 전체의 구성과 밀접하게 연관되기 때문에, 우리는 오경의 형성과 관련된 가장 중요한 역사비평 이론들을 검토할 필요가 있다. 이런 연구는 오경의 저자 문제, 특히 위작 문제의 신학적 함의를 성찰할 수 있는 근거를 제공할 것이다.

오경의 구성과 권위에 대한 역사비평적 관점들

오경의 구성에 대한 역사비평적 제안들은 다양하지만, 몇몇 결론들은 논의에 참여한 대부분의 학자들 사이에서 여전히 가장 기초적인 것으로 간주된다. 위에서 언급한 것처럼, 이 결론들은 오경의 장황하고 역동적인 형성사뿐만 아니라 그 책이 갖는 다원적인 성격에 대한 논의도 포함한다. 게다가 이 결론들은 고대 문헌에 현대의 문학적 기준들을 부과하기보다는 오경 텍스트가 문학적 직조물이라고 전제하고 있다. 다양한 편집적 삽입문구

---

2   William F. Albright, *Archaeology of Palestine* (Harmondsworth: Pelican, 1960), 225.

(창 19:37-38; 신 34:6), 시대착오(창 11:31; 14:14), 중복(창 12:10-20; 20:1-18; 26:6-11)의 존재와 오경 내의 독특한 종교사회적 관점들 및 모세의 생애에 대한 3인칭 서술은 오경이 오랜 시간에 걸쳐 여러 "저자들"에 의해 쓰인 다양한 (구전 및 문서) 자료들로 구성된 작품이라고 제안한다.[3] 우리가 오경의 형성 과정에 대해 보충적, 단편적, 문서가설적, 전승사적, 비교문학적, 혹은 통합적 접근법 중 어떤 것을 채택하든지 간에, 가장 기초적인 결론은 다음과 같은 것이다. 오경은 복합적이고 다원적인 문서라는 것이다. 물론 오경이 처음부터 한 명의 저자에 의해 복합적이고 합성적인 작품으로 만들어졌던 것은 아니며, 서기관 그룹이 (구전 및 문서) 전승을 제작하고, 보존하고, 재해석하고, 수집하고, 전달했던 과정을 통해 만들어졌다.

이러한 기본적이고 역사비평적인 판단은 오경의 저자 문제, 특히 모세와 그 문서의 관계 문제를 다루는 뼈대가 된다. 초기 해석자들은 모세가 기존 자료들을 편집·배열하고, 일부 텍스트를 직접 작성했거나 혹은 후대의 편집자들이 오경을 구성하는 데 모세의 자료를 사용했다고 주장함으로써 오경에 대한 모세의 기여를 인정하는 반면, 문서가설이 등장하면서 모세는 오경의 형성과정에서 완전히 배제된다. 문서가설의 고전적 도식에 따르면, 오경은 네 가지 자료(JEDP)의 결과물이다. 각각의 자료는 서로 다른 시대의 산물이었으며 나름의 고유한 특징들을 가지고 있다.[4] 최근의 연구들이 고전

---

3   몇몇 초기 해석자들은 상당수의 이런 문제점들을 인지하고 있었다. 예. Hieronymus, Ibn Ezra, Thomas Hobbes, Benedict Spinoza, Richard Simon. 접근 가능한 개관으로는 다음을 보라. Joseph Blenkinsopp, *The Pentateuch: An Introduction to the First Five Books of the Bible*, ABRL (New Haven: Yale University Press: London: SCM Press, 1992), 1-4; Jean-Louis Ska, *Introduction to Reading the Pentateuch*, trans. Pascale Dominique (Winona Lake: Eisenbrauns, 2006), 96-102.

4   이 가설은 Karl H. Graf와 Abraham Kuenen, 그리고 Jean Astruc, Johan Eichhorn, W. M. L. De Wette의 저작에 근거하였던 Julius Wellhausen에 의해 공식화되었다. Wellhausen의 결론

적 가설의 일부 주장들—가장 이른 오경 층위(J)의 연대 문제, 독립적인 엘로힘 자료(E)의 존재, 오경 내 다른 곳에서 발견되는 신명기 요소들의 제한적 범위, 제사장 문서(P)의 늦은 연대, 보다 광범위한 전승의 복합체를 형성하는 데 가설적 문학 자료가 차지하는 위치—에 이의를 제기하기는 했지만, 이런 수정들은 오경이 복잡한 형성사를 가진 복합체라는 학계의 기본적인 신념을 약화시키지는 못했다.[5] 오히려 그런 수정들은 오경 자료의 전승사를 재구성하는 새로운 지평들을 열어주었다. 구체적으로 말해 위의 연구들은 성경 텍스트의 초기 단계에 대한 발굴에서부터 광범위한 구성층들에 대한 조사에 이르기까지, 그리고 비제사장적 오경 텍스트에 대한 신명기적·예언적 전통들의 의존성에 대한 연구에서부터 그 반대 방향의 접근에 이르기까지 전승사적 과제 전반을 재정의했다.

전통적 문서가설로부터의 이러한 이탈들은 오경의 형성에 대한 현대 역사비평적 연구에 방법론적 혼돈을 초래했다. 하지만 이러한 혼돈에도 불구하고, 오경이 모세보다 훨씬 후대의 전승가들에 의해 구성되고 조직되었다는 점은 여전히 인정되고 있다.

이러한 합의에 비춰볼 때 현대 비평학계가 오경을, 그중에서도 특히 신명기를 문학적 위작으로 여기는 것은 이상한 일이 아니다.[6] 비록 오경이 텍스트 내에서 저자를 명시적으로 밝히지는 않지만, 자료들에 나타나는 편집

들과 영향에 대한 논의로는 다음을 보라. Ernst W. Nicholson, *The Pentateuch in the Twentieth Century: The Legacy of Julius Wellhausen* (Oxoford: Oxford University Press, 1998).

5   John Van Seters, *Prologue to History: The Yahwist as Historian in Genesis* (Louisville: Westminster John Knox, 1992); *The Life of Moses: The Yahwist as Historian in Genesis-Numbers* (Louisville: Westminster John Knox, 1994); Rolf Rendtorff, *The Problem of the Process of Transmission in the Pentateuch*, trans. J. J. Scullion, JSOTSup 89 (Sheffield: JSOT Press, 1990).

6   Blenkinsopp, *Pentateuch*, 2.

적 암시(출 24:3; 레 1:1; 민 1:1; 신 1:1-5), 모세의 저술 작업에 대한 오경 자체의 관심(출 17:14; 24:4; 34:27; 신 31:9, 22), 그리고 다른 정경 문서에서 모세와 그 문집의 관계에 대해 사용한 공식적인 표현들은 서기관들이 자신들의 종교사회적 프로그램의 합법화를 위하여 이 자료들의 기원을 모세에게 돌렸다는 점을 암시한다. 이 자료들이 이른 시기의 구전 혹은 문서 전승에서 기원했는지 여부와는 상관없이, 서기관들은 익명의 내러티브와 법률 전통들을 모세에게 돌림으로써 그것들에 확고한 역사적 배경을 제공했다. 이를 통해 그들은 오경 자료의 대부분을 머나먼 과거에 위치시키는 동시에 모세의 입에서 나온 것으로 만든 것이다. 까마득한 과거로부터 들려오는 위명저자의 목소리는 텍스트에 권위를 부여했고, 전승가들이 자신들의 저작에 권위를 부여하고 오경에 제시된 전승들을 실현하게 해주는 매개를 제공하였다.[7]

저자와 권위에 대한 고대의 개념

학자들이 오경의 형성에 관련된 다양한 측면들에 대해서는 서로 의견을 달리하지만, 오경을 문학적 위작(pseudepigraphon)으로 분류한 것은 역사비평 학계에서 정설로 남아 있다. 이러한 결론을 신학적 관점에서 조망할 때 우리는 위작과 정경의 관계라는 단일한 이슈에 초점을 맞추게 된다. 위작이 속임수를 의미하고 문학비평적으로는 "위조"와 동의어라면, 어떻게 이런 현상이 종교적 진리를 담은 영감된 선집 속에 나타나는 적절한 관습이라고 할 수 있겠는가? 이 질문은 다양한 방식으로 답변되었다.[8] 하지만 여기서는

---

7   Fishbane, *Biblical Interpretation*, 435-6.
8   David G. Meade, *Pseudonymity and Canon: An Investigation into the Relationship of Authorship and Authority in Jewish and Earliest Christian Tradition* (Grand Rapids: Eerdmans, 1987),

저자와 권위에 대한 고대의 개념을 오경에 나타나는 위작 현상과 그 신학적 함의를 이해하는 틀로 삼고자 한다.

오경을 고대 세계의 개념적 환경 내에서 조망할 때, 저자 문제에 관련된 오늘날의 질문들은 몇 가지 이유에서 시대착오적인 것으로 보인다. 헬레니즘 시대 이전에 만들어진 대부분의 문서들이 그러했던 것처럼 오경도 익명의(anonymous) 저작이다.[9] 이러한 익명성은 "저자들"이 자신의 이름을 문서 내에서 밝히지 않는 것이 고대 세계의 일반적인 관습이었다는 점에서 납득 가능한 것이다.[10] 고대 근동의 문학 작품에 "저자"에 대한 언급이 통상적으로 부재하다는 사실, 그리고 서기관/편집자의 저술 활동과 잠정적인 "저자들" 간의 유동적인 관계는 고대 근동에서 익명성이 일종의 원칙이었다는 점을 암시한다.[11] 오경의 경우도 마찬가지다. 히브리 성경 자체가 충격적일 정도로 저자에 대해 관심을 보이지 않는다는 사실과 고전 히브리어에 "저자"를 의미하는 용어가 존재하지 않는다는 사실은 우리가 오경의 "저자"를 밝히려고 하는 것이 잘못된 방향임을 시사한다.

위와 같은 결론은 고대의 저자 개념에 의해 강화된다. 저자에 대한 현대의 개념들과는 대조적으로 고대 근동 세계는 저자 개념과 관련하여 "집

1-16.

9 이 분류가 오경 내의 특정한 단락들이나 문서들에게 부적절할 수 있지만(예. 신명기), 대체로 오경은 익명의 저작이다. 신명기 내의 위작에 대한 논의는 제4장 "바빌로니아 포로 이전에는 언약이 없었다?"를 보라.

10 비록 고대의 특정한 문서들이 간기(colophons)에 인명들을 포함하지만, 여기 적힌 이름들은 문서의 저자가 아니라 복사자나 소유자를 의미한다.

11 이런 유동적 관계는 각 저작들의 "저자"와 "편집자" 사이에 명확한 구분이 없었던 바빌로니아 탈무드 내의 "정경"목록(b. B. Bat. 14b-15a)뿐만 아니라, 쐐기문자로 기록된 문서인 *Catalogue of Texts and Authors* (Wilfred G. Lambert, "A Catalogue of Texts and Authors," *JCS* 16 [1962], 59-77)에서 특히 명백하다. 논의를 위해 다음을 보라. Karel van der Toorn, *Scribal Culture and the Meaning of the Hebrew Bible* (Cambridge, MA: Harvard University Press, 2007), 42-8.

단" 혹은 자율적이고 개인적인 표현들을 아우르는 "수집된 전승"의 가치도 높게 평가하였다.[12] 다시 말해 "저자" 혹은 "서기관"은 지적 재산권을 가진 독립적이고 문학적인 장인이라기보다는 보다 거대한 종교사회적 모체의 대리인 역할을 수행했다. 이런 "저자" 개념은 성경과 고대 근동 문학을 특징짓는 익명성의 근거를 제공할 뿐만 아니라 고대의 권위 개념을 들여다보는 창문 역할을 한다. 이스라엘의 문학이 수집된 전승의 표현이라면, 그것은 "저자"보다는 자료의 내용을 권위의 중심으로 삼는 것처럼 보인다. 신학적으로 말하자면, 잠정적인 저자/저자들이 아니라 텍스트의 저작과 정경화 작업에 관여한 성령의 사역이 권위의 중심이라는 것이다. 이런 측면에서 "저자"는 필연적으로 (심지어 우선적으로) 문서의 기원을 의미할 필요가 없다. 다만 저자는 권위적·계시적 전승을 의미할 뿐이다.[13]

저자, 위작, 그리고 정경성

이러한 "저자" 개념은 신구약 성경에서 모세를 오경과 관련시키는 다양한 표현들을 이해할 수 있는 배경을 제공한다.[14] "저자"가 반드시 문학적 기원을 의미하는 것은 아니기 때문에, 신구약 성경에 나타나는 그런 표현들은 오경에 모세의 옷을 입힘으로써 그 권위적 본질을 정당화하기 위한 이념적 선언으로,[15] 혹은 오경이 모세와 관련된 권위 있는 전승들을 포함한다는 신

---

12   William M. Schniedewind, *How the Bible Became a Book: The Textualization of Ancient Israel* (Cambridge: Cambridge University Press, 2004), 6-11; van der Toorn, *Scribal Culture*, 46-8.

13   Meade, *Pseudonymity*, 55. *et passim*.

14   이 표현들에 대해 다음을 보라. 수 1:7; 23:6; 왕상 2:3; 왕하 23:25; 대하 33:8; 34:14; 스 7:6; 느 8:1; 10:29; 단 9:11, 13; 막 7:10; 10:3-4; 12:19, 26; 눅 2:22; 16:21; 24:27; 요 1:45; 7:19; 행 28:23; 고전 9:9; 히 10:28.

15   John Van Seters, *The Edited Bible: The Curious History of the "Editor" in Biblical Criticism*

214   역사비평의 도전과 복음주의의 응답

학적 선언으로 이해될 수 있을 것이다.[16] 전자의 입장이 위작에 대한 고전적 진술이라면, 후자는 오경 자료의 전달과 전승화 과정에서 드러나는 서기관 조직의 역동적 활동들을 설명하려고 노력한다. 특히 후자의 입장은 특정 전승들(traditions)을 모세와 연결시키면서도("모세 유전"[traditum]), 이 전승들이 훨씬 후대에 서기관 조직에 의해 수집, 확장, 재해석되고 문서화되었는 점을 인정한다("전승"[traditio]).[17]

이런 제안들은 저자 문제를 별개의 관점에서 조망하지만, 그것들이 공히 권위 문제를 다룬다는 점에서 상호 배타적인 것은 아니다. 한마디로 위작가는 권위의 자리를 저자에게 귀속시키는데, 저자는 다시 그 권위를 자료의 내용에 넘겨준다. 각각의 경우에 저자 문제는 불가피하게 "권위"와 연결되어 있으며, 문서의 "저자"라고 불리는 인물은 실제 그 문서의 저술과정을 책임진 사람은 아니다. 오경의 경우도 마찬가지다. 오경의 일부 텍스트에서 모세의 문학적 활동을 언급하지만, 이러한 3인칭 기사들은 모세가 전체 저작의 "저자"였다고 주장하지 않는다. 덧붙이자면, 오경 내의 특정 연설과 법률 자료를 모세에게 돌리는 것은 그 텍스트가 모세의 입에서 나온 말이라는 의미가 아니라 그것이 모세 전승의 본질적인 메시지를 드러낸다는 의미일 것이다. 이런 측면에서 오경 내의 자료들은 은유적으로 모세의 목소리를 전달한다고 말해질 수 있다. 하지만 이 목소리는 오경의 일부 구획들에 제한

---

16   (Winona Lake: Eisenbrauns, 2006), 373.

16   Brevard S. Childs, *Introduction to the Old Testament as Scripture* (Philadelphia: Fortress Press, 1979), 132-5. 학자들이 모세와 오경 내의 전승 혹은 전승들 간의 연관성을 인정하기는 하지만, 본래 독립적인 전승들의 흐름 속에서 그가 맡은 역할이 무엇인지에 대해서는 논쟁의 여지가 있다. Martin Noth, *A History of Pentateuchal Traditions*, trans. B. W. Anderson (Englewood Cliffs: Prentice-Hall, 1972), 156-75; George W. Coats, *Moses: Heroic Man, Man of God*, JSOTSup 57 (Sheffield: JSOT Press, 1988).

17   Fishbane, *Biblical Interpretation*, 7-19과 다른 곳.

된 것이며, 모세가 직접 기록했다는 말로 오해되어서도 안 된다.

이런 모든 관찰들은 오경의 "저자" 및 권위 문제를 이해하는 개념적 뼈대를 제공한다. 구체적으로 말하자면, 저자와 권위에 대한 고대 개념들은 오경의 권위를 약화시키지 않고서도 오경의 다원적 특성과 유구한 형성사를 설명할 수 있게 해주며, 결국 저자와 권위에 대한 현대적 개념들을 초월하여 오경 텍스트의 권위를 그 내용의 형성과 정경화 과정에 개입하신 하나님의 사역에 돌리는 해석학적 관점으로 우리를 안내한다. 사실 이것은 오경과 정경의 나머지 선집들이 채택한 입장이다. 오경의 익명성은 그 책의 권위가 한 명의 자율적인 "저자"에게서 기원하는 것이 아니라 자료의 내용 및 공동체에 의한 그 자료의 수용에 근거한다는 점을 시사한다.

덧붙이자면, 정경 내 여러 지점에서 오경에 대한 모세의 연관성을 지적하는 표현들이 등장한다는 사실이 모세를 현대적 의미에서 오경 전체의 "저자"와 동일시하게 해주는 것은 아니며,[18] 그런 표현들은 단순히 오경 전체 혹은 오경 내의 특정 자료들이 모세에 관한 것이라거나 혹은 모세 전승과 관련된 것이라는 점을 시사하는 것이다. 오경을 모세의 저작으로 돌리는 것은 그 자료가 권위적이고 계시적인 전승, 곧 서기관들이 후세를 위해 확장하고 재상황화하였던 전승에서 비롯되었거나 혹은 그 전승들과 일맥상통한다는 선언이다.[19]

끝으로 오경의 저자와 권위 문제를 헬레니즘 이전 관점에서 조망해보

---

18 히브리 정경 내에서 모세와 토라의 관련성을 어떻게 표현했는지와 관련하여, 어떤 텍스트도 오경을 고정된 포괄적인 선집이라고 지적하지 않는다는 것은 명백하다. 일부 표현들이 오경 내의 특정 규정들이나 단락들을 모세의 작품으로 돌리지만, 여기서도 그런 규정이나 단락이 포함된 자료들이나 문서들을 모세가 저술했다고 주장하지는 않는다.
19 이런 역동적인 과정을 통한 신적 영감에 대한 개요로는 아래 C. A. Strine의 "하나님의 낮아지심과 위작" 단락을 참조하라.

면, 위작이 정경성을 부인하는 지표가 되지는 않는 것 같다. 정경(canon)에 권위가 있는 것처럼, 위작(pseudepigraphy)에도 권위가 있다. 헬레니즘 이전의 저자 개념이 자료의 내용에 권위를 두는 것처럼, 오경의 익명성은 영감된 텍스트에 권위를 두도록 만든다. 역사비평은 기독교 정경으로서 오경이 갖는 권위적 지위를 찬탈하는 것이 아니라 텍스트의 권위가 위치한 자리가 어디인지, 그리고 하나님이 성경을 통하여 일하시는 역동적인 방식이 무엇인지 재정의하도록 돕는다. 특히 역사비평은 오경 텍스트의 권위가 모세의 저술 행위에 있지 않고 하나님의 행동에 놓여 있다는 점을 보여준다. 오경을 위작으로 분류하는 것이 최선의 선택이든 아니든 간에, 그 현상과 관련된 신학적 문제들이 관습 자체에 기인하는 것 같지는 않다. 신학적 문제들은 우리가 "저자" 및 "권위"에 대한 현대적 개념을 고대 문서에 잘못 적용하고, 텍스트의 저술을 본문의 등장인물과 부당하게 연결시킨 데서 비롯되었다.

위작과 이사야서

오경에 다수의 저자(아마 그중에 모세는 포함되지 않을 것이다)가 존재한다는 가설이 출현한 지 얼마 지나지 않아, 그와 유사한 관점이 이사야서 연구를 주도하게 된다. 이사야서가 세 번의 주요 발전 단계를 거친 책이라고 여기는 비평적 입장은 널리 알려져 있다.[20] 사실상 이 입장은 18세기부터 오늘날까지 지속되어온 구약학계의 역사를 반영한다.

---

20 참조할 수 있는 가장 최근의 자료는 Jacob Stromberg, *An Introduction to the Study of Isaiah* (London: T & T Clark, 2011)이다.

통일성에서 분열로

이븐 에즈라(1093-1140년경)처럼 이른 시기의 저자들 사이에서도 이사야
서가 단일 저자의 작품이 아닌 것 같다는 제안들이 있었다.[21] 현대 이사야
서 연구의 중요한 발전들은 18세기 말에 시작되어 1892년 베른하르트 둠
(Bernhart Duhm)의 영향력 있는 주석의 출간으로 꽃을 피웠다.[22] 잘 알려진
것처럼 둠은 이사야서를 이스라엘 역사의 주요한 세 시대(포로 이전, 포로 시
대, 그리고 포로 이후 시대)를 대표하는—각기 저자가 다른—독립된 세 부분으
로 나누었다. 소위 제1이사야(1-39장), 제2이사야(40-55장), 제3이사야(56-
66장)로 구분하는 그의 도식은 이후로 학자들이 수용하든지 아니면 어떤 식
으로든 대응해야 하는 기본 패러다임이 되었다. 그의 관점이 다양한 방식으
로 발전하고 수정되기는 했지만, 이사야서의 삼중 기원에 대한 그의 통찰은
학자들 사이에서 여전히 합의사항으로 남아 있다.[23] 어떤 형태로든 복수 저
자가 존재한다는 관점에 대한 증거가 너무나 강력하기 때문에, 심지어 비교
적 보수적인 성향의 학자들 중에도 이사야서 전체를 기원전 8세기에 예루
살렘에서 활동했던 이사야라는 인물의 저작으로 돌리지 말아야 한다는 주
장을 받아들이는 이들이 있었다.[24]

---

21   Uriel Simon, "Ibn Ezra between Medievalism and Modernism: The Case of Isaiah xi-lxvi,"
      in John Adney Emerton (ed.), *Congress Volume: Salamanca 1983*, VTSup 36 (Leiden: Brill,
      1985), 257-71.

22   Bernhard Duhm, *Das Buch Jesaja übersetzt und erklärt*, HKAT 3.1, 4th edn (Göttingen:
      Vandenhoeck & Ruprecht, 1922 [1892]).

23   Hugh G. M. Williamson, *The Book Called Isaiah: Deutero-Isaiah's Role in Composition and
      Redaction* (Oxford: Oxford University Press, 1994), 1-18.

24   Bruce K. Waltke with Charles Yu, *An Old Testament Theology: An Exegetical, Canonical, and*

분열에서 통일성으로

둠 이후 학계의 추세는 각 부분을 다시 서로 느슨하게 연결된 단편들로 나누는 것이었다(예. 사 24-27, 34-35장). 그러나 1970년대와 1980년대에 인식론적·해석학적 감성들이 변화함에 따라 강조점이 이사야서의 불연속성을 강조하는 대신에 그 책을 하나로 묶어주는 요소를 탐구하는 것으로 이동하였다.[25] 이런 움직임은 역사비평학계와 최근의 정경비평 학파 내에서 등장하였다.

하지만 역사비평 접근법을 수용한 애크로이드(P. R. Ackroyd), 클레멘츠(Ronald E. Clements), 윌리엄슨(Hugh G. M. Williamson)은 이사야서 전체의 각 부분이 앞부분에 대한 논리적 부산물이었다고 주장하였다. 애크로이드는 이사야서의 첫 부분을 40-55장과 묶어주는 문학적 경첩 역할을 하였던 이사야 36-39장을 예로 들어 설명하면서 이사야서 전체를 관통하는 배열상의 논리가 존재한다고 강력하게 주장했다.[26] 클레멘츠는 애크로이드의 입장을 발전시켜서 이사야서의 통일적 구조, 그리고 주제들의 반복적인 등장이 "예루살렘을 중심으로 활동하던 이사야의 메시지를 후대에 전수하고자 하는 관심이 처음부터 이 장들의 핵심적인 의도 중 하나였음을 보여"준다고 주장했으며, 동일한 맥락에서 이사야 40-55장이 일반적으로 주장되는 것처럼 독립적이고 자충족적인 텍스트가 아니라고 결론지었다.[27]

Thematic Approach (Grand Rapids: Zondervan, 2007), 66-7.

25   Williamson, *Book,* 3-18은 이 이슈에 대한 명확하고 접근 가능한 개괄을 제공한다.

26   Williamson, *Book,* 10은 Peter R. Ackroyd, "Isaiah 36-39: Structure and Function," in W. C. Delsman et. al. (eds), *Von Kanaan bis Kerala: Festschrift für Prof. Mag. Dr. J. M. van der Ploeg O. zur Vollendung des siebzigsten Lebensjahres am 4. Juli 1979*, AOAT 211 (Neukirchen-Vluyn: Neukirchener Verlag, 1982), 3-21에 대해 논평한다.

27   Ronald E. Clements, "Beyond Tradition-History: Deutero-Isaianic Development of First Isaiah's Themes," *JSOT* (1985), 95-113 (106).

이런 접근은 윌리엄슨의 저작에서 절정에 도달하였다. 그는 다양한 주제와 문학적 요소에 대한 신중한 고찰을 통해 "[제2이사야의 저자가] 자신의 저작을 예언자 이사야의 저작과 통일성을 갖는 연속체로 여겼다"는 점을 보여준다.[28] 윌리엄슨의 가장 큰 공로는 초기 이사야 자료에서의 이런 의식적인 발전이 비단 40-55장에만 한정되는 것이 아니라 1-39장에도 해당한다는 점을 보여준 것이다. 여기서 그는 "제2이사야가⋯자신의 메시지를 하나님께서 지금 이스라엘과 관계를 맺으시는 방식에만 아니라 과거에 사용하신 방식에도 연결시키기 위해⋯초기 형태의 예언을 자신의 메시지에 포함시키고 두 부분을 하나로 묶는 방식으로 편집했다"고 주장한다.[29]

위작(pseudepigraphy)과 관련하여, 제2이사야의 작품인 2-12장이 가장 중요하다. 거기서 익명의 예언자는 소수의 짧은 텍스트를 덧붙였고 12장을 저술하여 그 단락의 결론으로 삼았으며,[30] 그 자료에 "아모스의 아들 이사야가 보았던 유다와 예루살렘에 관한 말씀"이라는 표제를 달았다(2:1). 이 표제가 포함하는 텍스트의 범위가 어디까지인지는 논쟁의 여지가 있지만, 2장에서 12장까지일 가능성이 높다(참조. 13:1). 그렇다면 제2이사야 자신의 작품 중 적어도 일부는 이 표제의 영향권 아래 있으며, 따라서 그 자료는 의도적인 위작이 된다.

차일즈(Brevard Childs)는 위에 언급된 접근방법이 "최종적으로 수용된 형태의 텍스트가 일관된 증언으로서 갖는 정경적 권위를 제대로 다루"지 못한다고 불만을 표하면서,[31] 이사야서에 대해 "본래의 문학적·심미적 통일

---

28   Williamson, *Book*, 113.

29   Williamson, *Book*, 240-1.

30   Williamson, *Book*, 154.

31   Brevard S. Childs, Isaiah (Louisville: Westminster John Knox, 2001), 4.

성을 회복하는 것보다는 본문의 신학적 형태의 본질을 이해하는 데 관심을 가지는" 정경적 해석을 통해 이사야서의 통일성을 주장한다.[32] 차일즈는 일종의 지침으로서 "나는 [이사야서의] 통일성에 대해 확고한 신념을 가지고 있다. 물론 나는 그 통일성이 단일 저자라는 관점에서 설명될 수는 없다는 점에 동의한다"라고 주장하면서 다음과 같은 질문을 제기한다. "우리는 어떤 의미에서 참으로 그 책이 이사야에게 주어진 하나님의 말씀을 담은 정경 문서라고 말할 수 있는가?"

차일즈는 역사비평학자들의 저작을 기피하지 않는다. 그는 클레멘츠와 윌리엄슨의 입장에 동의하면서 이사야서의 후반부가 앞선 자료를 상기시키는 형태로 구성되었다고 주장하는데, 이것은 이사야서 전체의 편집자들이 스스로를 "이스라엘을 구원하시려는 하나님의 뜻에 관한 기존의 주장에 새로운 해석을 제공하는 자들로" 여겼다는 의미다.[33] 그러므로 그는 이사야서 40:1-11에 대해 다음과 같이 설명한다.

예루살렘 이사야는 심판이라는 "옛것"과 구원이라는 "새것"을 함께 선포하는 자로 이해된다. 서문의 메시지는, 비록 예언된 심판이 성취되기는 했지만 미래 구원에 대한 이사야의 예언이 이제 새것 안에서 성취되려고 한다는 것이다. 1-39장과 40장 이하 간의 연속성은 이사야라는 역사상의 **등장인물**(*persona*)에 있지 않으며…오히려 이사야가 신실하게 선포했던 하나님의 말씀에 달려 있는 것이다. 그 말씀은 미래로 확장되며 이사야가 이미 선포했던 새것 안에서 성취된다. 40장과 제1이사야 간의 연속성에 대한 가장 강력한 증거는 "새로

---

32   Childs, *Introduction*, 74.
33   Childs, *Isaiah*, 3-4.

운"이라는 표현이 그의 초기 저작을 시사하는 상호텍스트적 언급으로서 지속적으로 묘사된다는 점이다.[34]

따라서 제2이사야는 예루살렘 이사야는 아니지만, 바빌로니아 포로들을 향한 자신의 글에서 기원전 8세기 예언자의 입에서 나온 신적으로 영감된 메시지를 충실하게 재해석하려는 의식적인 노력을 수행한다. 차일즈에게 이사야 1-66장의 최종형태는 성경 텍스트의 전승가들이 그 텍스트를 "하나님에 대한 무분별한 생각들의 무질서한 수집물"로가 아니라 "신적으로 영감된 일관성 있는 신학적 성찰의 산물"로 여겼다는 점을 보여주는 증거였다.[35]

　　요컨대 이사야서가 다수의 저자들에 의해 수 세기에 걸쳐 만들어진 작품이라는 점을 보여주는 많은 증거가 있다. 하지만 이처럼 다단계의 발전을 거친 작품임에도 이사야서의 메시지에는 "통일성"이 있다. 비록 그 통일성이 서로 완전히 다른 근거들을 통해 인식되겠지만 말이다. 제2이사야가 위작이라는 사실이 제기하는 신학적 이슈로는 어떤 것이 있는지 아래에서 네 가지 가장 중요한 사안들을 논의할 것이다.

제1이사야와 재해석

근본적인 질문은 예루살렘 이사야의 메시지가 후대의 재해석에 대해 열려 있는지, 혹은 더 나아가 재해석을 요청하는 것은 아닌지에 관한 것이다. 이런 재해석과 확장은 후대의 전승가가 이전 텍스트를 새로운 문맥에 의도적

34　　Childs, *Isaiah*, 296-7. 강조는 원저자의 것임.

35　　Brevard S. Childs, *The Struggle to Understand Isaiah as Christian Scripture* (Grand Rapids: Eerdmans, 2004), 316.

으로 재적용하는 단계에까지 이어진다. 이런 작업의 동기가 무엇인지 구체적으로 밝히는 것은 불가능하지만, 이와 연관된 영역을 탐구하는 것은 가능해 보인다. 과연 제1이사야가 이런 재해석을 요청하는 것인가? 그렇다면 위작을 통한 텍스트의 확장은 원 메시지를 기만하는 것도 아니고 해를 끼치는 것도 아니다.

이사야는 후대의 재해석이 사전에 의도된 것임을 시사하는 두 가지 특징—다면적 예보들, 보존을 위한 기록—을 지적한다. 학자들은 이사야 7-8장에 묘사된 유명한 징조들이 다중적 해석에 열려 있다는 점을 관찰한다. 우리는 "스알야숩"이라는 이름(남은 자가 남을 것이다; 7:3), "응유와 벌꿀을 먹"(7:15)을 "임마누엘"이라고 불리는 약속된 자녀(하나님이 우리와 함께 하신다; 7.14), "마헬살랄하스바스"(노획물에게 빨리, 탈취물에게 신속히; 8:1, 3)라고 불리는 두 번째 약속의 자녀를 어떻게 해석해야 하는가?[36] "남은 자"는 황폐해진 군대(참조. 1:8-9; 6:13)인가, 아니면 소수의 신실한 생존자들인가? "하나님이 우리와 함께하신다"는 말과 "응유와 벌꿀을 먹"는 것이 보호에 대한 약속인가, 아니면 하나님이 가져다주시는 파멸에 대한 선언을 의미했는가? "노획물에게 빨리, 탈취물에게 신속히"라는 표현은 온 땅을 황폐하게 하는 군사적 승리를 묘사하는가, 아니면 하나님이 외국 군대를 제한하셔서 예루살렘의 생존자를 보존하신다는 것을 의미하는가? 이 자료들의 기원으로 여겨지는 예루살렘 이사야가[37] 이 자료들과 관련하여 단일한 해석을 의도했는지, 혹은 그 진술들이 다면적으로 받아들여지기를 원했는지를 확실히 판단하는 것은 불가능하다. 차일즈 자신은 위의 텍스트들이 직설적인 방식으로

---

36   Childs는 그 징조들이 "비범한 신비와 불확정성"을 가지고 있다고 언급한다(*Isaiah*, 68).
37   Stromberg, *Introduction*, 21-5, 특히 23-4의 논의를 보라.

해석하기에는 지나치게 "모호하고 불확정적"이라고 여긴다.

강력한 이미지와 모호한 의미의 융합이 후대의 전승가들로 하여금 그 이미지들을 아시리아가 예루살렘의 포위에 실패한 사건(기원전 701년), 예루살렘 함락(기원전 586년), 그리고 바빌로니아 포로로 해석하고 재적용하게 만들었다. 위 텍스트에서 예루살렘 이사야의 메시지가 다면적인 특징을 갖고 있다는 점에서, 메시지 자체가 정확히 이런 종류의 재해석과 확장을 장려한다고 말할 수 있다. 따라서 후대의 전승가들이 자신들의 작업을 원 메시지에 대한 위반이나 기만으로 여겼을 것 같지는 않다.

예루살렘 이사야가 메시지를 저술한 목적이 이런 관점을 확증한다. 이사야 8:1-4과 16-18, 그리고 특히 30:8-10은 예루살렘 이사야가 자신의 말을 보존함으로써 미래 세대들이 자기 메시지를 듣고 그것을 장차 전개될 사건들에 비추어 이해할 수 있게 해주었다고 지적한다. 확실히 이사야는 머나먼 미래에까지 이어지는 이런 과정을 내다보았다.

> 이제 가서, 그것을 그들 앞에서 서판에 기록하고,
>
> 그것을 책에 기록하여,
>
> 그것이 장차 올 때를 위하여
>
> 영원한 증거가 되게 하라(30:8, 사역).

윌리엄슨은 이렇게 표현한다. "증거로서 텍스트의 기능은 이사야의 생애로부터 멀리 떨어진 불확정적인 미래로 투사된다."[38] 메시지가 "전개된다"는 개념은 제2이사야에게 심대한 영향을 미쳤으며, 그리하여 그는 "이사야가

---

38   Williamson, *Book*, 105.

기록한 것이 봉인된 문서가 개봉되고 새로운 메시지가…선포되어야 했던 그때[포로 시대]에 관한 것이었다고 인정하기에 이르렀다."[39] 윌리엄슨은 이사야 40-55장에 존재하는 이사야의 언어에 대한 의도적인 전용이 이것을 입증한다고 주장한다. 주목할 점은 윌리엄슨과 대조적인 접근법을 채택한 차일즈도 두 단락이 서로 어떻게 연관되는지를 설명하기 위해 이사야서의 초기 자료에 대한 동일한 상호텍스트적 언급들에 의존한다는 사실이다.[40]

데이비드 미드(David Meade)는 그와 같은 후대의 재해석과 관련하여 유용한 은유를 제공한다. "그림 언어로 표현하자면, 예언 문서의 형성 과정은…나무의 성장과 유사하다. 나이테는 쌓여가지만…언제나 심지로부터 그 형태를 취하며…다 자란 나무는 묘목과 상당히 달라 보일 수 있지만, 양자 사이에는 근본적인 연속성이 있다."[41]

이 두 가지 요점에 따르면, 제2이사야는 예루살렘 이사야의 "다면적"인 기록 메시지가 후대의 재해석을 환영하는 것으로 이해했는데, 그렇다면 위작으로서의 제2이사야는 사실상 이전 자료에 대한 필요 불가결하고 신실한 수정이다. 미드는 제2이사야가 자기 정체를 드러내지 않는 것은 보다 거대한 전통에서 자신이 맡은 역할을 인식한 결과이며, 40:1-11에 나오는 익명의 목적진술은 "메시지를 재가하는 한편 그 메시지가 거대한 전체로부터 독립된 것이 아님을 분명히 해주는 이중의 목적"을 달성한다.[42]

---

39   Williamson, *Book*, 107.
40   Childs, *Isaiah*, 297.
41   Meade, *Pseudonymity*, 24-5.
42   Meade, *Pseudonymity*, 35.

하나님의 낮아지심과 위작

두 번째 중요한 질문은, 이처럼 상응적(coherent)이고 전개적(unfolding)인 방식으로 이해되는 다중 저자 문제가 신적 영감의 개념에 어떤 영향을 주는가 하는 것이다. 혹은 더욱 직설적으로 표현하자면, 이러한 종류의 다중 저자 개념이 성경의 신적 영감에 대한 고전적 관점에 부합할 수 있겠는가?

이 사안이 가지는 특징을 다음과 같이 한 문장으로 요약할 수 있을 것이다. 영감에 대한 모든 기독교적 관점들에 공통되는 요소는 하나님이 성경을 통해 인간과 말씀하시기 위해 낮아지셨다는 개념이다. 하나님께서 인간 언어와 인간 전령들을 택하신 것은 사람들과의 소통을 가능하게 해주는 자유롭고 필연적이지 않은 결정이었다. 게다가 모든 기독교 전통은 그 메시지가 미래 세대들도 하나님의 말씀을 알 수 있도록 신중하게 기록되고 정확하게 전달되었다는 점을 인정한다. 이것은 하나님의 인도하에 인간이 관여하는 연쇄적인 과정을 필요로 한다.

아마도 이런 과정과 이사야서라고 불리는 책에 관한 "상응적"이고 "전개적"이며 다중적인 모델 사이에 존재하는 유비를 다음과 같은 질문을 통해 정제할 수 있을 것이다. 만일 하나님이 한 인간을 통하여 말씀하시려고 낮아지셨으며, (기록이라는 수단을 사용하는) 일련의 전승가들을 통해 그 메시지를 보전하시는 것이 적절하다고 생각하셨다면, 그들을 이전의 "신적으로 영감된" 메시지를 그와 동등하게 "신적으로 영감된" 방식으로 실현하고 확장할 수 있도록 동일하게 "신적으로 영감된" 전승가들로 받아들이기 위해서는 이전의 교리에 도대체 어떤 전환이 필요하단 말인가? 달리 묻는다면, 낮아지심이 하나님의 자유로운 선택이라면, 하나님으로 하여금 한 명의 저자가 아니라 일련의 저자들을 통하여 그런 낮아지심을 수행하시지 못하도록 막는 요인이 무엇이란 말인가?

이것은 신학적 난제이며, 여기서 충분히 다루는 것은 불가능하다. 그럼에도 그것은 이사야서의 삼중 저자 문제에 대한 역사비평적 주장들의 신학적 함의들을 평가할 때 고려할 필요가 있는 질문이다.

저자 "이사야"에 대한 신약의 증거

그리스도인들에게는 이 문제와 관련된 증거가 이사야서 자체에만 국한되는 것이 아니며, 이 질문과 관련된 신약의 증거들도 포함시킬 필요가 있다. 증거가 이사야서에 대해 다중 저자를 지지한다면, "이사야"를 하나의 실체로 대하는 신약의 접근법을 우리는 어떻게 다루어야 하는가?(참조. 사 6:10과 53:10을 인용하는 요 12:41)

요점만 말하자면, 고대의 저자 개념과 현대적 맥락에서의 저자 개념 사이에는 상당한 차이가 있음을 명심할 필요가 있다.[43] 초기 기독교 관점들에 대한 현존하는 증거들은 기만적인 위작이 환영받지 못했음을 보여준다. 비록 학자들이 초기 기독교의 이런 태도를 복음서 및 서신서처럼 예언서와는 다른 장르에 속한 텍스트들과 연결시키기는 하지만 말이다.[44]

그럼에도 신약의 이사야서 사용은 이러한 실현과 확장의 관습이 수용되었을 뿐만 아니라, 지속적으로 적용되었음을 시사한다. 복음서에서는 이 관습이 사라지지 않았다는 몇몇 징후를 제시하며, 더 나아가 바울 서신에서는 그것이 지속적으로 사용되고 있었음을 보여준다. 예를 들어 학자들은 바울이 이사야서를 인용할 때 다양한 방식으로, 예를 들어 어순의 변경, 인칭·성·수의 변경, 텍스트 중 일부 생략, 단어 추가와 변경, 심지어 다양한 텍스

---

43   위의 "위작과 오경" 단락을 참조하라.
44   아래의 "바울 서신에서의 위작 문제" 단락을 참조하라.

트의 조합 등을 통하여 원문을 수정했음을 지적한다.[45] 그중 일부는 번역으로 인한 것이거나 혹은 문체상의 성향으로 인한 것일 수 있으나, 바울의 수정 중 상당수가 내용의 변화를 의도한 것이라고 주장할 충분한 근거가 있다. 차일즈는 "구약의 의미를 재해석하려는 의도적인 노력이 있었"으며, 바울이 이사야서 자료에 대해 "새롭고 색다른 의미를 부여"하고자 했다고 주장한다.[46]

이와 같은 관찰은 제2이사야가 채택했던 것으로 간주되는 해석학적 관점과 저작 의도를 강력하게 상기시키는데, 따라서 우리는 바울이 그런 작업을 허용했을 뿐 아니라 그 자신이 그와 유사한 방식으로 저술하기도 했다고 결론지을 수 있을 것이다. 이 제안은 구약, 특히 이사야서에 대한 신약 저자들의 태도가 예루살렘 이사야에 대한 제2이사야의 태도와 다르지 않다는 점을 암시한다.

이사야서와 성경론

위에서 던지는 질문들은 보다 광범위한 논제, 다시 말해 세 부분으로 이루어진 이사야라는 책의 존재가 기독교 성경 교리를 보강하는가, 아니면 무너뜨리는가라는 물음에 포함되는 것들이다. 혹자는 이것이 하나님께서 사람과 말씀하시기 위해 택하셨을 잠재적 수단들의 목록에서 위작 문서들을 배제해온 선험적 토대를 향한 도전이라고 말할 수도 있을 것이다. 만일 위작도 하나님이 주신 그대로의 성경을 의미한다고 말할 수 있다면, 우리의

---

45   Dietrich-Alex Koch, "Die Schrift als Zeuge des Evangeliums: Untersuchungen zur Verwendung und zum Verständnis der Schrift bei Paulus" (Habilitationsschrift, Johannes-Gutenberg-Universität Mainz, 1983). 참조. Childs, *Struggle*, 16-19.

46   Childs, *Struggle*, 17.

성경 교리는 정경이 포함하는 텍스트들의 역사적·전개적·통시적 특징을 설명할 수 있을 것이다.[47] 그렇지 않으면 우리는 신적 자유를 부인하고 속담이 말하는 것처럼 둥근 구멍에 네모난 말뚝을 박아 넣는 실수를 범하는 것이다.

게다가 그런 비타협적인 관점들은 성경이 가진 선교적 목적을 무시하는 것이다. 차일즈는 이사야서의 수용사에 대한 자신의 탁월한 개관에서 성경의 특징이 갖는 해석학적 의미를 아주 유용한 방식으로 설명한다.

성경이 특권적 지위를 갖는다는 말의 의미는, 성경의 "증언"이 단일한 교리문구를 가리키는 것이 아니라, 역사적 기독교 공동체라는 한정된 집단(예루살렘, 로마, 안디옥, 등) 내에서 예배를 통해 전달되고 수용되어온 신앙고백을 가리킨다는 의미다.[48]

그는 또한 우리에게 정경을 텍스트가 저장된 고요한 창고로 여길 것이 아니라 "선포되어야 할 복음, 곧 사용되어야 할 텍스트"로 여기라고 요청한다.[49] 나는 기독교 역사가 텍스트의 메시지를 실현하고 그 의미를 동시대 청중에게 전달하고자 기울여온 항구적인 노력이, 이사야서라 불리는 책의 저작에 참여했던 다수의 저자들에게 주어졌던 과제와 상당히 유사하다고 생각한다.

우리는 저자와 권위에 관한 고대의 개념과 텍스트의 실현 및 확장 개념이 오경과 이사야서의 위작 문제와 관련된 신학적 난제들을 이해하는 틀을

---

47 이 질문에 내포된 다양성과 복잡성에 접근하는 방식을 예시한 것으로 다음을 보라. John Goldingay, *Models for Scripture* (Grand Rapids: Eerdmans, 1994).

48 Childs, *Struggle*, 314.

49 Ibid.

제공하는 방식을 살펴보았는데, 이제는 신약을 배경으로 이 문제를 성찰해 볼 필요가 있다. 먼저 요한복음에서 시작하고, 이어서 바울 서신의 위작 문제를 살펴볼 것이다.

위작과 요한복음

위작과 요한복음의 문제는 요한복음의 기원이라는 불가사의한 주제로 우리를 초대한다. 학자들은 흔히 이것을 단순히 "요한 문제"(Johannine Problem)라고 부르지만, 다루어야 할 복잡한 문제가 하나가 아니라 여럿이라는 점에서 그런 묘사는 오해의 소지가 있다. 그러나 여러 문제들이 서로 밀접하게 연결되어 있다는 사실이 그것을 하나의 거대하고 풀리지 않는 실타래로 만들어버리는 경향이 있다. 한 주석가의 말에 따르면, "이 책에 대하여 우리가 알고 싶어 하는 모든 것은 불확실하며, 우리가 아는 것처럼 보이는 문제들은 하나같이 논쟁의 대상이다."[50]

"요한 문제"의 중심에는 전통적으로 요한복음의 저자라고 알려진, 신비에 싸인 "요한"이 있다. 요한복음의 저자 문제는 이미 2세기부터 논쟁거리였다. 사람들은 그것을 가리켜 "그야말로 전형적인 요한 문제"라고 불렀다.[51]

요한 학계에서는 요한복음의 신비스러운 저자와 관련하여 두 가지 이슈가 제기되었다. 하나는 저자의 신원 문제고, 다른 하나는 저자의 신뢰성

---

50 George R. Beasley-Murray, *John*, 2nd edn, WBC (Nashville: Thomas Nelson, 1999), xxxii. 『요한복음』(솔로몬 역간).

51 John Ashton, *Understanding the Fourth Gospel* (Oxford: Clarendon Press, 1991), 15.

역사비평의 도전과 복음주의의 응답

문제다. 이 두 가지 이슈는 반드시 함께 다루어져야만 하는데, 그 이유는 초기 교회가 참된 증언으로서의 복음서에 관심을 가졌을 뿐 아니라, 내러티브 장르의 특성상 저자가 누구인지 알려져야 하고, 무엇보다도 그 저자가 신뢰할 만한 사람일 것이 요구되기 때문이다. 설사 실제 저자의 이름은 알려지지 않은 채 남아 있더라도 말이다. 요한복음의 저자 문제에 대한 역사비평적 분석을 다룰 때 우리는 저자의 신뢰성에 대한 내러티브 자체의 관심 문제도 포함시켜야 한다. 왜냐하면 저자의 정체에 대한 다양한 제안들이 잠재적으로 저자의 "참말"(19:35; 참조. 21:24)의 본질을 형성하기 때문이다. 요한복음의 위작에 관한 논의는 불가피하게 요한복음의 익명성에 대한 논의와 교차할 수밖에 없기 때문에, 우리는 두 이슈를 서로 비교해서 논의하고 평가해야만 한다.

익명의 "요한"

우리에게 알려지고 고대 자료에서 언급되는 유일한 요한복음 판본은 "요한에 의한"이라는 표제를 포함하고 있다.[52] 물론 초기 독자들에게는 요한복음의 저자가 우리들에게보다는 덜 익명적이었을지 모르지만, 엄밀히 말하자면 요한복음은 형식상 익명(anonymous) 저작이다.[53] 따라서 요한복음에 대한 전통적인 역사비평 접근법은 다양한 질문들을 통해 익명성 문제에 초점을 맞췄다. "요한"은 누구인가? 그의 익명성의 본질은 무엇인가? 익명의 요한에 대한 탐구는 두 명의 요한, 곧 사도 요한과 장로 요한에게 집중되었다.

---

52 복음서의 제목에 관한 증거를 개괄한 유용한 연구로는 다음을 보라. Martin Hengel, *Studies in the Gospel of Mark*, trans. John Bowden (London: SCM Press, 1985), 66-84.

53 Martin Hengel, *The Johannine Question*, trans. John Bowden (Philadelphia: Trinity Press International, 1989), 74-6에 따르면, 요한복음은 원래 독자들에게 저자가 알려지지 않는다는 의미에서 익명으로 의도된 적이 전혀 없었다.

전통적인 관점에서 요한복음의 저자는 사도 요한이다. 내적 증거가 "요한"이 예수의 제자였다고 제안할 뿐만 아니라, 교회의 전통도 예수를 측근에서 보필했던 세 제자 중 하나인 세베대의 아들 사도 요한이 요한복음의 저자라는 입장을 압도적으로 선호한다. 사도 요한이 저자라는 관점이 18세기 중반까지는 소위 과학의 진보로부터 신앙을 지키고자 했던 교리적 판단에 의해 보호받으면서 확고한 위치를 점하고 있었다.[54] 오로지 신뢰성 문제와 관련이 적은 이슈들이 제기될 때만 다른 저자의 가능성을 제안할 수 있었다.[55] 이런 관점에서, 복음서가 익명성의 형태를 취한 이유는 사도 요한이 너무나도 유명한 인물이어서 굳이 그의 이름을 밝힐 필요가 없었기 때문이었다는 주장을 되새길 필요가 있다.

요한복음의 저자로서의 또 다른 유일한 잠재적 "요한"은 장로 요한이라 불리던 사람이다. 마르틴 헹엘(Martin Hengel)과 리처드 보컴(Richard Bauckham)의 최근 저작들은 기나긴 논증을 거쳐 "또 다른 요한"을 가능성 있는 후보로 제시한다.[56] 헹엘과 보컴은 "장로 요한"이 요한복음의 저자라고 주장하기 위해 전통적인 외적 증거, 특히 파피아스 서문의 유명한 단편을 분석한다(Eusebius, *H. E.*, 3.39.4). 이 요한은 사랑받는 제자였으며, 비록 12사도의 반열에 들지는 못했지만 예루살렘에서 예수를 따르던 자였다. 장로

---

54 참조. Stephen C. Neill and N. T. Wright, *The Interpretation of the New Testament 1861-1986*, 2nd edn (Oxford: Oxford University Press, 1988), 359.

55 사도의 저작이라는 주장에 대해 점증하는 의심을 다룬 유용한 개괄로는 다음을 보라. Andreas J. Köstenberger, "Early Doubts of the Apostolic Authority of the Fourth Gospel in the History of Modern Biblical Criticism," *Studies on John and Gender: A Decade of Scholarship*, StBL 38 (New York: Peter Lang, 2001), 17-47.

56 Hengel의 제안은 *Johannine Question*에서 발견할 수 있다. Bauckham의 제안은 *Jesus and the Eyewitnesses: The Gospels as Eyewitness Testimonies*(Grand Rapids: Eerdmans, 2006)에 가장 포괄적으로 다루어져 있다. 『예수와 그 목격자들』(새물결플러스 역간).

요한이 요한복음의 저자라는 제안은 요한복음의 "형식상"의 익명성과, 요
한복음이 (히브리서와는 달리) 익명 저작으로 여겨졌다는 증거가 없다는 사
실을 설명해줄 뿐 아니라, 이 복음서를 사도 요한의 것으로 돌리게 된 이유
도 설명해준다. 보다 덜 알려진 장로 요한 대신 보다 유명한 사도 요한을 저
자로 삼았다는 것이다.[57] 형식상의 익명성이 초래한 혼동으로 인해 구두 전
승에서 장로 요한이 빛을 잃고 사도 요한이 득세하게 되었다는 논리다. 이
런 현상은 이레나이우스(Irenaeus)가 요한복음의 저자에게 기술적인 관점에
서가 아니라 그가 신뢰할 만한 권위를 갖고 있으며 예수의 재가를 받았다
는 의미에서 "사도"라는 칭호를 부여함으로써 고착화되었다(Haer. 1.9.2-3;
2.22.5; 3.3.4). "사도"라는 칭호가 그리스도의 신뢰할 만한 증인들을 의미하
는 느슨한 표현으로 사용되는 전통이 요한복음과 연결되었고, 일단 저자가
사도라고 불리기 시작하면서 장로 요한은 세베대의 아들과 서로 구분할 수
없는 관계가 되어버렸다. 결국 사도 요한이 요한복음의 저자라는 주장이 열
여덟 세기 동안 득세하기는 했지만, 그것이 사실은 이레나이우스의 잘못된
해석을 반복하면서 요한복음의 기원에 관한 최초의 (아시아에서 기원한) 전통
을 무시한 것일 가능성도 있다.

이런 증거에 비춰볼 때 복음서가 가진 형식상의 익명성은 (사도 요한의
경우처럼) 저자가 누구인지 명백하다는 가정에 의해서, 혹은 내러티브의 특
별한 의도에 의해 탈색된 결과일 수 있다. 보컴이 장로 요한을 요한복음의

---

57   Richard Bauckham, "Papias and Polycrates on the Origin of the Gospel of John," *The
      Testimony of the Beloved Disciple: Narrative, History, and Theology in the Gospel of John* (Grand
      Rapids: Baker Academics, 2007), 33-72 (35). Bauckham에 따르면, 저자가 장로 요한이었다
      고 주장하는 외적 증거(2세기 초 아시아의 파피아스로부터 2세기 말 폴리크라테스까지의 전
      통)가 아시아에서 기원후 3세기 전까지는 도전을 받지 않았으나, 2세기 중반에 이집트의 저
      작들에서 세베대의 아들로 전환되었다.

저자인 사랑받는 제자와 동일시하는 것은 후자에 따른 것이다. "우리가 던져야 할 질문은 사랑받는 제자의 정체가 왜 감추어졌는가가 아니라, 최초의 독자/청자들에게 잘 알려져 있었을 사랑받는 제자가 왜 복음서에서 익명으로 제시되고 있는가라는 것이다."[58] 보컴에 따르면, 익명성이라는 요소는 이상적이고 신뢰할 만한 증인으로서의 사랑받는 제자를 다른 제자들과 구분하기 위한 문학적 장치였다. 복음서 저자가 나름의 이유로 자신의 정체를 익명으로 남겨두는 것은 물론 가능한 일이었겠지만, 현대 비평가들은 그러한 익명성을 문제삼는다.[59]

위명의 "요한"

지난 두 세기 동안 요한복음의 저자에 대한 전통적인 탐구는 요한복음의 기원에 대한 탐구에 자리를 내주었다. 이 탐구를 주도한 것은 종교사학파였는데, 그들은 전통적으로 당연시되어온 요한복음과 실제 요한 간의 연관성을 제거하는 데서 멈추지 않았다. 방향이 복음서의 기원으로 전환되면서, 이제는 저자가 아니라 내용이 관심사가 되었다. 이제 복음서의 내용은 요한이라는 이름을 가진 두 제자 모두에게서 멀리 떠나 그들에 관한 아시아 혹은 이집트 전통의 테두리로 자리를 옮겼다. 현대 역사비평가들은 "전통"이 고백적 기독교에 의해 오염되었다고 주장한다. 그러나 기독교도 하나의 역사적 현상이며, 다른 종교와 마찬가지로 편견이나 선입견 없이 탐구되어야 한다.

---

58 Richard Bauckham, "The Beloved Disciple as Ideal Author," *The Testimony of the Beloved Disciple: Narrative, History, and Theology in the Gospel of John* (Grand Rapids: Baker Academic, 2007), 73-91 (90).

59 Bauckham, "Beloved Disciple," 90-1. 요약하자면, 익명성은 (이상적인 저자를 창조하고자 하는) 그의 내러티브 전략이 아니었던 것만큼이나 (이상적인 평판을 가정하는) 요한이 갖는 역사적 중요성의 결과도 아니었다.

위작의 관습에 대한 역사적 증거들에 힘입어, "요한"이라는 이름은 "아무 개"와 동의어가 되었으며, 결과적으로 저자 논란에 거론되는 후보자가 넘쳐 났다. 논쟁에 가이드라인을 제공할 여지가 있는 어떤 고백적 "전통"도 배제 함으로써, 이제는 내적 증거에 기반한 역사적 재구성이 저자 논쟁을 주도하 게 되었다. 결국 위명의(pseudonymous) 요한에 대한 탐구는 "요한"을 대체할 두 가지 가능성에 집중되었다. 하나는 "요한 공동체의 개인"고 다른 하나는 "요한 공동체"다.

한 세기가 넘도록 복음서의 아무개(John Doe)는 현대 역사비평의 기준 에 부합할 수 있는 잠정적 후보들, 곧 상당히 제한적인 몇몇 "요한 공동체 의" 개인들과 동일시되었다. 뜨거운 호응을 얻었던 한 가지 가설은 "사랑받 는 제자"가 바로 복음서에서 명시적으로 예수의 사랑을 받은 자로 묘사되 었던 나사로라는 제안이었다(11:3, 5, 36). 벤 위더링턴(Ben Witherington)이 주목했듯이 이 제안은 외적 증거가 아닌 내적 증거에 의한 것이며, 요한복 음이 어떻게 "요한"이라는 이름과 연결지어졌는지를 설명할 수 없다.[60] 하 지만 요한복음의 표제나 교부들의 증거를 고려하지 않은 채 저자를 나사로 와 동일시하는 이런 제안은 이 주제에 대한 논의에 거대한 변화가 일어나고 있음을 보여준다. 관심이 외적 증거에서 내적 증거로, 저자에서 내용으로 전 환된 것이다.

학자들의 관심이 저자로부터 내용으로 전환됨에 따라, 복음서의 맥락 곧 특정한 삶의 정황(Sitz im Leben)에 대한 관심이 증가했다. 여기서 요한복 음을 배출한 교회적 맥락이 복음서 저자의 후보가 되기 위한 자격요건을 요

---

60   Ben Witherington III, *John's Wisdom: A Commentary on the Fourth Gospel* (Louisville: Westminster John Knox, 1995), 12.

한 공동체로 제한했다. 일부 학자들은 내적 증거가 단일 저자의 손도 단일 저자의 맥락도 제안하지 않는다고 주장하였다. 오히려 복음서는 초기 기독교 세계의 경쟁적인 분위기를 대변하는 것으로 여겨졌다. 그리고 점차 주도적인 자리를 차지해가는 비평들(양식비평·자료비평·편집비평·사회과학비평)은 그런 현상을 기꺼이 설명할 준비가 되어 있었다. 20세기 후반에 이르러, 홍수처럼 밀려오는 새로운 통찰들과 제안들이 획득 가능한 모든 도구들을 기꺼이 사용하고자 했던 비평가에게 주어짐으로써 요한 "문제"는 요한 "잠재성"이 되었다. 루이스 마틴(J. L. Martin)은 이렇게 말한다.

> 우리의 첫 과제는…요한이 자기 복음서를 기록하였던 실제 환경들을 최대한 구체적으로 묘사하는 것이다. 우리는 요한이 속한 교회의 일상생활을 어떻게 묘사할 수 있을 것인가? 교회의 일상적인 경험들 가운데 일부 요소들이 그 구성원 가운데 한 명이 기록한 복음서에 그 자취를 남겨두었을 것인가? 자신이 속한 기독교 공동체의 구성원들에게 영향을 미치는 동시대의 사건들과 주제들에 관해 고양된 어조로 글을 쓰는 기독교 신학자의 목소리를 우리는 느낄 수 있는가?[61]

요한의 맥락에 대한 탐구는 저자에 대한 옛 탐구와 전혀 다르다. 애쉬튼이 설명하듯이, "단순히 복음서의 기원에 관한 옛 문제를 보다 날카롭고 명료하게 새로 제시하는 것이 아니라 **문제 자체가 변해버린 것이다.**"[62] 저자는 개인적이기보다는 공동체적이다. 달리 말해 "저자"는 창조적인 지성을 가진

---

61   J. Louis Martyn, *History and Theology in the Fourth Gospel*, 3rd edn (Louisville: Westminster John Knox, 2003), 29.

62   Ashton, *Understanding the Fourth Gospel*, 107.

개인이기보다는 환경과 위기가 만들어낸 반응인 것이다. 요한복음은 저자보다는 환경의 결과물인 것이다.

"요한에 의한" 복음의 신뢰성

우리는 요한복음에서 저자 문제가 어떻게 신뢰성과 밀접하게 연관되는지를 살펴보는 것으로 논의를 시작했었다(요 19:35). 이 두 가지 문제가 교차하는 지점에 요한복음 자체의 주장이 놓여 있다. 이레나이우스가 복음서를 사도적 기원에 연결시키는 것과, "복음서 저자"가 과연 그것을 의도했는가는 별개의 문제다. 사도 저작을 옹호하는 한 복음주의자도 이렇게 인정한다.

> 그러나 그것이 무슨 문제인가? 요한복음을 누가 썼는가와 상관없이 그것을 받아들이고, 그 안에 담긴 그리스도에 대한 고상한 묘사와 그리스도를 따른다는 말의 의미에 관한 다양한 교훈들로부터 유익을 얻는 것은 불가능한가? 물론 가능하다. 그리고 세베대의 아들 요한을 요한복음의 저자로 확증하는 것은 성경 무오성이나 영감과 관련된 이슈는 아니다. 제4복음서 저자가 자기 신원을 명시적으로 밝히지 않기 때문이다.[63]

인용문의 뒷부분에서 중심 이슈가 제기된다. 모든 복음주의자가 복음서의 저자 문제를 성경 무오성 및 영감 교리와 연결지어야 한다고 주장하는 것은 아니며, 여기서 논의는 제4복음서 저자가 자기 신원을 명시적으로 밝히지 않는다는 사실에 방점을 둔다. 요한복음의 신뢰성은 복음서 자체의 요구

---

63 Andreas J. Köstenberger, *Encountering John: The Gospel in Historical, Literary, and Theological Perspective* (Grand Rapids: Baker, 1999), 24. 그러나 Köstenberger는 그 정체성이 큰 문제라고 계속해서 말한다.

와 관련해서만 조망할 수 있을 것이며, 복음서가 저자에 대해 침묵한다는 사실은 그 신뢰성이나 권위의 근거를 다른 곳에서 찾아야 한다는 것을 암시한다.

따라서 복음서가 요구하는 바대로 "요한 문제"를 위작에 대한 가장 중요한 판단의 근거로 삼아야 한다. 사랑받는 제자의 역할에 대한 상당한 의견 차이와 일반적으로 무시되어온 21:24의 편집적 언급을 고려할 때, 우리는 역사비평 도구들과 전제들을 사용하여 실제 저자(요한복음의 현재 형태를 고안하였던 개인 혹은 집단)가 복음서의 신뢰성에 끼치는 영향을 최소한으로 규정할 수밖에 없다. 어떤 이들에게는 "요한에 의한"이라는 표현이 요한복음의 사도적 기원을 시사하는 것이지만, 다른 이들에게는 그것이 이 복음서가 요한 전승이나 요한 "학파"에서 유래했다는 꼬리표에 불과하다. 이레나이우스가 "사도"라는 호칭을 유연하게 사용했던 것처럼, "요한에 의한"이라는 표현도 단지 "요한"이 제시한 메시지를 대변하기에 충분한 경쟁력을 갖추었다는 의미 정도로 이해되어야 할 것이다. 우리는 그 제목에 주어졌던 본래의 역할이 바로 그런 것이었다고 추정할 수 있다.

바울 서신에서의 위작 문제

요한복음에서 볼 수 있는 형식상의 익명성과는 대조적으로 바울 서신은 저자를 밝히는 명시적인 진술들을 포함한다.[64] 사실상 사도 바울을 특징짓는

---

[64] 다른 모든 신약 서신들의 진정성도 의심을 받았지만, 바울 서신은 이 특유한 문제를 포괄적으로 다루기에 가장 적합하다. 이 고려사항들 가운데 상당수는 당연히 공동 서신에도 해당된다.

대표적인 이미지 중 하나는 그가 편지의 저자라는 것이다. 바울에 대한 우리의 이해는 렘브란트의 그림들 속에 보존된 이미지에 좌우되는 경우가 많다. 투옥된 채로 편지 저술과 씨름하는 찌푸린 얼굴의 바울 말이다. 물론 다른 이미지로 바울을 기억하는 사람들도 있겠지만, 사도가 지중해 연안에 흩어져 있는 신생 기독교 공동체들에게 편지를 썼다는 것은 고대에 널리 알려져 있었다. 초기 그리스도인들은 종종 바울을 "편지 쓰는 사람"이라고 부른다. 베드로후서의 저자가 바울의 편지는 이해하기 어렵다고 했던 말은 널리 알려져 있다(3:16). 로마의 클레멘스(Clement of Rome)는 고린도서신을 언급한 적이 있고(*1 Clem.* 47.1-3), 이그나티오스(Ignatius)는 바울이 "모든 편지에서" 에베소 사람들을 기억한다고 말했으며(*Eph.* 12.2), 폴리카르포스(Polycarp)는 빌립보 사람들에게 바울이 그들이 반드시 공부해야 할 "편지들"을 그들에게 썼다고 언급한다(*Phil.* 3.2).

물론 바울이 편지를 쓴 이유는 그가 교훈하기를 원하는 회중들을 몸소 방문할 수 없었기 때문이었다. 그런 의미에서 그가 문서작업에 매달린 것은 그의 부재로 인한 것이었다. 편지를 통해 부재를 극복하고자 했던 것이다. 이런 환경이 위작가(pseudepigrapher)에게는 유리한 것이 되었다. 저자의 부재라는 상황은 실제 저자가 아닌 사람이 실존하는 부재 저자의 이름으로 저자와는 다른 목소리를 내도록 악용될 수도 있었고(악의적 위조), 저자의 사후에 그의 메시지가 시간을 초월하여 지속될 수 있도록 저자의 목소리를 허구화하는 데 사용될 수도 있었다. 두 가지 행위 모두 어느 정도의 속임수를 포함하지만, 전혀 다른 결과를 초래한다. 앞으로 살펴보겠지만, 위작이 고대에 널리 수용되었던 관습이었는지, 아니면 명백한 허구로 여겨졌는지에 대해 단정적인 판단을 내리기는 어렵다. 하지만 모든 위작 문서들이 동일한 기능을 가졌거나 동일한 의도로 작성된 것이 아니라는 점은 꽤나 분명하다.

그렇다면 신약은 위작 서신들을 포함하는가? 만일 그렇다면 이 문제를 신학적으로 어떻게 이해해야 하는가? 이 단락에서는 바울 서신을 중심으로 이런 질문들을 간단하게 다룰 것이다.

위작 서신을 식별하는 기준

고대에 서신들이 위명(pseudonym)으로 저술되었다는 점은 명확하다.[65] 심지어 바울 서신 내에서도 우리는 거짓 편지에 대한 염려를 발견한다(살후 2:1-2). 바울이 종종 자기 손으로 직접 인사말을 추가했던 이유 중 하나는 편지의 진정성을 보증하기 위해서였을 것이다(고전 16:21; 갈 6:11; 골 4:18; 살후 3:17; 몬 19). 물론 그와 같은 장치는 바울의 손글씨에 익숙하고 필사본이 아닌 원본의 형태로 그 편지를 접했던 아주 소수의 사람에게만 유효했을 것이다. 발신자의 신원을 보증하기 위해 사용되었던 그런 수단들이 이제는 별로 효력이 없기 때문에 편지의 "진정성"을 확인하기 위해 몇 가지 기준이 고안되었다.

문체적 기준

맨 먼저 살펴볼 기준들은 본질상 문체적이며, 어떤 의미에서 편지 작성에 대한 고대 관습이나 이에 수반하는 복합적인 문제들을 다루는 데는 별로 도움이 되지 않는다. 그러나 바울의 경우에는 우리에게 "진정한 그의 작품"(authentic)이라고 널리 인정되는 몇몇 서신들이 있기 때문에(주로 로마서, 고린도전후서, 갈라디아서, 빌립보서, 데살로니가전서, 빌레몬서), 우리는 바울의 것

---

65   Hans-Josef Klauck, *Ancient Letters and the New Testament: A Guide to Context and Exegesis*, trans. D. Bailey (Waco: Baylor University Press, 2006).

이라고 널리 인정되는 편지들과 논쟁의 여지가 있는 편지들의 문체를 비교함으로써 그 차이를 저울질해보고자 한다. 학자들은 여기서 특징적인 언어사용과 "하팍스 레고메나"(단 한 번만 등장하는 단어들)의 존재가 저자를 식별하는 데 사용될 수 있는지 살펴볼 수 있을 것이다. 이와 더불어 구문론상으로 특징적인 유형들 및 구약 사용 문제도 분석할 수 있다. 끝으로 서신 구조상의 차이점들, 예컨대 어떤 서신에 감사 단락(thanksgiving section)이 하나인지 혹은 둘인지와 같은 문제들을 살펴볼 수도 있다. 그런 조사들은 문제를 제기하는 데 유용할 수 있지만, 본질상 최종적인 결론들을 제공할 수는 없다. 이러한 평가는 부분적으로 서신서의 규모가 상대적으로 작다는 점으로 인해 사실이다. 또 저자들은 시간이 지나면서 자신들의 문체를 바꿀 수도 있다. 더욱 문제가 되는 것은 바울 서신 자체가 다중 저자(고전 1:1; 고후 1:1; 빌 1:1; 골 1:1; 살전 1:1; 살후 1:1; 몬 1), 대필자나 서기(롬 16:22)의 존재를 명시적으로 지적한다는 점인데, 그들이 서신의 문체에 영향을 주었을 수도 있다.

신학적 기준

계량화하기는 어렵지만 더욱 의미심장한 지표는 진정한 바울의 서신과 진위 논란이 있는 서신 사이의 신학적 차이점들이다. 저자의 사상은 시간이 흘러도 상대적으로 일관성을 유지한다는 전제하에, 예를 들어 디모데전서가 취하는 신학적 입장들이 논쟁의 여지가 없는 서신들의 입장과 일치하는지 여부를 살펴볼 수 있다. 판단 기준으로 삼을 신학적 질문들은 유대법의 본질, 교회의 정체성과 기능, 공예배에서 여성의 역할, 예수에 대해 말하는 방식 등에 관한 것들이다. 물론 동일한 저자가 쓴 서신들 가운데서 발견되는 긴장이라고 납득할 만한 수준의 차이가 어느 정도인지를 판단하는 것도 그리 단순한 일은 아닐 것이다. 일부 학자들은 시간이 흐름에 따라 바울의 생각이 성숙해졌다고 생각할 것이고, 반면에 다른 학자들은 그 차이점이 바울 이후의 신학적 발전에 의한 것이라고 주장할 것이다. 그런가 하면 그런 차이점들이 정말로 중요한가라고 반문하는 사람들도 있을 것이다.

역사적 시대착오(anachronism)

셋째, 논쟁의 여지가 있는 편지들과 진정한 바울의 서신들 간에 역사적 정황의 차이가 존재하는지 여부를 판단할 수 있는 고려사항들을 다룰 것인데, 이는 신학적 기준과 유사한 면이 있다. 예를 들어 19세기의 몇몇 유명한 바울 해석자들은 디모데전서 6:20의 "거짓된 지식(*gnosis*)"이 2세기 영지주의 신념체계와의 갈등이라는 맥락에서 가장 잘 이해될 수 있다고 주장하였다. 어떤 학자들은 디모데전서와 디도서에 나타난 교회 구조와 관행이 바울 서신의 세계보다는 이그나티오스의 서신들이 그려주는 세계에 더 잘 어울리는 것처럼 보인다고 주장한다. 다른 학자들은 그 서신들을 진본으로 간주하게 되면, 바울의 생애를 재구성할 때 연대표상의 난점들이 제기될 수 있다는 점을 지적한다.[66] 그 편지들의 진정성을 확신하는 학자들은 당연히 그런 요점들 각각에 대해 대안적인 설명들을 제시하는데, 그런 고려사항들에 대해 큰 비중을 두는 해석자도 있고 그렇지 않은 해석자들도 있다.

바울 서신의 분류

신약학계는 그와 같은 기준들을 고려하여 전통적으로 바울 서신을 세 가지 범주로 분류한다. 여기서 우리는 4세기 초의 교회사가 에우세비오스가 제안한 범주들을 차용하여(*H. E.* 3.25.1-7), 바울 서신을 논쟁의 여지가 없는

---

66   제8장 "사도행전의 바울과 서신서의 바울" 중 "연대표의 문제" 단락을 참조하라.

서신, 논쟁의 여지가 있는 서신, 위작 서신으로 분류할 수 있다(그의 네 번째 범주[이단적인 책들]는 제외한다).[67] 여기서는 에우세비오스와는 조금 다르게 순서를 배열해보자.

논쟁의 여지가 없는 바울 서신

비록 절대적인 만장일치는 아니지만, 대다수의 학자들은 역사적 사도 바울이 로마서, 고린도전후서, 갈라디아서, 빌립보서, 데살로니가전서, 빌레몬서의 저자라고 주장한다.

위작 바울 서신

명백한 위작으로 간주되는 편지들로는 2세기에서 4세기까지의 몇 가지 저작들을 언급할 수 있을 것이다. "고린도3서"(바울행전에 포함), "라오디게아 서신", "바울과 세네카의 왕복서신"(바울의 여섯 편지와 세네카의 여덟 편지).[68] 유실된 편지들도 지적할 필요가 있다. 무라토리 정경목록은 라오디게아인들에게 보낸 (아마도) 다른 편지, 알렉산드리아인들에게 보낸 편지, 그리고 "몇 개의 다른 서신들"(64-6행)을 언급한다. 이 흥미로운 텍스트들을 충분히 다루기에는 지면상의 공간이 부족하지만, 그것들이 명백하게 위조된 것이라고 판단하는 몇 가지 이유를 간략하게 지적할 수 있을 것이다.

"고린도3서"에서 바울은 다음과 같이 명백하게 "나는 처음부터 내 앞

---

67   Mark Harding, "Disputed and Undisputed Letters of Paul," in Stanley E. Porter (ed.), *The Pauline Canon*, Pauline Studies 1 (Leiden and Boston: Brill, 2004), 129-68을 따른다. Harding의 견해는 사실 에우세비오스를 차용한 F. C. Baur에게서 가져온 것이다.

68   Wilhelm Schneemelcher (ed.), *New Testament Apocrypha II: Writing Relating to the Apostles, Apocrypses and Related Subject*, trans. Robert McL. Wilson (Cambridge: James Clarke, 1992), 255-6(고린도3서), 42-6(라오디게아 서신), 46-53(바울과 세네카의 왕복서신)을 보라.

에 있던 사도들로부터 받은 것을 너희에게 전했다"라고 말하는데 이는 바울이 갈라디아서에서 확고하게 부인하는 점이다. 또한 그는 유대인들에 대해 "그들"이라는 호칭을 사용함으로써 그들과 확실한 거리를 두는 것처럼 보인다. "고린도3서"는 교리적 정통성(특히 부활)을 변호하는 일에 관심을 보이는데, 이를 위해 바울의 교훈을 2세기 논쟁의 맥락에 적용시키는 것처럼 보인다. 또한 우리는 "고린도3서"의 어법에서 바울에 대한 인용과 암시의 흔적도 발견할 수 있는데, 그것은 저자가 모방을 통해 자신의 논지를 전개시키고자 했다는 의미일 것이다.

"라오디게아 서신"은 골로새서 4:16의 빈틈을 채우는 것으로 보인다. "고린도3서"보다 더 간략한 이 문서는 주로 빌립보서에서 가져온 바울의 문구들을 조합해놓은 것이라고 할 수 있다. 이 서신의 목적은 분명하지 않는데, 특정한 이슈나 실제적인 필요성을 직접적으로 다루지 않기 때문이다. 이와 유사하게 "바울과 세네카의 왕복서신"도 신학적인 어조가 진하지 않으며, 네로 황제 치하에 로마에서 활동했던 두 명의 위대한 사상가 사이에 오가는 사교적인 언사의 교류를 상상으로 보여주고 있다. 오고간 편지들은 교리적·윤리적 질문들보다는 교훈적인 여흥에 더 많은 관심을 가진 것처럼 보인다. 이 범주는 바울 사도의 사후에도 그의 이름으로 편지들이 기록되었다는 것을 보여준다. 하지만 그 서신들은 우리가 알고 있는 바울 문헌(*corpus Paulinum*)만큼 가치 있는 것으로 여겨지지 않았기 때문에 어떤 정경에도 포함되지 않았다.

논쟁의 여지가 있는 바울 서신

논쟁의 여지가 없는 바울 서신과 위조된 바울 서신이라는 양극단 사이에 중간지대가 있는데, 여기 포함되는 서신은 데살로니가후서, 에베소서, 골로새서, 디모데전후서, 디도서, 이렇게 여섯 개다. 다수의 비평학자들은 여섯 개 모두가 위작이라고 여기지만, 그중 일부(특히 에베소서와 목회 서신)만 위작이라고 생각하는 학자도 적지 않으며 소수의 학자들은 이들 모두 역사상 인물인 바울의 저작이라고 주장한다. 여기서 이 주장들을 지지하거나 혹은 반대하는 증거들을 세세하게 논하는 것은 불가능하다. 우리가 관심을 가지는 부분은 이 텍스트 중 하나 혹은 그 이상을 위작으로 판단하는 일이 어떤 신학적 함의를 갖는가 하는 점이다. 그 질문에 대답하기 위해 우리는 위작이 고대에 어떻게 이해되었는가에 대한 일부 이론들을 검토해야 하며, 그런 관점에서 목회 서신을 좀 더 깊게 들여다볼 필요가 있다.

위작 서신에 관한 이론들

수많은 이론이 제기되었는데, 그들 모두가 우리에게 주어진 역사적 증언을 공정하게 다루는 것은 아니다. 다양한 이론들은 일반적으로 세 가지 주요 범주로 나뉜다.[69]

허용된 문학적 관행으로서의 위작

19세기 초 이래 일부 해석가들은 위작에 참여한 저자들이 엄밀한 의미에서의 지적 재산권 개념이 자리 잡기 이전에 그런 작업을 수행했기 때문에 그들의 행위를 속임수로 볼 수 없다는 점을 강조했다.[70] 보다 최근에도 이런

---

69 이것은 필연적인 단순화다. 위작 문제를 다룬 최근의 폭넓은 개관을 보라. David E. Aune, "Reconceptualizing the Phenomenon of Ancient Pseudepigraphy: An Epilogue," in Jorg Frey, J. Herzer, M. Janßen and C. K. Rothschild (eds.), *Pseudepigraphie und Verfasserfiktion in frühchristlichen Briefen*, WUNT 246 (Tübingen: Mohr Siebeck, 2009), 789-824.

70 참조. Ferdinand Christian Baur, *Paul, the Apostle of Jesus, His Life and Work, His Epistles and His Doctrines: A Contribution to the Critical History of Primitive Christianity*, trans. A. Menzies,

입장을 옹호하는 자들이 있지만(가장 현저하게 데이비드 미드), 몇몇 중요한 연구들이 지적 재산권에 대한 그런 안이한 태도가—기독교 역사의 처음 몇 세기 동안에도 이미 "위조"에 대한 인식이 자리 잡고 있었다는 사실로 인해—정당화되기 어렵다는 점을 보여줌으로써, 이와 같은 입장은 통렬한 비판을 받게 되었다.[71]

"학파" 전통

두 번째 설명은 철학 학파들(플라톤, 견유, 피타고라스 학파 등) 내에 위작 서신이 존재한다는 사실을 단서로 삼아서, 교사의 이름으로 편지를 쓰는 것이 권위자의 가르침을 갱신하여 다른 시대에 전달하는 작업으로 이해되었을 것이라고 제안한다. 혹자는 테르툴리아누스의 다음과 같은 말을 위에 대비시킬 수도 있을 것이다. "또한 제자들이 출간한 저작들이 그들의 스승에게 속하는 것은 당연한 일인 것 같다"(*Marc.* 4.5). 또는 무라토리 정경목록이 솔로몬의 지혜서가 "솔로몬의 영예를 위하여 그의 친구들의 손으로 기록되었다"(70행)고 제안한다는 점을 지적할 수도 있다.

---

2 vols. (London: Williams & Norgate, 1873; Peabody, MA: Hendrickson, 2003), 2.109-11 은 De Wette와 Schleiermacher를 언급한다.

71 Meade, *Pseudonymity*; Jeremy Duff, "A Reconcideration of Pseudepigraphy in Early Christianity" (DPhil thesis, University of Oxford, 1998); Terry L. Wilder, *Pseudonymity, the New Testament, and Deception* (Lanham, MD: University Press of America, 2004). James D. G. Dunn(The *Living Word*, 2nd edn [Minneapolis: Fortress Press, 2009], 68)은 이 입장을 다음과 같이 간결하게 제시한다. "속이려는 의도는 없었으며, 최종 독자들이 사실상 속임수에 넘어가지 않았다는 점은 거의 확실하다. 그렇게 정경의 위작은 정당했으며 더 이상 문제시되지 않았다." 하나의 유명한 반증은 세라피온과 베드로복음서다. 참조. Eusebius, *H. E.* 6.12.3-6.

속임수

마지막으로 일부 해석자들은 여기서 살펴보는 모든 초기 기독교 문서의 위작이 일종의 속임수를 포함한다고 주장해왔다. 이러한 속임수는 한편으로 윤리적으로 비난받을 만한 위조로 이해될 수도 있고, 다른 한편으로는 보다 긍정적인 시각에서 "고상한 거짓말" 전통(대의를 위해 "악의 없는 거짓말"이 최선책으로 여겨질 수 있다는 신념)의 예시로 이해될 수도 있다.[72]

우리가 개개의 편지들이 서로 다른 동기를 가지고 있었을 것이라고 기대하는 것은 지극히 자연스런 일일 것이다. 우리가 아는 대로 적지 않은 복음주의 학자들이 위작을 허용된 문학적 관행으로 받아들이는가 하면, 보다 빈번하게는 위작이 기만적인 행위로 여겨졌다는 고대의 강력한 증거를 들어 신약 저자들이 결코 "위작을 위한" 위작을 수행하지는 않았을 것이라고 주장한다. 복음주의자들은 역사적 증거에 비추어, 일정 수준에서 속이려는 의도가 있으면서도 정경의 역할을 수행할 수 있는 위작의 존재를 설명해줄 수 있는 새로운 모델을 제시할 필요가 있다.

목회 서신의 예

위작 서신 문제를 간결하게 예시하기 위해 우리는 목회 서신이라는 실험장으로 돌아갈 필요가 있다. 이 편지들은 바울의 저작으로 명시되어 있다(딤

---

[72] "고상한 거짓말"에 대해서는 Plato, *Republic* 2.376E-383C, 3.389B, 3.414C-E을 보라. 초기 기독교 교부 중 Clement of Alexandria, *Stromateis* 7.53; Origen, *Contra Celsum* 4.19에서 이것을 차용한 방식에 주목하라. 이 주제에 관한 논의로는 다음을 보라. Lewis R. Donelson, *Pseudonymity and Ethical Argument in the Pastoral Epistles,* HUT 22 (Tübingen: Mohr Siebeck, 1986); Wilder, *Pseudonymity, the New Testament, and Deception.* 보다 통속적이면서도 때로는 선정적인 설명으로 Bart D. Ehrman, *Forged: Writing in the Name of God: Why the Bible's Authors Are Not Who We Think They Are* (New York: HarperOne, 2011)을 들 수 있다.

전 1:1, 3; 딤후 1:1, 3-5; 4:6-8, 13; 딛 1:1, 5). 하지만 학자들은 그러한 내적 주장이 담고 있는 일부 모순들에 주목하였다. 교회 조직이 다른 서신들에서보다는 좀 더 진보한 것처럼 보이며(예. 딤전 3:1-13; 5:3-13), 우리가 2세기 초의 클레멘스1서, 이그나티오스와 폴리카르포스에게서 발견할 수 있는 조직과 유사하다. 거짓 교훈의 특징(딤전 6:20의 지식[*gnosis*])은 1세기 말 혹은 2세기 초의 정황에 더 잘 들어맞을 수도 있다. 바울의 일부 핵심 주제들(십자가, 그리스도의 몸)이 빠져 있거나 경시되는 데 반해, 어떤 주제들에 대해서는 논조가 달라졌다(예. 딤전 1:8-11의 율법; 비교. 고전 7:7-8과 딤후 1:3, 3:5; 딛 1:1). 기독교의 미덕에 대한 묘사는 확실히 그리스-로마의 음조를 보여주며(딤전 1:5, 19; 2:2; 3:9; 딤후 1:3, 3:5; 딛 1:1), 일부 용어가 주도적으로 사용되어오던 방식에도 변화가 있음을 관찰할 수 있다(예. 객관적 보증으로서의 "신앙", 혹은 "전통"에 대한 호소). 게다가 이 서신들을 바울 인생의 연대표에 끼워 맞추는 것도 (비록 불가능한 것은 아니지만) 쉽지 않다. 마지막으로, 서신들을 작성한 정황도 납득하기가 쉽지 않다. 바울은 디모데와 디도를 방금 떠나보냈는데, 그럼에도 어떤 이유에선지 바울의 측근이라면 이미 알고 있을 법한 초보적인 가르침들을 편지에 적고 있는 것이다.

이러한 긴장들을 완화하기 위해 몇 가지 해결책을 제시할 수 있다. 첫째, 혹자는 모든 목회 서신이 진정한 바울의 작품이며, 우리는 단지 역사상의 바울에 대한 우리의 이해를 재고하든지 아니면 시간이 흐름에 따라 바울의 사고가 발전한 것으로 생각해야 한다고 주장할 수도 있다. (바울 서신의 진정성을 판단하는 중요한 기준들 가운데서) "문체적 차이"만큼은 대필자나 서기의 존재를 통해 설명할 수 있다. 그러나 해명해야 할 증거들이 상당하다는 점을 고려할 때, 단순히 지엽적인 해명에 불과한 그런 해결책은 학계 일반에서 의심스러운 것으로 받아들여지는 경향이 있다. 둘째, 혹자는 모든 목회 서신이 위작이며 1세기 말 사도들이 세상을 떠난 후에 발생한 권위의 공백을 해소하기 위해 바울신학의 개정판을 담은 선집으로 만들어진 것이라고 주장할 수도 있다. 아마 이것이 오늘날 학계에서 대다수의 입장일 것이다. 그러나 여기에 두 개의 또 다른 그럴듯한 해결책을 덧붙일 수 있다. 혹자는 목회 서신이 진정한 바울 서신의 단편들을 포함하고 있으며, 후대의 편집자에 의해 개정되고 확장된 것이라고 제안할 수도 있다.[73] 아니면 마지막으로 디모데후서만 진정한 바울의 작품이며, 이를 견본으로 위명 저자가 디모데전서와 디도서를 작성했다고 주장할 수도 있다.[74]

하나 혹은 그 이상의 바울 서신(그리고 신약의 다른 서신들)이 위작이라는 판단이 신학적으로 다양한 함의를 지닌다는 것은 너무나 당연하다. 결국 목회 서신(혹은 다른 정경 서신)이 위작으로 판명될 수 있는가라는 문제보다 더 중요한 것은 그러한 판단으로부터 취할 수 있는 추론들에 대한 신중한 신학적 성찰이다. 위작이 무오성과 양립할 수 없다고 주장하는 것은 결국 제자도의 실천을 통해 역사 속에서 입증되는 **성경 자체의 완전성을 추구하는** 대신에, 완전성에 대한 우리의 기준을 성경에 끼워 맞추는 결과를 초래할 수도 있다. 궁극적으로 역사적 바울과 정경적 바울을 구분하는 것이 공정할 수는 있으나, 이러한 구분이 단순히 역사적 진실과 신앙적 진실의 차이를

---

73   Percy Neale Harrison, *The Problem of the Pastoral Epistles* (London: Oxford University Press, 1921); *Paulines and Pastorals* (London: Villier, 1964); James D. Miller, *The Pastoral Letters as Composite Documents*, SNTSMS 93 (Cambridge: Cambridge University Press, 1997); 참조. John Muddiman, *The Epistle to the Ephesians*, BNTC(London: Continuum, 2001)에서 에베소서의 문제들에 대해 제안한 어느 정도 유사한 해결책.

74   예를 들어, Jerome Murphy-O'Connor, "2 Timothy Contrasted with 1 Timothy and Titus," *RB* 98 (1991), 403-18; *Paul: A Critical Life* (Oxford: Oxford University Press, 1996); 특히 356-9; Michael Prior, *Paul the Letter-Writer and the Second Letter to Timothy*, JSNTSup 23 (Sheffield: JSOT Press, 1989).

무시해버리게 만든다면 그것은 정경의 형태로 우리에게 주어진 성경의 증거를 거부하는 불순종을 의미할 수도 있다. 다소 맹목적이었을지도 모르는 초기 그리스도인들의 열정이 정경적 바울의 증거를 온전히 받아들이기 위해 우리가 취해야 할 마음가짐에 균열을 가져오게 해서는 안 된다. 만일 우리가 역사적 증거를 바탕으로 위작 서신이 신약 시대에 일반적으로 "허용되던 문학적 관행"이 아님을 인정해야만 한다면, 하나님이 이처럼 불안정한 관행을 통해 말씀하시기로 선택하신 사실에 비추어 성경을 어떻게 이해해야 할 것인가?

결론: 저자의 개념

오경, 이사야서, 요한복음, 그리고 바울 서신이 제기하는 다양한 이슈들을 통해 우리는 독자가 반응해야 할 두 가지 근본적인 문제를 발견한다. 정경 내에 위작(pseudepigraphy)이 존재한다는 사실이 성경의 본질에 대한 우리의 인식에 어떤 영향을 미치는가? 그리고 성경 텍스트의 권위는 어디서 비롯되는 것인가?

첫 번째 질문의 경우 문제의 핵심은 영감과 하나님의 낮아지심 사이의 복잡한 관계에 놓여 있다. 하나님이 성경을 통하여 인간에게 말씀하시려고 어느 정도까지 낮아지셨는가라는 문제가 우리의 영감 개념에 영향을 미치기 때문에, 우리는 위작과 영감의 관계를 진공 상태에서 독자적으로 논할 수 없다. 이런 이유로 두 번째 질문이 중요성을 갖는 것이다. 오경과 요한복음을 연구할 때 저자에 관한 고대의 인식은 성경 텍스트 내에서 권위의 자리가 어디인지를 이해하고 영감의 과정을 성찰하기 위한 틀을 제공한다. 성경 문서들이 그 권위를 "저자(들)"보다는 영감된 텍스트의 내용과 정경화 (canonization) 과정에 두는 것으로 이해할 때, 역사비평은 권위에 대한 현대 개념들의 문제점을 지적함으로써 성경 텍스트의 본질을 이해하는 데 도움을 준다. 또한 저자에 대한 고대의 인식과 텍스트가 생산되는 실제 과정이 현대 개념에 비해 유동적이었다면, 역사비평은 하나님이 성령을 통하여 성경 텍스트를 저작하고 문서화하기 위해 택하신 방식에 대한 탐구에 새로운 지평을 열어준 것이다.

비록 역사비평이 성경 텍스트의 저자, 구성, 그리고 발전과 관련하여 우리가 해결할 수 있는 것보다 훨씬 많은 문제를 발견해내기는 하지만, 그들이 발전시킨 방법론은 우리가 해결해야 할 문제가 무엇인지를 명확히 해주는 동시에 하나님께서 성경을 통하여 우리에게 말씀하시기 위해 자신을 낮추신 방법에 대한 이해를 증진시킨다. 오경, 이사야, 요한복음, 바울 서신의 위작 문제에 대한 탐구는 우리로 하여금 위에서 제기된 문제들을 정면으로 마주하여 정경의 저자, 권위, 영감의 문제를 성찰할 수밖에 없도록 만든다. 주어진 질문들에 어떤 식으로 대답하든 간에, 본 장은 정경에 위작이나 위명이 존재한다는 사실을 인정하는 것이 기독교 신앙의 핵심 교리들을 허무는 것도 아니고, 기독교 신앙의 테두리를 벗어나는 일도 아니라는 점을 지적하고자 한다. 그것을 수용하는 일은 오히려 성경의 본질에 대한 우리의 이해를 개선하고, 우리의 초점을 인간 저자의 활동에서 하나님의 사역으로 돌려놓으며, 성경을 저작하는 과정에 개입하신 성령의 활동에 대한 우리의 신뢰를 강화시킨다.

후속 연구를 위한 제안

Aune, David E., "Reconceptualizing the Phenomenon of Ancient Pseudepigraphy: An Epilogue," in Jorg Frey, J. Herzer, M. Janßen and C. K. Rothschild (eds), *Pseudepigraphie und Verfasserfiktion in frühchristlichen Briefen*, WUNT 246 (Tübingen: Mohr Siebeck, 2009), 789-824.

Bauckham, Richard, *Jesus and the Eyewitness: The Gospels as Eyewitness Testimonies* (Grand Rapids: Eerdmans, 2006).

Childs, Brevard S., *The Struggle to Understand Isaiah as Christian Scripture* (Grand Rapids: Eerdmans, 2004).

Hill, Charles E., *The Johannine Corpus in the Early Church* (Oxford: Oxford University Press, 2004).

Meade, David G., *Pseudonymity and Canon: An Investigation into the Relationship of Authorship and Authority in Jewish and Earliest Christian Tradition* (Grand Rapids: Eerdmans, 1987).

van der Toorn, *Scribal Culture and the Making of the Hebrew Bible* (Cambridge, MA: Harvard University Press, 2007).

7
역사적 예수

마이클 J. 데일링, 크리스토퍼 M. 헤이스

"그렇다면 예수의 경우는 어떠한가?" 우리는 이 질문이 본서의 여러 기고자들의 마음을 괴롭혀온 문제가 아닌가 하는 생각을 갖는다. 비평학자들이 오늘날 맹신의 대상이 되는 다른 성경 이야기들의 역사성을 논박할 수 있게된다면, 무엇으로 그들이 예수의 역사성을 깎아내리지 못하도록 막아낼 수 있겠는가? 우리가 성경에 역사비평의 침입을 허용한다면, 회의적인 세력은 신앙의 요새, 즉 하나님의 아들의 성육신과 부활도 공략하려 하지 않겠는가?

이것은 납득할 만한 우려다. 본서의 이전 장들은 아마도 독자들에게 기독교 신학이라는 것이 성서 역사의 사건들에 대해 어느 정도의 논쟁을 용납하기에 충분할 만큼 원기왕성하며 역동적인 실체라는 점을 확신시켜주었으리라. 그렇다고 해서 예수의 인생과 사역을 무분별하게 제멋대로 다루어도 된다는 뜻은 아니다. 우리는 역사적 예수 논쟁을 어설프게 다루는 것이 기독교 신학의 나머지 전체에 즉각적인 영향을 미치게 될 것이라는 점을 본능적으로 알 수 있다. 이러한 민감성으로 인해 우리는 역사적 예수에 관한 학문적인 접근 자체를 포기하고자 하는 유혹을 받을 수도 있다. 결국 역사적 예수라는 주제에는 많은 것이 걸려 있다. 이처럼 역사적 예수와 관련하여 해결해야 할 문제들이 여전히 많기 때문에 기독교 신앙의 수호자들은 논쟁을 회피하려 할 것이 아니라 오히려 비평적 논쟁의 현주소와 다양한 학설들이 미치는 신학적 영향들을 명확히 밝히도록 노력해야 할 것이다.

역사적 예수 연구는 성서 연구 분야에서 가장 생산적이며 난해한 영역 가운데 하나다. 명료성과 간결성을 위해 이 장은 네 가지 핵심 논제, 즉 예수의 삶 가운데서 역사비평 연구에 가장 가공할 만한 난점들을 제공하며 기독교 교리에서 현저한 중요성을 갖는 주제들에 초점을 맞출 것이다. 우리는 예수의 자기제시, 기적, 동정녀 탄생, 부활에 대해 간략한 분석을 시도할 것이다. 위에 언급한 이슈들에 대해 체계적인 논의와 유사한 무언가를 제공하려는 것은 무모한 시도라 여겨지기 때문에, 우리는 각각의 주제에 대한 다양한 학문적 입장들을 간결하게 살펴볼 것이며 그 비평적 결론들이 기독교 교리에 영향을 미치는 방식을 확인할 것이다. 비록 다양한 비평적 관점들이 기독교 신앙과 결코 양립할 수 없다는 점을 확인하게 되겠지만, 그럼에도 우리는 역사적 예수 탐구라는 학문 분야가 반드시 배교(heresy)로 이어지는 것은 아니라고 주장할 것이다. 왜냐하면 이 연구 분야가 신앙을 가진 학자와 그렇지 않은 학자 모두를 교회의 신념들이 갖는 실제 의미에 대한 논쟁으로 초대하기 때문이다.

예수의 자기제시(self-presentation)

먼저 예수가 자신을 세상에 어떤 모습으로 제시하셨는가라는 간단하지 않은 이슈로 논의를 시작해보자.[1] 궁극적으로 예수의 자기인식에 관해 우리가 갖고 있는 모든 정보는 예수의 생애 동안 그분으로부터 영향을 받았던 자

---

1   예수의 자기개념(self-conception)이라는 용어를 언급하는 학자들이 간혹 있기는 하지만, 예수의 내적 심리를 재구성하고자 시도하려는 위험을 피할 수만 있다면 "자기제시"(self-presentation)라는 용어가 더 선호할 만하다.

들의 증언을 통해 우리에게 전해졌다. 우리는 예수의 설교, 사역, 그리고 처형에 대한 다른 사람들의 보고를 통해 비록 제한적이기는 하지만 그럼에도 의미심장한 방식으로 예수의 자기제시에 대해 말할 수 있다. 이와 관련해서 일반적으로 네 가지 주제가 거론된다. 1) 경칭의 사용, 2) 메시아적 자기이해, 3) 종말론적 기대, 4) 신적 자기인식. 이 이슈들이 전부 상호 연관되어 있지만, 명료성을 위해 우리는 그것들을 한 번에 하나씩 논의하려고 노력할 것이다.

수 세기 동안 경칭의 사용은 학술 논쟁의 주요 주제였다.[2] 이러한 칭호들을 예수가 직접 사용한 것인지 여부와 관계없이 이 칭호들이 1세기 유대교 배경에서 해석되어야 한다는 점에 대해서는 상당한 동의가 이루어졌다. 비록 이런 동의가 더 나아가 합의로까지 이어지지는 못했지만 말이다. 복음서에서 예수가 명시적으로 자신을 가리키기 위해 사용하셨던 유일한 호칭인 인자(Son of Man)의 경우를 살펴보자.[3] 일부 사람들은 이것이 "나" 혹은 "누군가"를 뜻하는 단순한 우회적 표현이라고 여기지만,[4] 다른 사람들은 그것이 다니엘 7:13에 대한 도발적인 신학적 암시라고 여긴다.[5] 게다가 복음

---

2   요즘은 그 칭호들을 "그것들이 지적하는 실명사적 실체"보다는 덜 중요하게 여기는 학자들이 늘고 있다 E. Sanders, *Jesus and Judaism* (Philadelphia: Fortress Press, 1985), 325; 참조. Gerd Theissen and Annette Merz, *The Historical Jesus: A Comprehensive Guide*, trans. John Bowden (Minneapolis: Fortress Press, 1998), 513; James D. G. Dunn, *Jesus Remembered*, Christianity in the Making I (Grand Rapids: Eerdmans, 2003), 762. 『예수와 기독교의 기원』 (새물결플러스 역간).

3   이것은 두 가지 이유로 가장 뜨겁게 논란이 되었던 예수의 "칭호"다. 1) 그것은 예수가 명시적으로 자신을 가리키기 위해 사용하였던 유일한 칭호이며, 2) 예수 전승에서 가장 광범위하게 입증된 칭호다. 다른 칭호들에 대한 논쟁들은 그것들을 예수 전승에 대한 후대의 첨가로 무시할 여지가 있기 때문에 덜 뜨거운 경향이 있다.

4   Geza Vermes, *Jesus the Jew: A Historian's Reading of the Gospels*, 2nd edn (London: SCM Press, 2001), 137-65.

5   N. T. Wright, *Jesus and the Victory of God*, Christian Origins and the Question of God 2

서의 언어가 어떤 방식으로든 다니엘 7장을 암시한다 해도 "인자"라는 표현이 예수의 생애 동안 하나의 칭호로 그에게 사용되었는지에 대한 치열한 논쟁이 남아 있다. 메시아, 다윗의 아들, 하나님의 아들, 혹은 주와 같은 다른 칭호들의 사용과 관련해서도 유사한 논쟁이 존재한다. 오늘날 학계에는 예수가 스스로를 "인자"라고 불렀다는 점에 대해 광범위한 동의가 이루어져 있으며, 예수가 그러한 호칭을 통해 메시아적 기대를 불러일으키고자 했다고 믿는 소박한 경향(비록 합의는 아니더라도)이 존재한다. 이와는 대조적으로 많은 비평학자들은 "하나님의 아들" 혹은 "주"와 같은 칭호들을 구약성서와 유대인들의 기대가 부활 이후에 예수에게 투영된 것으로 간주한다.[6]

예수의 메시아적 자기묘사는 오랜 기간 비평적 논의의 중심주제였다. 소위 "첫탐구" 시대의 학자들은 유대 종말론에 나타난 메시아적 인물을 거의 전적으로 민족주의적인 관점에서 이해하는 경향이 있었다. 예수에 대한 자유주의자들의 재구성에 따르면 예수가 이런 기대를 재해석했다고 주장되기는 하지만 말이다. 그에 대한 반응으로 브레데(William Wrede)와 그를 따르는 "종교사"학파는 예수가 스스로를 메시아로 이해했다는 모든 주장을 부인하는 경향이 있었다. "신탐구"학파는 예수의 생애에 그에게 어떤 칭호도 주어지지 않았다고 주장함으로써 이러한 경향을 영속화시켰다.[7]

그러나 사해사본의 발견은 이 주제에 대한 학계의 태도에 하나의 전환점이 되었다. 쿰란 텍스트들은 유대 사회에 하나의 단일하고 통일된 메시아 기대가 존재한 것이 아니라는 점을 보여주는데,[8] 이는 예수가 비록 민족

(London: SPCK, Minneapolis: Fortress Pres, 2003), 510-28. 『예수와 하나님의 승리』(CH북스 역간).

6   Theissen and Merz, *Historical Jesus*, 523.

7   Theissen and Merz, *Historical Jesus*, 523.

8   John J. Collins, *The Scepter and the Star: The Messiahs of the Dead Sea Scrolls and Other Ancient*

주의적인 민병대와는 매우 다른 방식으로 자신의 소명을 이해했다 하더라도 그가 메시아적 자기이해를 가졌던 것으로 받아들일 수 있다는 의미다. 최근에는 역사적 예수를 다루는 다수의 학자들이 예수의 메시아적 자기묘사에 나타난 예언자적·왕적 어조를 강조한다(Wright, Dunn, Ehrman, Allison, Bockmuehl).

결국 메시아 사상이라는 주제는 종말론적 이슈들에 대한 관심으로 이어지는데, 왜냐하면 많은 학자들이 예수의 메시아적 자기묘사가 그가 가진 종말론의 산물이었다고 여기기 때문이다. 예수에 대한 비평적 연구는 대략 비종말론적 탐구와 종말론적 탐구로 구분할 수 있다. 역사적 예수에 대한 비종말론적 탐구 노선을 따르는 학자들은 예수가 유대교의 종말론적 기대를 지지하지 않았다고 주장하며, 복음서에 나타난 종말론적 예수를 초기 교회의 창작물로 여긴다.[9]

한편 유대 종말론을 예수의 자기제시의 핵심 골자로 여기는 학자들도 예수의 종말론이 유대교 묵시주의와 어느 정도 동일시될 수 있는지, 그리고 유대교 묵시주의를 어떻게 이해할 것인지에 대해 다양한 입장을 보인다. 일부 학자들은 예수를 우리가 알고 있는 대로의 창조질서가 즉각적인 종국을 맞을 것으로 예상했던 묵시적 예언자로 여긴다. 그들은 예수의 교훈 중에 상당수를 이러한 묵시 종말론적 패러다임 내에서 설명할 수 있다고 주장한다.[10] 다른 학자들은 유대 묵시주의가 세상의 멸망에 대한 문자적인 기대를 수반하지 않으며 오히려 (특별히 이스라엘을 위한) 현재와 미래의 상황에 대한

Literature, ABRL (New York: Doubleday, 1995).

9   예. John Dominic Crossan, *The Historical Jesus: The Life of a Mediterranean Jewish Peasant* (San Francisco: HaperCollins, 1991), 255. 『역사적 예수』(한국기독교연구소 역간).

10   예. Dale C. Allison, *The Historical Christ and the Theological Jesus* (Grand Rapids: Eerdmans, 2009), 90-5.

하나님의 궁극적인 통제를 은유적인 방식으로 묘사한다고 주장한다.[11] 두 관점 사이에 유대 묵시주의를 어떻게 이해할 것인가라는 문제와 예수의 교훈을 그것과 어느 정도 동일시할 수 있는가라는 문제 모두에 의문을 제기하는 중도적인 대안들이 다수 존재한다.[12] 결국 우리가 예수의 메시아적 자기제시와 관련하여 확인할 수 있었던 것과 마찬가지로, 예수를 이해하는 올바른 틀이 유대 종말론이라고 믿는 많은 학자들 사이에서도 예수의 종말론적 관점을 특징짓는 방식에 있어서 광범위한 차이가 여전히 존재한다.

마지막으로 역사비평가들은 예수가 자신의 신성에 대한 신념을 피력하는지 여부를 묻는다. 학자들은 일반적으로 예수에게 돌려진 신성이 그와 관련된 전통들을 부활절 이후에 확장시킨 것에서 기인한다고 여긴다.[13] 그럼에도 불구하고 많은 학자들은 예수의 자기묘사에 있어서 성부와의 관계에 대한 예수 자신의 이해가 중요한 역할을 하는 것으로 인정한다.[14] 예수가 하나님을 자기 아버지로 이해했고 자신을 하나님의 종말론적 계획의 중심으로 여겼다는 사실은 예수가 아주 고결한 자기이해를 가지고 있었음을 시사한다. 비록 이런 자기이해가 신성을 암시하는 것으로 받아들이는 비평학자는 거의 없겠지만 말이다. 하지만 역사적 예수가 자신을 하나님으로 묘사하지 않았다는 "부정적인 결론"조차도 예수가 하나님이 아니었다거나 예수가 심중에서 그 사실을 알지 못했다는 의미는 아니다. 우리는 역사적 예수 학계가 우리로 하여금 단지 역사를 들여다보게 해줄 뿐이며 그리스도의 개인

11   Wright, *Jesus and the Victory of God*, 95-6.

12   예. Dunn, *Jesus Remembered*, 485-7.

13   Robert W. Funk, *Honest to Jesus: Jesus for a New Millennium* (San Francisco: HarperSanFrancisco, 1997), 279-81. 참조. Allison, *Historical Christ*, 88-9. 『예수에게 솔직히』(한국기독교연구소 역간).

14   Dunn, *Jesus Remembered*, 724.

적인 생각을 들여다보게 해주는 것은 아니라는 점을 잊지 말아야 한다.

신학적 함의들

예수가 자신을 메시아 혹은 신으로 이해했는지, 만일 그렇다면 어느 정도까지 그렇게 이해했는지에 관한 위의 논쟁과 관련하여 우리는 예수가 참으로 자신을 메시아나 하나님의 아들로 묘사할 필요가 있었는지 물어볼 필요가 있다. 그리고 주제를 자기묘사에서 (역사적으로 난해하지만 철학적으로 중요한 주제인) 자기인식에 관한 것으로 전환해본다면, 정통 기독교가 견지해야 하는 것으로서 예수가 자신에 대해 알아야 했던 것은 무엇이었는가?

우선적으로 기독교 신학은 예수가 특정한 사안들에 대해서 알지 못했다는 개념에 저항할 필요가 없다. 예수 자신이 종말과 관련하여 자신의 무지를 공공연히 논의했으며(막 13:32; 마 24:36),[15] 칼케돈 기독론의 요체 가운데 하나는 구원 교리를 위한 예수의 인성의 절대적인 필요성이다. "그가 [인성을] 취하지 않았다는 것은 그가 치유하지 않았다는 것이다."[16] 예수는 인간이었고 그래서 인간의 무지를 경험했다. 이것은 존재론적 결점이 아니라, 예수가 취한 인성의 구성적 특징인 것이다.[17] 기독교 신학자들은 예수가 어떻게 신앙의 삶을 살 수 있었는지, 혹은 어떻게 죄의 유혹을 받았는지를 설

---

15 예수가 종말이 임할 정확한 시점을 몰랐는가라는 문제는 1) 예수가 그 왕국이 자신의 첫 제자들의 생존 기간 내에 임할 것이라고 믿었는가라는 역사적 질문과, 2) 실제로 예수가 그렇게 기대했고 그 기대가 실망스러운 것이었다면, 예수에 대한 우리의 평가가 손상을 입는가라는 신학적 질문 모두와 연결된다. 이 곤란한 주제는 예언의 본질 및 종말론적 기대의 본질에 대한 질문과 밀접한 관련이 있으며(이에 대해서는 제5장을 보라) 다음 책에서 포괄적으로 다루어진다. Christopher M. Hays (ed.), *When the Son of Man Didn't Come* (Minneapolis: Fortress Academic, 2014).

16 Gregory of Nazianzen, *First Letter to Cledonius* (NPNF 2.7, 440).

17 R. Michael Allen, *The Christ's Faith: A Dogmatic Account*, T & T Clark Studies in Systematic Theology (London: T & T Clark, 2009), 54-9, 68.

명하는 과정에서도 때로는 예수에 관해 최대주의 관점을 견지한다는 것이 사실이다. 심지어 토마스 아퀴나스는 인간으로서의 지복직관에 대한 경험이 예수에게 완전한 지식을 제공했을 것이며 신앙이 요구되는 모든 의심 또한 제거했을 것이기 때문에 예수는 신앙을 가질 필요가 없었다고 주장하는 데까지 나아갔다.[18] 그와 같은 최대주의 관점은 역사비평학계의 결론과 조화되기 어려울 뿐 아니라, 그리스도의 두 본성에 대한 그의 독특한 해석이 우리가 비평학계나 정통 기독교를 평가하는 신학적인 척도도 아니다. 복음서는 예수를 전지한 분으로[19] 묘사하지 않는다. 당면한 질문은 예수가 자신의 메시아 정체성과 신성에 대해 알지 못한다는 사실이 신학적으로 문제를 야기하는가라는 것이다.

위에서 개괄하였듯이 많은 비평학자들이 예수가 자신을 메시아로 이해했을 것이라는 개념을 받아들인다. 순전히 역사적인 관점에서 볼 때 현 시점에서 이 주제가 심각하게 논쟁적인 것은 아닌데, 왜냐하면 예수가 그의 생애 중에 이미 어느 정도라도 자신에 대해 메시아 자의식을 갖고 있지 않았다면, 부활 이후의 예수에 대해 메시아 자의식을 돌리는 것이 이해하기 어려운 일이기 때문이다. 어쨌거나 상식적으로도 죽은 메시아가 메시아로 여겨지지는 않았을 것이니 말이다.

하지만 신학적으로 볼 때, 메시아로서 예수의 실제적인 자기묘사는 예수가 스스로에 대해 자신이 어떠하리라고 제시하는 메시아상과 완벽하게 일치하지는 않을 것이다. (하나님께서 그의 백성을 죽음에서 부활시키심으로써 영원토록 하나님의 통치를 즐거워하게 하실 것이라고 가르치는) 기독교 구원론과 종말

---

18   Thomas Aquinas, *Summa Theologiae* 3a, 7, 3. 『신학대전 제3권』(바오로딸 역간).

19   혹은 더욱 주도면밀하게 말하자면, "삼위일체 가운데 제2위가 성육신 이전에 누렸을 것이라고 당연히 가정할 수 있는 충분한 지식에 접근하신 것으로."

론은 메시아가 가져올 하나님 나라에 대한 유대인들의 기대에 근거한 것이다. 예수는 바로 자신이 생애, 죽음, 부활을 통하여 그 나라를 가져다주는 메시아였다는 사실을 스스로 알아야만 했던 것일까? 엄격하게 말하자면, 논리적으로 볼 때 필연적이지는 않은 것 같다. 그럼에도 불구하고 예수가 (이스라엘 백성을 위하여 고난당하심으로써) 하나님 나라를 가져다주는 메시아로서 행동했다고 이해하는 것은 예수와 동시대에 살았던 대부분의 사람들의 기대와는 현저하게 다르다. 따라서 예수의 메시아적 기능에 관한 그러한 해석은 예수가 자신이 단지 메시아일 뿐 아니라 바로 그런 종류의 메시아이기도 했다는 사실을 알고 있었다고 가정할 때 더욱 지지받을 수 있을 것이다. 요약하자면, 예수가 그 자신이 무엇을 하는지 정확히 알고 있었다고 생각하는 것이 기독교 신앙의 신뢰성을 강화할 만큼 예수는 독특한 메시아였다는 점이 밝히 드러났다. 여기서 우리는 "논리적으로 필연적이다"라는 표현 대신에 "강화한다" 혹은 "지지받는다"와 같은 표현들을 사용하는데, 왜냐하면 비록 예수가 메시아로서 자신의 중요성을 완벽히 명료하게 이해하지 못했다 하더라도 예수의 메시아적 기능에 대한 기독교적 해석이 확실히 사도들과 정경의 교훈에 근거할 수 있기 때문이다.

여기서 우리는 예수가 자신의 신성에 대한 인식을 소유하거나 밝히는 것이 신학적으로 필연적인가라는 질문에도 답해야 한다. 아마도 아닐 것이다. 예수가 하나님이면서도 자신의 신성에 대한 인식을 가지지 못했을 수 있다고 생각하는 것도 가능하다.[20] 더욱이 우리는 예수가 신적인 자기인식 없이 죽기까지 하나님께 복종함으로써 자신이 어떻게, 그리고 어찌하여 그

---

20   참조. 눅 2:40. 구유에 누이신 신생아 예수가 자기 머리맡에 놓인 건초더미가 아원자적으로 (sub-atomically) 운행하고 유지되는 것을 인식하고 있었다고 믿는 사람은 거의 없을 것이다.

일을 행하는지 그 이유를 명확히 알지 못한 채 우리의 구원을 위해 필요한 일들을 완성하신 것일 수도 있다고 인정할 수 있을 것이다. 지금 여기서 우리는 기독교 신학이 예수가 온전한 하나님이셨음을 확증할 필요가 있다는 주장을 논박하는 것이 아니라, 다만 예수가 신성을 소유하기 위해서는 신성에 대한 온전한 지식을 가질 필요가 있었다는 주장만을 논박하는 것이다. 이것은 또 다른 질문을 제기한다. 만일 예수가 자신이 하나님이심을 알지 못했다고 한다면, 우리가 예수를 하나님으로 간주할 타당한 근거가 있는가 아니면 그렇지 않은가? 여기서 우리는 다시 그리스도의 신성에 대한 신약성서의 확증들이 대부분 예수의 입에서 나온 것이 아니라는 점을 기억해야 한다.[21] 우리가 이미 말했듯이, 성경과 사도들의 증언은 예수의 정체성에 대한 기독교의 신앙에서 언제나 중추적인 역할을 수행하였다.

간단히 말해 예수의 자기묘사에 대한 탐구는 우리를 역사적 논란거리로 빠져들게 만드는 늪지대다. 그러나 신학적 관점에서 보자면 문제는 비교적 단순하다. 오늘날의 대부분의 비평학자들이 예수가 자신을 (일종의) 메시아로 묘사하지 않았다고 주장하지만, 우리가 견지하는 신앙은 설사 예수가 그러한 지식을 갖고 있지 않았다 하더라도 크게 손상을 입지 않는다. 하지만 만일 예수가 자신을 메시아로 이해했다면, 예수가 메시아라는 우리의 선언에는 힘이 실릴 수 있다. 덧붙여서 대부분의 비평학자들이 예수가 스스로를 하나님으로 묘사하셨을 것이라고 생각하지 않지만, 그렇다고 해서 예수가 실제로 하나님이시라는 기독교 신앙이 거짓이 되지는 않는다. 또한 역사적 예수를 다루는 연구들이 역사적 증거를 빈틈없이 정확히 다룬다 하더라

---

21   예. 요 1:1; 20:25; 롬 9:5; 벧후 1:1; 빌 2:10-11; 요일 5:20; 골 1:15-17. 가능한 예외로는 요 9:58과 막 6:50이 있다.

도, 학문의 한계는 그리스도의 신성을 확증하거나 부인하는 것을 허락하지 않는다. 그럼에도 만일 예수가 스스로를 하나님과 독특한 관계를 맺으시는 분으로 드러내셨음을 타당하게 보여줄 수만 있다면 기독교 신앙은 큰 힘을 얻을 수 있을 것이다. 기독교 신학과 역사비평은 각자 스스로의 학문적 한계를 인지하고, 논증을 통해 입증할 수 있는 것과 신앙의 눈으로 보아야 하는 것의 차이를 파악할 수 있어야 한다.

기적

앞서 우리는 예수의 신성과 관련하여 비평적 탐구가 가지는 방법론적 한계를 지적했다. 이제 성경에 나타나는 기적의 문제를 다루기 시작하면 우리는 불가피하게 여러 면에서 자연주의 역사기술의 한계를 상당히 벗어나 연구를 진행할 수밖에 없다. 그럼에도 만일 우리가 예수의 신학적 중요성을 논하기 원한다면 우리가 발을 들여놓아야 할 곳은 확실히 초자연의 영역이다. 왜냐하면 예수에 대한 역사의 평가를 구성하는 가장 결정적인 요인들은 우리의 일상적인 전제들을 거부하는 것들이기 때문이다. 따라서 본 장의 나머지 부분에서는 기적의 문제를 다룰 것인데, 먼저 예수가 공생애 기간 동안 행하셨던 기적들로 시작해서 예수 생애의 양극단에 위치한 기적들(동정녀 탄생과 부활)로 넘어갈 것이다.

예수의 기적에 대한 비평적 질문: 기적은 실제로 일어났는가?

예수의 기적에 대한 성경의 기록들을 살펴보기 전에 제기해야 할 한 가지 질문은, 과연 기적이 발생하는가라는 것이다. 현대 세계에 사는 많은 사람들은 우주가 폐쇄체계이며, 하나님의 손길이 그 안에 거주하는 사람들을 창조하거나, 인도하거나, 구원하는 것이 아니라고 생각한다. 우주의 실제에 대한 이런 관점이 300년 가까이 역사적 예수에 대한 비평적 탐구를 지배해왔다. 하지만 이와 같은 자연적 세계관에 호의적인 사람들 중 상당수는 예수가 극적인 사건들을 일으킨 인물로 널리 알려져 있다는 점을 부인하지 않는다. 성경 텍스트는 예수의 주변 인물들이 초자연적인 현상을 목격했다고 믿었다는 충분한 증거를 제공한다. 그리하여 예수의 초자연적인 능력에 대한 소문은 그의 명성이 제자들의 범위를 넘어서까지 퍼지는 데 기여했다(예. Josephus, *Ant.* 18.63).

결과적으로 현대의 전형적인 전제들은 예수에 대한 평판과 긴장 관계에 있다. 정상적 상황하에서 역사 연구를 지배하는 것은 유비의 원칙이다(역사적 사건이 개연성을 갖기 위해서는 그와 유사한 사건이 다른 시대나 장소에서 발생했던 것을 입증하면 된다). 그리하여 전통적으로 학자들은 예수에 대한 묘사들이 세계에 대해 우리가 일반적으로 알고 있는 바와 일치하는지 여부에 따라 예수에 관한 주장들을 평가해왔다. 그러나 "기적"은 어떤 초월적 인과관계(다시 말해 초자연적인 힘의 영향)를 전제하는데, 많은 사람들은 그것을 불가능한 것으로 혹은 상당히 의심스러운 것으로 간주할 것이다. 기적을 믿는 그리스도인들도 일반인들의 회의주의적인 목소리에 귀 기울일 필요가 있는데, 왜냐하면 『일리아스』에서 고대 신들이 기적적으로 개입하는 이야기를 읽고서 실제로 초자연적인 존재들이 그리스와 트로이 간의 갈등에 얽힌 사건들을 이끌어가고 있다고 믿는 사람은 거의 없을 것이기 때문이다. 이와 마찬가지로 초자연적인 세계에 열려 있지 않은 비평학자들은 예수의 기적 이야기를 믿지 않는다. 기적이 불가능하다고 생각하는 사람들은 예수의 생애 가운데 일어난 기적에 관한 유사한 사건들을 예증으로 인정하려 하지 않을 것인데,

그들은 다만 그 어떤 유사한(기적적인) 사건에 대한 진술도 속임수일 뿐이라고 추정할 것이기 때문이다. 그들은 일종의 교착상태에 빠져 있다. 환언하자면, 역사비평은 기적에 대한 주장을 평가하기에는 이미 방법론적으로 역부족인 것이다.

그러나 비평학자들로 하여금 예수의 생애에서 오직 일상적인 것만을 다루게 만든 요인은 그들이 가진 학문적 한계가 아니었다. 참으로 그들 중 일부는 예수가 기적을 행하셨다는 사실을 극구 부인한다.[22] 그러나 그들 대부분은 예수의 증인들이 어떻게 생각했는지에 초점을 맞춘다. 보고된 사건들의 "진정한" 본질이 무엇이든지 간에, 그 사건들은 예수의 추종자들에게 "기적적인" 것으로 받아들여졌다. 그리하여 비평학자들은 기적 사건에 대한 보고들이 어느 정도 신빙성이 있는지를 확인하고자 한다.[23]

이 탐구에 관여한 일부 학자들은 예수의 기적의 역사성에 대해 여전히 불가지론적이다. 그들은 무언가 이례적인 일들이 발생했을 개연성을 입증할 수 있다는 점은 인정하지만, 그 사건의 배후에 놓인 인과관계를 해명하거나 그 사건에 신앙적 의미를 부여하는 것은 역사학자의 한계를 넘어서는 일이라는 데 동의한다.[24] 어떤 이들은 당시에 사람들이 기적적이라고 믿었던 어떤 사건들이 발생했다는 점은 인정하면서도, 그 사건들이 참으로 "기적적"이었는지에 대해서는 애매한 태도를 취한다.[25] 예를 들어 귀신들림은

---

22 예. Gerd Lüdemann, *The Great Deception: And What Jesus Really Said and Did* (Amherst: Prometheus, 1999), 11, 70-3.

23 이것은 보고자의 신뢰성과 보고의 진실성을 (이데올로기와 같은 이유로) 훼손할 여지가 있는 기타 요소들의 신빙성에 대한 질문뿐만 아니라, 그 보고가 문제의 행위의 수행이나 목격자와 동시대의 것으로 간주될 합리적인 이유가 있는가라는 질문도 포함한다.

24 J. Meier, *A Marginal Jew: Rethinking the Historical Jesus*, 5 vols. ABRL (New York: Doubleday, 1991-2016), 1.220; 2.513-15.

25 예. Theissen and Merz, *Historical Jesus*, 311-12.

정신질환에 대한 과학 이전 시대의 해석이라고 이해할 수 있다. 마찬가지로 치유 사건도 일상적인 차원에서 설명할 수 있는데, 병이 고쳐졌다는 생각만으로 상당한 위로를 받을 수 있으며(플라시보 효과), 게다가 복음서에 기록된 이야기들은 치유 받은 자들의 질병(실명, 귀먹음, 문둥병)이 어느 정도로 심한 것이었는지 좀처럼 분명하게 말해주지 않는다. 때로 현대 학자들은 근대 초기 역사적 예수 학자들이 사용한 합리화 방식에 기대어서, 제자들이 예수가 "물위를 걷고" 있다고 생각했을 때 예수는 사실 모래톱을 산책하고 있었다거나, 5,000명을 먹이신 사건이 단지 예수가 기획하신 단체소풍일 뿐이었다고 주장한다.

마지막으로, 중도적 입장에 선 일부 학자들은 오늘날에도 자신이 치유나 축귀를 목격하거나 경험했다고 주장하는 사람들이 끊이지 않는다는 점을 지적한다. 그들은 유비의 원칙이 "예수가 치유와 축귀를 행하셨다"는 고대의 주장들을 심각하게 받아들일 것을 우리에게 요청한다고 주장한다. 실제로 대부분의 비평학자들은 치유자와 축귀사로서의 예수의 평판이 우리가 가진 가장 믿을 만한 역사 자료에 포함되어 있기 때문에 그것을 전적으로 평가절하 하기는 어렵다는 점을 인정할 것이다.[26] 그럼에도 그들 중 대다수는 동일한 유비의 원칙이 예수가 "자연세계에서 행하신 기적들"과 "신성을 드러내신 사건들"(epiphanies)에 대해 불리하게 작용할 것이라고 생각하는데, 왜냐하면 현대 세계에서 그와 유사한 사건들에 대한 보도가 아주 적기 때문이다.[27] 그들은 특히 보다 극적인 후자(신현)에 관한 기사들이 부활절 이후의 공동체가 예수의 고양된 신분을 드러낼 목적으로 꾸며낸 전형적인

---

26 예수가 일종의 기적 수행자가 아니었다면 우리가 예수에 대해 역사적으로 무언가를 말할 수 있는 근거가 전혀 없다고까지 말하는 사람들도 있다(Meier, *Marginal Jew*, 2.630).

27 Theissen and Merz, *Historical Jesus*, 292-97.

날조라고 규정한다.

여전히 데일 앨리슨(Dale Allison)과 같은 일부 비평학자들은 이런 깔끔한 구분을 의심스럽게 여긴다. 그는 복음서에서 묘사된 가장 특이한 자연기적들에 대해서도 오늘날의 다양한 종교적·사회적 배경으로부터 직접 유래한 기사들을 유비로 제시할 수 있다고 말한다. 비록 그런 기사들이 상대적으로 드물기는 하지만 말이다.[28] 앨리슨과 같은 견해를 가진 학자들은 복음서의 주장들에 대해 전적인 맹신을 보이라고 요청하는 것이 아니라, 역사가들이 적어도 기적에 관한 몇몇 보고들의 개연성에 대해서는 열린 마음을 가져야 한다고 주장하는 것이다.

일단 우리가 기적의 가능성을 인정하게 되면, 우리는 예수가 기적들을 행하셨다는 것이 무엇을 의미하는지 물어야 한다. 오늘날 대다수의 학자들은 기적들이 하나님 나라에 대한 예수의 이해와 밀접하게 연관되어 있다고 주장한다(Keck, Ehrman Wright, Allison, Dunn, Stanton). 한편 소수파에 속하지만 무시할 수 없는 일단의 학자들은 유대인들의 종말론적 기대와는 무관하게 예수의 가르침을 설명하려고 시도하거나(Vermes, Crossan, Borg, Funk), 혹은 기적들과 하나님 나라에 대한 선포 간의 관계에 대해 여전히 의심의 눈초리를 보낸다(Sanders). 간단히 말해 학자들은 예수의 기적이 하나님 나라의 선포와 관련된 것인지, 아니면 그의 기적이 그의 설교와는 별 관계가 없고 단지 동정심을 보임으로써 청중을 끌어 모으기 위한 행동이었는지를 놓고 둘로 나뉜다.

---

28   Allison, *Historical Christ*, 72-8.

신학적 귀결

기적의 가능성과 의미에 대한 다양한 비평적 접근들을 살펴보았는데, 이제 우리는 그런 관점들을 신학적으로 어떻게 평가해야 할 것인가?

쉬운 문제부터 해결하자면, 하나님에 대한 불신앙으로 기적을 거부하는 것은 정통 기독교의 범위를 벗어나는 것이다. 하나님의 존재는 기독교 신앙에서 자명한 것이다. 유신론적 세계관에 적대적인 역사적 예수의 재구성은 신학적으로 의미 있는 결과를 거의 도출할 수 없다. 기독교 도그마를 전복하려는 시도가 아니라면 말이다(뤼데만이나 펑크를 떠올릴 수 있다).

그러나 하나님의 존재를 가정하는 것이 무조건 각 복음서의 기적 이야기가 역사적이라는 의미는 아니다. 우리가 살펴보았듯이 많은 비평학자들은 (비록 전부는 아닐지라도) 일부 기적들에 미묘하게 반대하는 경향이 있다. 따라서 우리는 예수의 기적의 역사성이 정통 기독교 신학에서 얼마만큼 필수 불가결한 요소인지를 따져보아야 한다. 우리는 예수가 기적을 수행하지 않았다고 해도 그를 하나님의 아들로 여길 수 있는가? 만일 예수가 어떤 유형의 기적은 행하시고 다른 것들은 행하시지 않았다면 어떻게 될 것인가?

이 자리에서 우리는 부활과 성육신 외에는 예수의 어떤 기적도 기독론이나 구원론의 토대를 이루는 것은 아니라는 점을 분명히 해둘 필요가 있다. 어떤 이는 예수가 물위를 걷는 기사나 폭풍을 잠잠케 하신 기사가 부활절 이후의 조작이라고 이해하면서도 여전히 예수가 온전히 하나님이며, 온전히 하나님의 아들이신 사람이라고 믿을 수 있다. 폭풍을 잠잠케 하신 것은 예수의 신성에 대한 증거로 여겨질 수 있지만(막 4:35-41은 그렇게 암시하는 것처럼 보인다), 예수의 신성을 믿는 우리의 근거가 마가복음 4장에 한정되는 것은 아니다.

가상의 추론이기는 하지만, 만일 예수가 특정 종류의 기적들만을 수행하셨다고 한다면, 그 경우에도 우리는 기독교의 정통 기독론과 구원론에 도달할 수 있을 것인가? 설사 몇몇 기적에 관한 기사들이 부활 이후에 전승에 추가된 것으로 여겨진다 하더라도 위의 교리들이 필연적으로 이러저러한 방식으로 영향을 받는 것은 아니다. 그와 같은 신앙의 교리들은 논리적으로 예수의 개별적인 기적 행위들에 의존하지 않는다(아래에서 살펴볼 부활은 예외로 한다).[29] 따라서 신약 서신들은 예수의 기적 행위들을 거의 언급하지 않는다.[30] 그럼에도 불구하고 우리는 예수의 제자들이 부분적으로라도 그런 기적들이 수행되었다는 믿음에 근거하여 예수의 신성과 메시아 정체성을 발전시켰다는 사실을 도외시할 수 없다. 예수의 기적들 중에 일부를 받아들이지 않으면서도 (혹은 심지어 예수의 기적 중에 상당수를 받아들이지 않으면서도) 예수의 신성을 받아들일 수는 있겠지만, **예수의 기적 행위를 어느 범위까지 받아들이는가 하는 문제는 예수와 그의 사역에 대한 우리의 신학적 확증의 신뢰성 및 범위와 서로 밀접하게 관련된다.**

일례로 많은 그리스도인들은 예수께서 하나님 나라를 출범시키심으로써 파괴되었던 창조세계의 회복이 도래하게 되었다고 믿는다(참조. 롬 8.18-15). 기적적 치유는 종말론적 회복의 과정이 진행 중이라는 증거로 제시된다(예. 막 7:37; 마 11:5; 눅 7:21-22에 나타난 사 35:5-6에 대한 암시). 이와 유사하게 사도들은 사탄의 지배하에 놓인 것으로 여겨졌던 마귀와 죽음에 대한 예

---

29   결국 1세기 팔레스타인은 극적인 기적들을 행할 수 있는 기적 수행자들과 은사주의자들로 가득 차 있었으며(Vermes, *Jesus the Jew*, 40-63), 그런 이유에서 유대인들은 그들을 하나님이 육화하신 존재로 생각하지 않았다. 반대로 루스드라 사람들은 기적적 치유가 바울과 바나바를 헤르메스와 제우스로 간주할 수 있는 증거라고 생각했다는 점에서, 역설적으로 기적들을 신성의 증거로 여기는 것이 부당하다는 점을 보여준다(행 14:8-18). 기적 행위들은 신성의 증거일 수 있으나, 결정적인 증거라고 할 수는 없다.

30   예를 들어 히 2:4은 예수의 기적들을 자신의 주장에 대한 논리적 근거로서가 아니라 보강증거로 제시한다.

수의 승리를 선포한다(히 2:14). 축귀는 전통적으로 그런 승리에 대한 결정적인 증거로 여겨졌다(막 3:22-27//마 12:24-32; 눅 10:17). 비록 부활만큼 결정적인 증거는 아니겠지만 말이다. 따라서 비록 우리의 교리들이 이런 기적 행위들에 배타적으로 의존하는 것은 아니지만, 우리는 이런 기적들의 역사성이 무의미한 것처럼 행동할 수는 없다. 예수가 어떤 기적도 행하지 않았다고 단언하는 것은 예수의 공적인 설교를 기만하는 것이다.

중요한 점은 복음서의 기독론이 예수를 종말론적 사건의 중심에만 두는 것이 아니라, 또한 하나님의 정체성을 소유한 분으로 제시한다는 사실이다.[31] 복음서에는 예수가 자신의 신성에 대해 말씀하시는 대목이 좀처럼 등장하지 않지만, 예수는 전통적으로 하나님께만 돌려지던 행위들, 예컨대 폭풍을 잠잠케 하시거나 이스라엘을 먹이신 것과 같은 기적들을 수행하심으로써 자신의 신성을 암시하신다. 이 기적들이 없다면 예수의 신성에 대한 역사적 증거는 미약해질 것이다. 환언하자면, 복음서의 기적들은 예수에 대한 우리의 신학적 확신의 범위와 신뢰성을 증진하는 데 기여한다. 특정 사건의 역사성에 대한 부정적인 판단이 우리의 신학적 신념들을 거짓으로 만들지는 않겠지만, 그러한 사건들을 줄여가는 것은 성경의 신학적 주장들을 승인하기 위한 우리의 역사적 근거들을 없애는 것이다.

아마도 독자들은 두 가지 중요한 기적이 아직까지 논의되지 않았음을 간파했을 것이다. 하나는 동정녀 탄생이고 다른 하나는 부활이다. 이 "엄청난 기적들"은 우리의 연구에서 특별한 도전이자 중대한 의의를 가지기 때문에 세심하게 다루어질 것이다.

---

31 Richard Bauckham, *God Crucified: Monotheism and Christology in the New Testament* (Grand Rapids: Eerdmans, 1998).

동정녀 탄생

놀랍게도 역사적 예수에 관한 저서에서 동정녀 탄생은 심각한 논의의 주제로 거의 다루어지지 않는다. 이런 현상은 주로 동정녀 탄생과 관련된 역사적 자료가 상대적으로 희귀하고 많은 학자들이 동정녀 탄생을 문제시한다는 사실에 기인한 것이다.

동정녀 탄생에 대한 역사적 예수 학계의 입장

우리는 동정녀 탄생에 대한 몇몇 역사적 도전들을 나열함으로써 이와 관련된 비평적 논쟁의 본질이 무엇인지 파악하는 데 도움을 얻을 수 있을 것이다. 먼저 기독교 역사의 최초 자료들은 동정녀 탄생에 대해 침묵한다. 이 주제는 복음서 중에서도 마태복음과 누가복음에만 등장하는데, 이 복음서들은 (소위) 동정녀 탄생에 대한 모든 (혹은 적어도 대부분의) 증인들이 생존해 있지 않아서 그런 기적적인 사건을 확증하거나 부정할 수 없었던 비교적 늦은 시기에 저작된 것들이다(마 1:18-25; 눅 1:26-38).[32] 마찬가지로 예수 유아 내러티브와 관련해서도 다양한 역사적 문제들이 존재한다. 예를 들면, 구레뇨(Quirinius)가 헤롯 대왕의 통치 말년 즈음에 수리아의 총독이었다는 진술(눅 2:2)은 그 시기에 만들어진 다른 역사 자료들에 부합하는 것 같지 않다. 또한 학자들은 헤롯이 베들레헴과 주변 지역의 유아들을 모두 죽이라고 명령했다는 주장(마 2:6)을 입증해줄 보강증거를 발견하지 못했다. 그런 끔찍한 사건이 고대 역사가 중에 적어도 몇몇 사람의 이목은 끌었을 법한데 말이

---

32   하지만 기원후 70, 80년대까지는 예수의 지상에서의 기적들에 대한 복음서의 증언을 논박하거나 확증해줄 수 있는 증인들이 생존해 있었을 가능성이 있다.

다. 비평학자들은 마태와 누가가 예수의 수태와 유아기에 대해 서로 상당히 다른 이야기들을 제시한다는 사실로 인해서도 회의적인 자세를 취하게 되었다. 마태는 먼 나라에서 찾아온 박사들과 이집트로의 피신을 이야기하는 데 반해 누가는 천사의 소식에 놀란 목자들, 그리고 성전에서의 정결예식과 상서로운 만남에 대해 이야기한다. 두 기사가 서로 일치하는 부분은 거의 없다.[33]

말하자면 **역사비평적 탐구의 틀에서** 동정녀 탄생 이야기는, 예를 들어 예수가 퇴마사나 교사였다는 주장만큼 역사적 사실로 여겨지지는 않는다.[34] 게다가 이런 역사적·텍스트적 결함들은 동정녀 탄생이 지나치게 기적적인 개념이라는 사실을 더욱 부각시키는 결과를 초래했는데, 이것은 역사적 예수 학자들로 하여금 이 주제를 회피하게 만드는 또 하나의 이유가 되었다.

동정녀 탄생이라는 주제를 다루는 학자들은 일반적으로 그 사건의 역사성에 대해 독자적인 판단을 내리기를 꺼리며, 그 대신 이 문제를 "우리가 종교적인 전제들과 무관하게 판단을 내릴 수 없는 주제들"이라는 범주에 포함시킨다. 물론 때때로 손안의 패를 보여주기도 하지만 말이다. 마이어(J. Meier)와 같은 가톨릭 학자가 동정녀 탄생의 가능성에 대해 열려 있는 태도

---

33   Meier, *Marginal Jew*, 1.208-19. 하지만 우리는 나무를 살리자고 숲을 버려서는 안 된다. 마태와 누가는 동정녀 탄생의 근본적인 요점에 동의하며 각각 독립적인 전승들에 의존하는 것이 분명하다.

34   이 고려사항 중 어떤 것도 예수가 성령에 의해 동정녀 마리아에게서 태어났다는 복음서의 주장을 거짓으로 만들지는 않는다는 점을 강조할 필요가 있다. 최초의 텍스트들에서 그러한 믿음의 증거가 발견되지 않는다는 사실이 그것을 거짓으로 만들지는 않는다. 복음서 이야기의 주변 요소들이 역사적 기록과 긴장 관계에 있다는 사실이 복음서 저자들을 전적으로 불신하게 만드는 증거가 되지는 않는다. 마지막으로 두 유아기 내러티브 사이의 긴장은 피상적으로 드러난 것보다는 서로 조화될 여지가 많다(Markus Bockmuel, *This Jesus: Martyr, Lord, Messiah* [Edinburgh: T & T Clark, 1994], 25-37). 마태복음과 누가복음 내러티브 간의 차이점들이 학자들의 회의주의를 고조시킬 수는 있을지 몰라도 확정적인 답변을 제시하지는 못한다.

를 취하는 것도 이러한 "판단 유보"를 표현하는 한 가지 방식인데, 그로 하여금 판단을 유보하게 만든 원인을 우리는 비평적 방법론이 가지는 한계에서 찾아야 한다.[35] 바트 어만(Bart Ehrman)과 같은 불가지론자에게 동정녀 탄생은 "우리가 알 수 없는 것들"(우리가 의심할 수 있는 것들)이라는 범주에 포함되는데, 이런 표제는 저자의 회의주의를 완전히 숨기지 않으면서도 비평적 탐구의 한계들을 인정한다.[36] 던(J. D. G. Dunn)과 같은 학자들은 일종의 "중도적 회의주의"를 주창하는 것으로 보인다. 던은 한편으로는 동정녀 탄생에 대한 증거를 상당히 의심스러운 것으로 여기기 때문에 역사적 예수에 관한 자신의 언급을 요한의 세례로부터 시작한다.[37] 하지만 다른 한편으로는 예수가 "시작"부터 하나님의 아들이자 성령의 권능을 받은 자로 여겨졌다고 주장한다. 여기서 시작이 그의 사역의 시작을 의미하는지, 아니면 그의 생애의 시작을 의미하는지,[38] 또 성령의 수여가 어떤 방식으로 임했는지에 대해서는 침묵하지만 말이다.

그런가 하면 일부 학자들은 동정녀 탄생의 가능성에 무게를 둔다. 전통적인 입장에 선 마커스 보크뮐(Markus Bockmuehl) 같은 학자는 텍스트와 역사적 자료들을 세심히 살펴본 후에 동정녀 탄생에 대한 기독교의 신앙이 "우리가 역사로부터 알아낼 수 있는 정보들과 충분히 조화될 수 있다"고 결론 지었다.[39] 신학적 스펙트럼의 반대편에는 로버트 펑크(Robert Funk) 같은 인물이 있는데, 그는 다음과 같이 확언한다. "우리는 마리아가 인간 남성의

---

35   Meier, *Marginal Jew*, 1.209, 222, 230.

36   Bart D. Ehrman, *Jesus: Apocalyptic Prophet of the New Millennium* (Oxford: Oxford University Press, 1999), 96-7.

37   Dunn, *Jesus Remembered*, 340-8.

38   Dunn, *Jesus Remembered*, 377.

39   Bockmuehl, *This Jesus*, 34.

정자 없이 예수를 임신하지는 않았다고 확실히 말할 수 있다."[40] 한마디로 동정녀 탄생의 역사성에 대한 학계의 견해는 낙관적인 개방성에서 확고한 부인에 이르기까지 다양하다.

동정녀 탄생을 부인함으로써 초래되는 신학적 파장

혹자는 동정녀 탄생이 비평학계에서 상대적으로 적은 관심을 받는다는 사실에 비추어 그 주제가 기독교 신앙에서 주변적인 의미만 가지는 것으로 이해해야 하는지 질문할 수도 있다.[41] 하지만 동정녀 탄생이 보편교회의 7대 신조와 정통 기독론에, 그리고 특히 속죄교리에 필수적인 요소라는 점에서 그런 판단은 근시안적이라고 할 수 있다.

예수의 동정녀 탄생에 가장 분명하게 관련되는 교리는 그리스도의 신성(deity)이다. 교부들도 그런 관련성을 분명하게 인식하고서, 마리아의 처녀성을 주변적인 문제로 간주하기는커녕 교회의 신조에 "성령으로, 그리고 동정녀 마리아에게서 나시고"라는 문구를 포함시키기까지 했다.[42] 이 문구는 기독론에 관한 다양한 이단들을 겨냥한 것이었는데, 그중 가장 이른 시기에 출현한 것으로는 "단인론"(psilanthrophism; 예수가 "단지" 인간이었다는 주장)과 "가현설"(docetism; 예수가 인간처럼 "보이기만" 했다는 주장)을 들 수 있는데, 시간이 흐르면서 이와 같은 이단적인 주제들이 기독교 역사에서 보다 다양하

---

40   Funk, *Honest to Jesus*, 293; 참조. Vermes, *Jesus the Jew*, 191-4.

41   본 장의 저자들과는 다른 결론이기는 하지만 모범적인 예외로는 다음을 보라. Andrew T. Lincoln, "'Born of the Virgin Mary': Creedal Affirmation and Critical Reading," in Andrew T. Lincoln and Angus Paddison (eds), *Christology and Scripture: Interdisciplinary Perspectives* (London: T & T Clark, 2007), 84-103.

42   표현상의 사소한 이문이 존재하지만, 기본적인 확증은 사도신경, 로마교회의 옛 신경, 니케아 신조, 니케아-콘스탄티노플 신조 등에 존재한다.

게 변형되어 출현하는 것을 목격할 수 있다.[43]

결과적으로 그리스도의 신성에 대한 믿음은 속죄교리에도 영향을 끼친다. 예수가 어떤 분이셨고, 또 어떤 분이신가에 대한 우리의 견해는 예수가 사람들을 죄로부터 구원하시는 방식에 대한 우리의 이해에도 심대한 영향을 준다. 히브리서의 논리에 따르자면(히 6:20-10:14),[44] 그리스도의 구속적 중재와 희생제사가 **"우리 모두에게** 효력을 가지기 위해서" 그는 우리와 같은 "인간"이어야 했으며, 또한 "우리 모두에게 **효력을 가지기 위해서"** 그는 우리를 초월한 "하나님"이셔야 했다. 다시 말해 예수가 하나님이 아니시라면, 그의 희생적 죽음은 우리의 죄에 대해 충분한 효력을 가질 수 없다.

우리가 이러한 구원론적 역학의 논리를 포기하지 않은 채 동정녀 탄생을 부인하려면, 우리는 그리스도의 신성을 다르게 해석해야만 할 것이다. 예를 들어 던이 제안했던 역사적 재구성은 예수의 신성에 대한 양자론적 설명(adoptionist account)과 양립할 수 있을 것이다. "역동적 단일신론"(dynamic monarchianism)의 한 형태인 양자론은 니케아 공의회에서 공식적으로 "정도를 벗어났다고"(이단이라고) 선언되었다. 그것은 기독교 전통 내에서 정통적인 교리로 인정받을 수 없는 관점이며, 복음주의, 로마 가톨릭, 그리고 동방정교회에서 한결같이 거부당하는 관점이기도 하다. 따라서 동정녀 탄생을 부인하는 것은 결국 그리스도의 신성에 관한 이단적 해석으로 이어질 수밖에 없다.[45]

자유주의 개신교 전통에 속한 일부 학자들은 그리스도의 신성을 확증해야 할 의무를 느끼지는 않지만, 그럼에도 인류의 구원과 관련하여 예수에

---

43   당연히 역사적 예수 학자들은 예수의 인성을 결코 부인하지 않는다.
44   히브리서는 복음주의적 속죄 교리를 형성하는 데 주도적인 역할을 한다.
45   이 말은 그 이단이 그 자체로는 그리스도의 신성을 부인하지 않는다는 의미다.

게 독특한 역할을 부여한다. 이런 입장에 서 있는 학자들은 그들의 구원론을 극단적으로 변형시켜서 예수가 신의식(Gon-consciousness)의 전형이라고 주장하거나(Schleiermacher), 혹은 예수가 인류를 인도하여 하나님과 실존적인 만남을 갖게 한다고 주장한다(Bultmann). 본 장의 저자들은 보편적인 복음주의의 관점에서 이런 종류의 구원론들이 상당히 결함이 많은 것이라고 여기고 거부할 수밖에 없다. 비록 조직신학 분야에서 이 주제들에 대해 방대하고 주목할 만한 대화들이 진행되고 있기는 하지만 말이다.

요약하자면, 예수의 동정녀 탄생은 기독론과 속죄교리에 대해 심대한 신학적 중요성을 가진다. 하지만 우리는 그리스도의 신성이나 전통적인 속죄교리를 논박하는 사람들이 교회의 전통에 대해 무지하거나 무관심해서 그런 것은 아니라는 점을 인정해야 한다(물론 예외도 있겠지만, 최악이 아닌 최선의 경우를 너그럽게 상정하고 표현한 것이다). 오히려 그들은 초기 교부들이 충분히 파악하지 못했던 역사적 증거들이 있다고 생각했으며, 현대 지식의 발전이 전통적 신념들에 대한 재해석을 정당화해준다고 믿었기 때문에 역사적 정통 신앙에 대해 거부감을 보이는 것이다. 본 장의 저자들은 교회의 전통에 대한 우리의 헌신과, 기적에 대한 우리의 원칙적인 개방성과, 역사적 증거가 일부 사람들이 생각했던 것만큼 동정녀 탄생에 대해 심각한 의문을 제기하지는 않는다는 우리의 평가에 근거하여 그들의 결론들을 거부할 것이다. 그러나 동정녀 탄생 교리에 내재한 신학적 난제는 정통 그리스도인들로 하여금 비평적 논의를 회피하게 만드는 것이 아니라 역사적 증거와 해석적 방법론에 대한 첨예한 논쟁에 참여하게 만드는 자극제가 되어야 할 것이다.

부활

마지막으로 다루게 될 주제는 부활이다. 역사적 예수 학자들은 부활과 관련된 모든 요소들을 면밀히 살폈는데, 모든 비평학자들이 부활의 역사성을 옹호하지는 않는다. 본서는 역사비평의 신학적 파장에 초점을 맞추고 있기 때문에 우리는 기독교 신학이 부활을 인정하지 않고서도 온전히 유지될 수 있는지 여부를 질문할 것이다. 그리고 답변을 예측해보자면, 절대로 아니라는 것이다.

부활의 역사성에 관한 학계의 견해

예수의 부활에 대한 비평학계의 논의는 대체로 두 가지 핵심 주제, 즉 빈 무덤과 예수의 사후 출현(*post-mortem* appearances)에 집중되는 경향이 있다.[46] 이 주제들이 엄청난 논쟁을 일으키는 이유는, 빈 무덤과 사후 출현에 대해 증언하는 자료들이 매우 다양하며 따라서 역사적으로 상당히 개연적인 것으로 여겨지기 때문이다.[47] 하지만 이 주제를 다루는 성경 텍스트들 사이에는 수많은 불일치점이 존재한다. 각 자료들은 빈 무덤과 부활하신 예수를 목

---

46 이것은 부활에 대한 기독교의 신념을 지지하기 위해 몇 가지 후속적인 고려사항들을 제시할 수 있다는 점을 부인하는 것은 아니다. 부활에 대한 기독교적 신념이 독특한 것이라는 점은 누구나 인정할 수밖에 없다. 유대교나 헬레니즘 문화 어디에서도 부활에 대한 명백한 선례를 찾아볼 수 없다(N. T. Wright, *The Resurrection of the Son of God*, Christian Origins and the Question of God 3 [London: SPCK; Minneapolis: Fortress Press, 2003], 81-4, 200-6, 『하나님의 아들의 부활』[CH북스 역간]). 마찬가지로 학자들은 예수 사후 몇 년 안에 이루어진 부활 신앙의 급속한 전파, 야고보와 바울 같은 회의주의자들의 회심, 그리스도인들의 일요 예배의 시작, 제자들이 신앙을 지키기 위해 핍박받은 사실 등을 강조하였다. 이 주제에 대한 변증적인 논평으로는 다음을 보라. Richard Swinburne, *The Resurrection of God Incarnate* (Oxford: Oxford University Press, 2003); William Lane Craig, *Reasonable Faith: Christian Truth and Apologetics*, rev. edn. (Wheaton: Crossway, 1994), 255-98.

47 특히 막 16:1-8; 마 28:1-20; 눅 24:1-53; 요 20:1-21:22; 행 1:1-9; 고전 15:3-19.

격한 사람이 누구라고 보고하는지, 그리고 어떤 순서로 목격했다고 주장하는지와 관련해 중대한 차이를 보인다. 일부 학자들은 이것이 빈 무덤과 부활하신 예수의 출현이 역사적 사실인지에 대해 의문을 갖게 만든다고 생각한다. 따라서 학자들에게는 이 주제들의 역사성에 대해 논쟁을 제기하고 또 "누가 언제 무엇을 보았"는지를 설명해주는 나름의 재구성을 제시하기에 충분한 근거가 주어진다. 결국 빈 무덤이나 예수의 사후 출현의 진실성에 대한 학자들의 결론은 예수의 부활을 확증하거나 부인하는 그들의 방식에 영향을 미친다.

그렇다면 학자들의 의견은 어떻게 나뉘는가? 양극단의 왼편에 위치한 악명 높은 예수 세미나의 회원들은 예수 부활의 역사성을 부인하는데,[48] 이 단체가 대중 언론에서 받아온 폭넓은 관심은 역사적 예수 학계에서 어떤 종류의 견해가 우세한지에 대한 대중들의 인식에 적지 않은 영향을 주었다. 예수 세미나의 의장이자 대변인인 로버트 펑크는 부활이 제자들의 노골적인 조작이었다고 주장한다. 펑크의 논지는 다음과 같다. 제자들은 예수의 죽음 이후에 낙심하여 갈릴리로 돌아갔으며, 불과 얼마 지나지 않아 예수가 죽음에서 부활하셨을 것이라고 주장할 수 있는 가능성에 불을 붙였고, 이어서 신약에 기록된 다른 모든 기막힌 주장들을 발전시켰다는 것이다.[49] 부활의 역사성을 부인하는 다른 학자들은 보다 온건한 관점을 취한다. 예를 들

---

48 이와 유사하게 Bultmann은 "부활"을 교회의 신앙과 선언의 "등장"과 동일시하는 입장을 선호하면서 예수의 육체적 부활의 역사성을 부인한 것으로 유명하다. Rudolf Bultmann, "The New Testament and Mythology," in Hans Werner (eds), *Kerygma and Myth: A Theological Debate*, vol. 1, trans. Reginald H. Fuller (London: SPCK, 1972), 1-44 (41-2).

49 Funk, *Honest to Jesus*, 280-1, 294-5. Funk는 부활하신 예수를 증거하였다는 보고의 진정성에 대해 추가적인 의심을 표현하면서, 그것을 예수로부터 권위를 승계받기 위한 메커니즘으로 간주한다. Funk의 재구성에 따르면, 이것은 역사적 예수의 공생애 사역과 어울리지 않을 수 있다(Funk, *Honest to Jesus*, 272-4).

어 게자 버미스(Geza Vermes)는 비록 무덤이 초자연적인 개입으로 비워졌다고 믿지는 않지만, 그럼에도 부활 신앙이 개화하게 된 배경에는 빈 무덤이라는 난해한 사실이 자리 잡고 있다고 믿는다.[50]

한편 예수에 대한 "주관적 환상"의 가능성을 주장하는 사람들도 있다.[51] 이런 견해를 가진 학자들은 빈 무덤의 역사성을 거부하면서도, 부활하신 예수님을 보았다고 믿었던 사람들이 존재했다는 점은 부인하기 어렵다고 생각한다. 주의할 점이 있는데, 이런 학자들이 주장하는 바는 막달라 마리아나 열두 사도와 같은 사람들이 예수를 실제로 보았다는 것이 아니라, 단지 그들 스스로가 예수를 보았다고 믿었을 뿐이라는 것이다. 주관적 환상의 옹호자들은 부활의 증인들이 아마도 깊은 슬픔이나 절망으로 인해 예수에 대한 환영을 경험하게 되었을 것이라고 제안한다. 그들은 제자들이 환상 속에서 경험한 것들을 역사적·주석적으로 채색했으며, 이러한 주관적인 환상들이 예컨대 빈 무덤이나 예언의 성취와 같은 다양한 형태의 신념들을 양산해낸 것이라고 주장한다.

그러나 우리는 대다수의 신약학자 혹은 심지어 대다수의 역사적 예수 학자들이 부활을 부인할 것이라고 성급하게 결론지을 수 없다. 확실히 일부 회의주의자들은 자신들의 저작에서 이 주제와 관련해서는 전략적으로 침묵을 고수하면서, 부활과 같은 초자연적인 사건이 실제로 발생할 수 있었는가 여부를 판정하는 것은 역사비평 연구의 범위를 벗어나는 것이라는 점을 지적한다.[52] 물론 이것은 사실이다. 그러나 대부분의 역사적 예수 학자들은 부

---

50 Vermes, *Jesus the Jew*, 24.
51 이것은 D. F. Strauss의 중요한 저작에까지 거슬러 올라가는 관점이며 최근에는 Gerd Lüdemann이 지지하는 관점이다(Theissen and Merz, *Historical Jesus*, 477-8, 482).
52 Ehrman, *Jesus*, 227-30.

활에 대한 믿음이 인류 역사상 가장 영향력 있는 종교인 기독교에서 너무나
도 중심적인 것이기 때문에 이 문제를 다루는 학자라면 적어도 개연성 있는
역사적 시나리오에 대해 나름의 견해를 밝히려고 시도는 해야 한다는 데 동
의한다. 물론 그러한 시도가 개인적인 신념과 무관할 수는 없겠지만 말이다.

앞에서 거론했던 "주관적 환상" 이론의 지지자들과는 대조적으로 예수
에 대한 "객관적 환상"을 주장하는 이들도 있다. 여기 속하는 학자들은 예수
의 사후 출현에 대해서는 확신을 가지면서도 빈 무덤에 대해서는 불가지론
자처럼 확신을 하지 못하며, 예수가 사람들과 물리적으로 접촉했다는 성경
묘사(먹고, 접촉하고, 사람들을 먹이심; 마 28:9; 눅 24:30, 39-43; 요 20:27; 21:13)
의 역사성에 대해서도 그리 낙관적이지 않다.[53] 그들은 또한 사람들이 예수
를 목격한 순서에 대해 다양한 설명이 존재하는 이유를 설명하는 일에도 비
상한 관심을 갖는다. 그들은 제자들이 부활하신 예수를 보았고 그의 음성을
들었다고 믿으면서도, 엠마오 도상에 있던 다른 사람들이 예수가 글로바 일
행과 함께 계시는 모습을 보았는지에 대해서는 알 수 없다고 말한다. 그럼
에도 불구하고 "객관적 환상" 가설은 사람들에게 예수에 관한 환상을 보여
주신 분은 바로 하나님이시라고 믿는다는 점에서 "주관적 환상"과는 차별
화된다.[54]

보다 보수적인 관점을 가진 그리스도인들은 위와 같은 입장을 신앙과

---

53   예수의 육체적인 행동을 묘사하는 텍스트들의 역사성에 대한 이런 회의주의는 이런 기사들
      이 여러 공관복음서에서 사후 출현에 관한 단순한 기사에 비해 많은 지지를 받지 못한다는
      사실에 기인한다. 따라서 일부 학자들은 부활체에 대한 바울의 논의(고전 15:35-54)가 육체
      적 물질성의 부인을 시사한다고 생각한다.

54   Gerd Theissen과 Annette Merz는 이 주제에 대한 그들의 유용한 논의에서 이 구분을 부활
      에 관한 다양한 역사적 입장들을 분류하는 데 사용한다. Theissen and Merz, *Historical Jesus*,
      474-508. 그들은 빈 무덤의 역사성에 대해서는 확신하지 못하면서도 예수의 부활 이후 등장
      의 객관성은 확신하는데, 결과적으로 빈 무덤의 역사성에 대한 "객관적" 기사를 옹호한다.

합리주의 간의 어색한 타협이라고 생각할 수도 있을 것이다. 그럼에도 불구하고 우리는 이런 관점이 기독교 세계의 보다 자유주의적이고 학술적인 단체들 내에서 여전히 영향력을 발휘하고 있으며, 그것이 소위 빈 무덤과 관련된 자료들이 제공하는 난제를 해결하는 동시에 예수가 사람들에게 목격된 순서에 대해 서로 조화되지 않는 설명들이 존재하는 이유를 해명하고자 하는 진정한 관심에서 비롯되었다는 점을 지적할 필요가 있다. 또한 "객관적 환상" 가설의 지지자들이 예수의 무덤이 비어 있었다는 점이나 예수가 열두 사도에게 나타나셨을 때 물리적인 육체를 가지고 계셨다는 점을 반드시 부인하는 것은 아니라는 점도 기억해야 한다. 요지는 이 관점의 지지자들이 무덤이 비어 있었는지, 혹은 부활한 예수가 물리적인 몸을 가지셨는지에 대해 확신하지 못하는 불가지론자들이라는 점이다. 긍정적으로 표현하자면 그들은 논쟁보다는 신중함을 추구한다.

마지막으로 예수의 부활에 대해 보다 확고한 설명을 제시하면서 옹호하는 역사적 예수 학자들이 존재한다. 그들은 기본적으로 신약 문서들과 조화를 이루는 방식으로 예수의 부활을 해석한다. 그들은 빈 무덤과 예수의 사후 출현이 환영적(visionary)이고 청각적인 현상이기만 한 것이 아니라 물리적이고 신체적인 현상이기도 하다고 주장한다. 하지만 여기 속하는 학자들 대부분은 부활이 우리가 일반적으로 알고 있는 역사는 아니라는 점에서 그것을 평범한 "역사적" 사건으로 묘사하는 것이 부적절하다는 점을 서둘러 지적한다.[55] 이것은 부활이 시공간상에서 발생했다는 신약 저자들의 명

---

55   예. Markus Bockmuehl, "Resurrection," in Markus Bockmuehl (ed.), *The Cambridge Companion to Jesus* (Cambridge: Cambridge University Press, 2001), 102-18 (109, 114-16); Dunn, *Jesus Remembered*, 866-79; Luke Timothy Johnson, *The Real Jesus: The Misguided Quest for the Historical Jesus and the Truth of the Traditional Gospels* (San Francisco: HarperSanFrancisco, 1996), 136.

확한 주장을 얼버무리려는 것이 아니라, 부활이 일반적인 시공간상의 사건들과 결코 동일한 맥락에서 설명될 수 없는 독특한 사건임을 인정하는 것이다. 예수의 부활은 보편적 부활의 첫 열매이자 종말의 맛보기다. 그것은 현재 있는 그대로가 아닌 미래에 찾아올 시공간을 역사적으로 경험하는 것이다. 예수의 부활(resurrection)은 나사로의 소생(resuscitation)과 동일한 성격을 갖는 것이 아니다(요 11:44). 예수는 한편으로는 씹기도 하시고 삼키기도 하시고 의심 많은 도마가 손가락을 넣도록 허락하셨는가 하면 다른 한편으로는 나타났다가 사라지시고, 벽을 통과하기도 하셨는데, 이는 그가 십자가형 이전에 가지셨던 몸과 유사한 동시에 구별되는 용모를 갖고 계셨음을 보여준다.[56] 바울은 예수의 육체가 일종의 영적인 육체로서 장차 신자들도 그것을 소유하게 될 것이라고 묘사한다(고전 15:42-54). 예수의 부활 사건에서 미래는 현재로 침투한다. 예수의 부활을 역사적이고 "종말론적"인 사건으로 묘사하는 것이 지나친 신학화(theologizing)의 산물은 아니며, 사실상 예수의 신비한 나타남과 사라짐, 그리고 그의 독특한 육체성과 같이 눈에 띄게 성가신 텍스트상의 증언들을 설명하는 하나의 방법이다.

신학적 파장

우리는 비평학계에 예수의 부활과 관련하여 이처럼 다양한 접근방법들이 존재한다는 사실을 신학적으로 어떻게 평가할 것인가? 복음주의 독자들은 위에서 묘사한 접근방법 중에서 당연히 마지막 제안으로 마음이 기울 것이다. 실제로 교회는 오랫동안 예수의 역사적 부활이 진정한 시각적·청각적·촉각적 현상이라고 단언해왔다. 그것이 우리가 알고 있는 물리적 실존의 한

---

56   눅 24:15-16, 31, 36; 요 20:15-17, 19, 27; 참조. 행 1:9.

계를 넘어서는 것인데도 말이다. 여기서 우리는 부활에 대한 이런 관점이 갖는 신학적 중요성에 대해서는 굳이 말하지 않겠다. 지난 2,000년 동안 수많은 신학자들이 다각도로 이 과제에 전념해왔기 때문이다. 대신에 우리는 부활의 역사성에 대한 전통적인 주장에서 다소 벗어나 있는 학자들에게 초점을 맞출 것이다.

우리는 부활과 관련하여 "객관적 환상" 가설의 지지자들에게서 발견할 수 있는 것과 유사한 일종의 최소주의적 확증들을 어떻게 해석해야 하는가? 이 가설의 지지자들이 부활의 증인들은 실제로 예수를 보았으며, 그들이 어떤 방식으로 보게 되었든지 간에 (다시 말해 그들의 믿음의 눈에만 보인 것인지, 아니면 지나가는 행인들도 볼 수 있는 방식으로 나타나셨든지 간에) 그것은 하나님의 개입으로 발생한 것이라고 생각하면서도, 여전히 빈 무덤과 사후 출현의 육체성에 대해서는 불가지론을 고수한다는 사실이 갖는 신학적인 함의는 무엇인가?

솔직하게 말하자면 본 장의 저자들은 단순한 "객관적 환상"이라는 개념에 열광하지 않는다. 부활에 대한 그들의 설명은 그 사건의 물질성(그것이 얼마나 독특한 것이든지 간에)을 수호할 수 있을 것처럼 보이지 않으며, 결과적으로 가현설(docetism)에 빠질 위험이 크다. 하지만 우리는 그들의 관점이 실제적으로는 가현설이 아니라는 점을 명확히 하고자 하는데, 왜냐하면 이 관점의 지지자들 중 어느 누구도 예수가 실제로 인간이었다는 점을 부인하지는 않기 때문이다. 그럼에도 "객관적 환상" 가설은 부활 상태의 물질성을 강조하지 않음으로써 가현설의 전형적인 몇 가지 신학적 취약점에 노출되어 있다. 이 가설은 창조 질서를 경시하거나 무시하게 만드는 결과를 초래할 수 있고, 새로운 피조물로의 새 창조(New Creation)에 대한 소망을 약화시키는 것처럼 보인다. 이런 측면에서 부활을 "객관적 환상" 이론으로만 설명하는 것은 대부분의 전통적인 그리스도인들에게 호소력이 없다. 하지만 빈 무덤의 특징과 예수가 제자들에게 어떤 모습으로 나타나셨는가에 대한 불가지론에도 불구하고 이 관점을 지지하는 학자들은 예수가 증인들 앞에 나타나도록 만드신 분이 하나님이시며 이러한 나타나심을 통해 구속사에서 전적으로 독특하고 결정적인 무언가가 발생했다고 여전히 확신한다. 이런 점에서 "객관적 환상" 가설의 주창자들은 크게 보자면 여전히 정통 기독교의 전통에 속한다. 제자들이 무엇을 목격했든지 간에 그들은 단연코 하나님이 십자가에 달리신 예수에 대해 취하신 행동 때문에 그것을 목격할 수 있었다는 단호한 주장만으로도 객관적 환상 가설은 기독교의 정통으로 받아들여지기에 충분하다. 그것은 소망과 이단 사이의 벼랑 끝 외줄타기이며, 기독교 신앙을 지지하는 데는 별달리 기여하는 것이 없이 역사적으로 주변부에 머무는 견해겠지만, 그것으로 충분하다.

어쨌거나 우리는 어떤 형태로든 부활을 부인하는 견해에 대해 정통 기독교라는 우산을 제공함으로써 그런 견해를 이단이라는 고발로부터 보호해 줄 수는 없다. 부활의 역사성을 부인하는 것은 결국 기독교를 부인하는 것이다. 그것이 "주관적 환상"이라는 이름으로 표현되었든지 혹은 사도들의 음모라고 경솔하게 해석되었든지 간에 말이다. 부활이 없다면, 하나님의 종말론적 왕국이 임박했다는 그리스도의 핵심적인 선언(막 1:15)은 단지 희망 사항일 뿐이었던 것으로 드러나게 될 것이다. 결과적으로 새 창조와 죽은 자들로부터의 부활에 대한 기독교의 소망은, 만일 그리스도가 부활하시지 않았다면 우리 또한 그렇게 될 것이라고 믿을 이유가 없다는 점에서, 근거 없는 것이 되어버리고 만다. 부활이 없다면, 예수의 신성에 대한 기독교의 주장은 저열하고 공허하며 한없이 가벼운 것이 되어버리는데(참조. 롬 1:4), 왜냐하면 예수의 영원한 죽음은 그가 단지 평범한 인간이었을 뿐이라는 단호한 증거가 되기 때문이다. 그리고 예수의 신성이 단지 신화적 경건의 표현일 뿐이라면 속죄에 대한 전통적인 해석은 힘을 잃고 마는데, 왜냐하면 예수가 부활한 적도 없고 하나님도 아니라면 그가 우리의 죄를 대속하는 사역을 효과적으로 수행하셨다고 믿을 이유가 전혀 없기 때문이다. 부활을 부인함으로써 초래되는 논리적 파장에 대해 사도 바울은 이렇게 말한다.

> 그리스도께서 만일 다시 살아나지 못하셨으면 우리가 전파하는 것도 헛것이요 또 너희 믿음도 헛것이며…그리스도께서 다시 살아나신 일이 없으면 너희의 믿음도 헛되고 너희가 여전히 죄 가운데 있을 것이요 또한 그리스도 안에서 잠자는 자도 망하였으리니, 만일 그리스도 안에서 우리가 바라는 것이 다만 이 세상의 삶뿐이면 모든 사람 가운데 우리가 더욱 불쌍한 자이리라(고전 15:14, 17-19).

기독교 신앙은 그리스도의 생애에 관계된 사건들의 역사성에 관한 그 어떤 논쟁도 참아낼 준비가 되어 있다. 그 신앙은 사람들이 부활하신 그리스도를 경험했다고 주장했던 순서에 관한 논란을 불식시킬 수 있으며, 그들의 경험이 정확히 무엇이었는지에 관한 이견들도 모두 수용할 수 있다. 그러나 예수가 시공간상에서 경험하신, 하나님으로 말미암은 유일무이한 부활의 사실성은 기독교 신앙의 본질을 이루는 특성, 곧 필수 불가결한 조건이다.

결론적 논평

본 장의 논의는 역사적인 저술들을 몇 페이지로 압축한 것이며, 역사적 예수 탐구의 포괄적인 역사를 제공하는 것이 아니라 탐구의 신학적 발화점들을 확인하는 것을 목표로 삼았다. 우리는 예수의 자기제시, 기적, 동정녀 탄생, 그리고 부활의 문제를 다룬 주요 학자들의 관점들을 개괄함으로써 나사렛 사람 예수에 대한 비평적 연구가 복음서, 니케아 신조, 그리고 그 이후의 신앙에 대해서도 충분한 여지를 제공해준다는 점을 제시하고자 했다.[57] 우리는 사변적이고 이론적인 관점에서 대화를 이끌어가고자 했으며, 각각의 역사적 질문들에 대해 우리가 선호하는 해석을 옹호하기보다는 주어진 비평적 제안이 신학적으로 문제를 야기할 소지가 있는 부분들을 지적하고자 했다. 우리는 이런 식으로 지금까지 비평적 예수 연구에 대해 말을 아껴왔던 전통적인 그리스도인들도 이 논의에 참여할 수 있는 여지를 만들어주고자(혹은 드러내고자) 노력해왔다.

바라기는 참여의 공간에 관한 이런 거친 대화를 감상적 포용주의나 신학적 상대주의로 매도하지 않았으면 한다. 역사비평에 대한 우리의 관심은 현대 예수 연구에 위태로운 요소가 전혀 없다는 순진한 가정에서 비롯된 것이 아니다. 오히려 우리는 이 분야에 신학적으로 위태로운 요소들이 너무나 많으며 따라서 펑크, 크로산, 뤼데만과 같은 신학자들이 연구를 과도하게 독점하고 있는 상황에서 전통적인 그리스도인들이 무비판적으로 이 분야를

---

57 예수에 대한 역사비평적 연구와 신학적 연구를 건설적으로 조율하기 위한 방법에 대해서는 다음을 보라. Christopher M. Hays, "Theological Hermeneutics and the Historical Jesus: A Critical Evaluation of Gadamerian Approaches and a New Methodological Proposal," in Jan van der Watt (ed.), *The Quest for the Real Jesus* (Leiden: Brill, 2013).

그들에게 양도할 수는 없다고 믿기 때문에 이런 시도를 하는 것이다. 우리가 적극적으로 개입하기를 포기하는 순간, 우리는 스스로 "전문가"라는 명패를 포기한 채 정통 기독교 학계에서 결코 수용하지 못할 관점을 가진 학자들에게 그 명패를 넘겨줌으로써 우리 회중의 성도들이 검증되지 않은 역사적 풍자에 노출되도록 방치하는 결과를 초래할 것이다.

후속 연구를 위한 제안

Allison, Dale C., *The Historical Christ and the Theological Jesus* (Grand Rapids: Eerdmans, 2009).

Bockmuehl, Markus (ed.), *The Cambridge Companion to Jesus* (Cambridge: Cambridge University Press, 2001).

Hays, Christopher M., "Theological Hermeneutics and the Historical Jesus: A Critical Evaluation of Gadamerian Approaches and a New Methodological Proposal," in Jan van der Watt (ed.), *The Quest for the Historical Jesus and the Truth of the Traditional Gospels* (San Francisco: HarperSanFrancisco, 1996).

Theissen, Gerd, and Merz, Annette, *The Historical Jesus: A Comprehensive Guide*, trans. John Bowden (Minneapolis: Fortress Press, 1998). 『역사적 예수』(다산글방 역간).

8
사도행전의 바울과
서신서의 바울

애런 J. 큐커, 켈리 D. 리벤굿

사도 바울은 사도행전의 후반부에서 주도적인 역할을 수행할 뿐 아니라 역사적으로 바울의 저작이라고 알려진 13개의 서신들도 신약 정경의 다른 모든 서신들보다 주목을 받아왔다. 그가 기독교 전체, 특히 종교개혁의 정신을 이어받은 기독교계에 미친 영향은 무시할 수 없다.

역사비평학계에서 세기적인 주목을 받을 가치가 있는 중대한 연구결과 중 하나는 사도행전이 제시하는 바울과 서신서 자체에서 제시하는 바울을 명확하게 구분할 (혹은 이미 제기된 구분을 고려할) 필요가 있다는 인식이다. 바울을 묘사하는 정경 내의 두 가지 표상이 양립 가능한지에 대해 다양한 수준에서 연구가 진행되었는데, 두 가지 중요한 이슈들로 일관되게 관심이 집중되었다. 곧 1) 사도행전의 연대표와 바울 서신을 대조하는 것이 첫 번째 관심사였고, 2) 사도행전에 실린 바울의 연설들의 신학적 내용을 서신서의 신학적 내용과 비교, 분석하는 것이 두 번째 관심사였다.

첫 번째 주제, 곧 바울의 연대표와 관련된 이슈들에 대한 해석의 초점은 갈라디아서 1-2장인데, 학자들은 예루살렘 방문 회수와 시기에 대한 바울 자신의 진술과 사도행전에서 발견되는 기사를 조화시키고자 시도해왔다. 두 번째 주제인 바울의 신학적 메시지와 관련하여, 서신서의 바울과 사도행전의 바울이 서로 다른 것처럼 보인다는 점이 비평의 대상이 되었다. 실제로 많은 신약학자들은 사도행전에 실린 바울에 관한 기사가 실제 바울에 대한 우리의 인식을 왜곡하고 바울이 실제로 가지고 있던 신학적 신념을 모호하게 만든다고 결론지었다. 이로 인해 일부 학자들은 사도행전이 전설적인 바울의 모습을 그리고 있을 뿐이라고 제안하기에 이르렀다.

이 두 가지 이슈는 사도행전 기사들의 역사성, 누가가 바울을 알았다는 주장의 진실성, 초기 교회의 확장에 관한 기사, 바울과 베드로의 관계, 그리고 예루살렘 공의회의 중요성에 의문을 제기하는 데 사용되었다. 더불어 이두 가지 중심 이슈는 우리가 신약성경에서 듣는 것이 바울의 실제 목소리인지, 아니면 교회가 주도권을 잡고 유지하기 위해 변조한 목소리인지에 대해 궁금증을 불러일으킨다. 결국 이것은 성경의 신뢰성과 영감에 관한 질문으로 이어진다.

본 장의 두 번째 단락에서 우리는 사도행전의 바울신학과 바울 서신의 바울신학을 비교해서 설명할 것이며, 그런 해석이 갖는 함의가 무엇인지 살펴볼 것이다. 우선은 갈라디아서와 사도행전을 비교할 때 등장하는 연대표의 문제를 밝히는 것으로 시작하겠다.

연대표의 문제

대부분의 학자들은 방법론적으로 실제 바울과 그의 신학을 이해하기 위한 탐사의 적절한 출발점이 "논쟁의 여지가 없는" 바울 서신들이라고 지적한다. 그들은 사도행전이 우리가 바울에 대해 알고 있는 사실들과 부합할 수도 있고 충돌할 수도 있는 이차자료에 불과하다고 말할 것이다. 적절한 시점에 이런 방법론적 전제도 분석의 대상이 될 것이다. 여기서 우리는 바울의 생애와 교훈을 재구성하기 위해 적용된 주도적인 방법론적 전제의 틀 안에 존재하는 바울 연대표의 문제점을 지적할 것인데, 먼저 갈라디아서에 실린 바울 자신의 증언에서 시작하겠다.

갈라디아서에 따르면, 바울은 부활하신 예수를 만나 그분으로부터 이방인들에게 복음을 전하라는 위임을 받은 후에 곧바로 어느 누구에게도 자문을 구하지 않았고, 사도들을 만나기 위해 예루살렘으로 올라가지도 않았으며, 오히려 아라비아로 가서 (구체적으로 명시되지 않은 기간 동안) 머물다가 다시 다메섹으로 돌아왔다(갈 1:22). 바울은 삼 년 후에 게바(베드로)를 만나러 예루살렘에 가서 15일간 체류하였으며, 그때 야고보를 제외하고는 다른 사도들을 만나지 않았다(갈 1:18-19). 바울 자신의 말에 따르면, 그는 베드로와 야고보를 방문한 후에 수리아와 길리기아 지역으로 여행했는데(갈 1:21), 이때 그는 유대 지역의 교회들에 알려지지 않은(명성에 있어서가 아니라 개인적인 친분관계상) 상태였다(갈 1:22).

14년 후에(이것이 바울의 회심으로부터인지 아니면 그의 첫 방문으로부터인지는 불명확하다) 바울은 "계시"에 응답하여 바나바 및 디도와 함께 예루살렘으로 돌아왔다. 바울은 그곳에서 자신이 이방인들에게 전하였던 복음을 사도들 앞에서 제시하였다(갈 2:1-2). 바울이 사도들과의 개인적인 만남에서 할례에 매이지 않는 복음에 대해 그들에게 자세히 설명한 후에, 유대 교회의 기둥들(야고보, 게바, 요한)은 바울에게 교제의 손을 내밀면서 그가 하나님으로부터 이방인에게 복음을 전하라는 소명을 받았음을 인정했다. 바울의 말에 따르면, 유대 교회의 기둥들이 바울에게 요구했던 한 가지는 계속해서 가난한 자들을 기억하라는 것이었다(갈 2:3-10).

갈라디아서의 내러티브가 진행되면서, 우리는 게바가 어느 때엔가 안디옥 교회를 방문했으며, 이때 바울이 그의 어떤 행동(바울이 보기에 복음과 조화될 수 없는)에 대해 그에게 강경하게 대응해야 할 필요성을 느끼게 되었다는 점을 발견한다. 논란이 되었던 사건은 게바가 이방인들과 함께 식사를

하다가, 할례자의 무리에 속하는 야고보의 사절들이 방문하자 이방인들로
부터 도망친 것이었다(갈 2:11-12). 그의 행동은 바나바까지도 유혹에 빠지
게 만들었으며, 그들이 예루살렘에서 야고보, 요한과 함께 합의했던 사항에
도 어긋나는 행동이었다(갈 2.13-14).

우리가 갈라디아서의 이 기사를 사도행전 9-15장의 내러티브와 비교
할 때, 곧바로 떠오르는 질문이 있다. 사도행전 15장에 묘사된 사도들의 공
의회가 바울이 갈라디아서 2:1-10에서 묘사한 것과 동일한 모임인가?

사도행전 9:26-29에 기록된 바울의 예루살렘 방문 이야기가 바울이
갈라디아서 1:18-20에서 언급한 첫 번째 방문이라는 점은 대부분의 학자
들에게 확실한 것으로 받아들여진다. 논쟁의 여지가 있는 문제는 갈라디아
서 2:1-10에 언급된 바울의 두 번째 예루살렘 방문이 누가가 사도행전 15
장에서 묘사한 사건과 동일한가 여부다. 만일 그렇다고 말한다면, 이는 바울
이 이전의 방문(행 11:27-30, 12:25)을 언급하지 않았거나, 아니면 누가가 바
울이 실제로 하지 않았던 방문 이야기를 만들어냈다는 의미다.[1]

갈라디아서 2장은 사도행전 15장에 상응하는가?

사도행전 15장이 갈라디아서 2:1-10의 사건을 누가의 방식으로 설명한 것
이라고 주장하는 사람들은 다음과 같은 이유를 든다. 두 사건 모두 예루살
렘에서 일어났으며, 동일한 인물들이 관여했고, 동일하게 이방인에게 할례
를 요구할 것인가의 문제를 다루며, 결국은 예수의 이방인 제자들에게 할례

---

1   행 11:27-30과 12:25이 두 차례의 예루살렘 방문을 의미하는지, 혹은 행 12:25이 행 11:27-
     30에 묘사된 방문에 대한 요약적 진술인지에 대해서도 약간의 논쟁이 있다. 행 11:27-20과
     12:25이 한 차례의 예루살렘 방문을 언급한다는 Joseph A. Fitzmyer의 주장을 보라. Joseph A.
     Fitzmyer, *The Acts of the Apostles: A New Translation with Commentary and Introduction*, AB 31
     (New York: Doubleday, 1998), 492-3.

가 필요하지 않다는 결론을 논쟁의 결과로서 공유한다.

그러나 일부 학자들은 갈라디아서 2장이 사도행전 15장에 상응한다는 제안에 문제가 있다는 점을 발견한다. 첫째, 갈라디아서 2:2에서 바울은 자신이 "계시를 따라" 예루살렘으로 갔다고 기록하고 있지만, 사도행전 15장의 내러티브에서 바울과 바나바는 안디옥에 찾아온 유대인 무리가 "구원을 얻으려면 할례를 받아야 한다"라고 가르침으로써 초래된 문제를 해결하기 위해 예루살렘으로 파송된 것이다(행 15:1-3). 둘째, 갈라디아서에서 바울은 이 모임을 유대 교회의 기둥들과의 사적인 회합이라고 묘사하는 데 반해, 사도행전 15장의 모임은 사도들, 장로들, 그리고 온 교회를 포괄하는 공적인 회합으로 묘사된다. 셋째, 갈라디아서 2:1-10에서 바울은 사도행전 15:22-29의 사도적 율령을 언급하지 않는다. 이를 언급하는 것이 자신의 전체적인 논증을 강화시켜줄 것이 분명한데도 말이다. 덧붙이자면, 갈라디아서의 사건이 사도행전 15장의 사도적 율령에 따른 확고한 지침들 이전에 발생한 것이라고 한다면, 우리는 (할례자 무리를 두려워하여 이방인들과 식사를 하던 자리에서 도망친) 베드로의 일관성 없는 행동을 이해하기가 훨씬 쉽다. 마지막으로 사도행전의 사도적 율령은 할례뿐만 아니라 음식규례와 성적 음행 문제도 다루고 있지만, 갈라디아서 2:1-10의 논의는 할례 문제, 그리고 바울의 복음과 그의 사도직이 유효한가 하는 문제에만 초점을 맞춘다.

갈라디아서 2장은 사도행전 11:27-30/12:25에 상응하는가?

갈라디아서 2:1-10과 사도행전 15장을 동일시하기를 거절하는 학자들은 사도행전 11:27-30/12:25이 갈라디아서 2장에서 묘사하는 사건이라고 결론을 내리는 경향이 있다. 이와 같은 결론에는 몇 가지 설득력 있는 이유들이 존재한다. 첫째, 두 방문 모두 "계시"에 대한 반응으로 이루어진 것이라고 언급된다. 둘째, 사도행전 11/12장의 "계시"는 유대 땅의 교회들을 기근으로부터 구제하는 일에 관한 것이었다. 이는 바울이 "가난한 자들을 계속해서 기억"해야 한다는 기둥들의 요구에 부합하는 것처럼 보인다(갈 2:10).[2] 셋째, "갈라디아서 2:1-10 = 사도행전 11/12장"이라는 제안은 바울이 갈라디아서에 그 사건을 기록하면서 사도적 교령을 언급하지 않은 이유를 설명할 수 있을 것이다. 다시 말해 사도적 교령이 아직 반포되지 않았기 때문인 것이다.

갈라디아서 2장이 사도행전 11/12장에 상응한다는 제안에도 문제가 없는 것은 아니다. 첫째, 사도행전 11/12장에는 할례에 관한 논의, 혹은 바울의 사도적 권위를 확증하는 논의에 대한 언급이 전혀 없다. 덧붙여서 갈라디아서 2장에는 장로들이 바울과 바나바가 안디옥에서 보낸 구제자금을 받았다는 언급이 없다(행 11:29-30). 하지만 갈라디아서에는 사도행전 11/12장의 이야기와 직접적으로 모순되는 요소가 전혀 없으며, 갈라디아서에 위와 같은 사건들이 생략된 것은 갈라디아서의 대응적 성격, 그리고 갈라디아서 2:1-10에서 바울의 논증의 목적이 누가의 내러티브에서와는 달리 신학적이거나(할례와 사도적 권위) 수사적인 것이(구제자금에 대한 감사) 아니었다는 점으로 설명될 수 있을 것이다. 달리 표현하자면, 바울은 구체적인 목적과 논증의 전략을 가지고서 갈라디아서를 기록했는데, 그 목적과 전략이 누가가 자신의 저술 목적에 유용하다고 생각했던 세부사항들을 때로는 포함하게, 때로는 배제하게 만들었다는 것이다.

한마디로 갈라디아서 2장과 사도행전 9-15장의 연대표에 관해 확고

---

2   그리스어 원문에서 갈 2:10의 이 훈계는 바울이 이미 예루살렘에서 궁핍한 자들의 구제를 시작했다는 것을 암시하면서, 지속적인 행동을 전하는 접속법 현재시제의 형태로 나타난다.

한 결론에 도달하기는 쉽지 않다. 우리가 여기 존재하는 긴장들을 어떤 식으로 해소할 것인가 하는 문제는 다른 요인들에 달려 있다. 바울이 갈라디아를 방문한 것이 사도행전 15장의 사도 회의 이전인지 아니면 이후인지, 그리고 이와 관련하여 바울이 방문한 곳이 북갈라디아인지 아니면 남갈라디아인지와 같은 문제들이 동시에 다루어져야 한다.[3] 더불어서 사도행전 전반에 대한 역사적 신뢰성에 대한 우리의 관점이 각각의 기사에 실린 자료를 다루는 태도를 결정할 것이다. 특히 누가의 기사가 신뢰성 면에서 열등하다고 전제할 경우에 말이다. 사실 연대표 문제를 어느 정도 만족할 만한 수준에서 해결하는 것이 불가능하지는 않다. 그런 해결이 필요하다고 느낀다면 말이다. 하지만 다수의 학자에게 연대표 문제는 누가가 바울을 어떻게 제시하는가라는 문제 전반에 대한 광범위한 비평적 평가로 이어지는 통로가 된다.

두 가지 제안에 대한 신학적 평가

각 제안에 담긴 신학적 함의를 살펴보기에 앞서, 우리는 각 텍스트 자체에 독자들로 하여금 두 기사를 서로 조화시키도록 요구할 만한 내재적인 요소가 존재하지 않는다는 점을 먼저 지적할 필요가 있다. 하지만 두 텍스트를 한데 모아서 그 기사들을 조화시키게 만드는 다양한 동기가 존재한다. 특히 초기 기독교의 역사적 측면에 주로 관심을 가진 자들, 그리고 사도행전과 갈라디아서가 단지 역사적 산물일 뿐이라고 여기는 자들이 여기에 해당한다. 두 텍스트가 바울의 생애에서 발생한 유사한 사건들을 서술하고 있다고

---

3   남, 북 갈라디아설 논쟁과 그것이 연대표 이슈를 이해하는 데 어떤 역할을 하는지에 대해서는 다음을 보라. F. F. Bruce, *The Epistle to the Galatians*, NIGTC (Grand Rapids: Eerdmans, 1982), 5-18.

주장한다는 점에서 우리는 두 텍스트 간에 존재할지도 모르는 모종의 연관성을 발견하려고 시도해볼 필요가 있다.

　사도행전 9-15장과 갈라디아서 1-2장을 조화시키려고 시도하는 학자들 중 일부는 신학적인 근거에서 양자의 조화를 시도한다. 예를 들어 독자들이 사도행전과 갈라디아서를 정통 교리와 올바른 삶을 규제하는 선집(다시 말해 정경)의 일부라고 여기고, 이 선집이 하나님께서 자기 백성들이 알고 행하기를 원하시는 모든 것에 대해 일치된 목소리를 낸다고 확신한다면, 이와 같은 신학적 주장은 독자들로 하여금 모순에 대한 해결책을 찾도록 압력을 행사할 수 있다. 덧붙여서 만일 신약 정경이 하나님의 말씀이며 하나님은 거짓말을 하실 수 없다고 여겨진다면(딛 1:2; 히 6:18), 성경의 모든 주장은 무오해야 한다. 말하자면 연대표나 사건에 관한 기사에 오류가 없어야 한다는 것이다. 이 경우 독자들은 신학적 확증을 자신들의 성경 이해에 적용시킴으로써 사도행전과 갈라디아서 사이에 존재하는 것처럼 보이는 모순을 어떻게 조화시킬 수 있을지 설명해야 할 압박을 느낀다.[4] 한 번 더 강조하자면, 성경에 대한 우리의 관점은 해석 과정에 영향을 미칠 수 있다. 성경이 무오하다는 관점을 가진 사람들 중에는 성경에서 발견되는 모든 것을 남김없이 조화시키고 통합해야 한다고 말하는 이들도 있다. 유사한 방식으로 어떤 이들은 사도행전의 저자가 실수를 했다거나 바울이 자신의 수사학적 목적을 실현하기 위해 사실을 제대로 밝히지 않았다는 오해를 불식시키기 위해서라도 갈라디아서와 사도행전 간의 문제를 해결해야 할 필요성을 느

4　복음주의 신학자 Millard Erickson은 성경이 무오성 교리를 명시적으로 확증하거나 가르치는 것이 아니라, 그것이 기독교 신학 자체에서 발견되는 "완전영감 교리의 당연한 귀결"이라고 지적한다. Millard Erickson, *Christian Theology*, 2nd edn (Grand Rapids: Baker, 1998), 255.

긴다. 그들이 보기에는 그 어떤 시나리오도 사도행전 혹은 갈라디아서의 신뢰성에 의문을 제기하게 만들 것이고, 결과적으로 하나님, 예수 그리스도의 인격과 사역, 그리고 구원과 신실한 삶에 관련된 문제들에 있어서 오류투성이의 저자를 신뢰할 수 있을지 여부를 결정하기 어렵게 만들 것이다. 그들의 핵심 전제는 신학적 신뢰성이 연대기적 신뢰성과 분리될 수 없다는 것이다(이것은 논리적 필연이라기보다는 신학적 판단이다).

덧붙이자면, 두 기사 간의 불일치를 초기 기독교의 발전 양상과 관련하여 취해진 서로 다른 역사적 판단들의 결과로 해석하고자 하는 이들도 있다.[5] 두 기사 간의 불일치는 서로 경쟁 관계에 있는 신학들이 공존했다는 증거라는 것이다. 우리는 이런 접근법이 근본적으로 신학적 주장에 의해 통제되는 것이 아니며, 오히려 초기 기독교의 발전 양상에 대한 역사적 전제라는 점을 강조하고자 한다.

마지막으로 두 텍스트의 기사들을 조화시킬 필요를 느끼지 못하는 이들은, 갈라디아서나 사도행전이 권위 있고 구속력을 가진 정경의 일부라고 생각하지 않고 그 텍스트들이 하나님의 말씀이라고 여기지 않기 때문에 그런 소극적인 태도를 취하는 것이다. 그들은 사도행전과 갈라디아서가 다른 모든 텍스트들과 마찬가지로 특별한 이념적 목표에 영향을 받고 인간적 오류에 노출된 인간의 저작일 뿐이라고 믿는다. 그들의 관점에서 볼 때 불일치는 충분히 예견된 것이며, 탐구의 대상이지 해소되어야 할 사안은 아니다.

---

5 우리는 이런 판단이 때로는 "텍스트가 결론으로 이어지며, 다시 결론이 텍스트에 의해 확정되는" 해석학적 순환 속에서 행해진다는 점을 인정한다.

갈라디아서 2장이 사도행전 15장에 상응한다는 제안에 담긴 신학적 함의들의 평가

갈라디아서 2장이 사도행전 15장에 상응한다는 제안에는 예를 들어 사도 신경이나 니케아 신조에 담긴 기독교의 근본적인 주장들과 모순되거나 심지어 위협이 될 요소는 전혀 없다. 두 기사에 대한 탐구는 우리가 바울이나 누가를 바라보는 방식에 영향을 줄 것이며, 또한 신학적 판단들이 내려졌던 과정이나 사람들이 자신들의 관점을 전달하는 방법에 대해 한 차원 높은 이해를 더해줄 것이다. 그러나 그것은 결코 이미 도출된 결과나 제기된 신학적 주장들을 바꾸지 못한다. 그럼에도 불구하고 성경 무오성 교리에 대한 특정 이해가 (제1장에서 다루어지는) 기독교 신앙의 근본적 주장들과 동일시된다면, 그런 제안은 기독교 신앙의 범위를 벗어나는 것으로 평가될 여지가 있다. 왜냐하면 그것은 누가가 그의 기사들을 서술했을 때 오류를 범했다거나 바울이 예루살렘을 몇 번 방문했는지에 대해 (심지어 의도적으로) 잘못 말했음을 암시할 수 있기 때문이다. 일부 사람들은 갈라디아서 2장이 사도행전 15장에 상응한다는 제안이 (어느 편이 틀린 것으로 판명되느냐에 따라) 누가 혹은 바울의 신뢰성을 의문스럽게 만들며, 결과적으로 오류투성이의 저자가 성부 하나님, 예수 그리스도, 성령, 구원, 제자도, 하나님의 경륜과 같은 중요한 교리들에 관해 주장하는 말들의 진정성을 평가할 수 있는 적합한 기준을 세우기가 어렵게 (혹은 불가능하게) 되어버린다고 생각한다.

갈라디아서 2장이 사도행전 11/12장에 상응한다는 제안에 담긴 신학적 함의들의 평가

갈라디아서 2장이 사도행전 11/12장에 상응한다는 제안은 확실히 초기 교회에 다양한 형태의 기사들이 존재한다는 사실에 우려를 표하는 학자들이 가장 선호하는 해결책이다. 그것은 바울이나 누가가 오류를 범했다거나 혹은 그들에게 감춰진 동기들이 있었다는 어떤 개념도 완화시키며, 두 텍스트의 신뢰성도 확증해준다. 하지만 이 제안은 실제로 기독교의 근본 교리들에 아무것도 더해주지 않는다. 여기서 우리는 이 제안이 기독교의 본질적인 교리들을 고수하는 데 관심을 가진 사람들이 선택할 수 있는 유일한 대안은 아니라는 점을 강조하고 싶다.

누가가 제시하는 바울신학과 서신서의 바울신학

누가가 제시하는 바울신학과 서신서의 바울신학을 비교하는 일은 누가의 연대표와 바울의 연대표를 조화시키거나 구분 지으려는 시도들과 밀접하게 연관되어 있기는 하지만, 신학을 비교하는 일이 연대표를 조화시키는 일과 동일한 것은 아니다. 여기서 우리가 이전의 논의와 연관되면서도 전혀 다른 종류의 역사적 탐구영역에 진입한다는 점을 주목할 필요가 있다. 연대표를 비교하는 작업이 텍스트 배후에 자리 잡은 사건들에 관한 재구성에 의존하는 데 반해, 누가가 묘사한 바울의 신학에 관한 탐구는 누가가 과연 바울신학의 다양한 국면들을 적절하게 파악했는지에 관한 문제다. 그러나 누가가 "바울의 연대표를 제대로 구성할" 능력이 있는지에 관하여 비평학자들 사이에서 제기되었던 불확실성의 문제는 누가의 역사기술이 대체로 얼마나 정확한지에 대해 상당한 관심을 불러일으켰다. 이것은 사도행전이 전달하는 바울신학과 관련하여 몇 가지 논의를 초래하였다. 본 장의 저술 목적에 따라 우리는 핵심 질문을 다음과 같이 구성해보았다. 누가는 바울의 신학을 정확하게 반영하는가, 아니면 누가의 바울이 단지 누가 자신의 변증적 의제를 관철하기 위한 허구에 불과한 것인가?

누가가 제시하는 바울과 서신서의 바울 간의 불일치와 조화에 대한 학계의 인식을 서술하는 작업은 바울 서신 내의 연대표들 간의 관계에 대한 비평적 관점들을 개괄하는 것만큼 간단하지는 않다. 질문의 범위가 포괄적인 신학적 주제들을 망라하기 때문에, 누가의 바울과 서신서의 바울은 수없이 많은 신학적 논제들에 관해 서로 일치하거나 이견을 보이는 것으로 다양하게 비쳐질 수 있다. 아마 독자들은 이런 대화가 엄밀한 역사적 재구성의 문제가 아니라 주로 주석적이고 해석학적인 판단과 관련된 것이라는 점을 금세 인지할 수 있을 것이다. 이처럼 방대한 탐구의 영역에서 우리가 취할 전략은 바울 서신이나 혹은 사도행전에 나타나는 바울의 연설들에 대한 서로 다른 방법론적·해석학적 접근들이 결국 텍스트에 제시된 신학들에 대한 서로 다른 판단으로 이어질 수 있음을 보여주는 세 가지 학문적 입장들을 제시하는 것이다. 우리의 논의에서 본보기로 삼을 만한 학자들이 무수하지만, 우리는 역사비평적 이슈들에 대해 공통의 관심을 공유하는 세 명의 학자를 선택하였다. 우리가 그들의 관점을 다루다 보면 상당히 많은 주석상의 이슈들이 제기될 수 있을 것이다. 그러나 현재 논의에서 가장 중요한 점은 텍스트를 주석하는 방식이 종종 주석가의 해석학적 관점에 상당히 좌우된다는 것이다. 그래서 누가를 신뢰할 것인지 혹은 불신할 것인지가 누가의 역사기술의 신뢰성에 대한 판단에 기초하게 되는 것이다.

필하우어: 차이와 모순

바울 서신에 나타난 바울의 진술들이 사도행전에 나타나는 바울의, 혹은 바울에 대한 진술들보다 선호되어야 한다는 19세기 신학자 바우어(F. C. Baur)의 주장이 갖는 방법론적 중요성은 아무리 강조해도 지나치지 않다.[6] 지난

---

6   Ferdinand Christian Baur, *Paul, the Apostle of Jesus, His Life and Work, His Epistles and His*

세기의 상당 기간 동안 학자들의 일반적인 견해는 실제 "바울"에 역사적으로 접근하기 위한 통로로서 사도행전보다는 바울 서신이 더 중요하다는 것이었다. 바우어에게서 비롯된 방법론적 전통에 깊이 영향을 받은 필립 필하우어(Philipp Vielhauer)의 1950년 논문은 바울 연대표(및 그와 연관된 초기 교회의 파벌) 문제를 바울신학 문제와 서로 분리시키려고 시도한다.[7] 필하우어는 후자에 초점을 맞췄는데, 그의 중요한 방법론적 전제는 다음과 같은 것이다. 사도행전에 실린 연설들이 원 자료에 의존한 증거가 거의 없다는 사실이 누가에게 언어표현과 개념들을 고안할 자유를 주었으며, 결과적으로 바울신학에 대한 누가의 관점을 파악할 수 있는 최상의 자료를 제공한다는 것이다. 따라서 사도행전의 연설들은 누가와 바울이 "신학적으로 연대"하는지 여부를 판단하기에 적합한 장소다.[8] 필하우어는 네 가지 신학적 주제—자연신학, 율법, 기독론, 종말론—에 관심을 집중했다. 우리는 각 주제들을 간략히 묘사함으로써 필하우어가 두 정경적 "바울들" 간의 신학적 차이를 드러내는 방법을 보여주고자 한다.

자연신학

필하우어는 누가가 제시하는 바울의 자연신학을 논의하기 위해 바울이 아덴의 아레오바고에서 행한 연설을 살펴본다(행 17장). 그는 특히 바울이 그리스 시인 아라투스의 "파이노메나"(*Phaenomena*)에서 인용한 구절에 녹아 있는 주제에 관심을 갖는다. "이는 '우리가 그를 힘입어 살며 기동하며 존재

    Doctrines: A Contribution to the Critical History of Primitive Christianity, trans. A. Menzies, 2 vols (London: Williams & Norgates, 1873; Peabody, MA: Hendrickson, 2003).

7   Philipp Vielhauer, "On the 'Paulinism' of Acts," trans. William C. Robinson, Jr., and Victor Furnish, *PSTJ* 17.1 (1963), 5-17 (5).

8   Vielhauer, "'Paulinism' of Acts," 5.

하'기 때문이다. 너희 시인 중 어떤 사람들의 말과 같이 '우리가 그의 소생이라' 하니"(행 17:28). 필하우어는 여기서 바울이 인간과 하나님 간의 자연적 연관성(natural relatedness)을 긍정하고, 인간이 하나님에 대해 자연적 접근(natural access)의 통로를 가지고 있음을 제안한다고 해석한다. 사도행전 17장에서 바울이 지적한 아덴 사람들의 문제는 일종의 무지인데, 그것은 "계몽"을 통해 해소될 수 있다. 필하우어가 보기에 이것은 하나님에 대한 자연적 지식(natural knowledge)이 죄를 용서 불가능하게 만드는 역할을 한다고 말하는 로마서 1장과 극명한 대조를 이룬다. 로마서에서 지적하는 문제는 죄인데, 이것은 "회개"를 통해서만 해소될 수 있다. 서신서의 바울에게 자연신학이란 다만 인간들의 책임을 부각시키는 기능을 수행할 뿐이다. 사도행전의 바울에게 자연신학은 대체로 긍정적인 것이며 신앙으로 인도하는 길이다. 필하우어는 사도행전 17장이 인간의 죄악성에 아무런 관심을 보이지 않는다고 생각하면서 다음과 같이 결론짓는다. "아레오바고 연설에는 '십자가의 말씀'이 설 자리가 없다. 왜냐하면 그 말씀이 거기서는 아무 의미가 없고 '어리석은 것'이 되어버리기 때문이다."[9]

모세의 율법

필하우어는 누가가 제시하는 바울이 연설보다는 행동에서 율법에 대한 자신의 관점을 드러낸다고 제안한다.[10] 필하우어는 사도행전에 묘사된 바울의 다양한 행동 양식이 그가 유대인들의 지속적인 율법 준수에 대해 긍정적인 견해를 가지고 있었음을 보여준다고 지적하면서, 바울이 디모데에게 베

---

9   Vielhauer, "'Paulinism' of Acts," 8.
10   혹자는 행 13:38-39에서 바울의 입을 빌려 말해진 의미심장한 강령적 진술을 의아하게 생각할 수 있을 것이다.

푼 할례, 예루살렘 당국자들에 대한 복종, 유대교 율법에 따른 맹세, 율법을 범하지 않았다는 바울 자신의 주장 등을 예로 든다.[11] 그와는 대조적으로 바울 서신의 바울은 율법, 할례, 유대 관습들이 구원에 대해 갖는 역할을 부인하는 사람으로 소개된다.[12] 서신서에서는 오로지 "십자가만이 이방인 **그리고** 유대인 모두에게 구원사적 중요성을 갖고 있었다."[13] 이와 같은 대조는 필하우어가 "구원에 있어서 율법의 중요성에 대한 고백과 인정"이라고 해석하는 디모데의 할례에서 가장 두드러지는 것 같다.[14] 사도행전 13:38-39에 담긴 바울의 명시적인 주장에서도 필하우어는 예수, 율법, 칭의의 상호관계에 대한 바울 서신의 관점과 누가의 관점 사이에 중대한 차이점이 있음을 발견한다. 율법은 (누가가 제시하는 바울에 따르면) 완전한 칭의를 제공하지 않으며, 신앙으로부터 오는 칭의를 통해 보완되어야 한다.

기독론

필하우어는 사도행전에 나타나는 바울의 기독론을 한 문장으로 요약하는데, 한마디로 성경은 "다윗의 후손 메시아가 고통을 당하고 죽어서 부활하여 이방인에게 선포되어야 함"을 보여준다는 것이다.[15] 그는 사도행전 자료와 로마서 1:3-6 및 고린도전서 15:3-7에 실린 자료 간의 병행관계를 인정하면서도, 고린도전서의 구절이 명백하게 그 자료를 최초의 기독교 회중에게 돌린다는 점을 지적하는 한편 로마서 1:3-6도 바울 이전의 자료라고

---

11   Vielhauer, "'Paulinism' of Acts," 9.

12   Vielhauer, "'Paulinism' of Acts," 10.

13   Vielhauer, "'Paulinism' of Acts," 10. 강조는 원저자의 것임.

14   Vielhauer, "'Paulinism' of Acts," 11.

15   이것은 행 13장과 26:22-23에서 주로 등장한다. Vielhauer는 바울이 밀레도에서 에베소 장로들에게 행한 연설(행 20장) 속에 담긴 중요한 기독론적 자료를 다루지 않는다.

주장한다. 이러한 이유로 필하우어는 사도행전 13:16-17과 26:2-23의 진술들이 바울의 것도 아니고 누가의 것도 아니며, 초기 기독교의 것이라고 주장한다. 이처럼 필하우어는 자료비평 연구를 바탕으로 성경에서 가장 "바울적"인 것으로 보이는 주장들을 바울의 것이 아닌 초기 교회의 것으로 돌린다. 필하우어는 누가의 바울이 십자가를 최후심판에서 구원이 온전히 실현되는 우주적 화해의 사건으로 이해한 것이 아니라 단지 예수를 알아보지 못했던 유대인들에 의해 정의가 구현되지 못한 사건으로 여겼다고 주장한다.[16] 누가의 바울은 예수의 죽음을 유대인들에 의해 예언이 부지불식간에 성취된 사건으로 이해하며, 바울 서신에서 발견되는 "그리스도 안에"와 같은 포괄적인 개념이 그에게서는 발견되지 않는다.

종말론

종말론을 다루면서 필하우어는 사도행전에서 바울의 종말론이 "사라지고" 그 자리를 부활과 하나님의 심판에 대한 보편적인 소망이 대신한다는 주장을 펼친다.[17] 서신서의 바울은 새 시대(new age)와 장차 올 시대(age to come)가 존재론적으로 중첩된다고 보았고(시작된 종말론) 초기 교회도 예수의 임박한 귀환을 고대하고 있었던 반면, 누가의 바울은 새 시대가 이미 시작되었다는 데는 동의했으나 새로운 세계로의 근본적인 귀환은 재림 시에야 이루어질 것이라고 보았다. 누가의 바울에게 그 시대들은 서로 연결되어 있고 예언과 성취로 특징지어지는 지속적인 전진 과정이며, 완전한 성취로의 전진이 그리스도의 임박한 귀환에 대한 기대를 대체했다. 필하우어에게 사도

---

16   Vielhauer, "'Paulinism' of Acts," 14.
17   Vielhauer, "'Paulinism' of Acts," 14.

행전은 누가가 바울신학을 역사화하고 비종말화(de-eschatologizing) 했다는 강력한 증거다.

요약

필하우어는 정경 내 "바울들"에 대한 비교 연구를 다음과 같이 우아하고 계몽적인 문장들로 요약한다.

> 사도행전의 저자는 기독론에서 바울 이전의 사고를 가지고 있으며, 자연신학, 율법 개념, 종말론에서는 바울 이후의 사고를 반영한다. 그에게서는 독특하게 바울적인 개념을 찾을 수 없다. 그의 "바울신학"은 범세계적 이방인 선교에 대한 그의 열정과 이방인을 위해 헌신했던 가장 위대한 선교사에 대한 그의 존경을 담고 있다.[18]

보르겐: 상보성과 조화

페더 보르겐(Peder Borgen)의 저작은 학자들이 텍스트상의 서로 다른 지점에서 서로 다른 해석학적 전제들을 가지고 이 주제에 접근할 때 완전히 다른 일련의 결론들과 마주하게 될 수도 있다는 점을 깨닫도록 도와준다.[19] 보르겐은 서신 자료가 누가-행전을 조명해줄 수 있다고 믿는다(사실 이것은 위에서 언급했던 바우어의 금언을 완화시켜서 표현한 것이다). 보르겐은 누가가 바울의 동역자 가운데 하나였다고 생각하지 않았으며, 그렇다면 우리는 보르겐이

---

18 Vielhauer, "'Paulinism' of Acts," 16.
19 Peder Borgen, "From Paul to Luke: Observation toward Clarification of the Theology of Luke-Acts," *CBQ* 31.2 (1969), 168-82.

"순진하게" 비역사적이라고 비난할 수는 없다. 보르겐은 사도행전을 바울 서신의 발전으로 간주하는 것은 거부하지만, 바울이 누가신학에 배경을 제 공할 수 있다는 점에는 주목한다. 보르겐은 로마서 9-11장, 15장, 고린도전 서 15:1-11을 분석의 자료로 삼으며, 사도행전에서는 조사의 범위를 바울 의 연설로 제한하지 않는다. 필하우어가 신학적 강조점을 논의할 때 누가에 서 바울로 이동하는 데 반해 보르겐은 반대 방향으로 진행한다.

구속사

보르겐은 로마서 9-11장에서 구속사에 대한 바울의 관점을 조사한 후에 세 가지 요점을 강조한다. 1) 이스라엘이 메시아를 거절한 것은 구약에서처 럼 마음의 완악함으로 인한 것이다(롬 11:7-8; 참조. 신 29:4). 2) 이스라엘이 예수를 거절한 것은 구약에서처럼 이스라엘이 예언자를 죽이려는 성향이 있음을 보여주는 또 다른 예다(롬 11:3; 참조. 왕상 19:10). 3) 이스라엘이 복 음을 거절한 것은 이방인들에게 임한 축복이다(롬 11:11). 보르겐은 위의 세 가지 주제가 누가신학과 일반과, 그리고 때에 따라서는 특별히 누가가 제 시하는 바울과 밀접한 상응관계를 갖는다는 점을 간파한다. 보르겐의 관찰 에 의하면 로마에 있는 유대인들을 향한 바울의 연설에서 핵심 주제는 "이 스라엘의 무반응(unresponsiveness)"이었다. 더 나아가 그는 바울이 안디옥에 서 행한 설교에서 이방인들이 복음의 축복을 누리게 된 한 가지 원인은 "복 음에 대한 유대인의 거절"이라고 명시했다는 점을 발견한다. 그는 바울이 "복음에 대한 이스라엘의 거절"이라는 주제가 극단으로 치우치는 것을 방 지하기 위해 이스라엘에도 여전히 신앙이 남아 있다는 점을 지적한다고 생 각한다(바울은 롬 11:1에서 자신을 증거로 제시하며, 롬 11:5에서는 "남은 자" 주제를 사용한다). 이 주제는 많은 유대인들이 예수의 주권을 인정하는 것으로 묘사되는 사도행전에서도 중요하다.[20] 보르겐은 누가와 바울이 이 이슈에 대해서 동일한 접근 방식을 취하지 않는다는 점에 주목하는데, 이는 그들이 종종 유사한 실체들을 서로 다른 용어로 묘사해왔던 것과 일맥상통한다. 우리는 아래 신학적 평가 단락에서 이 문제를 다시 다룰 것이다. 보르겐은 로마서 9-11장에 반영된 바울의 시각을 통해 구속사를 조망한 후에, 필하우어가 바울의 종말론과 누가의 종말론 간의 차이를 지나치게 과장한다고 결론짓는다.[21]

이스라엘에 대한 약속의 성취

보르겐은 로마서 15:7-13에서 바울이 "이방인들의 편입"을 "이스라엘의 완악한 마음"의 결과로 해석하는 데서 그치는 것이 아니라 그것을 이스라엘에 대한 하나님의 예언적 약속들이 가지는 독특한 모습으로 대한다는 증거를 발견한다. 이 주제는 사도행전 3:25-26에도 등장하며, 일반적으로 누가신학과 바울신학 간의 유사성을 보여주는 증거로 간주된다. 보르겐의 관점에서 보자면, 누가(혹은 누가가 제시하는 바울)는 이방인들을 "새 이스라엘"에 포함시키지 않으며 그들을 사도로 세우지도 않았기 때문에, 그가 초기 보편교회를 대변한다고 말하는 것은 정당하지 않다.[22] 더욱이 서신서의 바울과 누가가 제시하는 바울 모두 예루살렘을 이방인 선교의 근원으로 여겼다는 점은 명확하다(롬 15:19; 참조. 행 9:27-29; 26:20).[23]

---

20   Borgen, "From Paul to Luke," 171.
21   Borgen, "From Paul to Luke," 174.
22   Borgen, "From Paul to Luke," 174.
23   Borgen, "From Paul to Luke," 178.

파루시아의 지연

고린도전서 15:1-11에 대한 해석에서 보르겐은 예수 전승(Jesus tradition)을 전수하고자 하는 바울의 열망이 초기 공동체의 증거에 따른 것이며, 예수의 귀환이 지연되는 데 대한 바울 자신의 우려에서 비롯된 것이 아니라고 주장한다. 따라서 보르겐이 보기에 누가가 "전승과 선교활동"을 조합한 것은 바울의 종말론을 폐기한 것이 아니라 오히려 초기 기독교 공동체의 삶 속에서 발전해온 열망을 반영한 것이었다.[24] 전수받은 것을 다음 사람에게 전달하는 것(참조. 고전 15:3)은 지연된 재림에 대한 항복 선언이 아니라, 가장 이른 시기부터 지속되어온 교회의 특징적인 사역방식이었다.

사전작업을 위한 비교

여기서는 필하우어와 보르겐의 연구가 제안한 "분기하는 바울들"(divergent "Pauls")이나 "수렴하는 바울들"(convergent "Pauls")과 관련하여 아래에서 상술하게 될 몇 가지 관찰사항들을 간략하게 제시하고자 한다. 필하우어의 입장과 대조적으로 보르겐의 보다 수렴적인 "바울들"은 다음과 같은 요인들, 곧 1) 필하우어와는 다른 질문들, 신학적 전제들, 그리고 텍스트상의 지점들, 2) 특정한 교리주장이나 개념들보다는 바울신학의 내러티브적 묘사에 대한 강조, 3) 엄격한 문자적 상응성이 존재하지 않는 곳에서도 주제적 연관성을 찾으려는 열린 태도 등에서 비롯된 것이다. 이러한 각각의 조치들은 해석자의 해석학적 결정을 반영하며, 두 학자의 연구 결과에 드러난 다양성은 누가가 제시하는 바울신학과 서신서의 바울신학 간의 유사성 혹은 차이에 대해 종합적인 판단을 내리는 일이 얼마나 복잡한 과제인지를 보여준다.

---

24   Borgen, "From Paul to Luke," 180.

차일즈: 정경비평적 접근

사도행전의 바울과 서신서의 바울 간의 관계를 개념화하는 보다 최근의 방법으로는 차일즈(Brevard Childs)의 개척자적 저작에 영향을 받은 정경비평가들 사이에서 자리 잡은 하나의 흐름을 들 수 있는데, 그들은 정경의 신학적·역사적 중요성을 고려하는 쪽으로 방향을 전환했다. 일반적으로 정경비평가들은 성경 텍스트의 최종형태에 온전한 발언권을 주고 그것이 정경에 포함된 다른 텍스트들의 최종형태와도 대화할 수 있도록 힘을 기울인다. 따라서 정경적 접근은 성경 텍스트의 정경적 지위뿐만 아니라 텍스트 전달과정의 신학적 파장에도 주목한다.[25] 정경비평가들은 텍스트의 최종형태에 가장 큰 관심을 가지며 최종적인 텍스트화 과정 자체를 하나의 중요한 신학적·역사적 탐구대상으로 여기는데, 그들은 역사비평적 탐구의 결과에 근거하여 재구성된 역사들 혹은 신학들을 비교하기 위해 "텍스트의 배후에 머무는 일"에는 별로 관심이 없다.

사도행전과 바울 서신의 관계를 다룬 차일즈의 정경비평 연구를 잠깐 들여다보면 이 접근법이 상당히 다른 결론에 도달하는 것을 확인할 수 있을 것이다. 차일즈는 사도행전이 예수에 관한 복음서의 증언과 예수에 관한 서신서의 증언 사이에 위치한 책으로서 정경 내에서 아주 핵심적인 역할을 수행한다는 확신하에 연구를 진행한다. "사도행전이 정경 내에서 맡은 역

---

25   Childs의 유고작인 *The Church's Guide for Reading Paul: The Canonical Shaping of the Pauline Corpus*(Grand Rapids: Eerdmans, 2008)은 이런 접근법을 보여주는 적절한 예다. 또한 Robert W. Wall의 저작들도 보라. "Reading Paul with Acts: The Canonical Shaping of a Holy Church," in Kent E. Brower and Andy Johnson, (eds), *Holiness and Ecclesiology in the New Testament* (Grand Rapids: Eerdmans, 2007), 129-47; "Canonical Context and Canonical Conversations," in Joel B. Green and Max Turner (eds), *Between Two Horizons: Spanning New Testament Studies and Systematic Theology* (Grand Rapids: Eerdmans, 1999), 165-82.

할은 일차적으로 사도들을 예수 전승의 적법한 수호자들로 제시하는 일이었으며, 그 역할은 일반 서신(베드로, 야고보, 요한)과의 밀접한 관계를 통해, 그리고 바울에 대한 사도행전의 묘사가 서신서의 묘사와 일치한다는 사실에 의해 강화되었다."[26] 누가-행전을 하나의 통합된 문서로 대하는 차일즈의 접근법은 아마 누가와 바울의 관계에 대한 해석에까지 확장될 수 있을 것이다.

[텍스트를 상호 관련성 속에서 해석하는 작업은] 역사적으로 정경 이전 단계에까지 거슬러 적용되는 것이 아니라…기독교 성경 해석이 상호텍스트적 연관관계를 탐구하기 시작했던 정경 이후 단계에서 수행되는 것이다.…그러한 연관관계가 텍스트에 명시적으로 언급되지는 않았지만, 상호텍스트적 해석의 정당성은 그런 해석이 각각의 사례에서 텍스트 구성의 신학적 본질을 조명해줄 수 있는가에 따라 판명될 것이다.[27]

바꿔 말하자면 누가와 바울의 관계에 대한 정경적 접근은 바울이나 누가 같은 인물들의 신학보다는 관련 텍스트들 각각의 목소리가 기독교 신학에 기여하는 방식에 관심이 있다.

---

26   Childs, *Church's Guide*, 231.

27   Childs, *Church's Guide*, 232.

제안들에 대한 신학적 평가

학자들이 누가가 제시하는 바울과 서신서의 바울에게서 나타나는 다양한 형태의 분기(divergence)와 수렴(convergence)을 어떻게 파악할 것인지에 대한 해석의 범위가 상당히 넓기 때문에, 이 주제에 대한 역사비평적 탐구의 결과가 초래하는 신학적 파장에 초점을 맞춘 집중적인 논의는 어느 정도 난해할 수밖에 없다. 가능한 해석의 범위를 고려하여 우리는 이중의 목표를 가지고 이 문제에 접근할 것이다. 첫째, 우리는 이 주제에 관련된 몇 가지 방법론적·해석학적 전제들을 다룰 것이다. 둘째, 우리는 다양한 "바울들"이 기독교 신학에서 갖는 의미에 대해 성찰할 것이다. 후자는 기독교적 성경 해석에 대한 역사적 탐구로 이어질 것이고, 전자는 이러한 해석들에 상존하는 (혹은 그러한 해석들을 구성하는) 복잡한 (종종 과소평가된) 해석학적 이슈들에 대해 경각심을 불러일으킬 것이다.

누가의 바울신학과 서신서의 바울신학 간의 대조는 즉각적으로 다음과 같은 네 가지 해석학적 이슈들을 제기한다.

특정한 주석적 해석들의 우선적 중요성

지금 진행 중인 대화의 각 부분에 대해 우리는 이런 단순한 질문을 던져볼 필요가 있다. "주어진 구절에 대한 특정 해석이 분기 혹은 수렴을 보여준다는 주장은 개연성 있는 올바른 독법인가?" 물론 이것은 난처한 질문이다. 그럼에도 불구하고, 이 주제에 관해 양 진영의 학자들에 의해 제시된 상당수의 주석학적 결론들이 뜨거운 논쟁의 주제가 되어왔다는 점을 언급할 필요가 있다. 따라서 우리는 누가의 바울과 서신서의 바울에 대해 제안된 분기와 수렴이 단지 텍스트에 대한 독특하면서도 필연적이지는 않은 해석의 결과일 가능성에 대해서도 열려 있어야 한다.

문학적·수사학적 고려사항들의 역사적 중요성

신약학을 전공하는 신학생이나 학자들은 일반적으로 신약 정경 텍스트들 사이에 광범위한 계통적 차이가 존재한다는 점에는 상당한 관심을 기울이는데, 놀랍게도 이러한 비교 분석에서 장르, 청중, 정황, 수사학적 전략 같은 이슈들은 거의 주목을 받지 못하고 있다. 위에 언급한 이슈들은 "특정 사안을 다룬 편지들"(바울 서신)과 "역사기술"(사도행전)을 비교하는 우리의 연구에서 특히 중요하다. 바울 서신의 청중은 기원후 40년대 중반에서 60년대 중반까지 활동했던 예수의 제자들로서 대개는 다양한 인종으로 구성된 공동체들이었다. 사도행전의 청중을 구체적으로 규정하는 것은 좀 더 어렵지만, 아마 그들도 다양한 인종으로 구성되어 있었을 것이다. 사도행전의 저작 연대는 불확실하지만, 바울의 사후 20년에서 40년 사이에 기록되었을 가능성이 가장 높다. 바울의 편지는 새롭게 등장하는 신자 공동체나 혹은 이미 존재하던 신자 공동체에 보내진 것이며, 주로 이스라엘의 메시아이신 예수의 생애, 죽음, 부활, 승천이라는 렌즈를 통해 특정 공동체에 관련이 있는 이슈들을 제시하는 일종의 상황신학을 전개한다. 사도행전에 실린 바울의 연설 가운데 하나(에베소 장로들을 대상으로 한 행 20장의 연설)를 제외하고는 모두 불신 유대인이나 이방인들을 대상으로 한 것이었다. 덧붙여 우리는 서신 문학이 갖는 구술적·청각적 특징들도 고려해야 하는데, 바로 사도행전의 연설 자료들이 문자가 아니라 입으로 전한 말을 반영한 것이라는 사실을 무시해서는 안 된다. 청중, 장르, 정황(occasion)과 같은 주제들의 중요성은 아무리 강조해도 지나치지 않다.[28] 서로 다른 "바울들" 간의 광범위한 차이를 보여준다고 주장하면서 텍스트의 장르, 청중, 정황상의 차이점을 고려하지 않는 연구들은 사실상 텍스트에 대한 몰역사적 접근을 무한반복하는 것에 불과하다고 말할 수밖에 없다. 환언하자면, 때때로 역사비평 연구들은 충분히 역사적이지 않거나 혹은 선별적으로만 "역사적"이었다.

학문적 기대가 해석학에 미치는 영향

성서학자들의 본질적인 과제는 고대 텍스트들에 대해 새로운 질문을 제기하는 것이다. 신선한 질문은 우리의 탐구를 새로운 각도에서 바라보게 해주며, 심지어 지난 2천 년간 텍스트를 읽고 해석하면서도 보지 못했던 지평들을 열어서 펼쳐준다. 하지만 일부 탐구들은 텍스트 자체가 굳이 대답하려 하지 않는 질문들에 기반한 것일 수도 있다는 점에 주의를 기울일 필요가 있다. 모든 텍스트에 대해 모든 질문이 유효할 것이라고 기대하는 것은, 역사의 재구성을 위해 고대 텍스트의 배후에 도달하는 일이 가능하다고 믿는 일종의 역사 실증주의적 망상이다. 예를 들어 바울 서신이 "특정 사안들에 대응하기 위한"(occasional and contingent) 편지들이라는 사실은 바울이 모든 편지에서 그 자신의 조직신학(바울의 "조직신학" 같은 것이 존재한다면 말이다)에 대한 포괄적인 설명을 제공할 것이라는 기대의 가능성을 배제한다. 마찬가지로, 사도행전의 연설들이 광범위한 내러티브 내에서 수사학적 역할을 수행한다는 점에서, 모든 텍스트가 매번 관련 사안들을 전부 다 말할 것이라

---

28   예를 들어, 바울의 아덴 연설(행 17장)을 비교의 근거로 사용하는 Vielhauer의 결정은 장르, 청중, 문맥 같은 이슈들을 제대로 다루지 못했다는 점에서 타격을 받는 것처럼 보인다. 그 텍스트는 서신이 아니라 연설을 반영하며, 바울이 편지의 대상으로 삼지 않았던 종류의 공동체, 즉 전적으로 이방인 불신자로 이루어진 청중들을 대상으로 한 것이었다.

고 기대하는 것은 부적절해 보인다. 사람들이 기회 있을 때마다 자신이 생각하는 모든 것을 말하는 것은 아니며, 따라서 그들이 어떤 사안을 말하지 않았거나 다른 방식으로 말했다고 해서 그들이 그 사안을 고수하지 않는다고 말할 수는 없다. 탐구를 진행할 때 우리는 각각의 특정한 텍스트에서 정당하게 기대할 수 있는 바가 무엇인지를 고려해야 한다.

보다 건실한 역사관의 신학적 중요성

역사비평을 주제로 대화를 이어가다 보면, 흔히 "역사적"이라고 불리는 기준이 무엇을 의미하는지에 대해 보다 넓은 안목에서 생각하도록 만드는 몇 가지 이슈들이 주변을 맴돈다. 예를 들어 우리는 정경형성과 역사비평의 관계를 어떻게 다루어야 하는가? 정경비평가들은 정경형성이 텍스트에 대한 우리의 독법에 신학적·해석학적 함의를 갖는 진정한 역사적 과정이라고 주장할 것이다. 혹자는 정경형성을 통해 교회가 의도한 것은 바울, 베드로, 야고보, 혹은 요한의 신학이 아닌 **전체 교회의 신학**을 제시하는 것이었다고 제안할 수도 있다. 기독교 신학에 대한 환원주의적 이해를 거절하는 것은 역사적으로 정당한 판단이라고 할 수 있다. 역사가 하나님의 자기계시의 주어가 아니라 술어라고 강변했던 칼 바르트(Karl Barth)의 말이 이를 잘 보여준다. 환언하자면, 하나님의 자기계시가 역사로부터 출현한 것이 아니라 반대로 역사가 하나님의 자기계시로부터 출현한 것이라면, 기독교 정경의 형성에 기여한 역사적 과정은 그 자체로 교회와 세상을 위한 하나님의 자기계시의 한 측면이라고 할 수 있다. 기독교 신학의 형성 과정을 초기 발전의 다양한 시점에서 연구하는 것은 엄밀한 의미에서 역사적인 과제이며, 정경으로서의 성경을 시공간을 초월하여 그 자체 내에서의 대화를 통해 연구하는 것역시 엄밀한 의미에서 역사적인 과제다.

이러한 해석학적 질문들은 근본적인 것이며, 더 나아가 본 장에서 다루어진 논쟁의 양편 모두에게 고뇌를 안겨다 줄 보다 거대한 역사적·신학적 질문으로 이어진다. 누가는 과연 신뢰할 만한 바울 해석자인가? 한 걸음 더 나아가, 어떤 기준에서 누가를 바울에 대한 신뢰할 만한, 혹은 신뢰할 수 없는 해석자로 판단할 것인가?

역사비평이 정경 내에 존재하는 다양한 목소리들을 강조하였다는 점에는 의문의 여지가 없다. 사실 역사비평의 가장 큰 장점 가운데 하나는 신약 텍스트의 상세한 목소리에 귀를 기울이도록 해석자들을 독려한다는 점이었다. 역사비평은 신약을 구성하는 다채로운 목소리들이 만들어내는 복잡하고 (우리가 보기에는) 아름다운 교향악과 씨름하도록 우리를 몰아붙인다. 정경을 구성하는 텍스트들은 다양한 시대적·사회문화적 배경을 가지고 있을 뿐 아니라, 거대하고 신비로운 실체들을 묘사하려고 시도하기도 한다. 그렇다고 해서 우리는 다양성의 범위가 어휘, 신학적 강조사항, 텍스트에 간간이 등장하는 윤리적 파장 정도의 수준일 거라고 기대할 만큼 순진하지는 않다. 만일 우리가 신약의 모든 저자들이 엄격하게 이 이슈들에만 천착했다는 점을 발견하기라도 한다면, 우리는 (일례로) 사도행전의 연설들이 구체적인 외적 지시대상을 염두에 둔 것인지, 아니면 그것들이 단순히 바울의 서신에서 연설의 양식과 주제를 발굴해온 요령 있는 편집자(누가)의 산물일 뿐인지를 심각하게 걱정해야 하는 상황에 놓인 것이다. 따라서 우리는 텍스트의 특이성에 대한 역사비평적 접근이 하나님과 백성, 그리고 세상에 대해 말하는 방식의 다양성에 주의를 환기시켰다는 점에 대해 고맙게 생각한다. 풍부한 개념들과 어휘들로 이루어진 복합체인 성경은, 경이를 담아낼 수 있는 온전한 신학적 상상력을 형성하는 데 있어서뿐 아니라, 형언할 수 없이 초월적이신 동시에 신비스럽게 내재적이신 하나님께 신실한 삶을 영위하는 데도 필수 불가결한 자원이다.

역사비평적 탐구와 관련하여 종종 우려가 제기되는 장소는 바울과 누가의 주장이 서로 엇갈린다고 여겨지는 지점들이다. 이 지점들에서 우리는 사도행전의 바울과 서신서의 바울 간에 일정 수준의 "수용 가능한 불협화음"이 존재해도 되는지 질문해야 한다. 신실한 교회라면 사도행전과 서신서의 서로 다른 목소리들을 예외 없이 무자비하게 조화시켜야만 하는가? 아니면 교회는 다양한 신학적 강조점들을 수용할 수 있는가(아니 수용해야 하는가)? 여기서 몇 가지 사안을 염두에 두어야 한다.

1. 위에서 언급했듯이 "전적으로 불일치"하는 사안들은 매우 드물며 그 것들은 종종 논쟁의 여지가 있는 특정한 주석적 결정들의 산물이다.
2. 우리가 바울신학(특히 교회론)을 다룰 때 고려해야 할 영역들을 확대 해보면, 우리는 대화의 전환을 목격하게 될 것이다. 20세기에는 바울이 칭의를 공식화하는 방식에 과도한 관심이 주어졌었다. 하지만 우리가 사도행전에 나타난 바울의 사상에서 종종 간과되는 측면들(언약, 창조, 왕권, 심판과 부활)을 면밀하게 들여다보면 우리는 누가의 바울과 서신서의 바울 사이에 의미심장한 공명이 존재한다는 것을 볼 수 있다. 위에서 자세하게 다룬 보르겐의 저작이 그와 같은 대화의 전환을 대변한다.
3. 성령이 우리에게 말씀하실 때 성경을 통해 우리가 알아들을 수 있는 언어로 말씀하신다는 기독교의 적응(accommodation) 교리도 이 대화에서 중요한 역할을 한다. 기독교 신학자들은 지금까지 계속해서 하나님에 관한 모든 지식이 유비적이라고 가르쳐왔다. 하나님이 무한하신 데 반해 인간은 유한하기 때문에 하나님에 관한 우리의 지식

은 결코 총체적이거나 완전할 수 없다. 하나님은 언제나 우리의 지식과 언어를 초월하신다. 우리가 하나님에 대해 아는 것은 전부가 아니라 다만 극히 일부분일 뿐이다. 하나님은 인간에게 자애롭게 다가오셔서 우리의 제한된 능력에 자신을 맞추시며, 우리가 수용할 수 있는 형태로 자신을 계시하신다. 하나님의 자기계시에 사용된 언어와 개념들은 모두 유비적이며, 따라서 상당히 잠정적이다. 하지만 그렇다고 해서 그것들이 사실이 아니라는 의미는 결코 아니다.

4. 덧붙여서 한 가지 흥미로운 점은, 정경 내의 "바울들"에 관한 필하우어의 연구가 교리적인 공식에 초점을 맞추는 경향이 있는 반면 보르겐의 접근은 이야기에 좀 더 초점을 맞춘다는 사실이다. 보르겐은 이스라엘과 언약을 맺으신 하나님이 그 언약에 충실하시기 위해 창조 세계를 구원하셨음을 드러내 주는 내러티브에 집중하는데, 여기서 하나님의 신실성은 메시아이신 나사렛 예수의 생애, 죽음, 부활, 그리고 승천에서 가장 분명하게 드러난다. 확실히 후자의 접근이 누가와 바울 간에 존재하는 일관성을 더 많이 보여주며, 결과적으로 정경 내 "바울들"을 비교하는 작업에 (이야기, 상징, 모형론을 통해 신학을 전개하는) "내러티브 접근법" 대신 "교리적 주장들"을 판단 기준으로 사용하는 것이 적합한가라는 질문을 촉발시킨다.

5. 본 장의 연구는 성경과 신학의 관계에 대해 거대하고 복잡한 일련의 질문들을 불러일으킨다. 신학적 주장들은 근본적으로 오류가 없는 텍스트에 대한 자명한 해석의 결과로 만들어진 것인가, 아니면 그 주장들은 신실한 그리스도인들에 의해 우리에게 전달된 것으로서 성경에 의해 확증되고 생동감을 얻게 된 신뢰할 만한 전통들로 받아들여져야 하는가? 환원하자면, 기독교의 근본 교리들은 "무오한 텍스

트", 곧 참 하나님이 누구시며, 하나님이 예수를 통해 성취하신 일이 무엇이며, 그 결과로 우리가 어떻게 살아야 하는지를 귀납적으로 가르쳐주는 텍스트가 존재할 때만 등장할 수 있는 것인가? 아니면 하나님에 대한 우리의 바른 생각이 바른 신학을 통해 (특히 삼위일체 하나님에 대한 우리의 이해가 성경 읽기를 통해 강화됨으로써) 시작될 수는 없는 것인가?[29] 혹은 두 가지 접근법이 상호 보완적으로 정보를 공유하고 서로를 교정하며 상대방에게 활력을 주게 할 수 있는 일종의 절충안이 존재하는가? 다시 말해 우리는 성경과 신학(전통)이 이분법적 실체가 아니며 양자 간에 보다 긴밀한 관계가 있는 것으로 보아야 하는가? 누가가 사도행전에서 바울의 신학을 해석적으로 적용했다는 사실은, 하나님의 백성이 성령의 감동하에 사도들의 가르침을 받아들이고 적용하고 발전시키는 것이야말로 곧 성경에 대한 "올바른" 해석임을 보여주는 것이다. 동일한 맥락에서 교회가 정경형성을 주도했다는 사실도 계시를 재가하고 구성하고 전달하는 과정에서 전통이 갖는 결정적인 역할을 보여준다.

6. 성경 텍스트의 상호 보완적 성격에 관한 논의에서 우리가 품었던 기대는 누가가 예수와(눅 24장) 바울의(행 28장) 목소리를 빌려 우리에게 전해준 설명을 통해 어느 정도 충족된 것 같다. 누가에 의하면 성경의 역할은 창조세계 전반에 대한 하나님의 구원 계획에서 정점을 이루는 사건인 "메시아 예수의 죽음과 부활"을 증언하는 것이다. 그

---

29 예를 들어, 이레나이우스의 『사도적 설교에 대하여』(*Demonstration of Apostolic Preaching*)와 아우구스티누스의 『기독교적 가르침에 관하여』(*On Christian Teaching*)를 보라. 두 사람 모두 성경을 올바로 이해하기 위해서는 우리의 해석을 뒷받침하는 합당한 신학적 토대가 갖추어져야 한다는 견해를 피력하는 것으로 보인다.

렇다면 누가의 바울과 서신서의 바울을 비교할 때 우리가 던져야 할 근본적인 질문은, 사도행전과 서신서가 그리는 그림들이 이방인의 사도인 **바울의 삶과 신학을 동일하게 채색하는지** 여부에 관한 것이 아니라, 누가의 바울과 서신서의 바울이 성령을 부어주시고 아버지를 드러내신 **메시아 예수를 동일하게 증거하는지** 여부에 관한 것이어야 한다. 바로 이 근본적인 질문에 대한 답은 망설임 없이 "예"가 된다. 이 점을 염두에 둘 때 우리는 누가와 바울이 동일한 언어 표현들을 사용하는지와 같은 문제들에 대해서는 좀 더 너그러운 태도를 취할 필요가 있다. 많은 경우에 두 사도는 그렇게 하지 않지만, 그렇다고 해서 서로 완전히 이질적이지도 않다. 그들은 한목소리로 이스라엘과 열방과 전체 창조세계를 위한 하나님의 언약적 목적들의 절정으로서 구원자의 삶을 사시고 성령을 부어주신 하나님의 독생자, 나사렛 예수 우리 주님에 대해 증언한다. 이처럼 성경을 그리스도 중심적으로 이해하게 될 때, 우리는 1) 정경 내에 다채로운 목소리를 허용할 여유를 갖게 되고, 2) 기독교의 중심 메시지는 하나님이 우리에게 교리서를 주셨다는 것이 아니라 하나님이 나사렛 예수 안에서, 그리고 예수를 통하여 일하셨다는 것임을 인정하게 되며, 3) 무한하신 하나님에 관한 인간의 글이나 말 혹은 사고에 한계가 있음을 염두에 둘 수 있게 된다.

후속 연구를 위한 제안

Childs, Brevard, *The Church's Guide for Reading Paul: The Canonical Shaping of the Pauline Corpus* (Grand Rapids: Eerdmans, 2008), 219-36.

Phillips, Thomas E., *Paul, His Letters, and Acts* (Peabody, M.A.; Hendrickson, 2009).

Wenham, David, "Acts and the Pauline Corpus: II. Pauline Parallels," in Bruce Winter and Andrew Clarke (eds.), *The Book of Acts in Its Ancient Literary Setting* (Grand Rapids: Eerdmans, 1993), 215-58.

Witherington III, Ben, *The Acts of the Apostles: A Socio-Rhetorical Commentary* (Grand Rapids: Eerdmans, 1998), 430-42.

9
신실한 비평과
비평적 신앙

크리스토퍼 B. 안스베리, 크리스토퍼 M. 헤이스

복음주의 역사비평의 가능성과 필요성

이솝이 한번은 농부와 독사에 관한 우화를 들려준 적이 있다.

> 한 농부가 추위로 죽어가는 독사를 집어 들어서 몸을 녹여주었다. 그러나 독사
> 는 따뜻해진 몸을 길게 늘어뜨리고서는 농부의 팔을 물어 치명적인 독을 주입
> 했으며, 자신을 살려주었던 그 사람을 죽이고 말았다. 죽어가는 농부는 우리가
> 기억해야 할 말을 남겼다. "악한 것에게 자비를 베풀었으니, 이런 일을 당해도
> 싸다."[1]

어떤 사람은 이 우화가 젊은 복음주의자들에게 본성상 독과 죽음일 뿐인
역사비평을 가슴에 품지 말라고 경고하는 적절한 훈계의 메시지라고 생각
할 수도 있을 것이다. 하지만 그런 대조는 두 가지 이유로 인해 부적절한 것
이다.

첫째, 역사비평은 냉혈동물인 파충류가 아니기 때문에 우리가 추운 곳

---

[1]   *Babrius and Phaedrus: Newly Edited and Translated into English, together with an Historical
Introduction and a Comprehensive Survey of Greek and Latin Fables in the Aesopic Tradition*,
trans. Ben Edwin Perry, Loeb Classical Library 436 (Cambridge, MA: Harvard University
Press, 1965), 187.

에 내버려 둔다고 해도 죽지 않는다. 마크 트웨인의 말을 빌리자면, 역사비평이 멸망할 것이라는 보고는 상당히 과장된 것이다. 역사비평은 일시적인 유행이 아니며 결코 사라지지 않을 것이다. 현대 역사비평의 특정 요소들에 대해 정당한 비판이 가해졌지만, 이 방법론은 지속될 것이다. 하나님께서 자기를 계시하신 것도 역사 속에서 이루어진 일이라는 점에서 역사비평은 적절하게 유지되어야 한다. 하나님께서 자기 백성과 만나셨던 일에 대한 그들의 성찰에 영감을 불어넣고 글로 기록하게 하신 것도 역사 속에서 이루어진 일이었고 그렇게 기록된 성경을 우리가 만나는 일도 역사 속에서 이루어진다. 우리 기독교 성서학자들은 **역사 속에서** 성경을 다루어야 하는데, 만일 우리가 그 일을 비평적으로 수행하는 데 실패한다면 우리는 우리가 예배하는 하나님이 단지 우리 자신의 반영일 뿐이라고 비난하는 포이어바흐(Ludwig Feuerbach)의 예리한 공격에 매번 무기력하게 반응할 수밖에 없을 것이다.

"농부와 독사"의 우화가 현재 우리의 상황에 대한 묘사로서 부적절한 두 번째 이유는 역사비평이 본성상 독사가 아니기 때문이다. 역사비평은 교회의 초창기부터 계속해서 사용되어오고 있는 도구이며, 오리게네스 같은 기독교 변증가들과 포르피리오스 같은 대적자들 모두가 이것을 무기로 삼았다. 망치를 잘못 휘둘러서 으스러진 엄지손가락이 적지 않을 것이라는 점에는 의심의 여지가 없지만, 그렇다 해도 우리가 못을 박기를 원한다면 계속해서 망치를 사용할 수밖에 없을 것이다. 따라서 우리는 성경을 탐구하는 작업에 역사비평이라는 도구를 사용하되, 선택 받은 자의 신앙을 강요하는 부정적인 방식이 아니라 하나님에 대한 우리의 지식을 증진시키는 긍정적인 방식으로 사용할 수 있는 방법을 모색해야 한다.

본서는 역사비평에 위험성이 잠재되어 있음을 의심하지 않는다. 무신론적인 적대감이나 과도한 회의주의에 고무된 일부 역사비평학자들은 파괴적인 주장들(언약은 왕조의 선전문구일 뿐이라거나 성경의 예언들은 복된 미래를 고대하는 바보들이 삼킨 독약이었다거나, 혹은 그리스도의 유골이 우리에게 알려지지 않은 무덤에 방치된 채 스러져가고 있다는)을 쏟아내기도 했다. 그러나 근본주의적 반계몽주의도 그에 못지않게 신실한 자들을 위태롭게 만들 수 있다. 너무나 많은 신자들이 성경 텍스트를 만들어낸 고대 문화들로부터 수천 년이나 떨어진 현대의 개념으로 성경을 이해하도록 교육받아왔다. 결과적으로 기독교 교리는 과학, 고고학, 그리고 고대 역사와 충돌할 수밖에 없었다. 이와 같은 불리한 상황에서 몇몇 추가적인 요인들—진화생물학, 길가메시 서사시, 사후예언, 이집트로부터 백만 명 가까운 사람이 행군해 나왔음을 입증할 고고학적 증거의 부재, 그리고 그리스도에 대한 복음서 저자들의 묘사가 세부사항에서 서로 차이를 보인다는 점—이 사람들의 신앙을 송두리째 삼켜버릴 수도 있다. 무신론적 비평학이 위험한 것은 사실이지만, 이는 무지몽매한 경건주의도 마찬가지다.

따라서 현재 상황을 이솝 우화에 등장하는 "독사를 사랑한 농부"에 비유하는 것은 적절하지 않으며, 오히려 오늘날의 교회는 오디세우스의 배에 비유될 수 있을 것이다. 이 배는 지식과 역사라는 강풍에 밀려, 진지하지만 반지성적인 스킬라(Scylla)라는 파벌주의와 엄밀하지만 배교적인 카리브디스(Charybdis)라는 비평주의를 향하여 돌진하고 있다. 반가운 소식은 그 배의 키잡이가 되시는 하나님이 신학자들을 방향타 삼아 우리를 스킬라와 카리브디스 사이로 안전하게 인도해주실 것이라는 사실이다. 비평적이면서도 신앙고백적인 신학, 학문적이면서도 정통적인 신학, 영민하면서도 경건한 신학이 가능할 수 있다는 것이다.

본서의 장들은 역사비평이 교회에 던지는 가장 성가신 도전들과 씨름한다. 저자들은 그들이 보기에 역사적으로 피상적이거나 신학적으로 당황스럽다고 여기는 생각들을 뒤집으려고 시도하지 않는다. 다만 그들은 오늘날 존재하는 다양한 학술적 견해들을 있는 그대로 제시한 후 그런 역사적 견해들이 언제, 어떤 식으로 교회의 신앙을 위험에 빠뜨릴 수 있는지, 그리고 과연 정말로 신앙을 위험에 빠뜨릴 것인지를 질문했다. 그들은 비평적 견해들이 우리의 신념들과 양립될 수 없는 경우들이 종종 있는가 하면, 기독교 교리에 해를 끼치지 않는 비평적 견해들도 있다는 점을 보여주었다. 때로는 비평적 연구의 결과로 기독교 교리가 수정되거나 재구성되는 경우도 있지만, 비평적 연구 자체가 역사적인 보편교회의 신앙을 위태롭게 하지는 않는다.

이것은 보수 기독교 신학교와 대학들이 역사비평에 대한 금지조치를 중단할 수도 있다는 뜻이다. 그들의 거부 운동은 젊은이들과 일반 성도들이 불안정한 개념들에 노출되는 상황을 막기는커녕 오히려 그러한 개념들과 접하면서 얻을 수 있는 지침과 지혜를 빼앗는 결과를 낳았다. 게다가 이러한 학문적인 금지조치는 다수의 기독교 성서학자들에게 압력을 가함으로써 그들이 전문지식을 동원하여 역사비평의 지형을 변화시키는 가운데 피상적인 인습타파를 철회하고, 교회를 대적하는 자들의 비열하고 모욕적인 비방에 대해 지혜롭고 공정한 진리로 답변하는 일에 목소리를 낼 여지를 없애버렸다. 우리는 자유주의 학계에 대해 호전적인 반감을 조성하거나 복음주의 진영 내에 전투동원령을 공표하려는 의도는 없지만, 그럼에도 일부 비평적 견해가 신앙생활에 해를 끼칠 수 있으며 우리 복음주의 학자들이 그런 문제에 해결책을 제시할 수 있다고 믿는다.

마지막으로 이 책은 역사비평이 교회에 흥미롭고 중요한 자원들을 제공할 수 있다는 점을 보여주고자 했다. 특히 비평적 관점이 신앙의 관점에 의해 제어된다면 말이다. 예를 들어 비평적 연구는 역사성과 저자 문제에 관한 현대적 해석을 문제시하면서 어떻게 "하나님이 이 모든 날 마지막에 아들을 통하여 우리에게 말씀하셨는가"는 말할 것도 없이 어떻게 "하나님이 옛적에 선지자들을 통하여 여러 부분과 여러 모양으로 우리 조상들에게 말씀하셨는가"를 더욱 명료하게 이해할 수 있게 해준다(히 1:1-2, 본서의 제3장, 제6-8장). 역사비평은 예수가 유대교의 종말론적 "메시아"라는 말의 의미와, 미래에 대한 우리의 소망이 근본적으로 왕국과 부활에 대한 유대인들의 기대와 동일하다는 말의 의미를 선명하게 이해할 수 있도록 해준다(제7장). 역사비평은 구약에서 하나님이 모세에게 처음 언약을 말씀하신 이후로 하나님의 백성이 어떻게 그 언약을 반복적으로 이후 세대에 재적용하였는지를 보여준다(제4장). 역사비평은 예언이 본성상 개방적이고 확장적이고 조건적이며, 이로 인해 보다 큰 의미와 한층 더 진일보한 소망들(미래에 대한 우리의 소망을 포함하여)을 아우를 수 있는 잠재력을 갖고 있음을 보여준다(제5장). 역사비평은 우리가 물려받은 전통 중 일부가 신적 계시에서 비롯되었다기보다는 오류가 포함된 치명적인 추론에서 비롯되었을 수도 있다고 제안한다. 대표적인 사례가 원죄책이라는 골치 아픈 철학적 개념일 것이다(제2장). 바닷물에 뛰어드는 것이 두렵다고 해서 그 안에 숨겨진 진주를 멸시하지는 말자.

그렇다면 우리가 그와 같은 역사비평의 심연으로 뛰어들 때 어떻게 우리는 근본주의적 성경 숭배와 전체주의적 회의주의라는 양극단을 피하면서 역사비평의 과업을 수행할 수 있을 것인가? 그리고 이와 관련하여 어떤 종류의 종교적 신념이 세심한 역사적 분석이 제기하는 도전들을 이겨낼 수 있을 것인가? 참으로 우울한 질문들이다. 하지만 우리는 하나님의 계시를 찾는 작업, 곧 성경이 **가진** 완전함을 발견하는 작업이 철저한 역사적 탐구, 겸허한 자기반성, 그리고 고양된 신앙의 조합을 요구한다고 제안한다. 다시 말해 **신실한 비평**과 **비평적 신앙**이 요청된다는 것이다.

신실한 비평

복음주의 성서학에 대한 예리한 평가를 담은 놀(Mark Noll)의 책이 출간된 이래[2] 복음주의 진영의 많은 학자들은 자신들의 저작이 "신앙적 비평"(believing criticism)의 예를 보여준다고 주장했다. 신앙적 비평의 본질이 무엇인지에 대해 학자들 사이에 다양한 견해가 존재하지만, 모든 신앙적 비평가들은 성경이 하나님의 권위 있는 메시지를 인간에게 신실하게 전달한다는 확신을 공유한다. 하지만 본서의 첫 장에서 언급하였듯이 신앙적 비평가들 사이에서도 성경의 본질이 정확히 무엇인지에 대해 많은 이견이 존재한다. 본서는 그와 같은 다양한 의견들을 고려하여 복음주의와 역사비평의 관계를 보다 광범위한 신학적 맥락에서 다루고자 노력하였다. 구체적으로 말하자면, 우리는 역사비평의 제안들이 정통 기독교의 주요한 교리들에 "신실한" 것으로 여겨질 수 있는가를 결정하기 위해 그러한 제안들의 신학적 함의들을 평가하려고 시도하였다.

이런 측면에서 "신실한 비평"은 "엄격한 역사비평적 탐구"를 기독교의 본질적인 교리에 대한 "단호한 헌신"과 결합시킴으로써 성경의 역사적·신학적 차원에 대한 이해를 고취시킨다. 신실한 비평의 접근방법은, 하나님이 역사 속에서 자신을 계시하셨고 성경을 통해 인간의 방식으로 그들과 소통하셨음을 인정한다는 점에서 "역사적"이라고 할 수 있다. 또한 그 접근방법

---

2   Mark Noll, *Between Faith and Criticism: Evangelicals, Scholarship, and the Bible in America*, 2nd edn (Vancouver: Regent College Publishing, 2004).

은 텍스트의 의미를 부적절하게 반영하는 모든 종류의 전이해를 재조정하는 데 열린 태도를 가지고서 성경에 기록된 사건들, 속성들, 그리고 기대들의 본질을 파악하려고 노력한다는 점에서 "비평적"이다. 마지막으로 그 접근방법은 기독교 신앙의 본질적인 교의(dogma)들과 연관되어 있으며 온전한 신앙을 바탕으로 수행된다는 점에서 "신실하다." 이처럼 다양한 얼굴을 지닌 접근법은 복음주의자들이 비평적이면서도 여전히 신실한 방식으로 역사적·신학적 관심사들을 다룰 수 있는 맥락을 제공해준다. 이 접근법은 적어도 두 가지 면에서 유익하다.

첫째, "신실한 비평" 접근법을 적용함으로써 복음주의 신앙과 성경 해석은 보편적인 기독교회의 신학적 유산, 곧 교회의 정체성에 핵심이 되는 일단의 정통 교리들을 포용할 수 있다. 이 근본적인 교리주장들을 통하여 성경을 해석하거나 특히 역사비평에 관여하는 것은 고지식한 것도 아니고 반비평적인 것도 아니다. 오히려 그것은 신학을 이해하는 데 필요한 폭넓은 해석학적 렌즈를 제공하며, 그 렌즈를 통해 우리는 역사비평적 관점을 평가하고 그것을 하나님이 성경을 통하여 말씀하시기로 선택하셨던 방식에 대한 자신의 이해에 통합시킬 수 있다. 현대 성서학자들은 종종 이런 접근법을 경멸적인 언어로 정의하지만, 이런 신학적 접근은 성경 해석에 대해 구속력을 행사하려 하지도 않고 모든 주석적 결정을 통제하는 독재적인 안내자 역할을 하려 하지도 않는다. 오히려 우리는 이런 접근법을 통해 정통적이며 신앙고백적인 맥락에서 하나님과 성경 텍스트에 대해 질문할 수 있다.

이런 제약들을 통해 우리는 건설적인 신학체계와 조화를 이루는 방식으로 역사비평 연구방법들을 재조정할 수 있다. 하지만 우리는 역사비평 연구와 신학적 해석이 방법론적으로 서로 연동되지는 않는다는 점을 기억할 필요가 있다. 성경의 역사적·사회적·문화적 특이성으로 인해 성경 텍스트의 타자성(otherness)을 이해하고 그 의미를 해석하기 위해서는 역사비평 방법의 사용이 요구되는 것과 마찬가지로, 성경이 갖는 신학적 본질로 인해 하나님의 성품과 세상에서의 하나님의 초월적 사역을 이해하기 위해서는 그에 걸맞은 방법의 사용이 요구된다. 성경이 인간적인 본질과 신적인 본질을 동시에 지니고 있다는 사실로 인해 성경을 해석하는 작업에는 역사비평 접근법과 신학적 접근법을 교차적으로 사용할 필요가 있다. 역사비평 연구는 성경 자료를 생산해낸 인간의 작업과정을 설명하고 그 자료가 보도하는 역사적 실체를 들여다볼 수 있는 창을 제공해주는 한편, 신학적 접근법은 성령께서 그러한 인간의 작업과정 속에 그리고 그것을 통해 어떻게 역사하셨는지를 설명하고 성경 텍스트가 증언하는 신적 실체를 들여다볼 수 있는 창을 제공한다. 우리가 성경을 엄밀하게 역사비평적 관점에서만 살피게 되면, 역사 속에 드러난 하나님의 초자연적 활동에 대한 증언이나 초월적인 주장들에 대한 우리의 이해는 불완전하고 신학적으로 결핍될 수밖에 없다. 마찬가지로 성경을 신학적 관점에서만 접근하게 되면 실제 시공간상에서 목격되는 역사적 사건에 대한 우리의 이해는 편파적이 되고 역사적으로도 결함이 노출될 수밖에 없다. 역사적 접근과 신학적 접근은 각각 심각한 한계뿐만 아니라 독자적인 장점들도 가지고 있다. 그러나 각각의 접근법이 그 장점들로 서로의 한계를 상쇄시켜준다면, 신실한 비평은 역사와 신학에 대한 탐구를 위한 건설적인 틀을 제공해줄 수 있을 것이고, 그 틀 안에서 우리는 "역사적 탐구를 지배하는 원칙들"과 "기독교 신앙의 핵심 교리들"을 바탕으로 역사적 사건들과 그 사건들의 신학적 함의에 대한 연구를 수행할 수 있을 것이다.

환언하자면, 신실한 비평은 텍스트에 묘사된 역사적 사건들과 텍스트가 그 사건에 부여하는 신학적 함의에 관한 대화에 역사적·신학적 관점에서 접근할 수 있는 포괄적인 해석학적 배경을 제공해줄 수 있다. 여기서 우리는 성경을 단순히 역사적 탐구의 대상으로만 간주하고 접근하던 비평적 방법들을 신학적 관점에서 재평가하고, 성경의 신학적 목적을 염두에 두고서 재조정할 수 있을 것이다.[3] 역사비평과 신학적 접근법이 이처럼 대화의 장에서 서로에게 영향력을 행사하게 될 때, 각 방법론의 전체주의적인 주장들은 억제될 것이며, 그들의 방법론은 개선될 것이고, 어색한 동반자들 사이에서 건설적인 유대관계가 싹틀 수 있을 것이다.[4]

우리의 두 번째 주제는 이러한 건설적 관계의 본질 및 신실한 비평이 가져다줄 유익에 관한 것이다. 신실한 비평은 복음주의자들에게 역사비평적 제안들을 신론, 성경론, 기독론 및 윤리학에 관한 그들의 탐구에 다양한 방식으로 적용할 수 있는 여지를 만들어준다. 지금까지 특정 기독교 하위 전통의 독특한 신념들은 너무나도 자주 역사비평적 논제들의 신학적 공헌에 대해 성찰할 기회를 사전에 차단해왔다. 우리는 정통 기독교의 광범위한 배경 내에서 비평적인 제안들을 저울질해봄으로써 그와 같은 독특한 신념들의 필요성을 보다 분명하게 평가할 수 있을 것이다. 다시 말해 그런 독특한 교훈들 혹은 교리들이 얼마나 핵심적인 것들인지를 기독교 신앙의 타협 불가능한 교리들과 대조하여 평가해야 한다는 것이다.[5] 이처럼 신실한 비평

---

3   Joel B. Green, *Seized By Truth: Reading the Bible as Scripture* (Nashville: Abingdon, 2007), 125.

4   Jon D. Levenson, *The Hebrew Bible, the Old Testament, and Historical Criticism: Jews and Christians in Biblical Studies* (Louisville: Westminster John Knox, 1993), 123-4; Karl Möller, "Renewing Historical Criticism," in Craig Bartholomew, Collin Greene and Karl Möller (eds), *Renewing Biblical Interpretation*, Scripture and Hermeneutics Series 1 (Grand Rapids: Zondervan, 2000), 145-71 (167).

5   교의(dogma), 교리(doctrine), 그리고 견해(opinion)의 고유한 특징들, 그리고 다양한 신념들을 이러한 범주하에 적절히 분류하는 것이 어떻게 생산적인 신학 논의를 초래하는지에 대한 유용한 논의로는 다음을 보라. Roger Olson, *Reformed and Always Reforming: The*

은 역사비평적 탐구에 신학적으로 안전한 공간을 제공할 뿐만 아니라, 역사비평이 제기하는 신학적 도전을 보다 넓은 기독교 전통 내에서 재고해볼 수 있는 여지도 만들어준다. 결과적으로 신실한 비평은 복음주의자들로 하여금 역사비평의 상대적인 가치에 대한 내부적인 논의를 넘어서서 교회의 본질적인 신념들과의 대화를 통한 비평적 판단의 가치를 인식하고 보편교회 내에서 타자에 대해 긍정적인 자세를 갖는 데까지 나아갈 수 있게 해준다.

앞선 장들을 살펴보면 이런 형태의 비평적 탐구들이 예상치 못한 결과를 가져온 것을 확인할 수 있다. 본서를 구성하는 각 장들은 역사비평의 방법론과 판단들이 기독교 신앙의 근본적인 교리들과 전적으로 양립 불가능한 것은 아니라는 점을 보여주었다. 사실 일부 제안들은 특정 교리를 표현하는 방식 및 특정 텍스트를 해석하는 방식을 개선하는 데 도움을 준다.

그런데 역사비평적 판단들이 정통 기독교와 모든 면에서 양립 불가능한 것은 아니지만, 그렇다고 해서 복음주의 신앙과 전적으로 일치하는 것도 아니다. 기독교의 근본 교리들과 초기 교회의 보편적인 신조들에서 다루어지는 조항들이 모든 역사적·신학적 문제들을 해결해주지는 못한다. 교리 및 신조의 역할과 의도는 그런 것이 아니었다. 그들의 역할은 "신앙의 원칙", 곧 사도적 케리그마의 본질적인 주장들을 요약하여 제시하는 것이었다. 기독교 신앙의 토대가 되는 이런 교리들은 복음주의자들이 성경과 대화하면서 역사적·교리적 관심사들에 대한 비평적 질문들을 수용하고 신앙적 비평을 수행할 수 있도록 넓고 안정적인 환경을 제공한다. 주지하다시피 역사비평과 신학적 성찰은 종종 지향하는 바가 서로 달랐고, 그리하여 서로

Postconservative Approach to Evangelical Theology, Acadia Studies in Bible and Theology (Grand Rapids: Baker Academic, 2007), 95-8; Christian Smith, *The Bible Made Impossible: Why Biblicism Is Not a Truly Evangelical Reading of Scripture* (Grand Rapids: Brazos, 2011), 134-9.

역사비평의 도전과 복음주의의 응답

간에 어색한 동반자가 되어 있었다. 하지만 신실한 비평은 이 둘이 생산적인 친구가 될 수 있는 수단을 제공한다.

비평적 신앙

신실한 비평에 문제가 없는 것은 아니다. 복음주의자들이 신실한 비평, 특히 역사비평에 성공적으로 참여하기 위해서는 특별한 유형의 신앙, 곧 비평적 신앙이 요구된다. 이러한 유형의 신앙은 성경이나 신학에 대해 적대적이기보다는, 분별을 추구한다는 점에서 비평적이다. 그것은 정통 기독교에 뿌리박은 신앙으로서 진리가 어느 곳에서 발견되든지 간에 그 진리를 수용하고, 그 진리에 비추어서 전통적인 전제들이나 신념들을 개정할 수 있는 열린 마음을 갖고 있다.

표면적으로 이런 종류의 신앙은 개방성을 옹호한다는 점에서 위험하거나 유해한 것으로 보일 수도 있다. 그러나 개방성이 곧 무비판적인 승인을 의미하는 것은 아니라는 점을 인식할 필요가 있다. 비평적 신앙에는 분별력이 요구되며, 이것이 곧 비평적 신앙을 특징짓는 요소다. 그것은 이해를 추구하는 분별력 있는 신앙이며, 인간의 모든 탐구영역에서 대화 파트너들과의 협력을 통해 하나님의 진리와 성령의 방대한 사역을 이해하고자 노력하는 신앙이다. 또한 비평적 신앙은 하나님의 진리가 인간의 전통들을 세밀하게 조사하도록 내어 맡기는 한편, 이러한 관습적인 해석들이 단순히 우리 자신의 문화적 전제들을 반영한 것은 아닌지(혹은 C. S. 루이스의 말대로 "우리 자신의 어리석은 얼굴을 반영"한 것은 아닌지) 그 진리가 결정하도록 허용하는 신앙이다.[6] 그리고 그것은 성경 텍스트의 역사적·신학적 국면들을 상황에 맞

---

6   Clive Staples Lewis, *Reflections on the Psalms* (New York: Harcourt, 1960), 121.

게 조정하고, 토착화하고, 활용할 수 있도록 신앙을 재구성하는 작업에 대해 열린 자세를 가진 겸허하고 신중한 신앙이다. 한마디로 그것은 해석 작업에 임할 때 제자의 마음으로, 다시 말해 교회의 역사적 신앙을 존중하며 인간의 방법과 학문들을 통해 일하시는 성령의 사역에 대해 열린 마음으로 성경 텍스트 아래 자신을 낮추는 신앙이다. 이러한 유형의 신앙은 역사비평이 성경에 대한 기독교적 접근의 출발점도 아니고 종착점도 아니라는 것을 인정한다. 비평적 신앙은 성경의 고유한 역사적·신학적 멜로디를 들려주는 목소리들, 다른 전통적인 해석들과 불협화음을 이룬다는 이유로 숨죽여야만 했던 선율들도 사장시키기를 원하지 않는다. 따라서 비평적 신앙의 관점에서 보자면, 성령께서 과거에 성경 저자들에게 역사하셨던 것처럼 오늘날에도 계속해서 성경을 계시하실 수 있도록 무대를 제공하는 인간적인 작업이 곧 역사적 연구다. 그렇기 때문에 역사비평의 통찰들을 거부하는 것은 우리의 역사적 이해의 범위를 제한하는 것일 뿐 아니라 성경을 통한 성령의 지속적인 사역을 제한하는 것이기도 하다.[7]

비평적 신앙은 역사비평과 전통적 논제들의 재진술에 대해 열려 있을 뿐 아니라, 온 맘을 다해 하나님을 사랑하라고 하신 성경의 근본적인 명령을 성취하고자 노력한다(신 6:5; 막 12:30). 이것은 다양한 학문분야나 관점들에 대한 비평적 성찰을 통해 지성을 개발하는 차원을 넘어서, 하나님을 바로 알고 교회를 바르게 섬기기 위해 우리가 얻은 지식을 삶에 대한 비전에 적용하고 다양한 관점들을 재개념화할 것을 요구한다. 지금 진행 중인 논의의 맥락에서 온 맘을 다해 하나님을 사랑한다는 말의 의미는, 이해를 추구하는 신

---

7   J. Todd Billings, *The Word of God for the People of God: An Entryway to the Theological Interpretation of Scripture* (Grand Rapids: Eerdmans, 2010), 61.

앙의 여정 가운데 역사비평적 판단에 신실하게 참여하고 그 판단을 신학적으로 성찰한다는 것이다. 역사비평적 탐구에 참여하는 일은 너무나도 중요해서 이를 거부하는 것은 신적 명령을 거부하는 차원을 넘어서 일종의 우상숭배 행위라고까지 말할 수 있다. 왜냐하면 하나님께서 성경 해석 과정을 통해 어떻게 말씀하실지에 대해 우리 자신의 기준을 강요하는 것이기 때문이다.[8] 비평적 신앙은 해석학적 과정을 이런 식으로 길들이기를 거부하며, 그 대신 성령께서 우리 마음을 새롭게 하셔서 방대한 인간 공동체의 통찰들을 통해 신앙을 개선하시도록 초청한다.

따라서 비평적 신앙은 정통 기독교와 성경의 명령에 충실할 뿐만 아니라 복음주의 유산에도 충실하다. "이집트인들로부터 배우라"고 요청했던 아우구스티누스, "이방" 철학자들을 비평적으로 수용했던 칼뱅, 그리고 자연과학을 긍정적으로 평가했던 에드워즈까지, 복음주의의 전통은 전심으로 하나님을 사랑하고 창조세계에 허락하신 그분의 선물들을 귀히 여김으로써 하나님을 영화롭게 했던 수많은 성도들을 아우른다. 바로 이것이 비평적 신앙의 목표다. 그것은 단순히 지식의 습득을 목표로 하는 신앙이 아니며, 하나님께서 인생들에게 하나님을 사랑하고 그분을 더욱 잘 알기 위해 창조세계의 다양한 차원들을 탐구할 수 있도록 지성을 주셨음을 인정하는 신앙이다. 이런 과제(아니 특권이라고 부르는 것이 더 나을 것 같다)는 복음주의자들에게 의무로서 지워진 것이다. 이것은 새로운 과제는 아니지만 비평적 지성과 비평적 신앙의 배양을 필요로 하는 과제다. 이런 비평적 성향이 신실한 비평의 전제조건이다. 그것은 한편으로 철저한 역사 분석과 다른 한편으로 성경 숭배적, 세속적 근본주의에 의해 제기되는 도전들을 견뎌낼 수 있는 겸손하

---

8   Billing, *Word of God*, 38.

고 분별력 있는 자세를 요구한다.

여정을 위한 충고

본서는 복음주의 학계에 분란을 일으키는 데 전혀 관심이 없다. 우리는 지각변동이나 코페르니쿠스적 혁명과 같은 단어들은 다른 학자들과 주제들을 위해 남겨둘 것이다. 우리는 다만 우리가 가진 전통의 지평을 조금 확장하고자 할 뿐이다. 우리는 우리가 지금까지 충분히 여행하지 못했던 영역들을 탐사하고자 한다. 우리가 알기에 과거에 그리로 여행을 떠났던 몇몇 사람들이 결코 돌아오지 않았기 때문에라도 말이다. 우리는 그런 마음가짐으로 그 여행을 위한 조언, 역사, 성령론, 정경, 그리고 영성에 관한 해석학적·실천적·신학적 지침들을 모아보았다.

역사와 계시에 대하여

역사비평적 탐험을 떠나기에 앞서 우리는 먼저 우리가 비평적으로 탐구할 대상인 역사에 대해 신학적 관점을 정립할 필요가 있다. 유대교와 기독교에서 좋은 소식은 언제나 하나님이 우리를 위하여 역사를 출범하실 뿐만 아니라 역사 속에 개입하신다는 것이었다. 역사는 신적 파노라마가 그려지는 화폭이다. 하나님이 역사에 진입하시는 사건은 본성상 "특이성으로 인한 충격"을 수반한다.[9] 특별계시는 특별한 시간, 특별한 장소, 특별한 언어, 특별

---

9   Gerhard Kittel이 고안한 표현을 차용한 것이다. "The Jesus of History," in George Kennedy, Allen Bell and Custav Adolf Deissmann (eds), *Mysterium Christi: Christological Studies by British and German Theologians* (London: Longmans, Green, 1930), 31–52 (31).

한 사람, 특별한 세계관, 특별한 지평에서만 표현될 수 있다. 이것은 종교에 부과된 책무라기보다는 유한한 인간에 대한 초월적인 하나님의 자비다.

특별계시의 독특성은 하나님의 영감으로 작성되었다고 알려진 문서들의 역사성을 더욱 치밀하게 파악할 것을 요구한다. 성경은 데카르트식 논증이 고안한 상자 속에 너무나 오래 갇혀 있었다. 계시는 어떻게 "작동해야 하는가", 하나님이 거짓을 말씀하실 수 없다는 말이 무엇을 "의미해야 하는가"에 관한 연역 논리가 성경 연구를 지배해왔다는 것이다. 그러나 역사비평은 "하나님이 우리에게 말씀하시기 위해 선택하신 방법이 무엇인가"에 대해 보다 선명한 지침을 우리에게 제공해주었다. 성경에 대한 귀납적 탐구는 하나님이 특정 인물들의 본성적·지적 범주들에 스스로 적용하시면서 1) 오래전에 죽은 인물들의 이름을 빌린 저술들을 통하여, 2) 사건이 발생한 이후에 기록된 예언을 통하여, 3) 한 인물에 대해 서로 다른 관점들을 제공하는 서신들과 역사들을 통하여 말씀하시는 것이 적절하다고 생각하셨다는 점을 보여준다. 21세기를 살아가는 우리가 하나님이 우리에게 어떻게 말씀하실 것인지 선택할 수 있는 것은 아니다. 하나님은 일차적으로 우리에게 말씀하신 것이 아니라, 예수의 성육신 이전에 수 세기 동안 살았던 사람들에게 말씀하셨고, 이제는 (다른 무엇보다도) 과거에 그의 말씀을 받았던 사람들이 기록한 것을 통하여 우리에게 말씀하신다. 우리는 하나님이 우리가 기대했던 것을 기록하지 않으신 것에 대해 하나님을 비난하는 일에 시간을 허비할 수도 있고, 하나님이 여러 세대를 통하여 우리에게 말씀하시려고 고안하신 모든 수단을 동원하여 하나님의 말씀을 들으려고 노력할 수도 있다.

이것은 계시의 특이성이 하나님의 말씀이 어떻게 작동해야 하는가에 관한 우리의 철학적 기대에 충격을 줄 것이라는 점을 부인하는 것이 아니다. 특별계시는 물론 특별한 방식으로 계시되어야만 한다. 만일 우리가 특별계시의 "내용"을 철학적으로 추론할 수 있다고 기대하지 않는다면, 특별계시의 "방식"에 대해서는 왜 그런 기대를 가져도 된다고 추정하는 것인가?[10]

물론 하나님의 말씀이 갖는 특이성에 대해 보다 큰 통찰을 제시하거나, 철학적 관심사와의 대화 가운데 역사적 관찰들을 연구함으로써 결과적으로 역사와 철학에 대한 우리의 이해를 개선하는 것은 가치 있는 일일 것이다. 하지만 우리가 하나님이 역사 속에서 자신을 계시하신 방식을 어떻게 분해하든지 간에, 혹은 그 방식을 규정하기 위해 우리가 사용하는 용어가 무엇이든지(그것이 "적응"[accommodation][11]이든지 혹은 "성육신"[incarnation][12]이든지) 간에, 중요한 사실은 모든 그리스도인들이 **하나님께서 자신을 우리에게 알리시기 위해 스스로 낮아지셨다**(condescended)고 믿는다는 것이다. 우리 모두는 하나님의 초월성, 다시 말해 하나님의 존재와 본성이 신비한 방식으로 우리의 지성과 언어의 한계를 뛰어넘는다는 사실에 깊이, 그리고 즐거운 마음으로 동의한다. 우리는 한목소리로 하나님의 측량 못할 위대하심을, 또한 하나님께서 당신을 제대로 알아볼 능력도 없는 인간들에게까지 자신의 일부분(실제로는 상당부분)을 알리셨던 겸손하심을 송축한다. 십자가, 곧 하나님의 자기희생이라는 충격적인 사건(참조, 고전 1:23)은 하나님의 자기계시의 가장 이른 단계에서도 예시되었는데, 하나님께서는 자신이 마땅히 알려지셔야 하는 대로 완전하게 알려지시기를 일시적으로 포기하시고 (하나님이 어

---

10 하나님의 담화(divine speech)에 대한 탁월한 철학적 성찰로는 다음을 보라. Nicholas Wolterstorff, *Divine Discourse: Philosophical Reflections on the Claim That God Speaks* (Cambridge: Cambridge University Press, 1995).

11 John Calvin, *Institutes of the Christian Religion*, ed. John T. McNeill, LCC 20 (London: SCM Press, 1960), 1.13.1; Kenton L. Sparks, *God's Word in Human Words: An Evangelical Appreciation of Critical Biblical Scholarship* (Grand Rapids: Baker Academic, 2008), 229-59.

12 마찬가지로 Peter Enns, *Inspiration and Incarnation: Evangelicals and the Problem of the Old Testament* (Grand Rapids: Baker Academic, 2005).

340　　역사비평의 도전과 복음주의의 응답

떤 분이신지에 대한 우리의 앎이 영원한 나라에서는 보다 진실해지고 진보해갈 것이라는 확신 가운데) 현재에는 부분적으로만 알려지시기를 허용하셨다.

하나님의 자기계시가 필연적으로 이처럼 희생적이고 수용적인 낮아지심으로 특징지어진다면, 우리는 성경 텍스트들이 하나님을 여하한 종류의 완전하고 궁극적인 존재로 묘사할 것이라고 어떻게 기대할 수 있겠는가? 우리는 하나님이 족장들과 예언자들에게 자신의 전부 혹은 자신의 모든 계획을 계시하셨다고 믿지 않는다. 우리는 시내산에서 모세에게 구전 율법이 전수되었다는 랍비들의 주장을 받아들이지 않는다. 왜냐하면 우리는 모세가 산비탈을 내려오자마자 하나님이 어떤 식으로든 묶이시거나 입에 재갈이 물려지시지도 않았다는 것을 알기 때문이다.[13] 심지어 아들조차도 자신이 재림하실 날이나 시간을 알지 못하셨다고 하는데(막 13:32//마 24:36), 우리는 하나님이 아브라함을 갈대아 우르에서 불러내셨을 때 그의 마음속에 인류의 구원을 위한 하나님의 계획 전체를 청사진처럼 심어놓으셨을 것이라고는 생각하지 않는다(창 12:1-3). 비록 하나님이 아브라함에게 땅과 민족을 약속하시고 그 민족으로 인해 열방이 복을 얻을 것이라고 말씀하실 때 진실하게 중대한 의미를 담아서 말씀하신 것은 사실이지만, 그럼에도 하나님은 아브라함에게 부분적으로만 말씀하셨다. 따라서 아브라함, 예언자들, 그리고 심지어 거룩한 천사들도 우리가 이미 보았던 것들을 오래도록 보기를 고대했으며(벧전 1:12), 우리에게도 장차 도래하기를 오래도록 고대해야 할 것들이 여전히 남아 있다. 성경이 역사적 특수성을 가지는 것은 하나님 편에서의 실패가 아니며, 그것이 현재 우리가 깨달을 수 있는 전부이자 장차 우리가 깨닫게 될 것에 대한 예시(foretaste)다.

---

13   이러한 신념을 보여주는 초기의 사례들로는 다음을 보라. *m. Pe'ah* 2.6; *'Ed.* 8.7; *Yad.* 4.3.

성령론과 계시에 대하여

과연 우리는 어떤 근거에서 성경이 역사적 특수성에도 불구하고 진리라고 주장할 수 있는 것일까? 우리는 성경의 영감에 대한 비평적인 복음주의 견해가 성경의 형성, 해석, 선포의 모든 과정에 함께한 **성령의 사역을** 포용한다는 점을 지적하고자 한다.[14]

예를 들어 우리가 사복음서를 권위 있는 말씀으로 여기는 다양한 이유들을 고려해보라. 우리가 복음서를 권위 있는 말씀으로 받아들이는 첫째 이유는 복음서 자체가 하나님을 대신하여 말씀하는 예수의 목소리를 전달하기 때문이다(약간의 차이를 고려하면, 이는 모세 및 다른 예언자들의 경우에도 유사하다). 둘째, 비록 복음서가 (번역이나 공관복음서들 간의 사소한 차이점들, 그리고 보다 큰 규모의 창조적인 삽입 구문들로 인해) "예수가 친히 하신 말씀"(*ipsissima verba*)에서 어느 정도 벗어나 있다 하더라도 그것을 권위 있는 하나님의 말씀으로 받아들이는 이유는, 하나님이 복음서 저자들의 저술 과정과 편집자들의 편집 과정에 하나님의 의지와 성품을 지속적으로 드러내심으로써 그들과 동역하셨다고 믿기 때문이다.[15] 셋째, 우리는 성령이 교회의 교부들, 성직자들, 그리고 일반 성도들을 인도하셔서 복음서를 정경으로 인정하고 확증하게 하셨다고 믿기 때문에 복음서를 권위 있는 말씀으로 받아들인다. 사실 우리는 정경화의 과정에 성령께서 역사하셨음을 확신한다. 비록 교회가

---

14 이어지는 논의에 적용할 유용한 신학적 하위구조로는 하나님의 삼중 말씀에 관한 Barth의 저술을 참조하라. Karl Barth, *Church Dogmatics*, trans. Geoffrey W. Bromiley (Edinburgh: T & T Clark, 1936-77), I/1, §3, 111-20.

15 자세한 설명을 위해서는 다음을 보라. Christopher M. Hays, "Theological Hermeneutics and the Historical Jesus: A Critical Evaluation of Gadamerian Approaches and a New Methodological Proposal," in Jan van der Watt (ed.), *The Quest for the Real Jesus* (Leiden: Brill, 2013).

몇몇 책들을 정경으로 받아들이게 된 근거가 (예를 들어 히브리서를 바울의 저작으로 믿고 정경에 포함시켰던 경우처럼) 실제로는 잘못된 것이었다고 결론을 내린다 하더라도 말이다.

여기서 만일 특정 텍스트가 모세, 예언자 혹은 사도들로부터 기원했을 가능성을 누군가가 단호하게 부인한다 하더라도 그것이 곧바로 그 텍스트의 권위적 성격에 대한 총체적인 거부를 의미하지는 않는데, 왜냐하면 텍스트의 권위가 전적으로 (혹은 우선적으로) 텍스트에 포함된 전승들의 기원에 달린 것은 아니기 때문이다. 우리가 그러한 전승들의 비역사적 특성이 성경의 저작과 정경화 과정에서 성령이 맡으신 역할을 논박하기 위한 충분한 근거가 된다고 여기지 않는 한에는, 예를 들어 모세가 신명기 전승의 기원이 아니라는 가장 급진적인 주장조차도 신명기의 진실성과 권위를 침해할 것이라고 생각할 이유가 없다.

우리가 성경을 신뢰하는 단 하나의 확고부동한 이유는, 우리에게 **하나님을 계시하셨던 성령님이** 그와 동일하게 **성경 저작의 과정 전체에도 개입하셔서 역사하셨다**고 믿기 때문이다. 또한 정경화 과정과 성경 텍스트에서 발견되는 특징들에 대한 신학적 성찰이나 역사적 관찰들도 성령의 역사하심에 대한 우리의 믿음을 강화시켜준다. 그러나 만일 우리가 성경에 대한 신뢰의 근거를 성령의 계시적 사역에 대한 믿음이 아닌 다른 어떤 것에 둔다면, 우리는 스스로 위기를 자초하는 셈이다. 기독교 신앙은 논거에 입각한 변증이나 산더미 같이 쌓인 역사적 증거들 위에 세워지는 것이 아니다. 이런 "증거"들은 신앙을 지지해주는 보강재로서의 가치는 있을지 모르지만 신앙의 기둥으로서는 형편없는 것들이다. 우리는 하나님을 믿기 때문에 성경을 믿는다. 우리는 무엇보다도 신앙의 사람들이며, 학문은 우리에게 차선의 과제일 뿐이다. 복음주의자들이 그리스도인으로서 역사비평을 수행하기 위해서는 무엇보다도 성령께서 "역사"와 "성경의 영감"에 섭리적으로 개입하셨다는 확신을 제일원칙으로 삼아야 한다.

정경과 계시에 대하여

건실한 역사신학과 건실한 성령론에 더하여, 복음주의 역사비평은 또한 건실한 정경신학을 필요로 한다. 정경이란 하나님이 이끌어 가시는 성스러운 역사에서 일어난 사건들에 우리가 접근할 수 있게 해주는 텍스트 모음집이다. 그것은 우리에게 과거에 대해 특별한 통찰을 제공해준다. 비록 그것이 과거에 대한 우리의 통찰에 유일한 자료가 되는 것은 아니지만 말이다.

한편 정경은 단순히 과거를 들여다보는 창에 불과한 것이 아니다. 정경은 또한 역사의 사건들에 내포된 의미를 어떤 식으로 이해할지를 안내하는 잣대가 된다. 노예들이 이집트로부터 탈출했다는 보도, 혹은 갈릴리 출신의 목수가 십자가에 처형되었다는 증언은, 만일 누군가가 우리에게 그 사건들이 하나님께서 인류를 구속하시고 우리의 존재를 변화시키시기 위해 이끌어 가시는 과정의 일부라는 사실을 일러주지 않았다면 별 의미가 없는 사건에 지나지 않았을 것이다.

정경은 우리에게 무슨 일이 일어났는지 말해줄 뿐 아니라 그 사건이 무엇을 의미하는지도 설명해준다.[16] 정경이 사건들에 대해 제시하는 해석을 믿는 일은 그 사건들이 정경에 묘사된 대로 발생했다는 것을 믿는 일만큼이나 (아니 그보다도 더) 중요하다.

사실은 정경 자체가 영감된 저자들이 영감된 텍스트들을 어떻게 해석했는지를 보여준다. 성경의 저자들은 후세대의 하나님의 백성들을 위해 자

---

16   Hays, "Theological Hermeneutics."

신들 앞에 놓인 장황한 텍스트를 재조정하거나(최근의 상호텍스트 연구), 텍스트 내의 특정 개념들을 재해석한다(언약신학을 다룬 본서 제4장을 참조). 아마도 우리가 성경을 우리 시대에 적용할 때 성경 저자들이 취했던 방식을 그대로 모방할 수는 없을 것이다.[17] 그러나 텍스트들을 정경으로 확정하는 과정에 성령이 개입하신 것이 분명하다면, 우리는 하나님이 어떻게 성경 텍스트가 한 세대에서 다른 세대를 향해 말하게 하셨는지에 대해 문학비평과 역사비평의 도구들을 동원하여 깊이 살펴볼 의무가 있다.

우리가 정경으로서의 성경에 초점을 맞추면 우리는 역사와 전통 속에서 일하시는 성령의 불가피한 역할에 대한 논의로 돌아가게 된다. 결국 정경이 정경으로 받아들여지는 이유는 교회의 전통이 그와 같은 결론을 내렸기 때문이다. 정경의 형성을 주도했던 이들은 교회의 사람들이 성경에 대해 가졌던 인식, 곧 하나님이 그 안에서 진실하게 말씀하신다는 믿음을 확증했던 초기 교회의 지도자들이었다. 따라서 정경은 기독교 전통의 산물이며, 우리는 성령이 그 모든 과정을 인도하셨다고 믿기 때문에 정경을 신뢰한다. 하지만 만일 우리가 정경화의 전통에 대한 성령의 역사를 인정한다면, 우리는 마땅히 성령께서 텍스트에 대한 우리의 (비평적이거나 신앙고백적인) 해석을 인도해 가시는 다른 방식들에 대해서도 동일하게 열린 마음을 가져야 한다. 성령이 기독교 전통 내에서 정경의 형성 과정을 인도하셨다면, 전통적인 신조들의 형성 과정에도 개입하신 것일까? 다른 기독교 교리들의 형성이나 기독교 역사상 위대한 사건들(종교개혁, 대각성운동 등)의 전개에도 개입하신

---

17   다음에 실린 다양한 대화들을 참조하라. G. K. Beale, *The Right Doctrine from the Wrong Texts? Essays on the Use of the Old Testament in the New* (Grand Rapids: Baker Academics, 1994); Ellen F. Davis and Richard B. Hays (eds), *The Art of Reading Scripture* (Grand Rapids: Eerdmans, 2003).

것은 아닌가? 여기서 우리는 로마 가톨릭교회가 "그들의 전통"을 중시하는 것을 옹호하려는 것이 아니라 다만 "고성령론"(high Pneumatology)을 제안하는 것인데, 우리는 하나님께서 역사 안에서 자기 백성에게 자신의 초월적인 위엄을 계속해서 드러내시는가를 묻는다. 그렇다면 우리는 역사, 정경, 전통 상호 간의 해석적 연관관계에 대해 지금까지 개신교 학계가 표명했던 견해에서 일보 전진할 필요가 있다.[18]

여정을 위한 영성

신실한 비평을 향한 여정에 앞서 우리가 주는 마지막 조언은, 지속적으로 꾸준히 개인적·공동체적 경건 생활에 힘씀으로써 우리의 지성과 함께 우리의 영혼도 돌보아야 한다는 것이다. 우리가 역사비평에서 얻을 수 있는 것들이 많지만, 그렇다고 위험 요소들이 전혀 없는 것처럼 가장하지는 않겠다. 그리스도인의 삶의 모든 영역이 그런 것처럼 영혼의 문제도 미완의 상태다. 따라서 성경을 다루고 성경에 대해서 말하려는 우리들은 자신의 영혼에도 주의를 기울여야 한다.

서둘러서 덧붙이고 싶은 말은, 우리가 "좌익"에 속한 자들이 영적으로 궤도를 벗어났다거나, 혹은 "우익"에 속한 자들이 몰인정하다고 생각하는 것은 전혀 아니라는 점이다. 그럼에도 불구하고 우리는 자만심, 불성실, 그리고 두려움이 학계와 교계의 토론장에서 아무런 역할도 해오지 않은 것처

---

18 제8장 결론 부분을 보라. Markus Bockmuehl and Alan J. Torrance (eds.), *Scripture's Theology and Doctrine's Bible: How the New Testament Shapes Christian Dogmatics* (Grand Rapids: Baker Academic, 2008).

역사비평의 도전과 복음주의의 응답

럼 가장하지는 않을 것이다. 자신들의 [로마 가톨릭] 전통이 가진 결함을 직시하기를 거부했던 자들로 인해 수많은 영혼이 길을 잃을 수도 있다는 것을 보여준 사건이 개신교의 종교개혁이었다면, 자신들의 지성을 과대평가하고 보편교회가 가진 부요한 전통을 비방하는 자들에게 배교가 뒤따른다는 것을 드러내준 것은 후기 계몽주의 학계였다. 따라서 우리는 이처럼 새롭고 가끔은 당혹스러운 논쟁들에 참여하게 될 때 가장 먼저 전심을 다해 하나님을 찾아야 하며, 또한 기도와 금식과 자기성찰과 고백과 예배에 열정적으로 참여해야 한다. 우리는 왕 같은 제사장들이기 때문이다(벧전 2:9).

"신실한 비평"과 "비평적 신앙"을 추구하는 우리는 개인의 영성과 공동체의 경건 모두에 주목할 필요가 있다. 워필드는 기도와 공부의 친밀한 관계를 설명하면서, 하나를 선호하고 다른 하나를 회피하는 일에 대해 다음과 같이 지혜롭게 경고한다.

때때로 우리는 십 분간의 기도가 열 시간의 독서보다 당신에게 하나님에 대해 더욱 참되고, 더욱 심오하고, 더욱 실효성 있는 지식을 가져다준다는 말을 듣는다. 이런 말에 대해 우리가 보여야 할 적절한 반응은 이런 것이다. "아니, 뭐라구요? 책을 보는 데 열 시간을 쓰는 것보다는 무릎 꿇고 기도만 하라구요?" 도대체 당신은 어째서 당신이 책**으로** 돌아설 때 하나님**으로부터** 돌아선다고 여기고, 반대로 하나님**께로** 돌아서려면 책**으로부터** 돌아서야 한다고 느끼는 가?…당신은 신학을 공부하는 학생이며, 그렇기 때문에 나는 당신이 무엇보다도 신앙생활의 진보에 가장 큰 관심을 갖는 신앙인이라고 믿는다. 그런 관심사로 인해 당신은 무엇보다도 당신의 신앙생활에 위협이 될 수 있는 위험요소들에 대해 경계 받기를 바랄 것이며, 누군가가 당신의 신앙을 강화하고 증진시킬 수 있는 수단들을 지적해주기를 바랄 것이다. 당신에게 "이것이나 저것이냐"

곧 "학생이냐 아니면 하나님의 사람이냐"라는 질문은 의미가 없다. 당신은 둘
다여야 한다.[19]

우리는 우리 자신의 교만을 회개하고(그것이 인습타파적인 유행의 형태든 혹은 완
고한 전통주의의 형태든 간에), 성경 텍스트를 대할 때 성령께서 우리를 인도해
주시기를 겸허히 고대한다.

  그러나 그리스도인의 소명이 개인적 경건생활만으로 충족되는 것은 아
니며, 특히 교회 교사로서의 소명은 더더욱 그러하다. 학자들은 때때로 하나
님과 성경의 편에 서서 공동체에 대항하여 말해야 하는 경우가 있는데, 그
때 공동체는 학자들의 소명에 토대를 제공하고 그것을 제어하는 역할을 한
다. 공동체는 우리에게 기독교 전통을 부여하며, 그 전통들은 우리를 과거
의 기독교 및 동시대의 교회들과 연결시켜준다. 그 전통들은 우리에게 최초
의 지평들을 제공해주는 한편, 그 지평들을 확장해나갈 책무를 우리에게 부
여한다.[20] 나아가 공동체는 우리의 지성과 감정을 우리 주님께로 향하게 만
듦으로써 우리를 예배의 자리로 인도한다. 목회자들과 교사들은 종종 주해
를 건너뛰고 적용으로 향하라는 무언의 압박을 받는다고 피곤해 할 수도 있
지만, 성도 공동체의 역할은 우리가 가장 중요한 문제에 초점을 맞추도록
만들어주는 것이다. 중요한 것은 출애굽의 역사성이나 제2이사야의 본질이
아니라, 하나님을 아는 지식과 그분을 향한 신실함이다. 앨리슨(Dale Allison)
은 뛰어난 저작인 『예수 구성하기』(*Constructing Jesus*)를 마무리하면서 자신의

---

19   1911년 10월 4일에 열린 프린스턴 신학대학원의 가을 컨퍼런스에서 처음으로 발표하였
      던 것으로, 다음과 같이 재출간되었다. B. B. Warfield, "The Religious Life of Theological
      Students," *MSJ* 6.2 (1995), 181-95 (182-3).
20   자세한 설명은 다음을 보라. Hans-Gadamer, *Truth and Method*, trans. Joel Weinsheimer and
      Donald G. Marshall, 2nd rev. edn (London: Continuum, 2004), 278-306, 36, 63-70.

엄청난 학문적 성취에도 불구하고 다음과 같이 겸허하게 고백한다.

> 그것이 "평생을 바쳐 연구하고자 했던 주제를 추켜세우고자 하는 감정적인 필요"일 수도 있고, 또 나는 내가 역사가인 것을 스스로 자랑스럽게 생각하지만, 그럼에도 나는 가장 중요한 문제는 역사가 아니라고 고백할 수밖에 없다. 내가 임종 시에 정신이 깨어 있고 또 과도한 통증으로 고통당하지 않는다면, 아마 나는 내가 어떻게 믿음과 소망과 사랑을 증언하고 구현했는지에 대한 생각에 사로잡혀 있을 것이다. 그 순간까지 성경의 이 부분 혹은 저 부분의 역사성에 대해서 고민하고 있지는 않을 것이다.[21]

건실한 기독교 영성은 우리가 비평적 신앙과 신실한 비평을 수행하도록 도울 뿐만 아니라, 기독교 학문세계 전체가 유일하게 염두에 두어야 할 것은 교회의 사명에 봉사하는 일이라는 점을 우리에게 일깨워준다. 교회적·선교적 존재 목적을 잃은 엄격한 학문세계는 이교적이거나 혹은 우상숭배적이다. 그러므로 역사비평을 수행하되, 그리스도인으로서 수행하자.

결론

역사비평은 무신론적 역사기술에 오염되어 생명체가 살 수 없게 된 죽음의 땅이 아니다. 그곳의 일부는 암석지대이며, 일부는 비옥한 땅이다. 웅덩이도

---

21 Dale C. Allison, *Constructing Jesus: Memory, Imagination, and History* (London: SPCK, 2010), 162.

있고 고지대도 있다. 우리는 전체 지역에 대해 출입을 제한하기보다는 그 지역에 대한 신학적 지형도를 제공하고자 한다. 우리는 본서가 아마추어를 위한 신학적 지도로 사용될 수 있도록 중요한 지점들을 표시하고자 했다. 기독교 교리가 안전하게 발 디딜 수 없는 가장 위험한 절벽들, 그리고 통행이 불가능한 것은 아니지만 대단히 미끄러운 길들을 표시해두었다. 또한 서둘러서 덧붙이고 싶은 말은 우리가 그 지도에 군데군데 높은 전망대도 표시해 두었다는 것이다. 우리는 그런 지점들에 서서 전체를 내려다봄으로써 해석학적 지평을 상당히 넓힐 수 있을 것이며, 하나님이 역사 속에서 우리를 위하여 그리스도 안에서 행하신 일들에 대해 보다 원대한 깨달음을 얻을 수 있을 것이다.

신실한 비평은 좋게 말해서 시내산이나 호렙, 시온산을 오르는 것과 같다고 말할 수 있다. 신실한 비평가들은 하나님께서 사람들에게 자신의 영광을 볼 수 있도록 허락하셨을 때 그것을 자세히 그리고 기쁜 마음으로 들여다본다. 비록 그들에게 주어진 시간이 잠시뿐이며, 뒷모습밖에 볼 수 없고, 게다가 역사적 유한성이라는 암벽들이 그들의 시야를 가리지만 말이다 (참조. 출 33:17-23). 반면에 기독교 역사비평은 마치 엘리야와 함께 동굴에 이르는 길을 기어 올라가서, 하나님께 의문을 제기하고 응답을 받으며, 전에 알지 못했던 것을 새롭게 배우고, 전능자로 말미암아 그들이 틀렸다는 사실이 밝혀지는 것과 같다고 말할 수 있다(참조. 왕상 19:11-18). 비록 우리의 귀에 아직도 바람소리, 지진소리, 맹렬한 불꽃소리, 그리고 경쟁적인 철학들과 선입견과 억측들이 내는 떠들썩한 소리가 쟁쟁하지만, 그럼에도 우리는 역사비평적 탐구를 통해 성경 영감의 모든 과정에 하나님이 개입하셨다는 사실을 아주 심각하게 다룰 수 있다. 또한 우리는 이를 통해 주께서 행하신 일들을 보고 주께서 말씀하신 것들을 듣는 데 우리의 눈과 귀를 집중시킬 수 있다. 예수님이 우리에게 "알려지지 않은 분으로서" 오셨다는 슈바이처(Albert Schweitzer)의 확언은 전능자가 우리의 이해를 초월한 분이시라는 점에서 부분적으로 옳은 것이었다.[22] 그러나 하나님이 그리스도 안에서 우리에게 찾아오심으로써 **자신을 알리셨다**는 점에서는 슈바이처가 틀린 것이다. 하나님은 우리와 매우 다르시지만, 그럼에도 그분은 자신을 우리에게 드러내신다. 따라서 우리는 이렇게 외칠 수 있다. "오라! 우리가 여호와의 산에 오르며…그가 그의 길을 우리에게 가르치실 것이라. 우리가 그 길로 행하리라 하리니"(사 2:3). 초월적인 하나님이 우리가 살아가는 일상적인 역사 속으로 침투해 오셨으니, 비평적 신앙으로 신실한 비평을 수행하자!

너희는 만질 수 있고 불이 붙는 산과 침침함과 흑암과 폭풍과 나팔 소리와 말하는 소리가 있는 곳에 이른 것이 아니라. 그 소리를 듣는 자들은 더 말씀하지 아니하시기를 구하였으니… 그러나 너희가 이른 곳은 시온 산과 살아 계신 하나님의 도성인 하늘의 예루살렘과 천만 천사와 하늘에 기록된 장자들의 모임과 교회와 만민의 심판자이신 하나님과 및 온전하게 된 의인의 영들과 새 언약의 중보자이신 예수와 및 아벨의 피보다 더 나은 것을 말하는 뿌린 피니라. 너희는 삼가 말씀하신 이를 거역하지 말라. 땅에서 경고하신 이를 거역한 그들이 피하지 못하였거든 하물며 하늘로부터 경고하신 이를 배반하는 우리일까보냐?…그러므로 우리가 흔들리지 않는 나라를 받았은즉 우리가 감사를 드리자. 이로 말미암아 경건함과 두려움으로 하나님을 기쁘시게 섬길지니 우리 하나님은 소멸하는 불이심이라. 형제 사랑하기를 계속하자.[23]

---

22   Albert Schweitzer, *The Quest of the Historical Jesus: First Complete Edition*, trans. W. Montgomery et al. (Minneapolis: Fortress Press, 2001), 487.

23   히 12:18-19, 22-25; 12:28-13.1

참고문헌

Ackroyd, Peter R., "Isaiah 36-39: Structure and Function," in W. C. Delsman et al. (eds), *Von Kanaan bis Kerala: Festschrift für Prof. Mag. Dr. J. P. M. van der Ploeg O. P. zur Vollendung des siebzigsten Lebensjahres am 4. Juli 1979*, AOAT 211 (Neukirchen-Vluyn: Neukirchener Verlag, 1982), 3-21.

Adams, Marilyn McCord, *Horrendous Evils and the Goodness of God* (Ithaca: Cornell University Press, 1999).

Ahlström, Gösta, *Who Were the Israelites?* (Winona Lake: Eisenbrauns, 1986).

Albright, William F., *Archaeology of Palestine* (Harmondsworth: Pelican, 1960).

Allen, R. Michael, *The Christ's Faith: A Dogmatic Account*, T&T Clark Studies in Systematic Theology (London: T&T Clark, 2009).

Allison, Dale C., *Constructing Jesus: Memory, Imagination, and History* (London: SPCK, 2010).

Allison, Dale C., *The Historical Christ and the Theological Jesus* (Grand Rapids: Eerdmans, 2009).

Allison, Dale C., *Jesus of Nazareth: Millenarian Prophet* (Minneapolis: Augsburg Fortress, 1998).

Archer, Gleason L., "The Witness of the Bible to Its Own Inerrancy," in James Montgomery Boice (ed.), *The Foundation of Biblical Authority* (Grand Rapids: Zondervan, 1978), 85-99.

Arnold, Bill T., "Deuteronomy as the *Ipsissima Vox* of Moses," *JTI* 41 (2010), 53-74.

Ashton, John, *Understanding the Fourth Gospel* (Oxford: Clarendon Press, 1991).

Assmann, Jan, and Livingstone, Rodney, *Religion and Cultural Memory: Ten Studies* (Stanford: Stanford University Press, 2006).

Astruc, Jean, *Conjectures sur les mémoires originaux dont il paraît que Moyse s'est servi pour composer le Livre de la Genèse* (Brussels: Fricx, 1753).

Aune, David E., "Reconceptualizing the Phenomenon of Ancient Pseudepigraphy:

An Epilogue," in Jorg Frey, J. Herzer, M. Janßen and C. K. Rothschild (eds), *Pseudepigraphie und Verfasserfiktion in frühchristlichen Briefen*, WUNT 246 (Tübingen: Mohr Siebeck, 2009), 789-824.

Babrius and Phaedrus: Newly Edited and Translated into English, together with an Historical Introduction and a Comprehensive Survey of Greek and Latin Fables in the Aesopic Tradition, trans. Ben Edwin Perry, Loeb Classical Library 436 (Cambridge, MA: Harvard University Press, 1965).

Barr, James, *Escaping from Fundamentalism* (London: SCM Press, 1984).

Barstad, Hans, *History and the Hebrew Bible: Studies in Ancient Israelite and Ancient Near Eastern Historiography*, FAT 61 (Tübingen: Mohr Siebeck, 2008).

Barth, Karl, *Church Dogmatics*, trans. Geoffrey W. Bromiley (Edinburgh: T&T Clark, 1936-77).

Barton, John, *The Nature of Biblical Criticism* (Louisville: Westminster John Knox, 2007).

Barton, John, *Reading the Old Testament: Method in Biblical Study* (London: Darton, Longman & Todd, 1984).

Bauckham, Richard, "The Beloved Disciple as Ideal Author," *The Testimony of the Beloved Disciple: Narrative, History, and Theology in the Gospel of John* (Grand Rapids: Baker Academic, 2007), 73-91.

Bauckham, Richard, *God Crucified: Monotheism and Christology in the New Testament* (Grand Rapids: Eerdmans, 1998).

Bauckham, Richard, *Jesus and the Eyewitnesses: The Gospels as Eyewitness Testimonies* (Grand Rapids: Eerdmans, 2006).

Bauckham, Richard, "Papias and Polycrates on the Origin of the Gospel of John," *The Testimony of the Beloved Disciple: Narrative, History, and Theology in the Gospel of John* (Grand Rapids: Baker Academic, 2007), 33-72.

Baur, Ferdinand Christian, *Paul, the Apostle of Jesus, His Life and Work, His Epistles and His Doctrines: A Contribution to the Critical History of Primitive Christianity*, trans. A. Menzies, 2 vols (London: Williams & Norgate, 1873; Peabody, MA: Hendrickson, 2003).

Beale, G. K., *The Erosion of Inerrancy in Evangelicalism: Responding to New Challenges to Biblical Authority* (Wheaton: Crossway, 2008).

Beale, G. K., *The Right Doctrine from the Wrong Texts? Essays on the Use of the Old Testament in the New* (Grand Rapids: Baker Academic, 1994).

Beasley-Murray, George R., *John*, 2nd edn, WBC (Nashville: Thomas Nelson, 1999).

Bebbington, D. W., *Evangelicalism in Modern Britain: A History from the 1730s to the 1980s* (London: Unwin Hyman, 1989).

Billings, J. Todd, *The Word of God for the People of God: An Entryway to the Theological Interpretation of Scripture* (Grand Rapids: Eerdmans, 2010).

Bimson, John J., *Redating the Exodus and Conquest*, JSOTSup 5 (Sheffield: Sheffield Academic Press, 1978).

Blenkinsopp, Joseph, *The Pentateuch: An Introduction to the First Five Books of the Bible*, ABRL (New Haven: Yale University Press; London: SCM Press, 1992).

Bockmuehl, Markus, "Resurrection," in Markus Bockmuehl (ed.), *The Cambridge Companion to Jesus* (Cambridge: Cambridge University Press, 2001), 102-18.

Bockmuehl, Markus, *This Jesus: Martyr, Lord, Messiah* (Edinburgh: T&T Clark, 1994).

Bockmuehl, Markus (ed.), *The Cambridge Companion to Jesus* (Cambridge: Cambridge University Press, 2001).

Bockmuehl, Markus, and Torrance, Alan J. (eds), *Scripture's Theology and Doctrine's Bible: How the New Testament Shapes Christian Dogmatics* (Grand Rapids: Baker Academic, 2008).

Borgen, Peder, "From Paul to Luke: Observations toward Clarification of the Theology of Luke-Acts," *CBQ* 31.2 (1969), 168-82.

Brettler, Marc Zvi, *The Creation of History in Ancient Israel* (New York: Routledge, 1995).

Bruce, F. F., *The Epistle to the Galatians*, NIGTC (Grand Rapids: Eerdmans, 1982).

Bultmann, Rudolf, "The New Testament and Mythology," in Hans-Werner Bartsch (ed.), *Kerygma and Myth: A Theological Debate*, vol. 1, trans. Reginald H. Fuller (London: SPCK, 1972), 1-44.

Calvin, John, *Institutes of the Christian Religion*, ed. John T. McNeill, LCC 20 (London: SCM Press, 1960).

Carr, David McLain, *The Formation of the Hebrew Bible: A New Reconstruction* (Oxford: Oxford University Press, 2011).

Carr, David McLain, *Reading the Fractures of Genesis: Historical and Literary Approaches* (Louisville: Westminster John Knox, 1996).

Carroll, Robert P., *When Prophecy Failed: Cognitive Dissonance in the Prophetic Traditions of the Old Testament* (New York: Seabury Press, 1979).

Childs, Brevard S., *The Church's Guide for Reading Paul: The Canonical Shaping of the*

역사비평의 도전과 복음주의의 응답

Pauline Corpus (Grand Rapids: Eerdmans, 2008).

Childs, Brevard S., *Introduction to the Old Testament as Scripture* (Philadelphia: Fortress Press, 1979).

Childs, Brevard S., *Isaiah* (Louisville: Westminster John Knox, 2001).

Childs, Brevard S., "Prophecy and Fulfillment: A Study of Contemporary Hermeneutics," *Int* 12.3 (1958), 260-71.

Childs, Brevard S., "Retrospective Reading of the Old Testament Prophets," *ZAW* 108 (1996), 362-77.

Childs, Brevard S., *The Struggle to Understand Isaiah as Christian Scripture* (Grand Rapids: Eerdmans, 2004).

Clements, Ronald Ernest, "Beyond Tradition-History: Deutero-Isaianic Development of First Isaiah's Themes," *JSOT* 31 (1985), 95-113.

Clements, Ronald Ernest, "The Immanuel Prophecy of Isa. 7:10-17 and Its Messianic Interpretation," in Ronald E. Clements (ed.), *Old Testament Prophecy: From Oracles to Canon* (Louisville: Westminster John Knox, 1996), 65-77.

Clifford, Richard J., *Creation Accounts in the Ancient Near East and the Bible*, CBQMS 26 (Washington: Catholic Biblical Association of America, 1994).

Coats, George W., *Moses: Heroic Man, Man of God*, JSOTSup 57 (Sheffield: JSOT Press, 1988).

Cohen, Samuel S., "Original Sin," in Samuel S. Cohen (ed.), *Essays in Jewish Theology* (Cincinnati: Hebrew Union College Press, 1987), 219-72.

Cole, Graham A., "The Peril of a 'Historyless' Systematic Theology," in James K. Hoffmeier and Dennis R. Magary (eds), *Do Historical Matters Matter to Faith? A Critical Appraisal of Modern and Postmodern Approaches to Scripture* (Wheaton: Crossway, 2012), 55-69.

Collins, John J., *Daniel: A Commentary on the Book of Daniel*, Hermeneia (Minneapolis: Augsburg Fortress, 1993).

Collins, John J., *The Scepter and the Star: The Messiahs of the Dead Sea Scrolls and Other Ancient Literature*, ABRL (New York: Doubleday, 1995).

Craig, William Lane, *Reasonable Faith: Christian Truth and Apologetics*, rev. edn (Wheaton: Crossway, 1994).

Crenshaw, James L., *Prophetic Conflict: Its Effect upon Israelite Religion*, BZAW 124 (Berlin: de Gruyter, 1971).

Cross, Frank Moore, and Freedman, David Noel, *Studies in Ancient Yahwistic Poetry*, 2nd edn (Grand Rapids: Eerdmans, 1997).

Crossan, John Dominic, *The Historical Jesus: The Life of a Mediterranean Jewish Peasant* (San Francisco: HarperCollins, 1991).

Crüsemann, Frank, *The Torah: Theology and Social History of Old Testament Law*, trans. Allan W. Mahnke (Minneapolis: Fortress Press, 1996).

Davies, Philip, *Memories of Ancient Israel: An Introduction to Biblical History - Ancient and Modern* (Louisville: Westminster John Knox, 2008).

Davis, Ellen F., and Hays, Richard B. (eds), *The Art of Reading Scripture* (Grand Rapids: Eerdmans, 2003).

Dever, William G., *Who Were the Early Israelites and Where Did They Come from?* (Grand Rapids: Eerdmans, 2003).

Donelson, Lewis R., *Pseudepigraphy and Ethical Argument in the Pastoral Epistles*, HUT 22 (Tübingen: Mohr Siebeck, 1986).

Dozeman, Thomas B., *Exodus*, Eerdmans Critical Commentary (Grand Rapids: Eerdmans, 2009).

Dozeman, Thomas B., and Schmid, K. (eds), *A Farewell to the Yahwist: The Composition of the Pentateuch in Recent European Interpretation*, SBLSymS 34 (Atlanta: SBL, 2006).

Duff, Jeremy, "A Reconsideration of Pseudepigraphy in Early Christianity" (DPhil thesis, University of Oxford, 1998).

Duhm, Bernhard, *Das Buch Jesaja übersetzt und erklärt*, HKAT 3.1, 4th edn (Göttingen: Vandenhoeck & Ruprecht, 1922 [1892]).

Dunn, James D. G., *Jesus Remembered*, Christianity in the Making 1 (Grand Rapids: Eerdmans, 2003).

Dunn, James D. G., *The Living Word*, 2nd edn (Minneapolis: Fortress Press, 2009).

Earl, Douglas S., *Reading Joshua as Christian Scripture*, Journal of Theological Interpretation Supplement 2 (Winona Lake: Eisenbrauns, 2010).

Edelman, Diana, "Clio's Dilemma: The Changing Face of History–Writing," in André Lemaire and Magne Sæbø (eds), *Congress Volume: Oslo 1998*, VTSup 80 (Leiden: Brill, 2000), 247–55.

Ehrman, Bart D., *Forged: Writing in the Name of God: Why the Bible's Authors Are Not Who We Think They Are* (New York: HarperOne, 2011).

Ehrman, Bart D., *Jesus: Apocalyptic Prophet of the New Millennium* (Oxford: Oxford University Press, 1999).

Eichhorn, Johann Gottfried, *Einleitung in das Alte Testament* (Leipzig: Weidmanns, 1780-3).

Enns, Peter, *The Evolution of Adam: What the Bible Does and Doesn't Say about Human Origins* (Grand Rapids: Brazos, 2012).

Enns, Peter, *Inspiration and Incarnation: Evangelicals and the Problem of the Old Testament* (Grand Rapids: Baker Academic, 2005).

Erickson, Millard, *Christian Theology*, 2nd edn (Grand Rapids: Baker, 1998).

Fishbane, Michael, *Biblical Interpretation in Ancient Israel* (Oxford: Clarendon Press, 1985).

Fitzmyer, Joseph A., *The Acts of the Apostles: A New Translation with Commentary and Introduction*, AB 31 (New York: Doubleday, 1998).

Frei, Hans W., *The Eclipse of Biblical Narrative: A Study in Eighteenth and Nineteenth Century Hermeneutics* (New Haven: Yale University Press, 1974).

Frei, Hans W., "The 'Literal Reading' of Biblical Narrative in Christian Tradition: Does It Stretch or Will It Break?," in Frank McConnell (ed.), *The Bible and Narrative Tradition* (Oxford: Oxford University Press, 1986), 36-77.

Frei, Hans W., "Remarks in Connection with a Theological Proposal," in George Hunsinger and William C. Placher (eds), *Theology and Narrative: Selected Essays* (Oxford: Oxford University Press, 1993), 26-44.

Frei, Hans W., "Response to 'Narrative Theology: An Evangelical Appraisal,'" in George Hunsinger and William C. Placher (eds), *Theology and Narrative: Selected Essays* (Oxford: Oxford University Press, 1993), 207-12.

Frei, Hans W., "Theology and Interpretation of Narrative: Some Hermeneutical Considerations," in George Hunsinger and William C. Placher (eds), *Theology and Narrative: Selected Essays* (Oxford: Oxford University Press, 1993), 94-116.

Fretheim, Terence E., *Deuteronomic History* (Nashville: Abingdon, 1983).

Fretheim, Terence E., *Exodus*, IBC (Louisville: John Knox, 1991).

Funk, Robert W., *Honest to Jesus: Jesus for a New Millennium* (San Francisco: HarperSanFrancisco, 1997).

Gadamer, Hans-Georg, *Truth and Method*, trans. Joel Weinsheimer and Donald G. Marshall, 2nd rev. edn (London: Continuum, 2004).

Gnuse, Robert, "The Roots of Apocalypticism in Near Eastern Myth," in Catherine Wessinger (ed.), *The Oxford Handbook of Millennialism* (Oxford: Oxford University

Press, 2011), 235-51.

Goldingay, John, *Models for Scripture* (Grand Rapids: Eerdmans, 1994).

Green, Joel B., *Seized by Truth: Reading the Bible as Scripture* (Nashville: Abingdon, 2007).

Gunkel, Hermann, Zimmern, Heinrich, and Whitney, K. William, *Creation and Chaos in the Primeval Era and the Eschaton: A Religio-historical Study of Genesis 1 and Revelation 12* (Grand Rapids: Eerdmans, 2006).

Hallo, William W., and Younger, K. Lawson (eds), *The Context of Scripture: Monumental Inscriptions from the Biblical World*, 3 vols (Leiden: Brill, 2001).

Hamilton, Victor P., *Handbook on the Pentateuch*, 2nd edn (Grand Rapids: Baker Academic, 2005).

Hanson, Paul D., *The Dawn of Apocalyptic: The Historical and Sociological Roots of Jewish Apocalyptic Eschatology* (Philadelphia: Fortress Press, 1975).

Harding, Mark, "Disputed and Undisputed Letters of Paul," in Stanley E. Porter (ed.), *The Pauline Canon*, Pauline Studies 1 (Leiden and Boston: Brill, 2004), 129-68.

Harrison, Percy Neale, *Paulines and Pastorals* (London: Villiers, 1964).

Harrison, Percy Neale, *The Problem of the Pastoral Epistles* (London: Oxford University Press, 1921).

Hays, Christopher M., "Theological Hermeneutics and the Historical Jesus: A Critical Evaluation of Gadamerian Approaches and a New Methodological Proposal," in Jan van der Watt (ed.), *The Quest for the Real Jesus* (Leiden: Brill, 2013).

Hays, Christopher M. (ed.), *When the Son of Man Didn't Come* (Minneapolis: Fortress Academic, 2016).

Hendel, Ronald, "The Exodus in Biblical Memory," *JBL* 120 (2001), 601-22.

Hengel, Martin, *The Johannine Question*, trans. John Bowden (Philadelphia: Trinity Press International, 1989).

Hengel, Martin, *Studies in the Gospel of Mark*, trans. John Bowden (London: SCM Press, 1985).

Henry, Carl F. H., *God Who Speaks and Shows: Fifteen Theses, Part Three*, vol. 4, *God, Revelation, and Authority* (Waco, TX: Word, 1979).

Herzog, Ze'ev, "Perspectives on Southern Israel's Cult Centralization: Arad and Beer-Sheba," in Reinhard G. Kratz and Hermann Spieckermann (eds), *One God - One Cult - One Nation: Archaeological and Biblical Perspectives*, BZAW 405 (Berlin: de Gruyter, 2010), 169-99.

Hibbard, J. Todd, "True and False Prophecy: Jeremiah's Revision of Deuteronomy," *JSOT* 35 (2011), 339-58.

Hill, Charles E., *The Johannine Corpus in the Early Church* (Oxford: Oxford University Press, 2004).

Hodge, A. A., and Warfield, B. B., "Inspiration," *Presbyterian Review* 2 (1881), 225-60.

Hoffmeier, James K., *Israel in Egypt: The Evidence for the Authenticity of the Exodus Tradition* (New York: Oxford University Press, 1999).

Hoffmeier, James K., "'These Things Happened': Why a Historical Exodus Is Essential for Theology," in James K. Hoffmeier and Dennis R. Magary (eds), *Do Historical Matters Matter to Faith? A Critical Appraisal of Modern and Postmodern Approaches to Scripture* (Wheaton: Crossway, 2012), 99-134.

Hoffmeier, James K., and Magary, Dennis R. (eds), *Do Historical Matters Matter to Faith? A Critical Appraisal of Modern and Postmodern Approaches to Scripture* (Wheaton: Crossway, 2012).

Holbrook, Clyde A., "Editor's Introduction to *Original Sin*," in Jonathan Edwards, *Original Sin*, ed. Clyde A. Holbrook (New Haven: Yale University Press, 1970), 27-41.

Hwang, Jerry, *The Rhetoric of Remembrance: An Investigation of the "Fathers" in Deuteronomy*, Siphrut 8 (Winona Lake: Eisenbrauns, 2012).

Jenson, Philip P., "Models of Prophetic Prediction and Matthew's Quotation of Micah 5:2," in Philip E. Satterthwaite, Richard S. Hess and Gordon J. Wenham (eds), *The Lord's Anointed: Interpretation of Old Testament Messianic Texts* (Carlisle: Paternoster Press; Grand Rapids: Baker, 1995), 189-209.

Johnson, Luke Timothy, *The Real Jesus: The Misguided Quest for the Historical Jesus and the Truth of the Traditional Gospels* (San Francisco: HarperSanFrancisco, 1996).

Kantzer, Kenneth S., "Evangelicals and the Doctrine of Inerrancy," in James Montgomery Boice (ed.), *The Foundation of Biblical Authority* (Grand Rapids: Zondervan, 1978), 147-56.

Kittel, Gerhard, "The Jesus of History," in George Kennedy Allen Bell and Gustav Adolf Deissmann (eds), *Mysterium Christi: Christological Studies by British and German Theologians* (London: Longmans, Green, 1930), 31-52.

Klauck, Hans-Josef, *Ancient Letters and the New Testament: A Guide to Context and Exegesis*, trans. Daniel P. Bailey (Waco: Baylor University Press, 2006).

Knudtzon, J. A., *Die El-Armana-Tafeln*, 2 vols (Leipzig: J. C. Hinrichs, 1915).

Koch, Christoph, *Vertrag, Treueid und Bund: Studien zur Rezeption des altorientalischen Vertragsrechts im Deuteronomium und zur Ausbildung der Bundestheologie im Alten Testament*, BZAW 383 (Berlin: de Gruyter, 2008).

Koch, Dietrich-Alex, "Die Schrift als Zeuge des Evangeliums: Untersuchungen zur Verwendung und zum Verständnis der Schrift bei Paulus" (Habilitationsschrift, Johannes-Gutenberg-Universität Mainz, 1983).

Kofoed, Jens Bruun, "The Old Testament as Cultural Memory," in James K. Hoffmeier and Dennis R. Magary (eds), *Do Historical Matters Matter to Faith? A Critical Appraisal of Modern and Postmodern Approaches to Scripture* (Wheaton: Crossway, 2012), 303-23.

Korsmeyer, Jerry D., *Evolution and Eden: Balancing Original Sin and Contemporary Science* (New York: Paulist, 1998).

Köstenberger, Andreas J., "Early Doubts of the Apostolic Authorship of the Fourth Gospel in the History of Modern Biblical Criticism," *Studies on John and Gender: A Decade of Scholarship*, StBL 38 (New York: Peter Lang, 2001), 17-47.

Köstenberger, Andreas J., *Encountering John: The Gospel in Historical, Literary, and Theological Perspective* (Grand Rapids: Baker, 1999).

Kratz, Reinhard G., *The Composition of the Narrative Books of the Old Testament*, trans. John Bowden (London: T&T Clark, 2005).

Lambert, Wilfred G., "A Catalogue of Texts and Authors," *JCS* 16 (1962), 59-77.

Larsen, Timothy, "Defining and Locating Evangelicalism," in Timothy Larsen and Daniel J. Treier (eds), *The Cambridge Companion to Evangelical Theology* (Cambridge: Cambridge University Press, 2007), 1-14.

Lemche, Niels P., *Ancient Israel: A New History of Israelite Society* (Sheffield: JSOT Press, 1988).

Lemche, Niels P., *Early Israel: Anthropological and Historical Studies on the Israelite Society before the Monarchy*, VTSup 37 (Leiden: Brill, 1985).

Lemche, Niels P., *The Israelites in History and Tradition* (Louisville: Westminster John Knox, 1998).

Lemche, Niels P., *The Old Testament between Theology and History: A Critical Survey* (Louisville: Westminster John Knox, 2008).

Levenson, Jon D., *The Hebrew Bible, the Old Testament, and Historical Criticism: Jews and*

Christians in Biblical Studies (Louisville: Westminster John Knox, 1993).

Levinson, Bernard M., *Deuteronomy and the Hermeneutics of Legal Innovation* (Oxford: Oxford University Press, 2002).

Levinson, Bernard M., "The Hermeneutics of Tradition in Deuteronomy: A Reply to J. G. McConville," *JBL* 119 (2000), 269-86.

Lewis, Clive Staples, *Reflections on the Psalms* (New York: Harcourt, 1960).

Lewis, Clive Staples, *The World's Last Night, and Other Essays* (New York: Harcourt, Brace, 1960).

Lincicum, David, *Paul and the Early Jewish Encounter with Deuteronomy*, WUNT II.284 (Tübingen: Mohr Siebeck, 2010).

Lincoln, Andrew T., "'Born of the Virgin Mary': Creedal Affirmation and Critical Reading," in Andrew T. Lincoln and Angus Paddison (eds), *Christology and Scripture: Interdisciplinary Perspectives* (London: T&T Clark, 2007), 84-103.

Lindbeck, George, "The Story-Shaped Church: Critical Exegesis and Theological Interpretation," in Stephen E. Fowl (ed.), *The Theological Interpretation of Scripture: Classic and Contemporary Readings*, Blackwell Readings in Modern Theology (Oxford: Blackwell, 1997), 39-52.

Lüdemann, Gerd, *The Great Deception: And What Jesus Really Said and Did* (Amherst: Prometheus, 1999).

Lüdemann, Gerd, *Das Jesusbild des Papstes: Über Joseph Ratzingers kühnen Umgang mit den Quellen* (Springe: zu Klampen, 2007).

McConville, J. Gordon., *Grace in the End: A Study in Deuteronomic Theology* (Grand Rapids: Zondervan, 1993).

McDermott, Brian O., "The Theology of Original Sin: Recent Developments," *TS* 38 (1977), 478-512.

McGinn, Bernard, Collins, John Joseph, and Stein, Stephen J., *The Continuum History of Apocalypticism* (New York: Continuum, 2003).

McGowan, A. T. B., *The Divine Spiration of Scripture: Challenging Evangelical Perspectives* (Nottingham: Apollos, 2007).

McKenzie, Steven L., *How to Read the Bible: History, Prophecy, Literature - Why Modern Readers Need to Know the Difference and What It Means for Faith Today* (Oxford: Oxford University Press, 2005).

Marshall, I. Howard, *Beyond the Bible: Moving from Scripture to Theology* (Grand Rapids:

Baker Academic, 2004).

Martyn, J. Louis, *History and Theology in the Fourth Gospel*, 3rd edn (Louisville: Westminster John Knox, 2003).

Mayes, Andrew David Hastings, *Deuteronomy*, NCB (London: Marshall, Morgan & Scott, 1979).

Meade, David G., *Pseudonymity and Canon: An Investigation into the Relationship of Authorship and Authority in Jewish and Earliest Christian Tradition* (Grand Rapids: Eerdmans, 1987).

Meier, J. P., *A Marginal Jew: Rethinking the Historical Jesus*, 4 vols, ABRL (New York: Doubleday, 1991-).

Menken, Maarten J. J., and Moyise, Steve (eds), *Deuteronomy in the New Testament*, LNTS 358 (London: T&T Clark, 2007).

Merrill, Eugene H., "Deuteronomy and History: Anticipation or Reflection?," *Faith and Mission* 18 (2000), 57-76.

Meyers, Carol, *Exodus*, NCBC (Cambridge: Cambridge University Press, 2005).

Miller, James D., *The Pastoral Letters as Composite Documents*, SNTSMS 93 (Cambridge: Cambridge University Press, 1997).

Möller, Karl, "Renewing Historical Criticism," in Craig Bartholomew, Colin Greene and Karl Möller (eds), *Renewing Biblical Interpretation*, Scripture and Hermeneutics Series 1 (Grand Rapids: Zondervan, 2000), 145-71.

Moo, Douglas M., *The Epistle to the Romans*, NICNT (Grand Rapids: Eerdmans, 1996).

Moore, Megan Bishop, *Philosophy and Practice in Writing a History of Ancient Israel*, LHBOTS 435 (London and New York: T&T Clark, 2006).

Muddiman, John, *The Epistle to the Ephesians*, BNTC (London: Continuum, 2001).

Murphy-O'Connor, Jerome, *Paul: A Critical Life* (Oxford: Oxford University Press, 1996).

Murphy-O'Connor, Jerome, "2 Timothy Contrasted with 1 Timothy and Titus," *RB* 98 (1991), 403-18.

Na'aman, Nadav, "The Abandonment of Cult Places in the Kingdoms of Israel and Judah as Acts of Cult Reform," *UF* 31 (2002), 391-415.

Na'aman, Nadav, "*Habiru* and Hebrews: The Transfer of a Social Term to the Literary Sphere," *JNES* 45 (1986), 271-88.

Najman, Hindy, *Seconding Sinai: The Development of Mosaic Discourse in Second Temple Judaism*, Supplements to the Journal for the Study of Judaism 77 (Leiden: Brill,

2003).

Neill, Stephen C., and Wright, N. T., *The Interpretation of the New Testament 1861-1986*, 2nd edn (Oxford: Oxford University Press, 1988).

Nelson, Richard D., *Deuteronomy*, OTL (Philadelphia: Westminster John Knox, 2002).

Nicholson, Ernest W., "Deuteronomy 18.9-22, the Prophets and Scripture," in John Day (ed.), *Prophecy and Prophets in Ancient Israel: Proceedings of the Oxford Old Testament Seminar*, LHBOTS 531 (London and New York: T&T Clark, 2010), 151-71.

Nicholson, Ernest W., *Deuteronomy and Tradition: Literary and Historical Problems in the Book of Deuteronomy* (Philadelphia: Fortress Press, 1967).

Nicholson, Ernest W., *The Pentateuch in the Twentieth Century: The Legacy of Julius Wellhausen* (Oxford: Oxford University Press, 1998).

Nicole, Roger, "The Inspiration and Authority of Scripture: J. D. G. Dunn versus B. B. Warfield," *Churchman* 97.3 (1983), 198-215.

Nicole, Roger, "The Inspiration and Authority of Scripture: J. D. G. Dunn versus B. B. Warfield (Continued)," *Churchman* 98.1 (1984), 7-27.

Nicole, Roger, "The Inspiration and Authority of Scripture: J. D. G. Dunn versus B. B. Warfield (Continued)," *Churchman* 98.3 (1984), 198-208.

Noll, Mark, *Between Faith and Criticism: Evangelicals, Scholarship, and the Bible in America*, 2nd edn (Vancouver: Regent College Publishing, 2004).

Noth, Martin, *The Deuteronomistic History* [*Überlieferungsgeschichtliche Studien*], 2nd edn, JSOTSup 15 (Sheffield: JSOT Press, 1991).

Noth, Martin, *A History of Pentateuchal Traditions*, trans. B. W. Anderson (Englewood Cliffs: Prentice-Hall, 1972).

Olson, Roger, *Reformed and Always Reforming: The Postconservative Approach to Evangelical Theology*, Acadia Studies in Bible and Theology (Grand Rapids: Baker Academic, 2007).

Otto, Eckart, *Das Deuteronomium: politische Theologie und Rechtsreform in Juda und Assyrien*, BZAW 284 (Berlin: de Gruyter, 1999).

Pakkala, Juha, "The Date of the Oldest Edition of Deuteronomy," *ZAW* 121 (2009), 388-401.

Pakkala, Juha, "Why the Cult Reforms in Judah Probably Did Not Happen," in Reinhard G. Kratz and Hermann Spieckermann (eds), *One God - One Cult - One*

Nation: Archaeological and Biblical Perspectives, BZAW 405 (Berlin: de Gruyter, 2010), 201-35.

Phillips, Thomas E., *Paul, His Letters, and Acts* (Peabody, MA: Hendrickson, 2009).

Prior, Michael, *Paul the Letter-Writer and the Second Letter to Timothy*, JSNTSup 23 (Sheffield: JSOT Press, 1989).

Provan, Iain W., Long, V. Philips, and Longman III, Tremper, *A Biblical History of Israel* (Louisville: Westminster John Knox, 2003).

Pusey, Edward Bouverie, *Daniel the Prophet: Nine Lectures, Delivered in the Divinity School of the University of Oxford: With Copious Notes* (Oxford: Oxford, 1865).

Radine, Jason, *The Book of Amos in Emergent Judah*, FAT II.45 (Tübingen: Mohr Siebeck, 2010).

Rendsburg, Gary A., "The Date of the Exodus and Conquest/Settlement: The Case for the 1100's," *VT* 42 (1992), 510-27.

Rendtorff, Rolf, *The Problem of the Process of Transmission in the Pentateuch*, trans. J. J. Scullion, JSOTSup 89 (Sheffield: JSOT Press, 1990).

Römer, Thomas C., "Deuteronomy in Search of Origins," in Gary N. Knoppers and J. Gordon McConville (eds), *Reconsidering Israel and Judah: Recent Studies on the Deuteronomistic History*, Sources for Biblical and Theological Study 8 (Winona Lake: Eisenbrauns, 2000), 112-38.

Sáenz-Badillos, Angel, *A History of the Hebrew Language*, trans. John F. Elwolde (Cambridge: Cambridge University Press, 1993).

Sanders, E. P., *Jesus and Judaism* (Philadelphia: Fortress Press, 1985).

Schearing, Linda S., and McKenzie, Steven L. (eds), *Those Elusive Deuteronomists: The Phenomenon of Pan-Deuteronomism*, JSOTSup 268 (Sheffield: Sheffield Academic Press, 1999).

Schneemelcher, Wilhelm (ed.), *New Testament Apocrypha II: Writings Relating to the Apostles, Apocalypses and Related Subjects*, trans. Robert McL. Wilson (Cambridge: James Clarke, 1992).

Schniedewind, William M., *How the Bible Became a Book: The Textualization of Ancient Israel* (Cambridge: Cambridge University Press, 2004).

Schüle, Andreas, "Made in the 'Image of God': The Concepts of Divine Images in Gen 1-3," *ZAW* 117 (2005), 1-20.

Schweitzer, Albert, *The Quest of the Historical Jesus: First Complete Edition*, trans. W.

Montgomery et al. (Minneapolis: Fortress Press, 2001).

Seibert, Eric A., *Disturbing Divine Behavior: Troubling Old Testament Images of God* (Minneapolis: Fortress Press, 2009).

Sexton, Jason S., "How Far Beyond Chicago? Assessing Recent Attempts to Reframe the Inerrancy Debate," *Them* 34.1 (2009), 26-49.

Sharp, Carolyn J., *Prophecy and Ideology in Jeremiah: Struggles for Authority in the Deutero-Jeremianic Prose*, OTS (London: T&T Clark, 2003).

Simon, Uriel, "Ibn Ezra between Medievalism and Modernism: The Case of Isaiah xl-lxvi," in John Adney Emerton (ed.), *Congress Volume: Salamanca 1983*, VTSup 36 (Leiden: Brill, 1985), 257-71.

Ska, Jean-Louis, "Genesis 2-3: Some Fundamental Questions," in Konrad Schmid and Christoph Riedweg (eds), *Beyond Eden: The Biblical Story of Paradise (Genesis 2-3) and Its Reception History*, FAT II.34 (Tübingen: Mohr Siebeck, 2008), 4-16.

Ska, Jean-Louis, *Introduction to Reading the Pentateuch*, trans. Pascale Dominique (Winona Lake: Eisenbrauns, 2006).

Smith, Christian, *The Bible Made Impossible: Why Biblicism Is Not a Truly Evangelical Reading of Scripture* (Grand Rapids: Brazos, 2011).

Smith, Mark S., *The Memoirs of God* (Minneapolis: Fortress Press, 2004).

Sparks, Kenton L., *God's Word in Human Words: An Evangelical Appropriation of Critical Biblical Scholarship* (Grand Rapids: Baker Academic, 2008).

Sproul, R. C., "*Sola Scriptura*: Crucial to Evangelicalism," in James Montgomery Boice (ed.), *The Foundation of Biblical Authority* (Grand Rapids: Zondervan, 1978), 103-19.

Stackhouse, John G. (ed.), *Evangelical Futures: A Conversation on Theological Method* (Grand Rapids: Baker Academic, 2000).

Stordalen, Terje, *Echoes of Eden: Genesis 2-3 and Symbolism of the Eden Garden in Biblical Hebrew Literature* (Leuven: Peeters, 2000).

Stromberg, Jacob, *An Introduction to the Study of Isaiah* (London: T&T Clark, 2011).

Swinburne, Richard, *The Resurrection of God Incarnate* (Oxford: Clarendon Press, 2003).

Tarrer, Seth B., *The Law and the Prophets: A Christian History of Interpretation of True and False Prophecy in the Book of Jeremiah*, Journal for Theological Interpretation Supplement Series (Winona Lake: Eisenbrauns, forthcoming).

Theissen, Gerd, and Merz, Annette, *The Historical Jesus: A Comprehensive Guide*, trans.

John Bowden (Minneapolis: Fortress Press, 1998).

Thompson, Mark D., "The Divine Investment in Truth: Toward a Theological Account of Biblical Inerrancy," in James K. Hoffmeier and Dennis R. Magary (eds), *Do Historical Matters Matter to Faith? A Critical Appraisal of Modern and Postmodern Approaches to Scripture* (Wheaton: Crossway, 2012), 71-97.

Thompson, Thomas L., *The Historicity of the Patriarchal Narratives: The Quest for the Historical Abraham* (Harrisburg: Trinity Press International, 2002).

Thompson, Thomas L., *The Origin Tradition of Ancient Israel, I: The Literary Formation of Genesis and Exodus 1-23*, JSOTSup 55 (Sheffield: Sheffield Academic Press, 1987).

Tigay, Jeffrey H., *Deuteronomy = [Devarim]: The Traditional Hebrew Text with the New JPS Translation/Commentary* (Philadelphia: Jewish Publication Society, 1996).

Treier, Daniel J., *Introducing the Theological Interpretation of Scripture: Recovering a Christian Practice* (Grand Rapids: Baker Academic, 2008).

van der Toorn, Karel, *Scribal Culture and the Making of the Hebrew Bible* (Cambridge, MA: Harvard University Press, 2007).

Vanhoozer, Kevin J., *The Drama of Doctrine: A Canonical Linguistic Approach to Christian Theology* (Louisville: Westminster John Knox, 2005).

Van Seters, John, *Abraham in History and Tradition* (New Haven: Yale University Press, 1975).

Van Seters, John, *The Edited Bible: The Curious History of the "Editor" in Biblical Criticism* (Winona Lake: Eisenbrauns, 2006).

Van Seters, John, *In Search of History: Historiography in the Ancient World and the Origins of Biblical History* (New Haven: Yale University Press, 1983; Winona Lake: Eisenbrauns, 1997).

Van Seters, John, *The Life of Moses: The Yahwist as Historian in Genesis-Numbers* (Louisville: Westminster John Knox, 1994).

Van Seters, John, "The Plagues of Egypt: Ancient Tradition or Literary Invention?," *ZAW* 98 (1986), 31-9.

Van Seters, John, *Prologue to History: The Yahwist as Historian in Genesis* (Louisville: Westminster John Knox, 1992).

Vater, Johann Severin, *Commentar über den Pentateuch* (Halle: Waisenhaus, 1805).

Vermes, Geza, *Jesus the Jew: A Historian's Reading of the Gospels*, 2nd edn (London: SCM Press, 2001).

Vielhauer, Philipp, "On the 'Paulinism' of Acts," trans. William C. Robinson, Jr., and

Victor P. Furnish, *PSTJ* 17.1 (1963), 5-17.

Viviano, Benedict Thomas, "The Normativity of Scripture and Tradition in Recent Catholic Theology," in Markus Bockmuehl and Alan J. Torrance (eds), *Scripture's Doctrine and Theology's Bible: How the New Testament Shapes Christian Dogmatics* (Grand Rapids: Baker, 2008), 125-40.

Viviano, Pauline A., "2 Kings 17: A Rhetorical and Form-Critical Analysis," *CBQ* 49 (1987), 548-59.

Vogt, Peter T., *Interpreting the Pentateuch: An Exegetical Handbook* (Grand Rapids: Kregel, 2009).

von Rad, Gerhard, *Deuteronomy: A Commentary*, OTL (Philadelphia: Westminster, 1966).

von Rad, Gerhard, "The Form-Critical Problem of the Hexateuch," trans. E. W. Trueman Dicken, in Kenneth C. Hanson (ed.), *From Genesis to Chronicles*, Fortress Classics in Biblical Studies (Minneapolis: Fortress Press, 2005), 1-58.

von Rad, Gerhard, *Studies in Deuteronomy*, SBT 9 (Chicago: Henry Regnery, 1953).

Wall, Robert W., "Canonical Context and Canonical Conversations," in Joel B. Green and Max Turner (eds), *Between Two Horizons: Spanning New Testament Studies and Systematic Theology* (Grand Rapids: Eerdmans, 1999), 165-82.

Wall, Robert W., "Reading Paul with Acts: The Canonical Shaping of a Holy Church," in Kent E. Brower and Andy Johnson (eds), *Holiness and Ecclesiology in the New Testament* (Grand Rapids: Eerdmans, 2007), 129-47.

Waltke, Bruce K., with Yu, Charles, *An Old Testament Theology: An Exegetical, Canonical, and Thematic Approach* (Grand Rapids: Zondervan, 2007).

Warfield, B. B., "The Religious Life of Theological Students," *MSJ* 6.2 (1995), 181-95.

Watts, James W., *Reading Law: The Rhetorical Shaping of the Pentateuch*, Biblical Seminar 59 (Sheffield: Sheffield Academic Press, 1999).

Watts, Rikki E., *Isaiah's New Exodus and Mark*, WUNT II.88 (Tübingen: Mohr Siebeck, 1997).

Weaver, David, "The Exegesis of Romans 5:12 among the Greek Fathers and Its Implication for the Doctrine of Original Sin: The 5th-12th Centuries (Part II)," *SVTQ* 27.4 (1983), 133-59.

Weaver, David, "The Exegesis of Romans 5:12 among the Greek Fathers and Its Implication for the Doctrine of Original Sin: The 5th-12th Centuries (Part III)," *SVTQ* 28.1 (1984), 231-57.

Weaver, David, "From Paul to Augustine: Romans 5:12 in Early Christian Exegesis," *SVTQ* 27.3 (1983), 187-206.

Webster, John, *Holy Scripture: A Dogmatic Sketch* (Cambridge: Cambridge University Press, 2003).

Wedderburn, Alexander J. M., "The Theological Structure of Romans V. 12," *NTS* 19 (1972-3), 332-54.

Weinfeld, Moshe, "Cult Centralization in Israel in the Light of a Neo-Babylonian Analogy," *JNES* 23 (1964), 202-12.

Weinfeld, Moshe, *Deuteronomy and the Deuteronomic School* (Oxford: Clarendon Press, 1972).

Welch, Adam Cleghorn, *The Code of Deuteronomy: A New Theory of Its Origin* (London: James Clarke, 1924).

Wellhausen, Julius, *Die Composition des Hexateuchs und der historischen Bücher des Alten Testaments* (Berlin: Reimer, 1876/7).

Wellhausen, Julius, *Prolegomena to the History of Israel* (Edinburgh: A. & C. Black, 1885; repr. Cleveland: World, 1957).

Wenham, David, "Acts and the Pauline Corpus: II. Pauline Parallels," in Bruce Winter and Andrew Clarke (eds), *The Book of Acts in Its Ancient Literary Setting* (Grand Rapids: Eerdmans, 1993), 215-58.

Wenham, Gordon J., "The Date of Deuteronomy: Linch-Pin of Old Testament Criticism. Part One," *Them* 10.3 (1985), 15-20.

Wenham, Gordon J., "The Deuteronomic Theology of the Book of Joshua," *JBL* 90 (1971), 140-8.

Wenham, Gordon J., "The Priority of P," *VT* 49 (1999), 240-58.

Wette, Wilhelm Martin Leberecht de, *Beiträge zur Einleitung in das Alte Testament* (Halle: Schmimmelpfennig und Compagnia, 1806-7).

Wette, Wilhelm Martin Leberecht de, *Dissertatio critico-exegetica qua Deuteronomium a prioribus Pentateuchi libris diversum, alius cuiusdam recentioris auctoris opus esse monstratur* (Jena: Literis Etzdorfii, 1805).

White, Hayden, *The Content of the Form: Narrative Discourse and Historical Representation* (Baltimore: Johns Hopkins University Press, 1987).

Wilder, Terry L., *Pseudonymity, the New Testament, and Deception* (Lanham, MD: University Press of America, 2004).

Williamson, Hugh G. M., *The Book Called Isaiah: Deutero-Isaiah's Role in Composition and Redaction* (Oxford: Oxford University Press, 1994).

Witherington III, Ben, *The Acts of the Apostles: A Socio-Rhetorical Commentary* (Grand Rapids: Eerdmans, 1998).

Witherington III, Ben, *John's Wisdom: A Commentary on the Fourth Gospel* (Louisville: Westminster John Knox, 1995).

Witter, Henning Bernhard, *Jura Israelitarum in Palestinam terram Chananaeam commentatione perpetua in Genesin demonstrata* (Hildesheim, 1711).

Wolterstorff, Nicholas, *Divine Discourse: Philosophical Reflections on the Claim That God Speaks* (Cambridge: Cambridge University Press, 1995).

Wright, George E., *God Who Acts: Biblical Theology as Recital* (London: SCM Press, 1958).

Wright, N. T., *Jesus and the Victory of God*, Christian Origins and the Question of God 2 (London: SPCK; Minneapolis: Fortress Press, 2003).

Wright, N. T., *The Resurrection of the Son of God*, Christian Origins and the Question of God 3 (London: SPCK; Minneapolis: Fortress Press, 2003).

Yarbrough, Robert W., "The Embattled Bible: Four More Books," *Them* 34.1 (2009), 6-26.

Zevit, Ziony, and Miller-Naudé, Cynthia (eds), *Diachrony in Biblical Hebrew* (Winona Lake: Eisenbrauns, 2012).

Zimmerli, Walther, "Promise and Fulfillment," in Claus Westermann (ed.), *Essays on Old Testament Interpretation* (London: SCM Press, 1963), 89-122.

집필자 소개

마이클 J. 데일링(Michael J. Daling, Ph.D., 휘튼 칼리지)

미국 일리노이주 커뮤니티펠로우십 교회에서 사역중이다.

스티븐 레인 허링(Stephen Lane Herring, Ph.D., 아버딘 대학교)

옥스퍼드 히브리와 유대학 연구소 성서 히브리어 강사이며 *Divine Substitution: Humans as the Manifestation of Deity in the Hebrew Bible* (Vandenhoeck & Ruprecht, 2013)의 저자다.

제리 황(Jerry Hwang, Ph.D., 휘튼 칼리지)

싱가포르 성서대학 강사이며 *The Rhetoric of Remembrance: An Examination of the "Fathers" in Deuteronomy* (Eisenbrauns, 2012)의 저자다.

에드워드 W. 클링크 3세(Edward W. Klink III, Ph.D., 세인트앤드루스 대학교)

미국 바이올라 대학교 탈봇 신학대학원 신약학 부교수이며 *The Sheep of the Fold: The Audience and Origin of the Gospel of John* (Cambridge University Press, 2007)의 저자, 그리고 *Types of Biblical Theology* (Zondervan, 2012)의 공저자다.

애런 J. 큐커(Aaron Kuecker, Ph.D., 세인트앤드루스 대학교)

르투르노 대학교 신학과 부교수이며 *The Spirit and the "Other": Social Identity, Ethnicity, and Intergroup Reconciliation in Luke-Acts* (T&T Clark, 2011)의 저자다.

켈리 D. 리벤굿(Kelly D. Liebengood, Ph.D., 세인트앤드루스 대학교)

르투르노 대학교 성서학 부교수이며 *Engaging Economics: New Testament Scenarios and Early Christian Reception* (Eerdmans, 2009)의 공저자(브루스 W. 롱네커와)이며 *The*

Eschatology of 1 Peter: Considering the Influence of Zechariah 9-14 (Cambridge University Press, 2013)의 저자다.

데이비드 린시컴(David Lincicum, D.Phil., 옥스퍼드 대학교)
옥스퍼드 대학교 신학과 종교학부 강사이며 *Paul and the Early Jewish Encounter with Deuteronomy* (Mohr Siebeck, 2010)의 저자다.

케이시 A. 스트라인(Casey A. Strine, D.Phil., 옥스퍼드 대학교)
런던 킹스 칼리지 선임연구원이며 옥스퍼드 대학교 오리엘 칼리지 구약학 강사다. 그는 *Sworn Enemies: The Divine Oath, the Book of Ezekiel, and the Polemics of Exile* (De Gruyter, 2013)의 저자다.

시스 B. 타러(Seth Tarrer, Ph.D., 세인트앤드루스 대학교)
Reading with the Faithful (Eisenbrauns, 2013)의 저자다.

앰버 워허스트(Amber Warhurst, Ph.D., 세인트앤드루스 대학교)
미국 테네시주 브리스톨 소재 킹 칼리지 성서학 강사다.

역사비평의 도전과 복음주의의 응답

Copyright ⓒ 새물결플러스 **2021**

1쇄 발행 2021년 1월 31일
2쇄 발행 2021년 2월 10일

엮은이 크리스토퍼 M. 헤이스, 크리스토퍼 B. 안스베리
옮긴이 성기문
펴낸이 김요한
펴낸곳 새물결플러스

편 집 왕희광 정인철 노재현 한바울 정혜인
      이형일 나유영 노동래 최호연
디자인 윤민주 황진주 박인미 이지윤
마케팅 박성민 이원혁
총 무 김명화 이성순
영 상 최정호 곽상원
아카데미 차상희

홈페이지 www.holywaveplus.com
이메일 hwpbooks@hwpbooks.com
출판등록 2008년 8월 21일 제2008-24호
주 소 (우) 04118 서울시 마포구 마포대로19길 33
전 화 02) 2652-3161
팩 스 02) 2652-3191

ISBN 979-11-6129-190-1 93230